"十四五"职业教育国家规划教材

轨道工程施工技术

霍君华　曹英浩　赵旭东　主　编

李冬松　徐　刚　赵同峰　哈　娜　副主编

（第2版）

人民交通出版社

北　京

内 容 提 要

本书为"十四五"职业教育国家规划教材。全书共八个项目,内容包括:轨道结构认知、有砟轨道施工、轨道板预制、高速铁路无砟轨道施工、地铁轨道施工、钢轨及扣件施工、道岔构造与施工、无缝线路施工。

本书为高职城市轨道交通工程技术专业教材,也可作为轨道工程技术人员的实用工具书,亦可供对轨道交通感兴趣的读者了解我国的轨道工程施工技术学习参考。

本书配有教学课件,任课教师可通过加入"职教轨道教学研讨群"(QQ 群号:129327355)**获取。**

图书在版编目(CIP)数据

轨道工程施工技术/霍君华,曹英浩,赵旭东主编.

2 版. —北京:人民交通出版社股份有限公司,2025.

8. —ISBN 978-7-114-20433-3

Ⅰ. U213.2

中国国家版本馆 CIP 数据核字第 20250P42Q6 号

"十四五"职业教育国家规划教材
Guidao Gongcheng Shigong Jishu

书　　名:**轨道工程施工技术(第2版)**
著 作 者:霍君华　曹英浩　赵旭东
责任编辑:司昌静
责任校对:赵媛媛
责任印制:张　凯
出版发行:人民交通出版社
地　　址:(100011)北京市朝阳区安定门外外馆斜街3号
网　　址:http://www.ccpcl.com.cn
销售电话:(010)85285911
总 经 销:人民交通出版社发行部
经　　销:各地新华书店
印　　刷:北京市密东印刷有限公司
开　　本:787×1092　1/16
印　　张:18.5
字　　数:439 千
版　　次:2018 年 12 月　第 1 版
　　　　　2025 年 8 月　第 2 版
印　　次:2025 年 8 月　第 2 版　第 1 次印刷　总第 9 次印刷
书　　号:ISBN 978-7-114-20433-3
定　　价:55.00 元

(有印刷、装订质量问题的图书,由本社负责调换)

第2版 前·言

【编写背景】

我国交通基础设施建设飞速发展,轨道交通建设迎来了前所未有的发展机遇,同时也面临各种挑战。为了贯彻落实国家发展战略,培养适应轨道交通建设需求的高素质技能人才,教材编写团队通过调研,深入剖析轨道工程施工的核心技术与管理要点,以专业教学标准相关要求为依据,力求编写一本易学适用的教材。

【编写原则】

以职业教育教材编写理念为指引,贯彻落实具体要求,介绍轨道交通领域最新发展动态,强化理论教学与实践教学紧密联系,通过案例分析与实操演练促进职业能力与实践能力提升,以适应实际工作中复杂多变的工程环境。以培养安全意识、环保意识、团队协作、创新思维为目标,助力学生具有可持续的学习能力。

【编写特点】

传承与创新结合:以传统的轨道工程施工技术为基础上,紧跟行业发展趋势,融入最新的科研成果与技术创新成果,介绍了轨道工程领域的最新技术成果和施工工艺,如高速铁路无砟轨道技术、智能检测与监测技术等,使学生能够紧跟技术发展的步伐。

理论与实践结合:强化理论与实践的紧密联系,在阐述基本理论的同时,注重结合实际工程案例,通过案例分析、施工流程图解等形式,帮助学生深入理解施工技术相关知识并能的实际应用,提升学生的实践能力和解决问题能力。

施工安全与环保理念结合:强调在施工过程中必须严格遵守安全生产规范,注重环境保护,培养学生的安全意识和绿色施工理念。

【修订重点】

本次修订工作主要包括:根据新发布的国家专业教学标准、行业规范和前沿技术,对原有内容进行梳理与更新,确保教材的时效性和准确性;对结构安排进行调整,使知识体系更加清晰、逻辑更加严密,便于学生理解和掌握;新增了典型的轨道工程施工案例,特别是近年来采用的新技术、新工艺应用实例,增强教材的实用性和启发性;在教材中增设思考题、练习题和案例分析题等互动环节,鼓励学生主动思考、积极参与,提高学习效果。

【编写分工】

本书由辽宁省交通高等专科学校霍君华、曹英浩以及辽宁省铁岭县交通局赵旭东担任主编,由辽宁省交通高等专科学校李冬松、徐刚、赵同峰、哈娜担任副主编。项目一由赵旭东、哈娜编写,项目二由曹英浩、赵同峰编写,项目三、项目四由霍君华、李冬松编写,项目五由徐刚、赵旭东编写,项目六、项目七由霍君华、曹英浩编写,项目八由赵旭东、徐刚编写。霍君华负责本教材的思政内容,曹英浩、霍君华负责本教材的统筹工作。

【致　　谢】

本书的编写工作得到了来自轨道交通领域多位权威专家、学者及资深工程师的鼎力支持。编写团队由具有丰富教学经验和工程实践经验的教师及行业专家组成,团队成员分工明确、协作紧密,共同完成了教材的编写任务。在编写过程中,广泛征求了行业内外专家、学者及一线工程技术人员的意见和建议,对教材进行了多次修改和完善。同时,注重与国内外知名高校、研究机构及企业开展交流合作,借鉴先进的教学理念和教学方法,不断提升教材的质量和水平。在此,向以上专家、学者的帮助致以衷心的感谢!我们期待这本教材能够成为广大师生及从业人员学习轨道工程施工技术的重要参考书籍。

作　者
2025 年 2 月

数字资源

目·录

项目一
轨道结构认知

教学引导

为什么钢轨要设计成工字形？

列车的载重量很大，因此钢轨的承载能力要足够大。钢轨的承载能力不但与钢轨的材质有关，而且与钢轨的形状有关。当压力（列车的重量）确定时，受力面积越大，压强就越小，所以轨头（即钢轨的顶面）需要有一定的宽度和厚度来承载列车的重量。如图 1-1 所示，钢轨与道床的接触面积越大，钢轨的稳定性就越好，所以轨底（即钢轨的底面）要比轨头宽得多。此外，列车的车轮轮缘有一定的高度，钢轨也需要有一定的高度与车轮轮缘相配，避免车轮滚动时接触到道床。因此，钢轨设计成工字形是非常合理的。

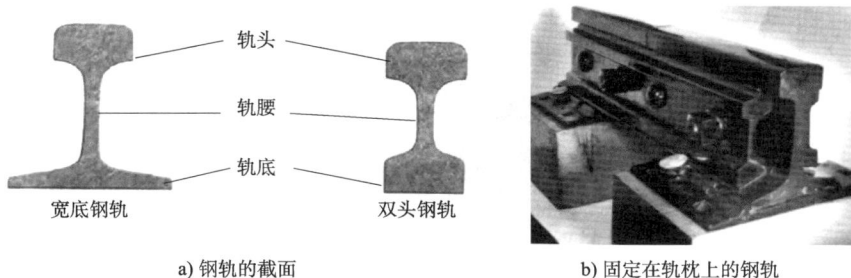

a) 钢轨的截面	b) 固定在轨枕上的钢轨

图 1-1　钢轨

从科学的角度来看，工字形的钢轨非常坚固，且能充分合理地利用钢材。一般来说，无论采用何种规格或型号的钢轨，断面各部分质量的比例是：轨底占 37%、轨头占 42%、轨腰占 21%。钢轨的高度等于轨底的宽度。如果轨头的磨损超过 0.64cm，就要更换新的钢轨。

学习目标

知识目标

1.掌握有砟轨道和无砟轨道的结构及其优缺点。

2.掌握轨枕、道床类型及构造。

3. 掌握曲线外轨超高和曲线加宽的概念和设置方法。

能力目标

1. 能够正确选用轨道加强设备。

2. 能够测量直线地段轨道几何形位，并对测量数据进行分析。

3. 能够进行曲线轨道缩短轨配置计算，并进行现场配置。

素质目标

1. 增强"科技是第一生产力"的意识，理解自主创新的重要性。

2. 坚持正确的施工原则，发扬勤俭节约、艰苦奋斗的精神。

3. 施工过程中，树立生态文明观念，自觉落实环境保护行动。

任务一　轨道概知

　　线路是由路基、桥隧建筑物(桥梁、涵洞、隧道等)和线上工程(轨道)组成的一个整体工程结构,但狭义的线路指的就是轨道线路。

　　轨道是轨道交通线路的组成部分。这里所指的轨道包括钢轨、轨枕、联结零件、道床、防爬设备和道岔等,是列车行驶的基础,属于线路的上部结构。

　　作为一个整体性工程结构,轨道铺设在线下工程之上,起着列车运行的导向作用,直接承受列车及其荷载的巨大压力。在列车运行的动力作用下,它的各个组成部分必须具有足够的强度和稳定性,保证列车按照规定的最高速度,安全、平稳和不间断地运行,同时还必须满足以下要求。

　　①具有适量的弹性,使列车运行所引起的振动与噪声控制在容许范围内。

　　②具有一定的绝缘性能,以减少迷散电流对周围金属构件的电腐蚀。

　　③轨道维修工作量小,具有合理的维修周期。

　　④尽可能选用通用件,减少轨道结构零部件的非标品种,以降低工程造价和养护费用。

　　根据道床结构的不同,轨道分为有砟轨道和无砟轨道两大类,如图 1-2 所示。其主要由以下部分组成。

a) 有砟轨道

b) 无砟轨道

图 1-2　轨道类型

　　①钢轨是轨道的主要部件,用于引导机车车辆行驶,并将所承受的荷载传布于轨枕、道床及路基。同时,为车轮的滚动提供阻力最小的接触面。

　　②轨枕是轨道结构的重要部件,一般横向铺设在钢轨下的道床上,承受来自钢轨的压力,使之传布于道床,同时,利用扣件有效地保持两股钢轨的相对位置。轨枕主要有木枕和混凝土枕两类。

　　③联结零件是联结钢轨或联结钢轨和轨枕的部件。前者称接头联结零件,后者称中间

联结零件（或扣件）。其作用是有效地保证钢轨与钢轨或钢轨与轨枕间的可靠联结,尽可能地保持钢轨的连续性与整体性。阻止钢轨相对于轨枕的纵横向移动,确保轨距正常,并在机车车辆的动力作用下,充分发挥缓冲减振性能,延缓线路残余变形的积累。

④防爬设备能有效防止钢轨与轨枕之间发生纵向的相对移动,制止钢轨爬行。

⑤道床是轨枕的基础,在其上以规定的间隔布置一定数量的轨枕,用以增加轨道的弹性和纵、横向移动的阻力,并便于排水和校正轨道的平面和纵断面。道床主要材料有碎石和筛选卵石等。

⑥道岔是机车车辆从一股轨道转入或越过另一股轨道时必不可少的线路设备,在铁路站场布置中应用极为广泛。

任务二　认识有砟轨道结构

一、概述

有砟轨道作为传统轨道结构,其组成包括钢轨、轨枕、道床、道岔、联结零件及轨道加强设备。有砟轨道组成如图1-3所示。

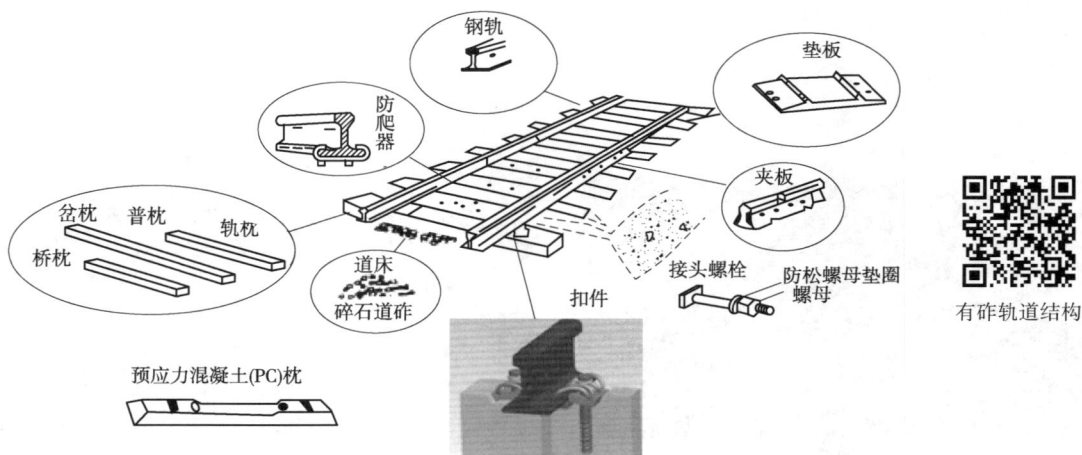

图1-3　有砟轨道组成

有砟轨道有造价低、弹性好、易于养护维修、适应性强等优点;缺点是容易变形、养护维修频繁、维修费用高、维修条件差。

二、轨枕

1.轨枕的作用及类型

轨枕承受来自钢轨的各向压力,并弹性地将其传布于道床,同时,有效保持轨道的几何形位,特别是轨距和方向。因此,轨枕应具有必要的坚固性、弹性和耐久性,具有便于固定钢轨,抵抗纵向和横向位移的能力等特点。轨枕可按以下分类。

（1）按使用目的分类

按使用目的可将轨枕分为普通枕、桥枕、岔枕等。

（2）按结构形式分类

按结构形式可将轨枕分为整体式轨枕、组合式轨枕、半枕、纵向轨枕、宽轨枕/轨枕板。

（3）按材质分类

按轨枕的材质可分为木枕和混凝土枕。

①木枕。

木枕具有弹性好,缓冲能力好,易加工维修,与钢轨连接简单,绝缘性能好等优点;但具有耗木材、易腐蚀、易磨损、寿命短、易形成不平顺等缺点。

轨枕起先采用木材制造,木材的弹性和绝缘性较好,受周围介质的温度变化影响小,质量小,加工和更换简便,并且有足够的位移阻力。经过防腐处理的木枕(图1-4),使用寿命大大延长,在15年左右。

随着森林资源的减少、人们环保意识的增强,以及科学技术的发展,20世纪初,有些国家开始生产钢枕和钢筋混凝土轨枕,以代替木枕。然而,因为钢枕的金属消耗量过大,造价高,体积也较大,没有推广开来,只有德国等少数国家还在使用。而许多国家20世纪50年代起,开始广泛生产钢筋混凝土轨枕。

②混凝土枕。

混凝土枕(图1-5)使用寿命长,稳定性高,养护工作量小,损伤率和报废率比木枕要低得多。在无缝线路上,混凝土枕比木枕的稳定性平均提高15%~20%。因此,混凝土枕尤其适用于高速铁路客运线。混凝土枕中的普通钢筋、预应力钢筋混凝土轨枕,刚度大、平顺性好、轨道稳定性好,在提速道岔上使用,便于大修作业,保护转辙机械。

图1-4　木枕

图1-5　混凝土枕

混凝土枕根据应用范围不同,长度也不同。在我国,普通轨枕长度为2.5m,道岔用的岔枕和钢桥上用的桥枕,长度有2.6~4.85m多种。每千米线路上铺设轨枕的数量是根据铁路运量和行车速度等运营条件来确定的,一般而言,在1440~1840根/km之间。轨枕数量越多,轨道强度越大。

混凝土枕按使用部位不同,可分为普通混凝土枕、混凝土岔枕及混凝土桥枕三种。普通混凝土枕又分为Ⅰ型轨枕、Ⅱ型轨枕、Ⅲ型轨枕,其主要尺寸如表1-1所示。

普通混凝土枕主要尺寸　　　　　表1-1

轨枕类型	混凝土强度等级	截面高度（cm）		截面宽度（cm）			底面积（cm²）	质量（kg）	长度（cm）
		轨下	中间	端部	轨下	中间			
Ⅰ型	C48	20.2	16.5	29.45	27.5	25	6588	251	250
Ⅱ型	C58	20.2	16.5	29.45	27.5	25	6588	251	250
Ⅲ型	C60	23.0	18.5	—	30.0	28.0	7720	320	260

2. 特种混凝土轨枕

1）混凝土宽枕

混凝土宽枕（图1-6）是一块预制的混凝土板,与混凝土枕外形相似,又称为轨枕板。其制造工艺与混凝土枕基本相同。混凝土宽枕长度与普通混凝土枕长度相同,混凝土均为2.5m,而宽度约为后者的两倍。宽枕由于宽度较大,直接铺设在预先压实的道床面上,在制造中对其厚度的控制要求较严格。

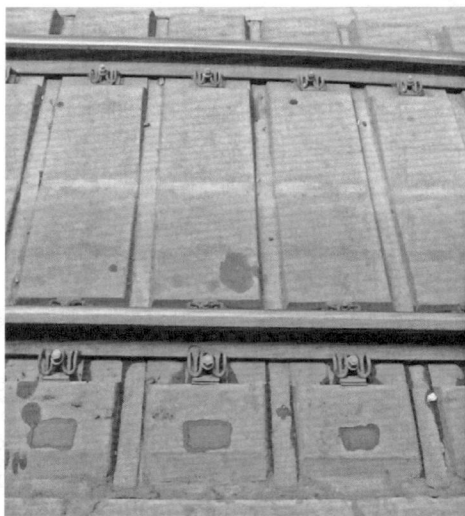

图1-6　混凝土宽枕

混凝土宽枕在道床上密排铺设,每千米铺1760块,每块枕上安装一对扣件,由钢轨传来的力作用于宽枕轴线的对称位置,可避免荷载的偏心。宽枕由于宽度较大,在纵横两个方向上都有弯矩作用,是一块支承在弹性基础上的板。

与普通枕相比,混凝土宽枕具有如下特点。

①混凝土宽枕宽55cm,支承面积较混凝土枕大1倍,使道床承受的应力大为减小。同时,每块宽枕的质量为500kg左右,可以减小道床的振动加速度,使道床的变形减小,残余变形累积过程延缓,轨道几何形位易于保持,整个轨道结构得到加强。

②轨枕与道床接触面上的摩阻力增大,提高了轨道的横向稳定性,使道床阻力增加约80%,有利于铺设无缝线路。

③宽轨枕密排铺设,枕间空隙用沥青混凝土封塞,把道床顶面全部覆盖起来,防止雨水及脏污侵入道床内部,从而有效地保持道床的整洁,延长道床的清筛周期。

④混凝土宽枕轨道的维修养护工作量很小,仅为混凝土枕轨道的1/4～1/2,从而可减轻和改善养护工作条件,减少作业次数,节省养护费用。由于养护维修作业基本上可在轨道两旁进行,对行车干扰较少,比较适合于运输繁忙的铁路线使用。

⑤混凝土宽枕轨道外观整洁美观。

2)弹性轨枕

弹性轨枕(图1-7)是指在轨枕底部设置弹性垫层以提高轨道弹性的轨枕,有些在轨枕侧面也设置弹性垫层(图1-8)。根据弹性轨枕使用目的不同,分有砟轨道用弹性轨枕和无砟轨道用弹性轨枕。

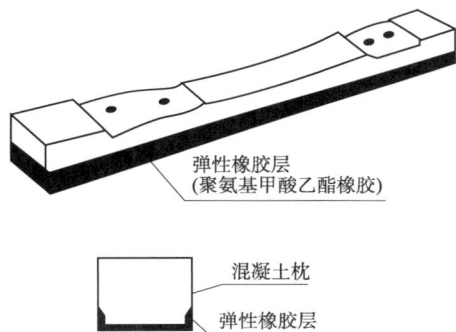

图1-7 弹性轨枕

图1-8 弹性垫层

3. 轨枕间距

轨枕间距与每千米配置的轨枕根数有关。轨枕根数应根据运量、行车速度及线路设备条件确定,并结合钢轨及道床等综合考虑,合理配置,以求在最经济的条件下,保证轨道具有足够的强度和稳定性。轨枕设置密一些,可减小道床、路基、钢轨以及轨枕本身受力,同时使轨距、方向易于保持,对行车速度高的地段尤为重要。但轨枕设置也不能太密,太密则不经济,而且净距过小,也会在一定程度上影响捣固质量。

我国铁路行业规定,对木枕轨道,最多为1920根/km,混凝土枕最多为1840根/km;最少均为1440根/km。轨枕的级差为80根/km。

符合下列条件之一的地段,正线轨道应加强:①$R \leqslant 800m$的曲线地段;②坡度大于12‰的下坡制动地段;③长度≥300m且铺设木枕的隧道内。除规定的每千米铺枕根数外,对混凝土枕每千米增加80根,木枕每千米增加160根,当条件重合时,只增加一次,但不能超过前述允许最大铺设数量。

下列地段宜铺设木枕:

①明桥面的桥台挡砟墙范围内及两端各15根轨枕(有护轨时应延至接头外不少于5根

轨枕）。

②正线铺设木岔枕的道岔及其前后两端线路各 50 根轨枕,站线铺设木岔枕的道岔前后两端各 15 根轨枕(均包括道岔后端辙叉根端以后的岔枕)。

③脱轨器及铁鞋制动地段。

④上列地段间长度不足 50m 的区段。

不同类型的轨枕不应混铺,在不同类型的轨枕分界处有普通钢轨接头时,应保持同类型轨枕延伸至钢轨接头外 5 根及以上。与正线道岔相接的轨道,60kg/m 及以上钢轨混凝土岔枕道岔的道岔区前后两端各 50 根(后端包括辙叉根端以后的岔枕)轨枕应采用Ⅲ型混凝土枕,每千米铺枕根数及扣件类型应与正线标准一致。道岔与道岔之间应采用与岔枕类型相同的轨枕。

普通轨道上,钢轨接头处车轮的冲击动荷载大,接头处轨枕的间距应当比中间间距小一些,且从接头间距向中间间距过渡时,应有一个过渡间距,以适应荷载的变化,如图 1-9 所示。

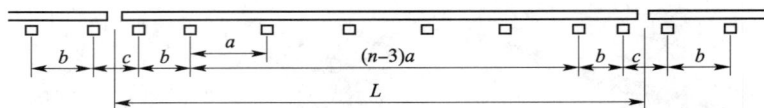

图 1-9　轨枕布置示意图

每节钢轨下轨枕间距应当满足 $a > b > c$。接头轨枕间距一般是给定的:对于 50kg/m 及以上钢轨,木枕接头间距为 440mm,混凝土枕接头间距为 540mm。

轨枕间距计算过程如下:

由图 1-9 可知:

$$a = \frac{L - c - 2b}{n - 3} \qquad (1\text{-}1)$$

设 $b = \dfrac{a + c}{2}$,代入式(1-1),得:

$$a = \frac{L + 2c}{n - 2} \qquad (1\text{-}2)$$

将式(1-2)代入式(1-1),求得 b 值:

$$b = \frac{L - c - (n - 3)a}{2} \qquad (1\text{-}3)$$

根据式(1-2)计算出的轨枕间距 a 取整,然后代入式(1-3)求得 b 值。对于无缝线路,轨枕间距应均匀布置。

三、道床

道床通常是指在轨枕下面,路基面上铺设的道砟垫层。其主要作用是支承轨枕,把来自轨枕上部的巨大荷载均匀地分布到路基面上,以减少路基变形。道砟是直径 20～70mm 的小块状花岗岩,块与块之间存在着空隙和摩擦力,使得轨道具有一定的弹性,这种弹性不仅能缓和机车车辆的冲击和振动作用,使列车运行比较平稳,而且大大改善了机车车辆和钢轨、轨枕等部件的工作条件,延长了使用寿命。

道床顶面应低于轨枕承轨面4cm,且不应高于轨枕中部顶面。石质路堑地段采用弹性轨枕或铺设砟下弹性垫层。桥上道床标准与路基地段相同,应采用弹性轨枕或铺设砟下弹性垫层。砟肩至挡砟墙之间以道砟填平。隧道内道床标准与路基地段相同,应采用弹性轨枕或铺设砟下弹性垫层。砟肩至边墙(或高侧水沟)间以道砟填平。线路开通前,道床密度不应小于1.75g/cm,轨枕支承刚度不应小于120kN/mm,纵向阻力不应小于14kN/枕,横向阻力不应小于12kN/枕。

道砟的弹性一旦丧失,则正常状态时钢筋混凝土轨枕所受的荷载比要增加50%~80%。

道床依靠本身和轨枕间的摩擦,起到固定轨枕位置、阻止轨枕纵向或横向移动的作用。特别是无缝线路区段,如果线路的纵向或横向阻力减小到一定程度,很容易发生胀轨跑道事故,严重危及行车安全。

道砟具有排水作用。路基表面长期积水,不仅会使承载能力大大下降,而且还会造成翻浆和冻胀等很多病害。由于道砟块间的空隙,使得地表水能够顺畅地通过道床排走,这样路基表面就不会长期积水。

道床断面包括道床厚度、道床顶面宽度及道床边坡坡度三项主要指标。

1. 道床厚度

道床厚度是指直线上钢轨或曲线上内股钢轨中轴线下轨枕底面至路基顶面的距离。要求:轨枕传来的压力不超过路基面上容许的最大压力。选用标准:取决于运营条件、道砟质量、路基强度和轨枕间距等因素。

2. 道床顶面宽度

道床顶面宽度与轨枕长度和道床肩宽有关。轨枕长度基本上是固定的,因此道床顶面宽度主要决定于道床肩宽。适当的肩宽可保持道床的稳定,并提供一定的横向阻力。一般情况下,道床肩宽在450~500mm已能满足要求,再宽则作用不大。

3. 道床边坡坡度

坡度大小对保证道床的坚固稳定具有十分重要的意义。国内外的运营实践表明,边坡坡度1:1.5不能长期保持稳定,因此我国铁路规定正线区间边坡坡度均采用1:1.75。

道床顶面宽度及边坡坡度如表1-2所示。道床厚度标准如表1-3所示。

道床顶面宽度及边坡坡度 表1-2

线路类别			顶面宽度(m)	曲线外侧道床加宽		砟肩堆高(m)	边坡坡度
				半径(m)	加宽(m)		
正线	无缝线路	v_{max}>160km/h	3.5			0.15	1:1.75
		v_{max}≤160km/h	3.4	≤600	0.10	0.15	1:1.75
	普通线路	年通过总质量不小于8Mt	3.1	≤800	0.10		1:1.75
		年通过总质量小于8Mt	3.0	≤600	0.10		1:1.75
站线			2.9				1:1.50

道床厚度标准（mm）   表 1-3

5 年内年计划通过总质量（Mt）		$W_年 \geq 50$	$50 > W_年 \geq 25$	$25 > W_年 \geq 15$	$W_年 < 15$
无垫层的碎石道床	一般路基	450	450	400	350
	不易风化的岩石、碎石路基	350	350	300	300
有垫层的碎石道床（碎石/垫层）		300/200	300/200	250/200	250/200
有砟桥面上的碎石道床	$v_{max} \leq 120km/h$	250			
	$v_{max} > 120km/h$	300			

注：允许速度大于 120km/h 的线路，无垫层时碎石道床厚度不得小于 450mm；有垫层时碎石道床厚度不得小于 300mm，垫层厚度不得小于 200mm。

Ⅰ型混凝土枕中部道床应掏空，其顶面不得低于枕底不得小于 20mm，长腰应为 200～400mm；Ⅱ型和Ⅲ型混凝土枕中部道床可不掏空，但应保持疏松。

道砟粒径级配标准如表 1-4 所示。

道砟粒径级配标准   表 1-4

方孔筛孔边长（mm）	25	35.5	45	56	63
过筛质量百分率（%）	0～5	25～40	55～75	92～97	97～100

随着生产的发展和技术的进步，新型的轨下基础崭露头角，整体化道床。用胶合材料（如沥青砂浆、快硬水泥砂浆、某些黏性的聚合物等）和碎石道砟浇灌在一起，形成整体化道床，可以提高承载能力，使道床的下沉量比普通道床减少 90% 左右，而且可使线路的纵向、横向阻力增加 0.7～4 倍，同时可使排水性能得到改善，具有防脏、防冻、不长草的特点，颇受国内外铁路工程界的青睐。

另外，近年来混凝土宽枕与整体道床也得到广泛应用。轨枕板与普通轨枕一样长，宽度却增加 1 倍。密铺时，相邻板块之间的缝隙只有 18mm 左右，几乎把道床顶面全部覆盖。使用轨枕板可以防脏，是一种"少维修"的线路结构。整体道床则完全取消了道砟，直接在路基上浇筑混凝土，可以保证线路稳定平顺，维修工作量小，许多地下轨道都使用这种线路结构。

四、轨道加强设备

1. 轨道的爬行与防爬设备

轨道爬行也称线路爬行，是因列车运行时纵向作用，使钢轨甚至带动轨枕产生纵向移动的现象。爬行力是使钢轨产生爬行的纵向水平力。轨道爬行的一般规律：①在双线地段，爬行方向与列车运行方向基本相同，列车运行方向在下坡道时爬行量较大；②两个方向运量大致相等的单线地段，其两个方向都发生爬行，且易向下坡道方向爬行；③两个方向的运量显著不同的单线地段，其运量大的方向爬行量较大，在运量大的下坡道方向爬行量更大；④双线或单线的制动地段，均易向制动方向爬行。

轨道爬行的危害：一端接头挤成连续瞎缝，可能诱发胀轨跑道；另一端则拉大轨缝，造成轨道不平顺，增加维修工作量。在明桥、道岔前后产生轨道爬行会影响线路质量，降低轨道各组成部件的使用寿命,甚至产生胀轨跑道、列车颠覆的严重后果。

预防措施:①提高扣件阻力:采用弹性扣件,加大螺栓扭矩,防止扣件松动,保持扣件压力;②提高道床纵向阻力:加强道床捣固、夯实;③增设足够的防爬设备,以加大轨道抵抗纵向移动的阻力。

防爬设备有穿销式防爬器和防爬撑,如图1-10所示。穿销式防爬器主要由轨卡、挡板、穿销组成。防爬撑在3~5根轨枕上连续安装,连成整体防爬设备。

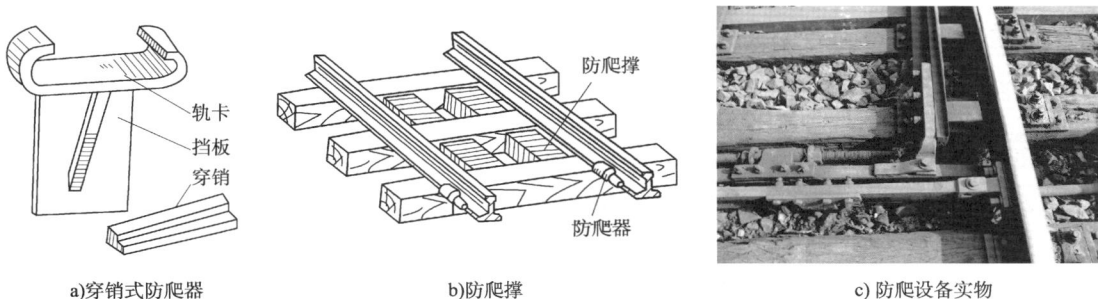

a)穿销式防爬器　　　　　　b)防爬撑　　　　　　c)防爬设备实物

图1-10　防爬设备

2. 曲线加强

列车通过曲线地段尤其是小半径曲线地段时,因横向水平力作用会导致轨距扩大,轨道框架横移,平面位置歪曲,轨枕挡肩损坏,养护维修工作量增加。因此要进行曲线加强,其主要措施如下。

①增加轨枕配置数量,提高轨道框架横向稳定性,如图1-11所示。

图1-11　曲线加强设备

②安装轨撑及轨距杆,提高钢轨水平方向稳定性,防止轨距扩大。

轨撑:安装在钢轨外侧以顶住轨下颚和轨腰,防止钢轨外倾。轨距杆:一端扣在外轨轨底,另一端扣住里轨轨底的拉杆,防止钢轨位移,保持轨距。

③堆高曲线外侧砟肩,以增加道床横向阻力,保持线路稳定。

任务三　认识无砟轨道结构

无砟轨道是以混凝土或沥青混合料等取代散粒道砟道床而组成的轨道结构形式。与有砟轨道相比,无砟轨道具有以下优点。

①轨道稳定性好、平顺性高、舒适性好。无砟轨道结构的几何形位能持久保持,横向阻力较大,轨道稳定性好、平顺性高,增加了运营的安全性。无砟轨道可通过轨道刚度的合理匹配,提高乘坐舒适性,尤其是提高通过不同结构物过渡段和道岔区的乘坐舒适性。

②养护维修工作量少,使用寿命长。随着列车运行速度的不断提高,有砟轨道道砟粉化及道床累积变形的速度加快,为了满足高速铁路对线路的高平顺性、稳定性的要求,必须通过轨道结构的强化及频繁的养护维修来保持轨道的几何线形。与有砟轨道相比,无砟轨道养护维修工作量小,结构耐久性好,轨道使用寿命长。

③无砟轨道在圆曲线地段超高可超出有砟轨道超高的25%,在保持规定速度的情况下可选择较小的曲线半径。同时无砟轨道可以采用较大的线路纵坡,提高线路平纵断面对地形、地物的适应性,减少对景观的破坏,可缩短桥梁、隧道结构物的长度,减少投资,而且其结构高度低,自重小,可减少桥梁二期恒载、降低隧道净空,从而降低工程总造价。

④整洁美观,利于环保。无砟轨道道床整洁美观,解决了有砟轨道在列车高速运行下道砟飞溅带来的一系列问题。

无砟轨道也有如下不足。

①线上部分初期建设投资相对较大。

②基础变形要求高,必须建于坚实、稳定、不变形或有限变形的基础上。无砟轨道的高低调整能力有限(主要通过扣件系统),一旦下部基础变形下沉超出其调整范围,导致上部轨道结构裂损,修复困难。

③道床面相对平滑,轮轨产生的辐射噪声较大。

基于无砟轨道的特点,其适于铺设的范围主要如下。

①基础变形相对较小、维修作业困难的长大桥梁、隧道区段。

②维修作业频繁、路基基础坚实的道岔区段。

③减振降噪与环境要求高的区段。

④优质道砟短缺、人工费用高的国家和地区。

由于无砟轨道结构具有一系列的优点,在国内外高速铁路上获得了广泛应用。我国已经运营的京津城际铁路、沪宁城际铁路、武广高速铁路、郑西高速铁路、沪杭城际铁路、京沪高速铁路和石武高速铁路等都采用无砟轨道。我国通过对高铁技术的引进消化吸收及再创新,形成了具有自主知识产权的 CRTS(China Railway Track System)无砟轨道技术系列:CRTS Ⅰ型双块式无砟轨道(CRTS Ⅰ b)、CRTS Ⅱ型双块式无砟轨道(CRTS Ⅱ b)、CRTS Ⅰ型板式无砟轨道（CRTS Ⅰ s）、CRTS Ⅱ 型板式无砟轨道（CRTS Ⅱ s）、CRTS Ⅲ 型板式无砟轨道（CRTS Ⅲ s）。

以下主要对 CRTS Ⅰ s、CRTS Ⅰ b、CRTS Ⅱ s 和 CRTS Ⅲ s 进行介绍。

一、CRTS Ⅰ 型板式无砟轨道

1. 轨道板组成

轨道板由钢轨、弹性扣件、轨道板、水泥乳化沥青（CA）砂浆充填层、混凝土底座、凸形挡台及其周围填充树脂等组成，如图 1-12 所示。

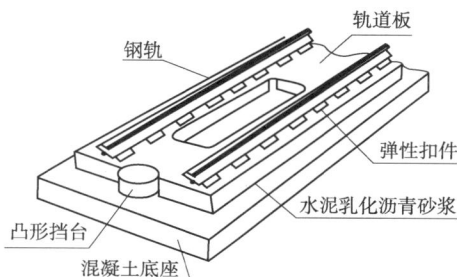

图 1-12　轨道板组成

CRTS Ⅰ 型无砟
轨道结构

2. 轨道板的结构及形式尺寸

①轨道板结构类型可分为预应力混凝土平板、预应力钢筋混凝土框架板和钢筋混凝土板，如图 1-13、图 1-14 所示。轨道板类型应根据环境条件和下部基础合理选用。

图 1-13　预应力混凝土平板

图 1-14　预应力钢筋混凝土框架板

②标准轨道板长度为 4962mm，宽度为 2400mm，厚度不宜小于 190mm。轨道板两端设半圆形缺口，半径为 300mm。扣件节点间距不宜大于 650mm，特殊情况下超过 650mm 时，应进行设计检算，且不宜连续设置。

③水泥乳化沥青砂浆充填层厚度为 50mm；对于减振型板式轨道，厚度为 40mm。水泥乳化沥青砂浆应采用袋装灌注法施工。

④底座结构应满足列车荷载、温度荷载及混凝土收缩等共同作用下强度和裂缝宽度检算要求，同时应满足下部基础变形的影响及结构强度检算要求。底座采用钢筋混凝土结构，混凝土强度等级为 C40。底座的外形尺寸根据设计荷载计算确定，曲线地段底座内侧厚度

不应小于 100mm。

　　⑤凸形挡台按固定于混凝土底座上的悬臂构件设计，形状分圆形和半圆形，混凝土强度等级为 C40。凸形挡台和轨道板之间填充树脂材料，设计厚度为 40mm。填充树脂应采用袋装灌注法施工。

　　⑥曲线超高在底座上设置。超高设置以内轨顶面为基准，采用外轨抬高方式，并在缓和曲线范围内线性过渡。

　　⑦轨道板外侧的底座顶面设置横向排水坡。

3. 路基地段 CRTS I 型板式无砟轨道（图 1-15）

　　①底座在路基基床表层上设置。

　　②底座在每隔一定长度所对应凸形挡台中心位置，设置横向伸缩缝。

　　③线间排水应结合线路纵坡、桥涵等线路条件和环境具体设计。采用集水井方式时，集水井设置间隔根据汇水面积和当地气象条件设计确定。严寒地区线间排水设计应考虑防冻措施。

　　④线路两侧及线间路基面应进行防水处理。

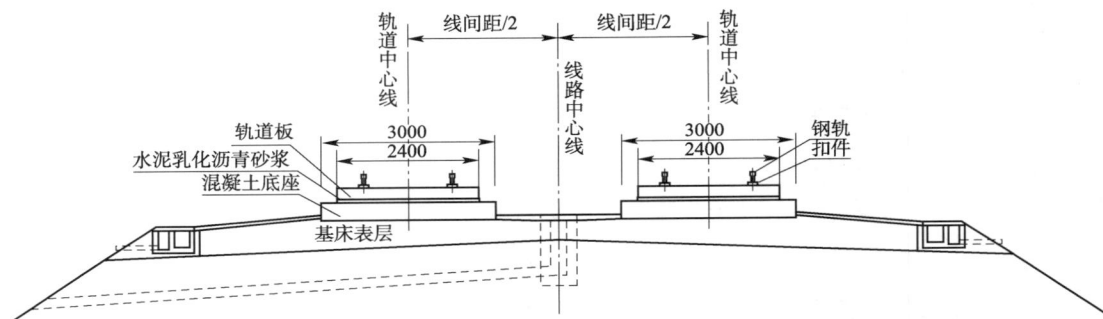

图 1-15　路基地段 CRTS I 型板式无砟轨道标准横断面示意图（尺寸单位：mm）

4. 桥梁地段 CRTS I 型板式无砟轨道（图 1-16）

　　①底座板在桥梁上设置，通过梁体预埋套筒植筋或预埋钢筋方式与桥梁连接。轨道中心线 2.6m 范围内，梁面应进行拉毛处理。

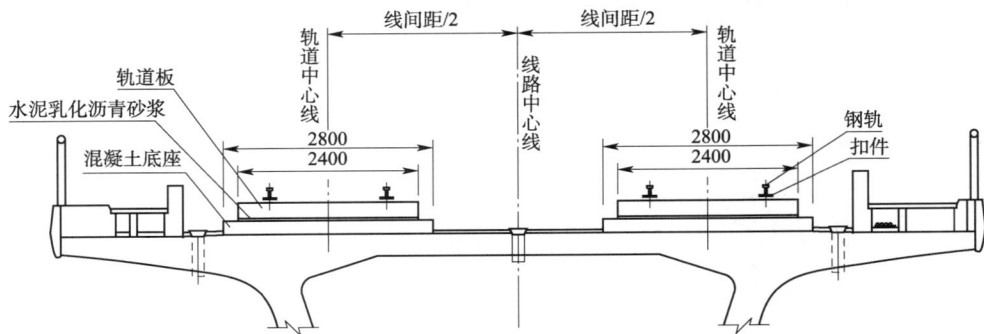

图 1-16　桥梁地段 CRTS I 型板式无砟轨道标准横断面示意图（尺寸单位：mm）

②底座板对应每块轨道板,在凸形挡台中心位置设置横向伸缩缝。

③底座范围内,梁面不设防水层和保护层。

④桥上扣件纵向阻力及梁端扣件结构形式根据计算确定。

5. 隧道地段 CRTS I 型板式无砟轨道(图 1-17)

①在有仰拱隧道内,在仰拱回填层上方构筑底座。沿线路纵向,在底座上,对应凸形挡台中心位置,每隔一定长度设置横向伸缩缝。在对应隧道沉降缝位置的底座上,设置伸缩缝。底座宽度范围内,仰拱回填层表面进行拉毛处理。

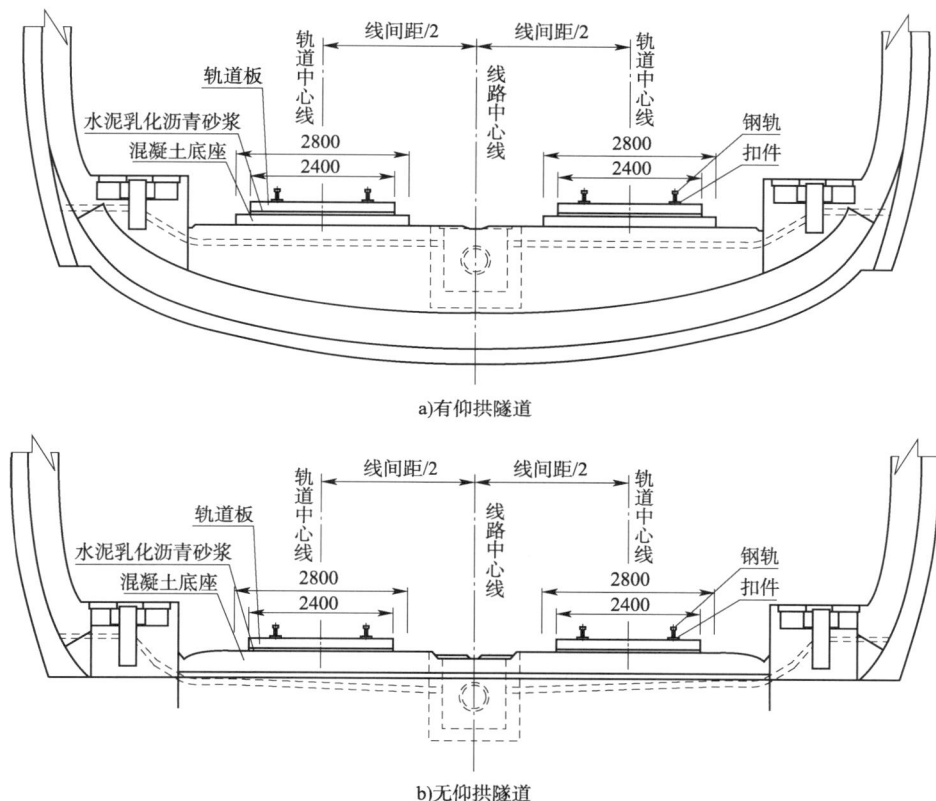

a)有仰拱隧道

b)无仰拱隧道

图 1-17　隧道地段 CRTS I 型板式无砟轨道标准横断面示意图(尺寸单位:mm)

②在无仰拱隧道内,底座与隧道底板合并设置并连续铺设。当位于曲线地段时,超高一般在底座面上设置。

③距隧道洞口 100m 范围内,仰拱回填层设置钢筋与底座连接。

二、CRTS I 型双块式无砟轨道

道床板采用钢筋混凝土结构,现场浇筑成型,混凝土强度等级为 C40。

1. 路基地段 CRTS I 型双块式无砟轨道(图 1-18)

①由钢轨、弹性扣件、双块式轨枕、道床板、支承层等组成。

双块式轨道结构

②支承层在路基基床表层上设置，表面宽度为3200mm，底面宽度为3400mm，厚度为300mm。沿线路纵向，每隔不大于5m设一横向预裂缝，缝深为厚度的1/3。对道床板宽度范围内的支承层表面进行拉毛处理。

③道床板为纵向连续的钢筋混凝土结构，在支承层上构筑。道床板宽度为2800mm，厚度为260mm。

④曲线超高在路基基床表层上设置。

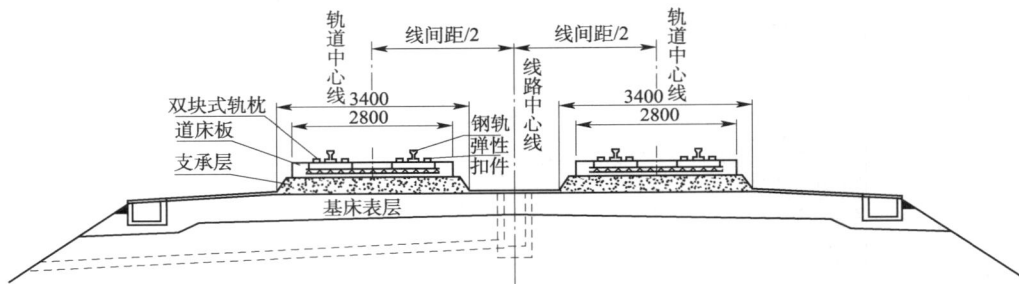

图1-18　路基地段CRTS I型双块式无砟轨道标准横断面示意图（尺寸单位：mm）

2. 桥梁地段 CRTS I 型双块式无砟轨道（图1-19）

①轨道板由钢轨、弹性扣件、双块式轨枕、道床板、底座等组成。

②道床板、底座沿线路纵向在梁面上分块构筑，分块长度在5.0～7.0m范围内，相邻道床板及底座的间隔缝为100mm，道床板宽度为2800mm、厚度为260mm，底座宽度为2800mm，直线地段底座厚度不宜小于210mm，曲线地段底座内侧厚度不应小于100mm。

③底座通过梁体预埋套筒植筋或预埋钢筋与桥梁连接，轨道中心线2.6m范围内，对梁面进行拉毛处理。

④曲线超高在底座上设置。

⑤底座顶面设置隔离层。对应每块道床板，底座设置限位凹槽，凹槽的形式尺寸根据设计荷载计算确定，凹槽侧面设弹性垫层。

⑥底座范围内，梁面不设防水层和保护层。

⑦桥上扣件纵向阻力及梁端扣件结构形式根据计算确定。

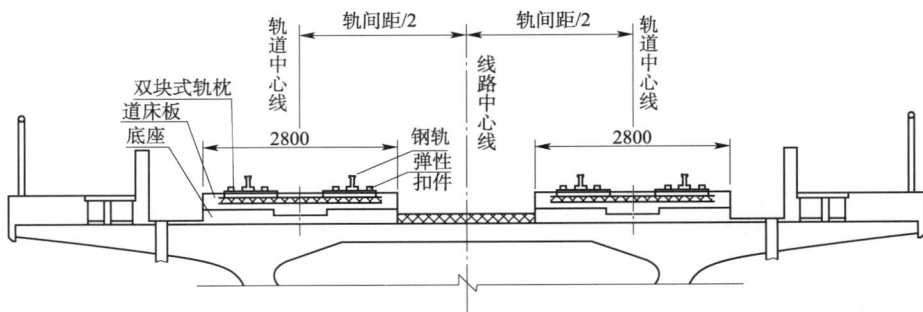

图1-19　桥梁地段CRTS I型双块式无砟轨道标准横断面示意图（尺寸单位：mm）

3. 隧道地段 CRTS I 型双块式无砟轨道(图 1-20)

①轨道板由钢轨、弹性扣件、双块式轨枕、道床板等组成。

②道床板为纵向连续的钢筋混凝土结构,直接在隧道仰拱回填层(有仰拱隧道)或底板(无仰拱隧道)上构筑;道床板宽度为 2800mm,厚度为 260mm,其宽度范围内,对仰拱回填层或底板表面进行拉毛处理。

③曲线超高在道床板上设置。

④距洞口 200mm 范围,隧道内道床板结构与路基地段相同。其余地段的道床板结构根据相应的设计荷载确定。

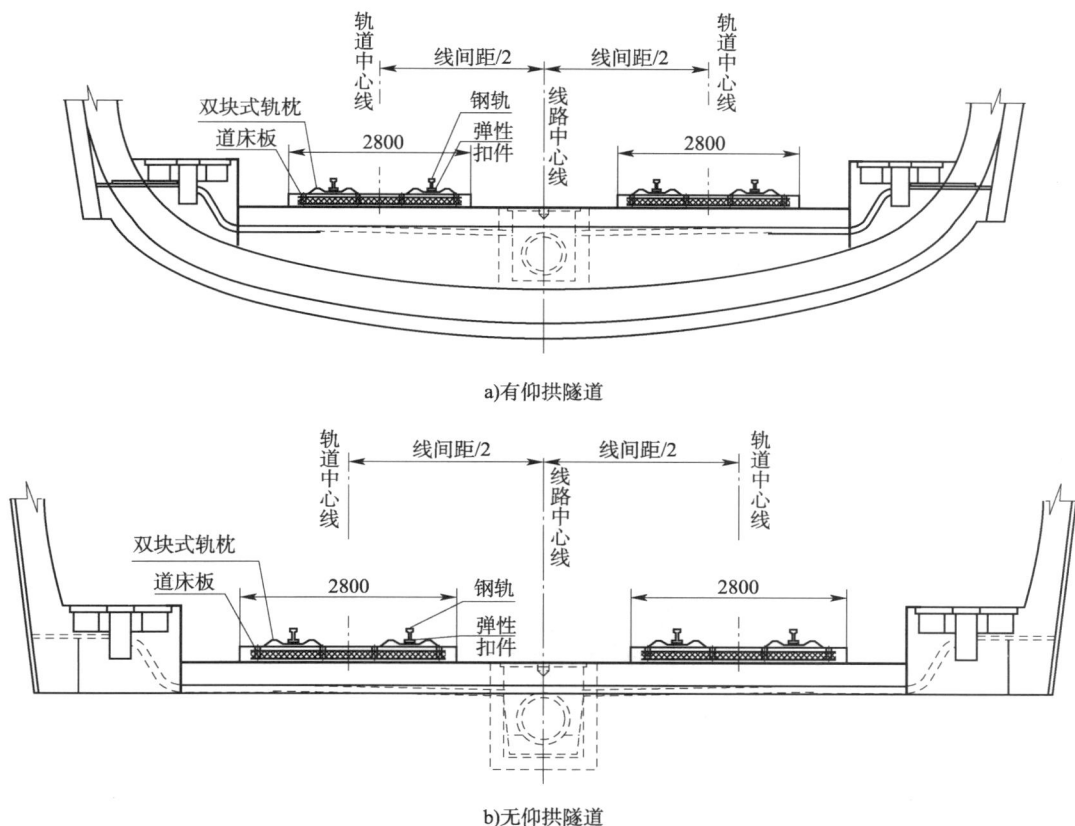

a)有仰拱隧道

b)无仰拱隧道

图 1-20 隧道地段 CRTS I 型双块式无砟轨道标准横断面示意图(尺寸单位:mm)

三、CRTS II 型板式无砟轨道

CRTS II 型板式无砟轨道由博格板式无砟轨道系统结构演变而来,京津城际铁路即采用典型的 CRTS II 型板式无砟轨道,如图 1-21、图 1-22 所示。

轨道板采用预应力混凝土结构,混凝土强度等级为 C55。标准轨道板长度为 6450mm,宽度为 2550mm,厚度为 200mm,补偿板和特殊板根据具体条件配置。水泥乳化沥青砂浆充填层厚度为 30mm。

CRTS II 型无砟
轨道结构

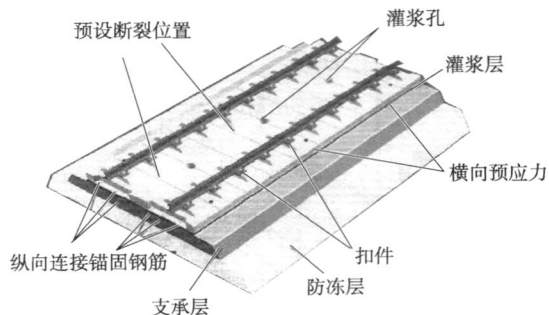

图 1-21　博格式无砟轨道系统结构

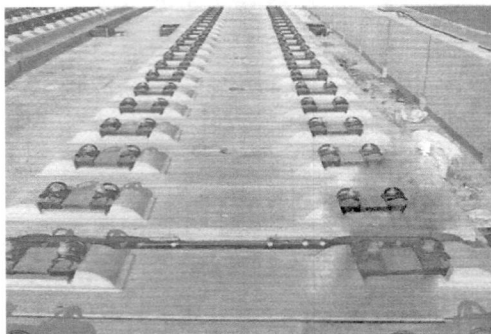

图 1-22　京津城际铁路 CRTS Ⅱ 型板式无砟轨道

1. 路基地段 CRTS Ⅱ 型板式无砟轨道（图 1-23、图 1-24）

①轨道板由钢轨、弹性扣件、轨道板、水泥乳化沥青砂浆充填层、支承层等组成。

②支承层在路基基床表层上设置，其性能应符合相关规定。支承层顶面宽度为 2950mm，底面宽度为 3250mm，厚度为 300mm。沿线路纵向，每隔不大于 5m 切一横向预裂缝，缝深为其厚度的 1/3。对轨道板宽度范围内的支承层表面进行拉毛处理。

③曲线超高在路基基床表层上设置。

④线间排水应结合线路纵坡、桥涵等线路条件和环境条件具体设计，当采用集水井方式时，集水井设置间隔根据汇水面积和当地气象条件计算确定。

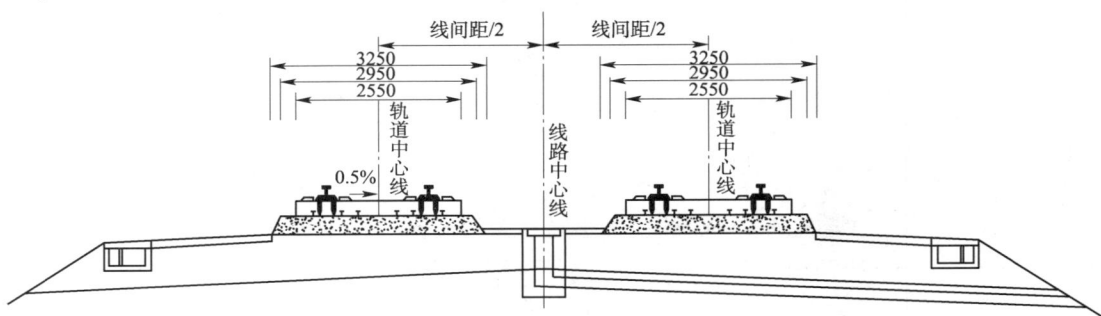

图 1-23　温暖地区路基地段 CRTS Ⅱ 型板式无砟轨道标准横断面示意图（尺寸单位：mm）

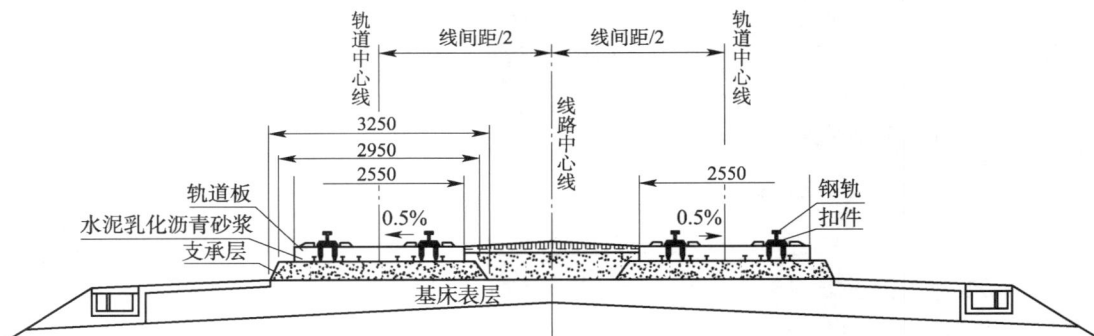

图 1-24　寒冷地区路基地段 CRTS Ⅱ 型板式无砟轨道标准横断面示意图（尺寸单位：mm）

⑤对线路两侧及线间路基面进行防水处理。

2. 桥梁地段 CRTS II 型板式无砟轨道(图 1-25)

①轨道板由钢轨、弹性扣件、轨道板、水泥乳化沥青砂浆充填层、底座板、滑动层、高强度挤塑板、侧向挡块、台后锚固结构等组成。

②底座板采用纵向连续的钢筋混凝土结构,混凝土强度等级为 C30。底座板宽度为 2950mm;直线曲段的底座板厚度不宜小于 190mm;曲线超高在底座板上设置,曲线内侧的底座板厚度不应小于 175mm。

③底座板结构中可根据施工组织安排设置一定数量的混凝土后浇带及钢板连接器。

④底座板宽度范围内,梁面设置滑动层,滑动层结构及性能应符合相关规定。

⑤在桥梁固定支座上方,梁体设置底座板纵向限位机构,相应位置设置抗剪齿槽及锚固筋连接套筒,形式尺寸及数量应根据计算确定。

⑥底座板两侧隔一定距离设置侧向挡块,梁体相应位置设置钢筋连接套筒。侧向挡块与底座板间设置弹性限位板。

⑦距梁端一定范围,梁面设置高强度挤塑板,厚度为 50mm。

⑧轨道板外侧的底座板顶面设置横向排水坡。

⑨台后路基应设置锚固结构及过渡板。

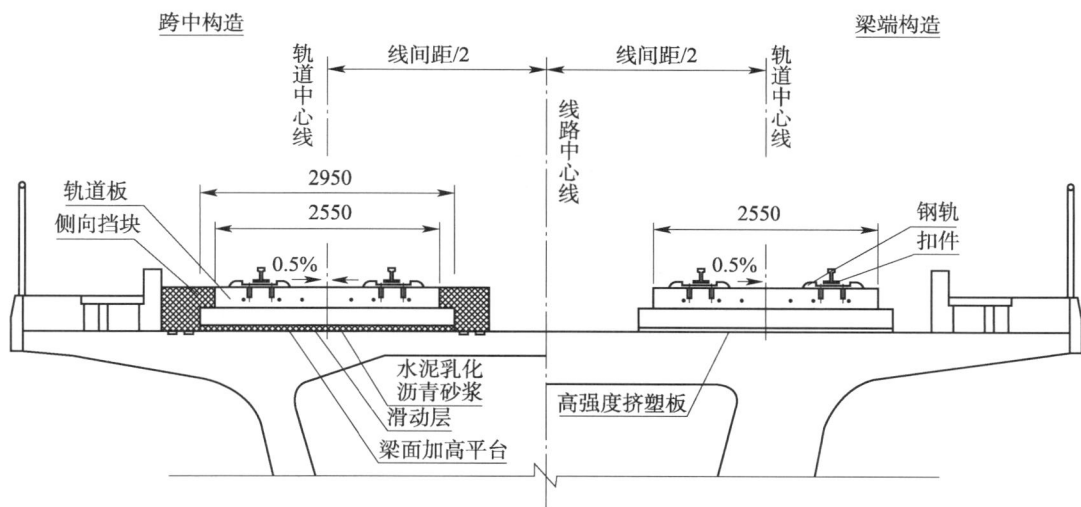

图 1-25 桥梁地段 CRTS II 型板式无砟轨道标准横断面示意图(尺寸单位:mm)

3. 隧道地段 CRTS II 型板式无砟轨道(图 1-26)

①轨道板由钢轨、弹性扣件、轨道板、水泥乳化沥青砂浆充填层、支承层等组成。

②当支承层采用低塑性水泥混凝土,曲线超高在支承层设置。当支承层采用水硬性混合料时,曲线超高在仰拱回填层(有仰拱隧道)或底板(无仰拱隧道)上设置。

③其他规定与路基地段相同。

a)有仰拱隧道

b)无仰拱隧道

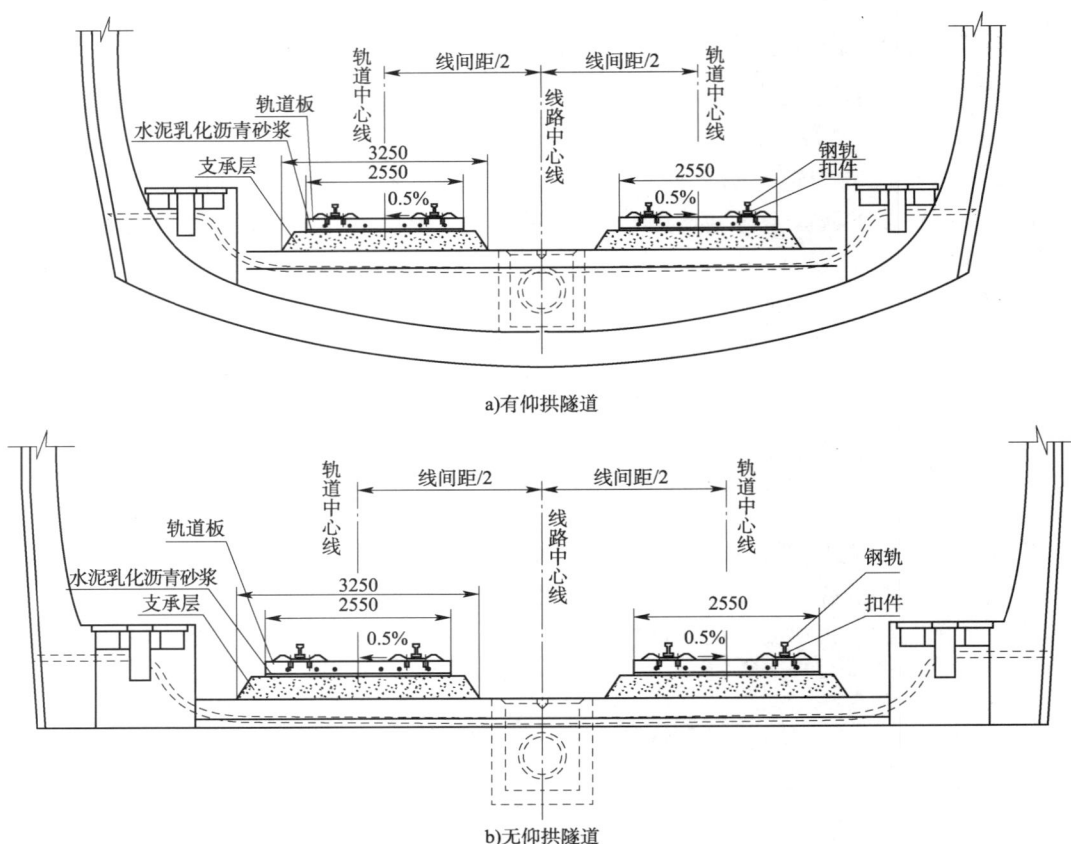

图1-26　隧道地段CRTS Ⅱ型板式无砟轨道标准横断面示意图(尺寸单位:mm)

4.道岔区无砟轨道

（1）道岔区轨枕埋入式无砟轨道

①轨道板由道岔钢轨件、弹性扣件、岔枕、道床板及底座等组成。

②道岔区扣件间距为600mm,特殊位置的扣件间距根据道岔结构确定。

③道床板采用钢筋混凝土结构,混凝土强度等级为C40。

④底座采用钢筋混凝土结构,混凝土强度等级为C30。底座厚度为300mm,宽度根据道岔结构尺寸确定,对应转辙器及辙叉区段,底座设置与道床板的连接钢筋。

⑤道床板表面设置横向排水坡。

⑥道岔区范围内的轨道刚度设计应均匀,并与区间轨道刚度相匹配。

⑦无砟轨道结构设计应满足道岔电务设备的安装要求。

（2）道岔区板式无砟轨道

①轨道板由道岔钢轨件、弹性扣件,道岔板、底座等组成。

②道岔区扣件间距宜为600mm,特殊位置的扣件间距根据道岔结构设计确定。

③道岔板采用钢筋混凝土结构,混凝土强度等级为C50。道岔板厚度为240mm,宽度根

据道岔结构尺寸确定。道岔板表面设横向排水坡。

④底座采用钢筋混凝土结构,混凝土强度等级为C40,厚度不小于180mm。宽度根据道岔结构尺寸确定。

⑤道岔范围内的轨道刚度设计应均匀,并与区间轨道刚度相匹配。

⑥无砟轨道结构设计应满足道岔电务设备的安装要求。

5. 轨道板的剪切连接

(1) 剪切连接的设置范围

轨道板的剪切连接位置为每片箱梁的梁缝(包括简支梁与简支梁缝)区域、梁与台背、端刺与路基过渡段、桩板结构与路基过渡段及道岔前后处,主要结构作用是将轨道板与底座板连接成为一个整体,以适应端部结构变形,结构形式视工程部位的不同而有所区别。其中,每块轨道板在梁缝(包括桥台处梁缝)两端各设 4 根(设于承轨台中间部位)剪力销(图 1-27)端刺与路基过渡段、桩板与路基过渡段及道岔前后处的轨道板剪切连接见后述"路基部分"。

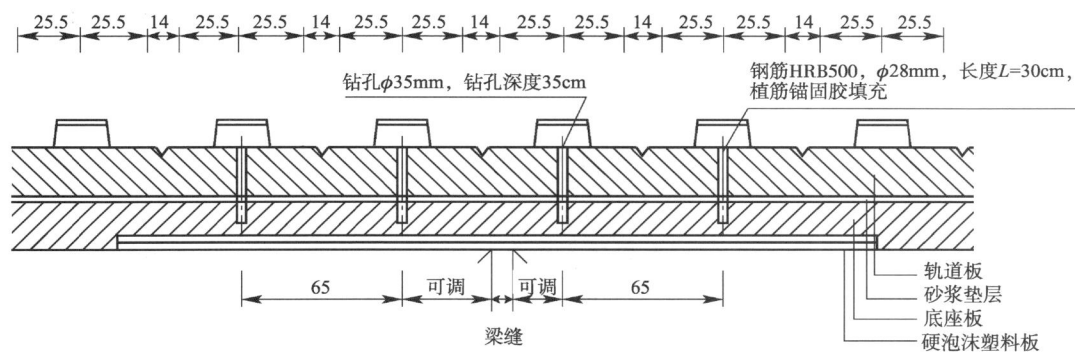

图 1-27 梁缝处轨道板锚固连接布置示意图(尺寸单位:cm)

(2) 剪切筋安装孔的钻设

钻孔前应在设计植筋位置使用钢筋探测雷达探明轨道板及底座板内的钢筋布置情况,以此微调并确定钻孔位置。钻孔使用植筋专用钻孔机(一般由锚固胶供应商提供),钻孔完成后,使用高压风枪吹除孔内屑粉,植筋施工应随即进行,否则应用砂丝团或软布团封堵孔口。

(3) 剪切筋的绝缘处理

为确保剪切筋与板(轨道板及底座板)内钢筋处于隔离绝缘状态,剪切筋表面应事先均匀涂抹一层植筋胶(即锚固用胶),并确保表面无遗漏之处。面胶凝固后再进行植入施工。

(4) 剪切筋的安装

孔内注入适量植筋胶(试验确定)并植入剪力销钉(筋)。剪切筋植入时应轻轻插入,并避免与板内钢筋接触。

6. 侧向挡块

侧向挡块设计分两种形式,其中,C 型挡块为侧挡块,D 型挡块为扣押型(压住底座板)。一般在每孔简支梁上设 2 对 D 型挡块,其余为 C 型挡块,C 型与 D 型挡块总体上设置如

图 1-28 所示。根据梁跨不同，挡块设置间距有所区别，一般地段 32m 梁上为 5.745m，24m 梁上为 5.18m，20m 梁上为 5.57m，连续梁上的挡块布置视结构不同而不同。摩擦板地段挡块间距一般为 8m（C 型、D 型交替布置）。

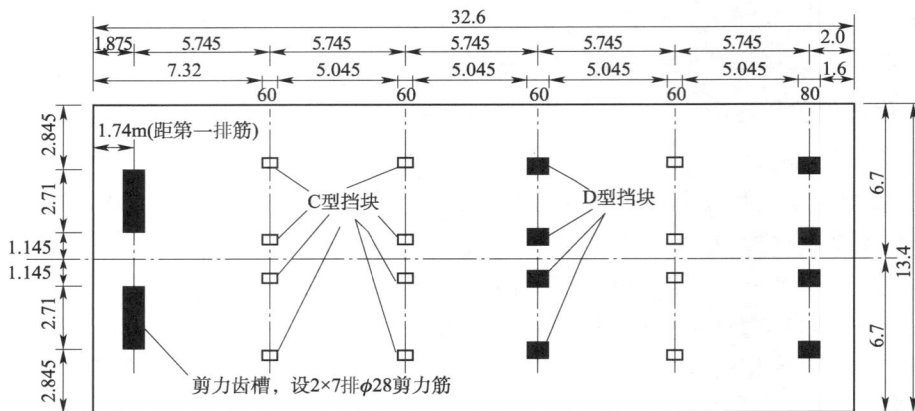

图 1-28　简支梁（32m）上侧向挡块布置示意图（尺寸单位：m）

侧向挡块应在仿真试验成功的基础上再组织规模施工，以实现外观整洁统一，并保证侧向挡块"纵、横向一条线"。侧向挡块施工推荐使用成批加工制作的组合钢模具，模具应考虑曲线地段外侧与超高。同时还应考虑底座板厚度及桥面高程的不一致性需要，施工时，应先安装固定橡胶垫板及硬质泡沫材料，其中，橡胶垫板可通过与挡块钢筋连接并固定在底座板混凝土紧贴，硬质泡沫材料可采用胶合剂与底座板混凝土黏合固定（要求与橡胶垫板紧靠），硬质泡沫材料及橡胶垫板应在混凝土灌注面用塑料薄膜覆盖，其后再安装挡块模具。模具应成批安装并挂线作业，混凝土灌注施工时应按规定进行振捣，振捣作业采用微型振捣棒。灌注完成后的侧向挡块应及时养护。

四、CRTS Ⅲ型板式无砟轨道

CRTS Ⅲ型板式无砟轨道是我国具有完全自主知识产权的无砟轨道类型，其结构由钢轨、扣件、预制轨道板、自密实混凝土填充层、限位凹槽、土工布隔离层、钢筋混凝土底座等部分组成，如图 1-29 所示。

①无砟轨道采用单元分块式结构，在路基、桥梁和隧道地段，轨道板采用不连接的分块式结构。

②底座板在每块轨道板范围内设置两个限位挡台（凹槽结构），底座板与自密实混凝土层之间设置中间隔离层。

CRTS Ⅲ型无砟
轨道结构

③轨道板采用分块式结构，混凝土强度等级为 C60，标准轨道板长度为 5350mm（32m），4856mm（24m），厚度 190mm，宽度 2500mm。

④底座为混凝土结构，路基地段混凝土强度等级为 C25。桥梁和隧道地段混凝土强度等级为 C40。底座厚度在路基地段为 240mm，桥梁和隧道地段为 190mm，个别曲线超高 110mm 地段，底座厚度为 290mm。每块轨道板对应的底座板上设置两个凹槽，起纵横向限位作用。

⑤轨道板与底座板间设置自密实混凝土,厚度为90mm,采用钢筋网配筋设置。

⑥自密实混凝土与底座板之间设置中间隔离层。

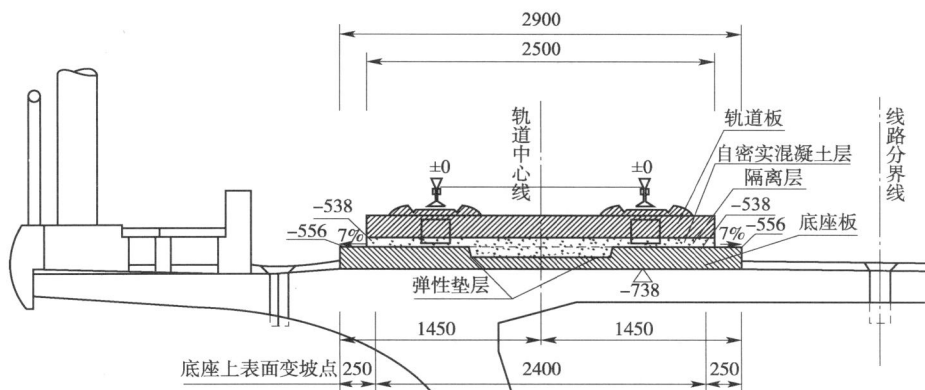

图1-29 CRTSⅢ型板式无砟轨道组成(尺寸单位:mm;高程单位:m)

任务四 轨道几何形位认知

一、轨道几何形位

轨道由直线轨道和曲线轨道组成。直线部分的轨道方向应保持笔直,曲线部分轨道应具有相应的圆顺度。轨道各部分的几何形状、相对位置和基本尺寸要求等,称为轨道几何形位。轨道几何形位的正确与否,对机车车辆的安全运行、乘客的乘坐舒适度、设备的使用寿命和养护费用起着决定性作用。

1. 机车车辆走行部分

机车车辆走行部分(转向架)组成:轮对、侧架、轴箱、弹性悬挂装置、制动装置,如图1-30所示。

图1-30 机车车辆走行部分

（1）轮对

轮对是机车车辆走行部分的重要部件，由一根车轴和两个相同的车轮组成。踏面是车轮和钢轨接触的面，如图1-31所示。

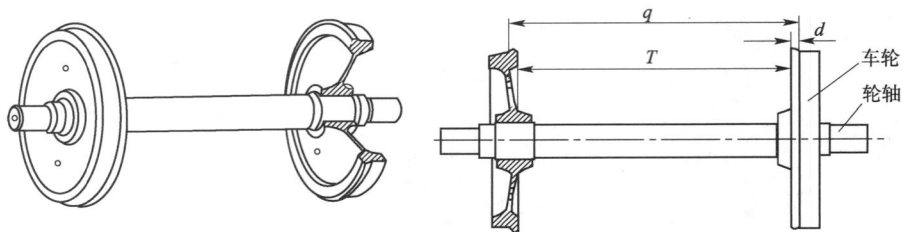

图1-31　轮对

轮缘：指车轮踏面内侧制成的凸缘，作用是保证车轮沿钢轨滚动时不脱轨。车轮内侧面与外侧面之间的距离是车轮宽度。

踏面测量线：通过路面上距车轮内侧面一定距离的一点的水平线。

轮缘高度：是指由踏面测量线至轮缘顶点的距离。

轮缘厚度：由测量线向下10mm处测量得到的轮缘厚度。

轮对宽度（q）：是指轮背内侧距离T加上2个轮缘厚度d，即$q = T + 2d$。

（2）转向架

转向架（图1-32）是把两个或两个以上的轮对用专门的构架组成一小车，每节车体支承在两个转向架上。作用是：承受车体重量，传递轮轴牵引力，并使各轴重均匀分配；使车辆顺利通过曲线；减振、传递牵引力和制动力，以提高列车牵引效率和保证列车在规定距离内停车。

（3）机车车辆轴距

全轴距：是指同一车体最前位和最后位的车轴中心之间水平距离。

固定轴距：同一车架或转向架上始终保持平行的最前位和最后位车轴中心间的水平距离，是控制机车车辆能否顺利通过小半径曲线的控制因素，如图1-33所示。

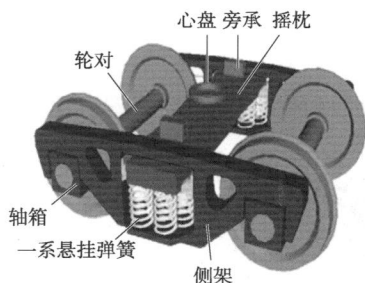

图1-32　某型货车转向架

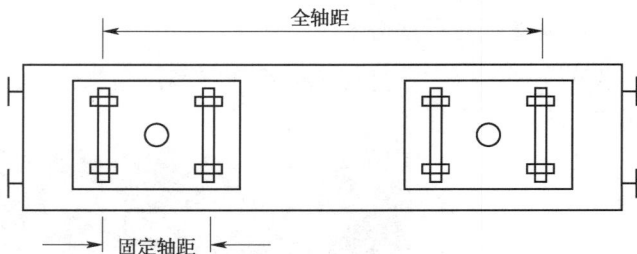

图1-33　轴距

车辆定距：车辆前后两走行部分上车体支承之间的距离。

（4）轮轨间相互作用

车轮与钢轨间的作用力主要包括竖向力、横向水平力和纵向水平力，如图1-34所示。轨道越平顺，行车越平稳，车轮作用于轨道的破坏力也越小。

①竖向力是指车轮的静轮载和动轮载增量,是轨道所受的主要荷载。

②横向水平力是指轨道平面上与轨道方向垂直的水平力,是钢轨侧面磨耗和列车脱轨事故的直接原因。

③纵向水平力是指沿轨道方向的水平力,是导致钢轨波形磨耗、轨道爬行等病害的直接原因。

2.直线轨道的几何形位

轨道几何形位按照静态和动态两种状况进行管理。静态几何形位是轨道不行车时的状态。动态几何形位是行车条件下的轨道状态。直线地段轨道几何形位要素:轨距、水平、前后高低、方向、轨底坡。

(1)轨距

图 1-34 轮轨之间作用力

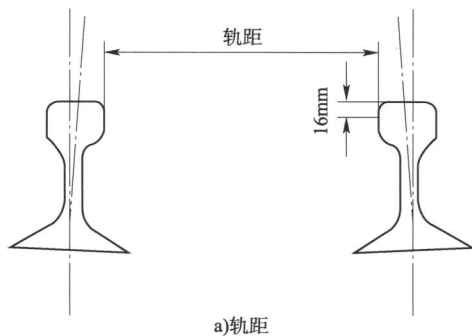

轨距是指钢轨顶面下 16mm 范围内两股钢轨作用边之间的最小距离。钢轨头部由不同半径的复合曲线组成,钢轨底面设有轨底坡,钢轨向内倾斜,车轮轮缘与钢轨侧面接触点在钢轨顶面下 10 ~ 16mm 处,我国现行《铁路技术管理规程》规定轨距测量部位在钢轨顶面下 16mm 处,如图 1-35 所示,此处轨距一般不受钢轨磨耗和肥边的影响,便于轨道维修工作的实施。

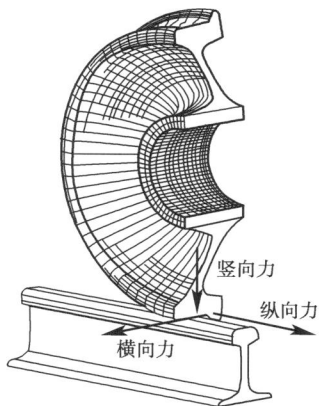

a)轨距

b)轨距尺

图 1-35 轨距及测量工具

轨距尺的使用

目前,世界上的铁路轨距分为标准轨距、宽轨距和窄轨距三种。标准轨距尺寸为 1435mm。大于标准轨距称为宽轨距,如 1524mm、1600mm 等,俄罗斯、印度、澳大利亚、蒙古国等国家采用宽轨距。小于标准轨距称为窄轨距,如 1000mm、1067mm、762mm 等,日本既有线采用 1067mm 轨距,越南采用 1000mm 轨距。

我国铁路轨距绝大多数为标准轨距,但云南省尚保留部分 1000mm 轨距、台湾地区铁路采用 1067mm 轨距。

轨距测量有静态和动态两种方法。静态轨距测量采用道尺、轨检小车;动态轨距测量采用轨道检查车(俗称轨检车)。

轨距用道尺测量,容许偏差值受速度影响,具体数值见表1-5。轨距变化应缓和平顺,其变化率不允许超过规定要求,因为在短距离内,如轨距有显著变化,即使不超过轨距容许误差,也会使机车车辆发生剧烈摇摆,限制轨距变化率对保证行车平稳是非常重要的。

轨距容许偏差 表1-5

速度 v （km/h）	轨距的容许偏差值 （mm）	
	有砟轨道	无砟轨道
$v \leqslant 120$	+6、-2	+3、-2
$120 < v \leqslant 160$	+4、-2	±2

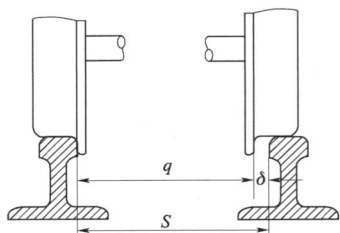

图1-36 轮轨游间示意图

注: $\delta = S - q$。

为使机车车辆能在线路上两股钢轨间顺利通过,机车车辆的轮对宽度应小于轨距。当轮对的一个车轮轮缘紧贴一股钢轨的作用边时,另一个车轮轮缘与另一股钢轨作用边之间形成的间隙被称为轮轨游间(图1-36)。

轮轨游间 δ 的大小,对列车运行的平稳性和轨道的稳定性有重要的影响。如 δ 太大,则列车运行的蛇行幅度就大,作用于钢轨的横向力大,动能损失大,会加剧轮轨磨耗和轨道变形,严重时将引起列车脱轨,危及行车安全。如 δ 太小,则增加行车阻力和轮轨磨耗,严重时还可能楔住轮对、挤翻钢轨或导致爬轨事件,危及行车安全。因此,必须对游间值进行限制。我国机车车辆轮轨游间 δ 最大值、正常值及最小值如表1-6所示。

轮轨游间值 表1-6

车轮名称	轮轨游间值（mm）		
	最大值	正常值	最小值
机车轮	45	16	11
车辆轮	47	14	9

理论研究与运营实践表明,适当减小轨距,减小 δ 值,会减轻列车的摇摆,减少轮轨磨耗和动能损失,改善行车条件,提高列车运行的平稳性和线路的稳定性。因此,有些国家把轨距适当减小,如西欧把标准轨距 1435mm 减小到 1433mm 或 1432mm;苏联也把轨距从 1524mm 减小为 1520mm 等。根据我国现场测试和养护维修经验,认为减小直线轨距有利。改道时轨距按 1434mm 或 1433mm 控制,尽管轨头有少量侧磨发生,但达到轨距超限的时间得以延长,有利于提高行车平稳性,延长维修周期。

（2）水平

水平是指线路左右两股钢轨顶面的相对高差。为保持列车平稳运行,并使两股钢轨均匀受力,直线地段上两股钢轨顶面应保持同一水平,曲线上保持一定超高。

用道尺或其他工具测量水平。实践中有两种性质不同的钢轨水平偏差,对行车的危害程度也不相同。一种偏差称为水平差,另一种偏差称为三角坑。水平差是指在一段规定的距离内,一股钢轨的顶面始终比另一股高,且高差值超过容许偏差值。水平差会引起车辆摇晃、两股钢轨不均匀受力、钢轨不均匀磨耗。三角坑(扭曲不平顺)是指左右两股钢轨顶面相对于轨道平面发生的扭曲状态。其危害是引起车辆侧滚和侧摆,轮载变动,车辆倾覆脱轨,危及行车安全,必须立即消除。

（3）前后高低

轨道沿线路方向的纵向平顺情况称为前后高低。新铺或经过大修后的线路,其轨面一般是平顺的,但是经过列车运行一段时间后,因道床的累积变形、路基不均匀下沉、木枕腐朽、三角坑和弹性不均匀等原因,使轨面出现高低不平,称之为静态不平顺。轨面表面上看平顺,但在钢轨与铁垫板或轨枕之间存在间隙(间隙超过2mm时称为吊板),或轨枕与道砟之间有空隙(空隙超过2mm时称为空板或暗坑),或轨道的弹性不均匀,当列车通过时,轨面下沉形成不平顺,称之为动态不平顺。轨道前后高低不平顺,危害很大。列车通过这些地方时,会引起轮轨之间的振动和冲击,产生动力增载,即附加动力。长不平顺使车轮对钢轨产生附加动压力,降低旅客舒适度;短不平顺使车轮对钢轨产生振动冲击力。不平顺会加速道床变形,进而扩大不平顺,并加剧轮轨动力作用,形成恶性循环。

（4）方向

轨道的方向又称为轨向,是指轨道中心线在水平面上的平顺性。按照行车的平稳与安全要求,直线应当笔直,曲线应当圆顺。严格地说,经过运营的直线轨道并非直线,而是由许多波长10～20m的曲线所组成,因其曲度很小,偏离中心线不大,故通常不易觉察。若直线不直则必然引起列车的蛇行运动。在行使快速列车的线路上,线路方向对行车的平稳性具有特别重要的影响。相对轨距来说,轨道方向往往是行车平稳性的控制性因素。只要方向偏差保持在容许范围以内,轨距变化对车辆振动的影响就处于从属地位。

在无缝线路地段,若轨道方向不良,还可能在高温季节引发胀轨跑道事件(轨道发生非常明显的不规则横向位移),严重威胁行车安全。

（5）轨底坡

由于车轮踏面与钢轨顶面主要接触部分是1：20的斜坡,为了使钢轨轴心受力,钢轨不应竖直布设,而应适当向轨道内侧倾斜,因此钢轨底面与轨枕顶面之间形成的横向坡(内倾度),称之为轨底坡。

钢轨设置轨底坡,可使车轮压力集中在钢轨中轴线上,减小荷载偏心距,提高钢轨横向稳定性,降低轨腰弯曲应力,减轻轨头不均匀磨耗,避免轨头与轨腰连接处发生纵裂,减轻轨头不均匀磨耗,延长钢轨使用寿命。

从理论上讲,轨底坡的大小应与轮踏面的坡度相同,即1：20。我国铁路在1965年以前,轨底坡定位为1：20,但在机车车辆的动力作用下,轨道发生弹性挤开,轨枕产生挠曲和弹性压缩,加上垫板与轨枕不密贴,道钉的扣压力不足等原因,实际轨底坡与原设计轨底坡有较大出入。另外车轮踏面经过一段时间的磨耗后,原来1：20的斜面也接近1：40的坡度。所以1965年以后,我国铁路的轨底坡统一改为1：40。

轨底坡设置是否正确，可根据轨顶面车轮碾磨形成的光带位置判定。如光带偏离轨顶中心向内，说明轨底坡不足；如光带偏离轨顶中心向外，说明轨底坡过大；如光带居中，说明轨底坡合适。线路养护工作中，可根据光带位置调整轨底坡的大小。

根据行车速度，线路轨道静态几何尺寸容许偏差管理值如表1-7所示。

线路轨道静态几何尺寸容许偏差管理值　　　　　　　　　　表1-7

项目		$v_{max} > 160km/h$ 正线			$120km/h < v_{max} \leqslant 160km/h$ 正线			$v_{max} \leqslant 120km/h$ 正线及到发线			其他站线		
		作业验收	经常保养	临时补修	作业验收	经常保养	临时补修	作业验收	经常保养	临时补修	作业验收	经常保养	临时补修
轨距(mm)		+2 −2	+4 −2	+6 −4	+4 −2	+6 −2	+8 −4	+6 −2	+7 −4	+9 −4	+6 −2	+9 −4	+10 −4
水平(mm)		3	5	8	4	6	8	4	6	10	5	8	11
高低(mm)		3	5	8	4	6	8	4	6	10	5	8	11
轨向(直线)(mm)		3	4	7	4	6	8	4	6	10	5	8	11
三角坑(扭曲)(mm)	缓和曲线	3	4	6	4	5	6	4	5	7	5	7	8
	直线或圆曲线	3	4	6	4	6	8	4	6	9	5	8	10

注：1. 轨距偏差不含曲线上按规定设置的轨距加宽值，但最大轨距(含加宽值和偏差)不得超过1456mm。

　　2. 轨向偏差和高低偏差为10m弦测量的最大矢度值。

　　3. 三角坑偏差不含曲线超高顺坡造成的扭曲量，检查三角坑时基长为6.25m，但在延长18m的距离内无超过表列的三角坑。

　　4. 专用线按其他站线办理。

对轨道几何形位(包括直线和曲线)的管理，目前已逐步过渡到用计算机软件和网络来进行。在现代化线路检测手段的基础上，依靠先进的数据存储、传输和处理手段，建立详尽的且应用方便的维护管理信息决策系统，实现对线路状态的监测、养护维修的决策、项目执行、验收及信息反馈的一体化，即工务一体化管理。

二、曲线加宽与超高

1. 曲线轨距加宽

机车车辆进入曲线轨道时，仍然存在保持其原有行驶方向的惯性，只是受到外轨的引导作用才沿着曲线轨道行驶。在小半径曲线，为使机车车辆顺利通过曲线而不被楔住或挤开轨道，减小轮轨间横向作用力，减少轮轨磨耗，使转向架顺畅通过，轨距要适当加宽。加宽轨距是将曲线轨道内轨向曲线中心方向移动，曲线外轨的位置则保持与轨道中心半个轨距的距离不变。曲线轨距的加宽值与机车车辆的转向架在曲线上的几何位置有关。

（1）转向架的内接形式

由于轮轨游间的存在，机车车辆的车架或转向架通过曲线轨道时，可以占有不同的几何位置，即可以有不同的内接形式。随着轨距大小的不同，机车车辆在曲线上可呈现以下四种内接形式。

①斜接[图1-37a)]:转向架外侧最前位轮轮缘与外轨作用边接触,最后位内轮轮缘与内轨作用边接触。

②自由内接[图1-37b)]:转向架外侧最前位轮轮缘与外轨作用边接触,其他车轮轮缘与钢轨无接触。

③楔形内接[图1-37c)]:转向架外侧最前位和最后位外侧轮轮缘同时与外轨作用边接触,内侧中间车轮轮缘与内轨作用边接触。

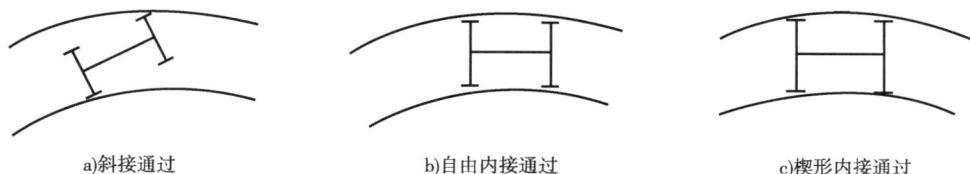

a)斜接通过　　　　　　　b)自由内接通过　　　　　　c)楔形内接通过

图1-37　转向架的内接形式

④正常强制内接:为避免车辆以楔形内接形式通过曲线,对楔形内接所需轨距增加最小游间的$1/2$,即$\delta_{min}/2$。

当列车通过曲线时,车辆大部分处于自由内接通过状态。

(2)曲线轨道轨距加宽确定

加宽原则:①按占列车大多数的车辆以自由内接的方式通过曲线的条件来确定轨距;②按机车最大的固定轴距以正常强制内接顺利通过最小曲线半径的条件验算轨距;③车轮踏面在轨头上的覆盖量不小于300mm,以保证车轮不掉道;④为简化轨道铺设工作,加宽挡数应尽可能少。

①根据车辆条件确定轨距加宽

$$S_f = q_{max} + f_0 \tag{1-4}$$

式中:S_f——车辆自由内接所需的轨距;

q_{max}——最大轮对宽度;

f_0——外矢距,其值为$f_0 = L^2/2R$。

两轴转向架自由内接,则轨距加宽值为

$$e = S_f - S_0$$

式中:S_0——直线轨距,取1435mm。

②根据机车条件确定轨距加宽

在行驶的列车中,机车数量比车辆少得多,因此允许机车按较自由内接所需轨距为小的"正常强制内接"通过曲线。图1-38表示了没有横动量的四轴机车车架,其在轨道中处于楔形内接状态。

车架处于楔形内接状态时的轨距S_W为

$$S_W = q_{max} + f_W - f_N + \frac{1}{2}\delta_{min} \tag{1-5}$$

式中:q_{max}——最大轮对宽度;

f_W——前后两端车轴在外轮处所形成的矢距;

f_N——中间两内轮在内轨作用边上形成的矢距;

δ_{min}——直线轨道轮轨间的最小游间。

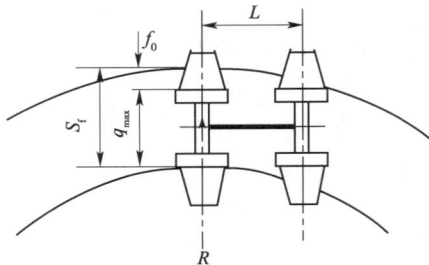

图 1-38　没有横动量的四轴机车车架

L-转向架固定轴距;R-曲线半径

③由安全条件确定曲线轨道的最大轨距

加宽后,必须确保行车安全,不致使机车车辆掉道,曲线轨道的最大轨距为 1450mm,曲线轨距加宽标准如表 1-8 所示。

曲线轨距加宽标准 　　　　　　　　　表 1-8

铁路			城市轨道交通			
曲线半径 R （m）	轨距加宽 （mm）	递减率	曲线半径 R（m）	轨距加宽（mm）		递减率
				B 型车	A 型车	
$R \geqslant 350$	0	<1‰,困难条件下的站线 <2‰	$200 \geqslant R > 150$	5	10	<2‰,困难条件下 <3‰
$350 > R \geqslant 300$	5		$150 \geqslant R > 100$	10	15	
$R < 300$	15					

2. 曲线外轨超高

曲线外轨超高是指曲线外轨顶面与内轨顶面水平高度之差。机车车辆在曲线上行驶时,由于惯性离心力作用,将机车车辆推向外股钢轨,加大了外股钢轨的压力,使旅客产生不适,货物位移等。外轨超高计算如图 1-39 所示。因此需要把曲线外轨适当抬高,使机车车辆的自身重力产生一个向心的水平分力,以抵消惯性离心力,达到使内外两股钢轨受力均匀,垂直磨耗均匀,满足旅客舒适感,提高线路的横向稳定性,保证行车安全。

1)外轨超高的确定

(1)按基本平衡条件确定外轨超高

车体上的离心力为

$$J = \frac{mv^2}{R}$$

γ 很小时,有

$$\tan\gamma = \sin\gamma = \frac{h}{S_1}$$

$$J = G\frac{h}{S_1} = \frac{mgh}{S_1}$$

得

$$h = \frac{JS_1}{mg} \Rightarrow h = \frac{S_1 v^2}{gR}$$

即

$$h = 153\frac{v^2}{R} \quad (\text{mm})$$

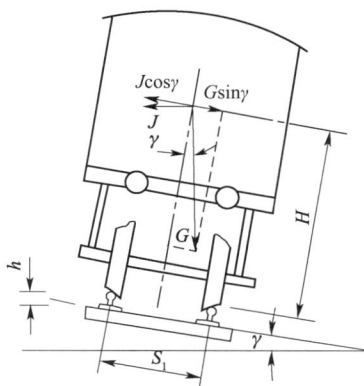

图 1-39　外轨超高计算示意图

①新线设计确定超高

采用平均速度 $v_p = 0.8v_{max}$，并取列车速度的单位为 km/h，则应设置超高

$$h = 153\frac{(v_p/3.6)^2}{R} = \frac{11.8(0.8v_{max}^2)}{R} = 7.6\frac{v_{max}^2}{R}$$

②运营线超高确定

考虑速度和质量的加权平均速度

$$v_p = \sqrt{\frac{\sum NPv^2}{\sum NP}}$$

$$h = 153\frac{(v_p/3.6)^2}{R} = 11.8\frac{v_p^2}{R}$$

外轨超高按 5mm 的整倍数进行设置。

（2）未被平衡的超高

列车以速度 $v(\text{m/s})$ 通过曲线时，要求设置的超高为 $h_1 = 153\frac{v^2}{R}$，而实际设置的超高为

$h_0 = 153\frac{v_p^2}{R}$。

未被平衡的超高 $\Delta h = h_1 - h_0 = 153\left(\frac{v^2}{R} - \frac{v_p^2}{R}\right) = 153a$。

a 为离心加速度与向心加速度之差，当 $a>0$ 时，$\Delta h>0$ 超高设置不足，称为欠超高；反之，当 $a < 0$ 时，存在多余的向心力，此时 $\Delta h < 0$ 超高设置过大，称为过超高或余超高。

人体对未被平衡加速度（离心或向心）极为敏感，其容许范围为：

一般：$[a_0] = 0.4 \sim 0.5\mathrm{m/s^2}$；特殊困难：$[a_0] = 0.6\mathrm{m/s^2}$。

则未被平衡的超高应满足 $\Delta h \leqslant 153[a_0]$。

$[a_0] = 0.5\mathrm{m/s^2}$ 时，$\Delta h = 76\mathrm{mm}$，取 $[\Delta h] = 75\mathrm{mm}$；

$[a_0] = 0.6\mathrm{m/s^2}$ 时，$\Delta h = 92\mathrm{mm}$，取 $[\Delta h] = 90\mathrm{mm}$。

我国《铁路轨道设计规范》（TB 10082—2017）规定曲线欠超高与过超高的允许值如表1-9所示。

高速铁路和城际铁路曲线欠超高、过超高允许值（mm）　　　　表1-9

铁路等级	欠超高			过超高		
	优秀	良好	一般	优秀	良好	一般
高速铁路	40	60	90	40	60	90
城际铁路	40	80	110	40	80	110

（3）按安全条件确定曲线轨道外轨超高最大值

最不利的情况是在曲线上临时停车，此时外轨超高全是过超高，即 $\Delta h = h_{\max}$。

$$h_{\max} = \Delta h = \frac{S_1^2}{2nH} \tag{1-6}$$

我国铁路规定最大外轨超高为150mm。

2）曲线轨道超高设置方法

在设置外轨超高时，主要有外轨提高法和线路中心高度不变法两种方法。外轨提高法是保持内轨高程不变而只抬高外轨的方法。线路中心高度不变法是内外轨分别各降低和抬高超高值1/2而保证线路中心高程不变的方法。前者使用较普遍，后者仅在建筑限界受到限制时才使用。

《铁路线路修理规则》对曲线超高的顺坡有如下规定。

①曲线超高应在整个缓和曲线内顺完，允许速度大于120km/h的线路，顺坡坡度不应大于 $1/10 v_{\max}$，其他线路不应大于 $1/9 v_{\max}$；如缓和曲线长度不足，顺坡可延伸至直线上；如无缓和曲线，允许速度大于120km/h的线路，在直线上顺坡坡度不应大于 $1/10 v_{\max}$，其他线路不应大于 $1/9 v_{\max}$；允许速度大于160km/h的线路，超高必须在整个缓和曲线内顺完；允许速度大于120km/h（不含）～160km/h的线路，在直线上顺坡的超高不应大于8mm；其他线路，有缓和曲线时不应大于15mm，无缓和曲线时不应大于25mm。

②在困难条件下，可适当加大顺坡坡度，但允许速度大于120km/h的线路不应大于 $1/8 v_{\max}$；其他线路不应大于 $1/7 v_{\max}$，且不得大于2‰。

3）曲线轨道上最高行车速度

曲线是轨道的薄弱环节，通过曲线的列车最高速度受到未被平衡的容许超高度 $[\Delta h]$ 的限制，v 单位取 km/h。

因为

$$h_0 + [\Delta h] = 11.8 \frac{v_{max}^2}{R}$$

所以

$$v_{max} = \sqrt{\frac{h_0 + [\Delta h]}{11.8} R} \qquad (km/h)$$

当 $h_0 = 150mm$ 时,则

$[\Delta h] = 75mm, v_{max} = 4.3\sqrt{R}$;$[\Delta h] = 90mm, v_{max} = 4.5\sqrt{R}$。

采用未被平衡超高度的容许值来限速,是保证行车安全的一项重要指标。

三、缓和曲线设置

1. 缓和曲线的作用和几何特征

行驶于曲线轨道的机车车辆,出现一些与直线运行显著不同的受力特征,如曲线运行的离心力(图 1-40)、外轨超高不连续形成的冲击力等。为使上述诸力不致突然产生和消失,以保持列车曲线运行的平稳性,需要在直线和圆曲线之间设置的一段曲率半径逐渐变化的曲线,称为缓和曲线。当缓和曲线连接设有轨距加宽和外轨超高的圆曲线时,缓和曲线的轨距和超高呈线性变化。概括起来,缓和曲线具有以下几何特征:

①缓和曲线连接直线和半径为 r 的圆曲线,其曲率由零至 $1/r$ 逐渐变化。

②缓和曲线的外轨超高,由直线上的零值逐渐增至圆曲线的超高度,与圆曲线超高相连接。

③缓和曲线连接半径小于 295m 的圆曲线时,在整个缓和曲线长度内,轨距加宽呈线性递增,由零至圆曲线加宽值。

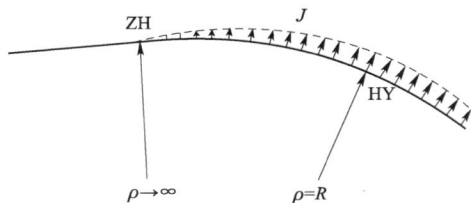

图 1-40　曲线轨道上车辆离心力的变化

因此,缓和曲线是一条曲率和超高均逐渐变化的空间曲线。其作用是使 ZH 点和 HZ 点离心惯性力不致突然产生和消失。

2. 缓和曲线长度

缓和曲线长度是铁路平面设计的主要参数之一,其大小受许多因素的影响。缓和曲线最主要的作用是保证行车安全、平稳和旅客舒适性,这就要求缓和曲线具有一定的长度,但是缓和曲线过长将制约平面选线和纵断面变坡点设置的灵活性,而且会导致工程投资增大。因此,需要合理确定缓和曲线的长度。缓和曲线计算原则:按安全条件确定缓和曲线长度;按舒适条件确定缓和曲线长度。计算结果取为 10m 整倍数,然后比较安全条件和舒适条件下确定的缓和曲线长度,取大的一个作为缓和曲线的长度。

1) 按安全条件确定缓和曲线长度

(1) 直线型超高顺坡 (图 1-41)

$$iL_{max} \leqslant K_{min}$$

$$i \leqslant \frac{K_{min}}{L_{max}}$$

式中: K_{min}——轮缘最小高度。

对于直线形超高顺坡的缓和曲线:

$$i = \frac{h}{l_0}$$

式中: l_0——缓和曲线长度。

考虑安全系数, 一般取 i 不大于 i_0 ($i_0 = 2‰$)。

所以

$$l_0 \geqslant \frac{h_0}{i_0}$$

式中: h_0——圆曲线外轨超高。

(2) 曲线型超高顺坡 (图 1-42)

找坡度最大的点, 有

$$i = \frac{dh}{dl} = E\frac{dk}{dl}, E = 11.8v_0^2$$

求 i 的最大值, 必须使

$$\frac{di}{dl} = 0$$

即

$$\frac{d^2k}{dl^2} = 0$$

对于曲线型缓和曲线, 坡度最大在 $l = l_0/2$ 处, 则

$$i_{max} = \left(\frac{dh}{dl}\right)_{l=l_0/2} = 11.8v_0^2\left(\frac{dk}{dl}\right)_{l=l_0/2} \leqslant i_0$$

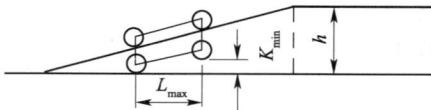

图 1-41　直线型超高顺坡

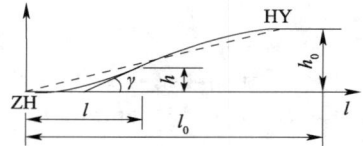

图 1-42　曲线型超高顺坡

2) 按舒适条件确定缓和曲线长度

(1) 外轨升高或降低速度限制 (超高时变率)

$$\mu = \frac{h_0}{t} = \frac{h_0 v_{max}}{l_0}$$

由 $1km/h = \frac{1}{3.6}m/s$, 所以

$$\mu = \frac{h_0 v_{\max}}{3.6 l_0}$$

即

$$l_0 = \frac{h_0 v_{\max}}{3.6\mu}$$

μ 的允许值为：一般时取 32mm/s；困难时取 40mm/s。

对应取 $l_0 \geqslant 9hv_{\max}$（一般）；$l_0 \geqslant 7hv_{\max}$（困难）。

（2）加速度时变率的限制条件（高铁需计算）

$$l_0 \geqslant \frac{\Delta h v_{\max}}{153 \times 3.6\gamma_0}$$

γ_0 一般时取 0.29m/s^3，困难时取 0.43m/s^3。

3）缓和曲线长度实际选用规定

《铁路线路设计规范》（TB 10098—2017）规定普通铁路缓和曲线长度应根据曲线半径、路段旅客列车设计速度和工程条件确定，应优先采用表1-10规定的数值，但圆曲线或夹直线最小长度不得小于表1-11规定的数值。

缓和曲线长度   表 1-10

曲线半径（m）	设计速度（km/h）								
	350			300			250		
	（1）	（2）	（3）	（1）	（2）	（3）	（1）	（2）	（3）
12000	370	330	300	220	200	180	140	130	120
11000	410	370	330	240	210	190	160	140	130
10000	470	420	380	270	240	220	170	150	140
9000	530	470	430	300	270	250	190	170	150
8000	590	530	470	340	300	270	210	190	170
7000	670 / 680*	590 / 610*	540 / 550*	390	350	310	240	220	190
6000	670 / 680*	590 / 610*	540 / 550*	450	410	370	280	250	230
5500	670 / 680*	590 / 610*	540 / 550*	490	440	390	310	280	250
5000	—	—	—	540	480	430	340	300	270
4500	—	—	—	570 / 585*	510 / 520*	460 / 470*	380	340	310

续上表

曲线半径 （m）	设计速度（km/h）								
	350			300			250		
	（1）	（2）	（3）	（1）	（2）	（3）	（1）	（2）	（3）
4000	—	—	—	570	510	460	420	380	340
				585 *	520 *	470 *			
3500	—	—	—	—	—	—	480	430	380
3200	—	—	—	—	—	—	480	430	380
3000	—	—	—	—	—	—	480	430	380
							490 *	440 *	400 *
2800	—	—	—	—	—	—	480	430	380
							490 *	440 *	400 *

注：1.（1）、（2）、（3）分别对应超高时变率 $f=25\,\text{mm/s}$、$f=28\,\text{mm/s}$、$f=31\,\text{mm/s}$。

2. ＊号标志，表示曲线设计超高为 175mm 时的取值。

圆曲线或夹直线最小长度（m）　　　　　　　　表 1-11

设计速度（km/h）		350	300	250
工程条件	一般	280	240	200
	困难	210	180	150

四、曲线轨道缩短轨配置

1. 缩短轨类型

我国两股钢轨接头一般采用对接式，即两股钢轨的接头应尽量左右对齐，但容许有一定的相错量。曲线地段外股轨线比内股线长，为了使曲线上接头保持相对，需在内股轨线上铺入适量的厂制缩短轨。曲线地段内外两股钢轨接头位置相错量，在正线和到发线上，容许接头相错量不大于 40mm 加所采用的缩短轨缩短量的 1/2；其他站线、次要线路上，应不大于 60mm 加所采用的缩短轨缩短量的 1/2。我国厂制缩短轨，12.5m 标准缩短轨缩短量有 40mm、80mm、120mm 三种，25m 标准缩短轨缩短量有 40mm、80mm、160mm 三种。

缩短轨长度公式：

$$L_0 = L_y\left(1 - \frac{S}{R}\right)$$

根据计算结果，参照表 1-12 选用缩短量小的缩短轨，缩短量计算如图 1-43 所示。

缩短轨缩短量

表 1-12

曲线半径	缩短轨缩短量（mm）			
（m）	25m 钢轨		12.5m 钢轨	
4000～1000	40	80	40	—
800～500	80	160	40	80
450～250	160	—	80	120
200	—	—	120	—

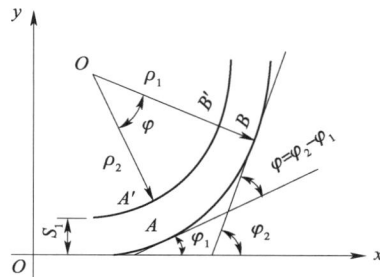

图 1-43　缩短量计算图

2. 缩短轨的配置参数

$$\varphi = \varphi_2 - \varphi_1$$

外股轨线 AB 长为

$$AB = \int_{\varphi_1}^{\varphi_2} \rho_1 \mathrm{d}\varphi$$

内轨缩短量 Δl

$$\Delta l = \int_{\varphi_1}^{\varphi_2} (\rho_1 - \rho_2) \mathrm{d}\varphi = S_1 \int_{\varphi_1}^{\varphi_2} \mathrm{d}\varphi = S_1 \varphi$$

内股轨线 $A'B'$ 长

$$A'B' = \int_{\varphi_1}^{\varphi_2} \rho_2 \mathrm{d}\varphi$$

对于圆曲线

$$\varphi = \frac{l_c}{R}$$

式中：l_c——圆曲线长度。

$$\Delta l = S_1 \varphi = \frac{S_1 l_c}{R}$$

对于缓和曲线

$$\varphi = \frac{l^2}{2Rl_0}$$

$$\varphi_1 = \frac{l_1^2}{2Rl_0}, \varphi_2 = \frac{l_2^2}{2Rl_0}$$

则内轨缩短量为

$$\Delta l = S_1(\varphi_2 - \varphi_1) = \frac{S_1}{2Rl_0}(l_2^2 - l_1^2) = \frac{S_1 l_0}{2R} \tag{1-7}$$

对于整个曲线（包括圆曲线和两端缓和曲线），总缩短量

$$\Delta l_z = \Delta l_c + 2\Delta l_0 = \frac{S_1}{R}(l_c + l_0) \tag{1-8}$$

3. 缩短轨的数量

整个曲线上所需的缩短轨根数

$$N = \frac{\Delta l_z}{\varepsilon}$$

式中：ε——选用单根缩短轨的缩短量；

Δl_z——计算的曲线内轨总缩短量。

N 应按四舍五入取整，且不能大于外股轨线上铺设的标准轨根数 N_0，否则应改用缩短量更大的缩短轨。

$$N_0 = \frac{2l_0 + l_c + \Delta}{L + a}$$

$$\Delta = \frac{S_1}{2R}(l_0 + l_c)$$

式中：S_1——钢轨中心线距离，取 1.5m；

L——标准轨长度。

4. 缩短轨配置

配置缩短轨时，必须逐根计算内外股钢轨接头的错开量，按规定的容许错开量，设置缩短轨。配置原则：凡内外股钢轨错开量达到缩短轨缩短量的 1/2 时，即应设置一根缩短轨。由于缓和曲线和圆曲线的缩短量计算不同，故需分段计算如下。

①第一缓和曲线（ZH ~ HY）：将坐标原点置于 ZH 点，则任一接头处内轨累计缩短量为

$$\Delta l = \frac{1500l^2}{2Rl_0} \qquad (mm) \tag{1-9}$$

式中：l——第一缓和曲线上任一钢轨接头至缓和曲线起点的曲线长度（m）；

l_0——缓和曲线长度（m）；

R——圆曲线半径（m）。

②圆曲线（HY ~ YH）：坐标原点仍置于 ZH 点，则任一接头处内轨累计缩短量为

$$\Delta l = \frac{1500 l_0}{2R} + \frac{1500 l}{R} \qquad (\text{mm}) \qquad (1-10)$$

式中：l——圆曲线上任一钢轨接头至圆曲起点的曲线长度（m）。

③第二缓和曲线（YH~HZ）：将坐标原点置于缓和曲线终点（HZ），算出每个钢轨接头处的内轨缩短量，再由总缩短量减去该值，得该钢轨接头至缓和曲线起点（ZH）的内轨累计缩短量为

$$\Delta l = \Delta l_z \frac{1500 l^2}{2R l_0} \qquad (\text{mm}) \qquad (1-11)$$

式中：Δl_z——曲线内轨的总缩短量（m）；

　　　l——第二缓和曲线上任一钢轨接头至缓和曲线终点的曲线长度（m）。

5. 缩短轨的配置实例

已知某曲线，圆曲线半径 $R=600\text{m}$，缓和曲线长 $l_0=100\text{m}$，圆曲线长 $l_c=119.73\text{m}$，铺设标准钢轨长度 $L=25\text{m}$，曲线起点至第一根钢轨进入曲线的长度为 5.5m，试进行配轨计算。

解：（1）选配缩短轨类型

$$L_0 < L\left(1 - \frac{S_1}{R}\right) = 25 \times \left(1 - \frac{1.5}{600}\right) = 24.9375\,(\text{m})$$

选用 $L_0 = 24.92\text{m}$（缩短量 $k=80\text{mm}$）。

（2）曲线内股钢轨总缩短量 Δl_z

$$\Delta l_z = \frac{1500}{R}(l_0 + l_c) = \frac{1500}{600}(119.73 + 100) = 549\,(\text{mm})$$

（3）缩短轨的根数 N

$$N = \frac{\Delta l_z}{q} = \frac{549}{80} = 6.8\,(\text{根})$$

采用 7 根。

外股标准轨的根数 N_0（预留轨缝按 8mm 计）为

$$N_0 = \frac{2l_0 + l_c + \Delta}{L + a} = \frac{2 \times 100 + 119.73 + 0.2745}{25.008} = 12.80\,(\text{根}) > N$$

说明选配的缩短轨类型合适。

（4）缩短轨的布置

缩短轨的布置一般列表计算，见表 1-13。

曲线缩短轨配轨计算表　　　　　　　　　　　　　　　表 1-13

位置	序号	轨长含一个轨缝(m)	曲线始点至计算点距离(m)	应有缩短量计算(mm)	标准轨○缩短轨×	实际缩短量(mm)	接头错开量(mm)
1	2	3	4	5	6	7	8
第一缓和曲线	1	5.500	5.500	$\dfrac{1500}{2\times600\times100}\times5.5^2$ $=0.0125\times5.5^2=0.38$	○	0	+0.38
	2	25.008	30.508	$0.0125\times30.508^2=11$	○	0	+11
	3	25.008	55.516	$0.0125\times55.516^2=38$	○	0	+38
	4	25.008	80.524	$0.0125\times80.524^2=80$	×	80	0
	5_1	19.476	100.000	$0.0125\times100^2=125$	×	160	-22
圆曲线	5_2	5.532	105.532	$125+\dfrac{1500\times5.532}{600}$ $=125+2.5\times5.532=138$			
	6	25.008	130.540	$138+2.5\times25.008=201$	×	240	-39
	7	25.008	155.548	$210+2.5\times25.008=264$	○	240	+24
	8	25.008	180.556	$264+2.5\times25.008=326$	×	320	+6
	9	25.008	205.564	$326+2.5\times25.008=389$	×	400	-11
	10_1	14.166	219.730	$389+2.5\times14.166=424$	×	480	-30
第二缓和曲线	10_2	10.842	230.572 (89.158)	$549-0.0125\times89.158^2=450$			
	11	25.008	255.580 (64.150)	$549-0.0125\times64.150^2=498$	○	480	+18
	12	25.008	280.588 (39.142)	$549-0.0125\times39.142^2=530$	×	560	-30
	13	25.008	305.596 (14.134)	$549-0.0125\times14.134^2=547$	○	560	-13

注："○"为标准轨；"×"为缩短轨；"＋"表示内轨接头超前量；"－"表示内轨接头落后量。

缩短轨布置示意图如图 1-44 所示。

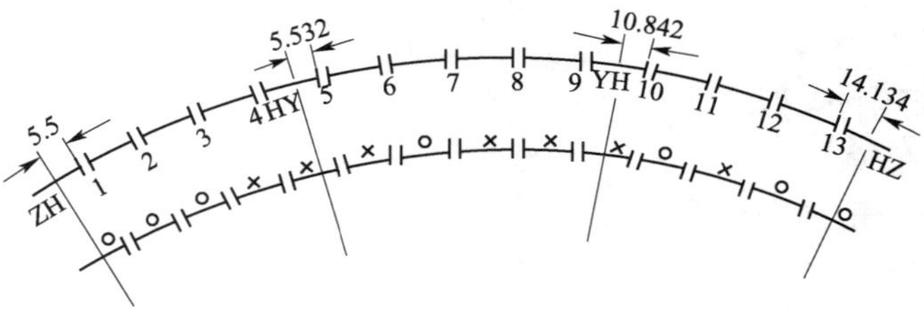

图 1-44　缩短轨布置示意图(尺寸单位:mm)

任务实施

轨道几何尺寸检测

一、检测方法及要求

定义：轨距是钢轨顶面下16mm范围内两股钢轨作用边之间的最小距离

使用工具：轨距尺、道尺

检测方法：通常每6.25m检查一处，即每节25m钢轨的接头、中间（大腰）、2个1/4处（小腰）共检查4处，每节12.5m钢轨的接头及大腰各检查1处

轨距测量

在16mm处测量轨距的原因：因为钢轨头部外形由不同半径的复曲线组成，钢轨底面设有轨底坡，钢轨向内倾斜，车轮轮缘与钢轨侧面接触点发生在钢轨顶面下10~16mm处

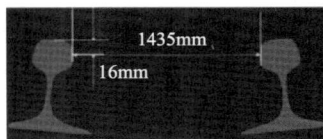

1435mm
16mm

定义：水平是指线路左右两股钢轨顶面的相对高差

使用工具：轨距尺、道尺

检测方法：通常每6.25m检查一处，且与轨距同时检查。直线部分按里程方向，以左股钢轨为基准

水平测量

水平差：在一段规定距离内，一股钢轨顶面始终比另一股高，离差值超过容许偏差值

三角坑：在一段规定的距离内，先是左股钢轨高于右股，然后是右股高于左股，产生的相对高差值超过容许偏差值

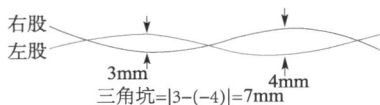

右股
左股
3mm   4mm
三角坑=|3-(-4)|=7mm

定义：轨向是指轨道中心线在水平面上的平顺性

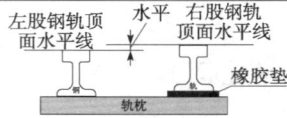

使用工具：10m或20m弦

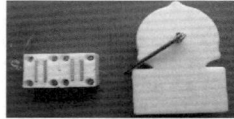

检测方法：首先跨站一股钢轨，目视前方找出方向不良位置，在该处前后轨内侧拉10m弦线，测量轨头侧面与弦线间的水平距离，以左股为基准，在轨头内侧轨顶面下16mm处测量

轨向测量

a)直线轨道笔直时轨向为零

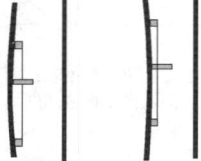

b)轨向偏向轨道外侧时为正　　c)轨向偏向道心时为负

定义：轨道沿线路方向的竖向平顺性称为前后高低

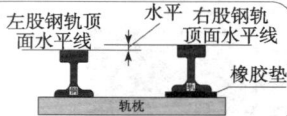

使用工具：10m或20m弦

检测方法：先俯身目视不少于20m处钢轨下颚线的高低平顺情况，然后用10m弦线在中间测量，高低差用10m弦量不超过4mm

前后高低测量

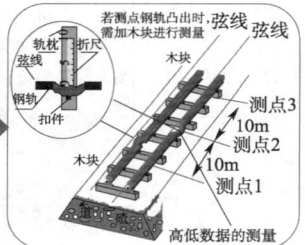

若测点钢轨凸出时，需加木块进行测量

弦线　弦线

轨枕　折尺　弦线　木块

钢轨　扣件　木块

测点3
10m
测点2
10m
测点1

高低数据的测量

定义：轨底坡是指轨道平面之间形成的横向坡度

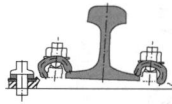

使用工具：轨底坡测量仪

检测方法：轨底坡设置是否合适，可根据钢轨顶面上由车轮碾磨形成的光带位置来判定

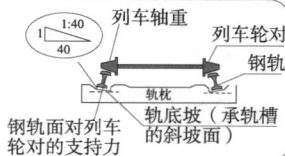

1:40　列车轴重
1/40
列车轮对
钢轨
轨枕
钢轨面对列车轮对的支持力
轨底坡（承轨槽的斜坡面）

轨底坡测量

如光带偏离轨顶中心向内，说明轨底坡不足；如光带偏离轨顶中心向外，说明轨底坡过大；如光带居中，说明轨底坡合适

a)轨底坡不足　　b)轨底坡合适

c)轨底坡过大

二、检测过程与要求

检测过程及作业控制要求如表1-14所示。

检测过程及作业控制要求

表1-14

序号	工序	作业控制要点
1	准备阶段	①作业人员精神饱满; ②着工作装(扣好纽扣,穿着整齐,穿运动鞋); ③长发者需盘起
2	上道检测 与数据记录	①带好轨距尺和矢量盒,站立在线路两侧的人行道上; ②上道前,作业人员必须向工班长(老师或组长)询问安全防护是否已设好,在确认防护已设好并经工班长同意后,方可进行上道检测; ③检测前先校正轨距尺,校正合格后方可进行检测; ④在适当的位置(或指定位置)进行检测; ⑤将数据记录在记录簿指定的表格中(表1-15、表1-16)
3	收工下道	①检测完成后迅速下道,并向工班长报告检测作业完成; ②将轨道尺和记录簿放回指定的位置

线路检查记录表

表1-15

行别_____行　里程K_____+_____至K_____+_____　车辆段(场)线_____股道/辅助线_____

曲线半径_____m　超高_____mm　加宽_____mm　　　道尺编号_____

检查人_____　记录人_____　　　　　　　　　　检查日期_____年____月____日____

线路检查	
轨枕编号	
轨距	
水平	
三角坑及其他	
轨向	
高低	

线路检查	
轨枕编号	
轨距	
水平	
三角坑及其他	
轨向	
高低	
作业人员及日期	

线路轨道静态几何尺寸容许偏差管理值   表 1-16

项目		$v_{max} > 160$km/h 正线			120km/h $< v_{max} \leqslant 160$km/h 正线			$v_{max} \leqslant 120$km/h 正线及到发线			其他站线		
		作业验收	经常保养	临时补修	作业验收	经常保养	临时补修	作业验收	经常保养	临时补修	作业验收	经常保养	临时补修
轨距(mm)		+2 −2	+4 −2	+6 −4	+4 −2	+6 −4	+8 −4	+6 −2	+7 −4	+9 −4	+6 −2	+9 −4	+10 −4
水平(mm)		3	5	8	4	6	8	4	6	10	5	8	11
高低(mm)		3	5	8	4	6	8	4	6	10	5	8	11
轨向(直线)(mm)		3	4	7	4	6	8	4	6	10	5	8	11
三角坑(扭曲)(mm)	缓和曲线	3	4	6	4	5	6	4	5	7	5	7	8
	直线和圆曲线	3	4	6	4	6	8	4	6	9	5	8	10

注：1. 轨距偏差不含曲线上按规定设置的轨距加宽值，但最大轨距(含加宽值和偏差)不得超过 1456mm。

    2. 轨向偏差和高低偏差为 10m 弦测量的最大矢度值。

    3. 三角坑偏差不含曲线超高顺坡造成的扭曲量，检查三角坑时基长为 6.25m，但在延长 18m 的距离内无超过表列的三角坑。

    4. 专用线按其他站线办理。

▌案例分析

哈尔滨铁路局的嫩林线车辆脱轨事故

2012 年 6 月 16 日 10:02，哈尔滨铁路局嫩林线一货运列车运行至蒙克山—盘古间 K517 + 364m 处，因线路轨道框架强度不足，轨距扩大，造成机后第 21 ~ 25 位车辆和尾部补机脱轨，经救援，17 日 6:29 开通区间，中断正线行车 20h 33min，构成铁路交通较大事故。加格达奇工务段负全部责任。

[事故原因]

事故发生区段线路，由于轨道框架强度不足，造成轨距扩大，轨道对车轮的约束引导作用丧失，致使机后第 21 ~ 25 位车辆和尾部补机脱轨。轨道框架强度是由钢轨、轨枕、扣件、道床及轨道加强设备的整体强度决定的，轨道框架强度降低是由于上述一种或几种部件强度不足所致。

[经验总结]

为了提高轨道框架整体强度，必须选择与轨道类型相匹配的钢轨、轨枕、扣件、道床及轨道加强设备，并且将扣件拧紧，道床捣固密实，上紧加强设备。事故责任单位若严格按上述要求执行，可能会避免这起铁路交通事故。

学习检测

一、选择题

1. 对轨道结构要求的列车运营参数有( )。

   A. 曲线半径　　　　B. 轴重　　　　　　C. 速度　　　　　　D. 运量

   E. 运输密度　　　　F. 机车类型

2. 传统的有砟轨道结构的工作特点主要表现在( )。

   A. 荷载随机而重复

   B. 结构组合但具有散体性

   C. 养修的经常性和周期性

   D. 存在大量轨缝而产生轮轨冲击

3. 铁路轨道结构的类型有( )。

   A. 轻型　　　　　　B. 次轻型　　　　　C. 中型　　　　　　D. 次重型

   E. 重型　　　　　　F. 特重型

4. 轨距是指钢轨头部踏面下( )范围内两股钢轨作用边之间的最小距离。

   A. 5mm　　　　　　B. 16mm　　　　　　C. 20mm　　　　　　D. 21mm

   E. 25mm　　　　　　F. 40mm

5. 沿轨道纵向两股钢轨的水平变化,使轨道出现超过规定的扭曲情况称为( )。

   A. 三角坑　　　　　　　　　　　　B. 水平差

   C. 高低不平顺　　　　　　　　　　D. 轨向不平顺

6. 我国铁路轨道轨底坡一般设置为( )。

   A. 1∶20　　　　　　B. 1∶30　　　　　　C. 1∶40　　　　　　D. 1∶50

二、判断题

1. 经测量,我国某干线铁路某处轨距为1437mm,则该线路为宽轨距。 ( )

2. 经测量,我国某干线铁路某处的轨距为1433mm,则该线路采用的是窄轨距。

　　　　　　　　　　　　　　　　　　　　　　　　　　　　　　　　　( )

三、简答题

1. 轨道的作用有哪些?应满足哪些基本要求?

2. 有砟轨道结构的主要组成及其功用是什么?

3. 比较木枕及混凝土枕的优缺点。

4. 碎石道床断面的三个特征是什么?

5. 试比较有砟轨道与无砟轨道的特点。

6. 什么叫轨道爬行?防治轨道爬行的措施有哪些?

7. 简述直线轨道几何形位及其特征。

8. 简述曲线外轨超高的目的及其设置方法。为什么要限制最大外轨超高?

9. 简述曲线轨距加宽的基本原则及其设置方法。

10. 曲线轨道加强的措施有哪些?

11. 如何确定缓和曲线的长度？

12. 某客货共线铁路单线区间曲线半径为 $R = 2000m$，路段最高速度为 $v_{max} = 160km/h$，一昼夜各类列车通过列数、列车重量及平均速度见表1-17。试确定该曲线的实设超高，并检算未被平衡的超高是否满足规范要求。

一昼夜各类列车通过列数、列车重量及平均速度   表1-17

序号	列车种类	列车重量(kN)	列数	平均速度(km/h)
1	特快旅客列车	8000	2	128
2	直快旅客列车	9000	2	105
3	普通旅客列车	7000	1	85
4	直达货物列车	33000	5	80
5	区段货物列车	22000	3	75

13. 已知某曲线，圆曲线半径 $R = 800m$，缓和曲线长 $l_0 = 70m$，圆曲线长 $l_c = 125.53m$，铺设标准钢轨长度 $L = 25m$，曲线起点至第一根钢轨进入曲线的长度为8.5m。试确定缩短轨类型、数量，并布置缩短轨。

项目二
有砟轨道施工

教学引导

火车鸣笛是什么意思？

火车鸣笛代表许多种含义，按规定，长声为3s，短声为1s，音响间隔为1s。重复鸣示，须间隔5s以上。

常听到的火车鸣笛信号有：

1长声：列车起动或接近车站、鸣笛标、曲线、道口、桥梁、隧道、行人、施工地点等。

1长声3短声：列车在区间停车后不能立即运行通知运转车长时、列车发生重大事故需要救援或发现线路上有危及行车安全的不良处所时的警报信号。

2长声：通知附近人员列车要倒退行驶。

连续短声：司机发现(或接到通知)相邻的路线发生障碍，向相邻的路线上开行的列车发出的紧急停车信号。相邻的路线上开行的列车司机听到此信号后，应紧急停车。

常见的铁路色灯信号怎样识别？

常见的铁路色灯信号识别如下：

1. 闭塞信号

一个绿灯：允许列车通过，前方至少有三个空闲的闭塞区间。

一个黄灯和一个绿灯：允许列车通过，前方第三个闭塞区间被占用。

一个黄灯：允许列车通过，前方第二个闭塞区间被占用。

一个红灯：禁止越过该信号机，前方闭塞区间被占用。

2. 进站信号(图2-1)

一个绿灯：正线通过。

一个黄灯：正线进站。若站内信号显示红灯，则列车在正线停车(一般而言，列车的站内限速为45km/h)。

两个黄灯：侧线进站。若站内信号为红灯，则列车在侧线停车；若预告信号为一个黄灯和一个黄色闪灯，则表示允许列车通过18号及以上道岔侧向位置，并越过下一台已经开放的信号机,且该信号机的进路,经道岔的直向位置或18号及以上道岔的侧向位置。

3. 出站信号(图2-2)

一个绿灯:允许列车出站,且前方有至少两个空闲的闭塞区间。

一个黄灯:允许列车出站,前方有一个空闲的闭塞区间。

一个红灯:禁止列车越过该信号机。

a) 绿灯

b) 黄灯

图2-1 进站信号

a) 绿灯　　　　　b) 黄灯

图2-2 出站信号

学习目标

知识目标

1. 熟悉有砟轨道铺设作业的准备工作。

2. 掌握轨排组装的常见方法及作业要点。

3. 掌握铺砟整道作业方法及要点。

能力目标

1. 能够进行混凝土枕的预制。

2. 能够用轨排铺设法进行有砟轨道铺设施工。

3. 能够根据轨道类型选择合适的道床类型。

素质目标

1. 树立劳动光荣、劳动伟大、劳动平等的观念,以及树立正确的择业就业观念、依法维护劳动权益的观念。

2. 强调科技进步对轨道施工效率、质量、安全等方面的提升作用,培养学生的科技意识和创新思维。

3. 增强诚实守信、科学管理的观念。

4. 通过对比传统方法与创新方法的效果,让学生深刻认识到开拓进取的重要性。

任务一 轨枕预制

一、混凝土轨枕发展概况

有砟轨道由钢轨、轨枕、道床、联结零件、道岔和防爬设备等组成。

回顾我国混凝土轨枕发展的历史,大体可分为三个阶段:第一阶段1958—1980年,是预应力混凝土轨枕研制成功并开始推广应用的阶段;第二阶段1981—1995年,是推广应用Ⅱ型枕的阶段;第三阶段1995年以后至今,是应用推广Ⅲ型枕并改进Ⅱ型枕的阶段。

二、混凝土轨枕的生产工艺

预应力混凝土轨枕均采用先张法施加预应力,就其模型是否移动可分为流水机组-传送法(模型移动)和台座法(模型不动)。我国混凝土轨枕工厂普遍采用流水机组-传送法生产线,有少数工厂采用先张法台座工艺。图2-3是我国援建的采用先张法台座工艺的坦桑尼亚坦赞铁路轨枕厂现场。

图2-3 坦桑尼亚坦赞铁路轨枕厂

下面重点介绍混凝土轨枕的流水机组——传送法工艺。

1. 混凝土轨枕流水机组——传送法工艺及其特点

我国现行的轨枕流水机组——传送法的工艺特点如下。

①采用2×5联或2×4联组合钢模型,一次可成型10根或8根轨枕。它可以减少预应力钢筋的工艺损耗,又能提高轨枕的生产效率。

②与2×5联组合钢模型相适应,采用1×5联组合式振捣台,相当于每一对并列轨枕布置一个单元台面。台面之间可以安装升降辊道,以便于轨枕模型在流水线上传送。

③轨枕成型采用二次振捣工艺。第一次振捣为普通振捣,第二次振捣采用加荷振捣,即振捣时振捣台上有加荷盖板,加荷压力不小于5kPa。由于采用了加荷振捣,从而可采用干硬性或低流动性混凝土拌合物,不但节约了水泥,提高了混凝土密实性,还满足了振捣成型时模型内分隔轨枕的挡浆板处不致漏浆的工艺要求。

④生产流水线由于主要采用辊道传送，形成闭环工艺流程，实现了轨枕生产工艺的连续性和节奏性，减少了车间的非生产性运输。

⑤现行的轨枕生产线，除生产混凝土轨枕外，只要改变模型，还可生产宽枕、岔枕及其他窄长形的预应力混凝土制品。轨枕按流水机组-传送法进行生产时，每个工序的作业时间是控制轨枕生产效率的主要指标。根据生产水平的不同，目前我国轨枕生产线采用的工序节拍时间一般为 3 ~ 5min。

2. 混凝土轨枕生产工艺流程（图 2-4）

近年来，铁路混凝土梁、混凝土轨道板以及混凝土轨枕大多为现场预制，即在铁路建设临时用地上建设预制工厂，生产所需的预应力混凝土梁、混凝土轨道板或混凝土轨枕等。虽然是现场工厂，但在管理、环境、产品质量各方面要求都很高，待生产任务结束后，设备拆走，场地他用，从而可大大节约运输费用，形成一种混凝土制品在现场预制生产运作的新模式。

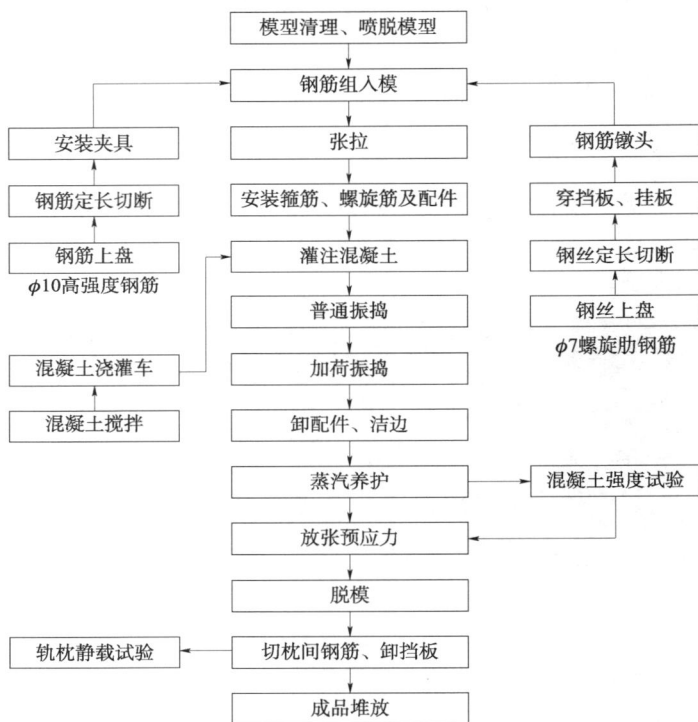

图 2-4　混凝土轨枕流水机组-传送法工艺流程

任务二　轨排施工

线路轨道铺设主要采用两种方法，即散枕铺设法和长轨排铺设法。散枕铺设法又可分为单枕铺设法和群枕铺设法。

散枕铺设法是指先将长钢轨运输并布放到待铺线路的两侧,然后将轨枕单根或成组铺放在已铺底砟的线路上,最后再将布放在线路两侧的长钢轨收到轨枕的承轨槽内与轨枕联结的方法。

长轨排铺设法是将长钢轨和轨枕组装成长轨排,用专用的运输机械将长轨排运送到工地,再用多台门式起重机将长轨排吊放在底层道床上,构成浮放在道床上的长钢轨轨道。

一、铺轨准备工作

1. 收集施工技术资料(由施工单位提供给铺架单位)

轨道施工前,应核对经批准的施工设计文件,收集与轨道有关的工程竣工资料及变更设计文件。对施工设计文件和施工资料进行会审,复核路基工程竣工资料,如路基整修表、曲线表、坡度表、断链表、平交道口表、桥涵表、控制桩表以及水准点表等,并据此对其路基面、中线桩和所铺底砟等进行现场复查,确定道砟供应的砟场。

根据核准的施工文件及资料,编制轨排铺设计划表,提出人工铺轨轨料计划,并按施工组织设计要求下达施工计划,下达人工铺轨作业指导书并进行技术交底,落实人工铺轨施工所需的人员、工具、机械设备,并调迁到位,做好配合人工铺轨施工的其他工作。

2. 配轨

根据线路施工图及有关技术设计规定在基地焊轨中心进行配轨,由配轨计算定出线路位移观测桩埋设位置。

3. 长钢轨装车

①根据配轨表对焊接中心已焊好的250m长钢轨的轨头几何尺寸(高度、宽度等)进行检查,确保前后两根钢轨的接头断面符合设计要求后,再对其进行编号。

②轨枕双层运输车开到长轨存放区,停位须准确,保证长轨装车顺利进行。

③安排2人在锁紧车上取下锁紧装置的T形螺栓和压板器,放在纵梁上摆好,然后在锁紧装置的锁紧底座上各摆好12块橡胶板。

④完成上述工作后,即可开始吊装长轨。待运输车与长轨对位准确后,将长轨缓慢置放在平板车上的支撑滚轮上。

⑤长轨吊装完毕后,应及时将长轨锁定牢固。

二、轨排组装

1. 轨排计算

以设计、规范及线路资料为依据,考虑轨缝、道岔、桥隧及曲线短轨配制。下列位置不应有钢轨接头,如不可避免时,应将其焊接。

①明桥面小桥的全桥范围内。

②钢梁端部、拱桥温度伸缩缝和拱顶等处前后各2m范围内。

③设有温度调节器的钢梁的温度跨度范围内。

④钢梁的横梁上。

⑤平交道口范围内。

2. 硫黄锚固

配合比为硫黄：砂（小于2mm）：水泥：石蜡 =1：（1~1.5）：（0.3~0.6）：（0.01~0.03）。

按一次熔制量称好各种材料→倒入砂加热到 100~120℃→倒入水泥→加热到130℃→加入硫黄和石蜡→搅拌加热到160℃。熔浆由稀变稠成液胶状时，即可使用锚固。锚固分正锚和反锚。锚固方法：安装锚固架→插入道钉→灌注锚固浆。

要求：道钉方正（歪斜不得大于2°）、浆液平整饱满、抗拔力不小于60kN。

3. 组装顺序

轨排组装顺序如图2-5所示。

吊运轨枕 → 硫黄锚固 → 散枕 → 散轨 → 上扣件 → 质量检查 → 轨排装车

图2-5　轨排组装顺序

三、轨排运输

轨排平车是在平板车底板上安装两行可供拖拉轨排的滚轮，每两个车为一组，可装25m长的轨排6层。

轨排必须按铺设顺序装车，编上号码或写上公里数。

随着铺轨的前进，组装基地离铺轨工作区越远，则轨排列车的需要量也会越多。为了经济合理地供应轨排，一般在靠近铺轨工地的一个车站上设置轨排换装站，换装站至铺轨前方的最远距离一般以80km为最经济。

1. 轨枕装车

①长轨装车完毕后，把轨枕运输车开到基地轨枕存放区处准备吊装轨枕，如图2-6所示。

图2-6　轨枕存放与运输

②轨枕的吊装采用10t门式起重机2台,按每组28根轨枕吊装到双层支架上方。

③每装完一层后,须在轨枕承轨槽的正中央位置上放置两根10cm×8cm的通长木条,之后再装上层的轨枕。

2. 轨枕转运

①妥当连接每列运输车之间门式起重机走行轨桥,如图2-7所示。

图2-7 轨枕转运

②由两人协助吊起轨枕(每组28根),并取走通长木条,在起吊时动作应缓慢,以保证起吊可靠。

③轨枕应起吊到位,自锁后门式起重机开始运输。

④运输到轨枕转运平台后,门式起重机开始下降,落放时,位置应准确,并要小心轻放。

⑤门式起重机开回,开始下一次运输。

四、轨排铺设

1. 人工铺轨

铺轨方法如下。

①散轨联结法:这种用汽车拉运轨枕和拖车拉运钢轨上路基后进行铺轨的方法,效率较高,工作面较大,可多用劳动力。

②顶推拖拉法:无汽车运送轨料条件时采用轨道车或机车顶着装钢轨的平车到铺轨起点,用人工拉下一对钢轨,拨正就位铺好后再向前顶推一节轨,然后再用人工拉下一对轨,拨正铺好,再顶推前进,如此循环作业。

③联结顶推结合法:此法是上述两种方法的综合,该法用汽车拉运轨枕,用轨道车或机车顶推法散布钢轨。

(1)散布轨枕

钢轨所用混凝土枕及轨料卸车后,轨枕进行硫黄锚固,平板车倒运,人工摆枕,按设计数量散布均匀。采取人工撬拉的办法使轨枕中心位置对准线路中线,并使轨枕与线路中线垂直,在定位枕端拉上麻绳,其余轨枕用撬棍按轨枕间距大致拨正摆齐,如图2-8所示。

图 2-8　散布轨枕

（2）硫黄锚固

硫黄锚固是组装轨节最重要工序之一，如图 2-9 所示。硫黄锚固常用材料为硫黄、水泥、砂、石蜡。

图 2-9　硫黄锚固

（3）人工铺轨

根据配轨计算表铺设钢轨，按设计要求确定非标轨长度，铺轨时要预留轨缝。一般新铺轨道的高低不平，方向不顺，经整道顺直后，轨缝将缩小，所以铺轨时预留轨缝要大于设计轨缝，一般加大值为 2mm 左右，如图 2-10 所示。其工艺流程如图 2-11 所示。

图　2-10

图 2-10　人工铺轨

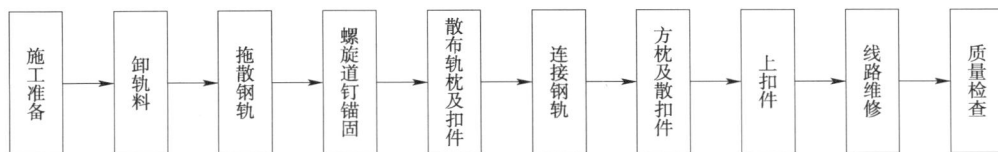

图 2-11　人工铺轨施工工艺流程图

（4）整道

整道作业包括：放起道桩、方正轨枕、串入道砟、起拨轨道、全面捣固，调匀轨缝、填满轨枕盒道砟，清除散落的道砟，修整道床边坡等。

起道：采用人工起道时，以直线左股、曲线里股为标准股，按要求的高度起好，并在轨下串实道砟。

拨道：拨道一般使用 6~8 个拨道器，均匀分布在两根钢轨的同侧，每台拨道器相距 3 个枕木。

捣固：为保持道床的稳定和轨枕水平，必须捣实轨枕下的道砟，使其紧密。

2. 人工铺轨机具设备

人工铺轨机具设备包括：撬棍、道镐、起道机、液压捣固机、道砟叉、道尺、轨缝调整器、拨道器及扳手等（图 2-12）。

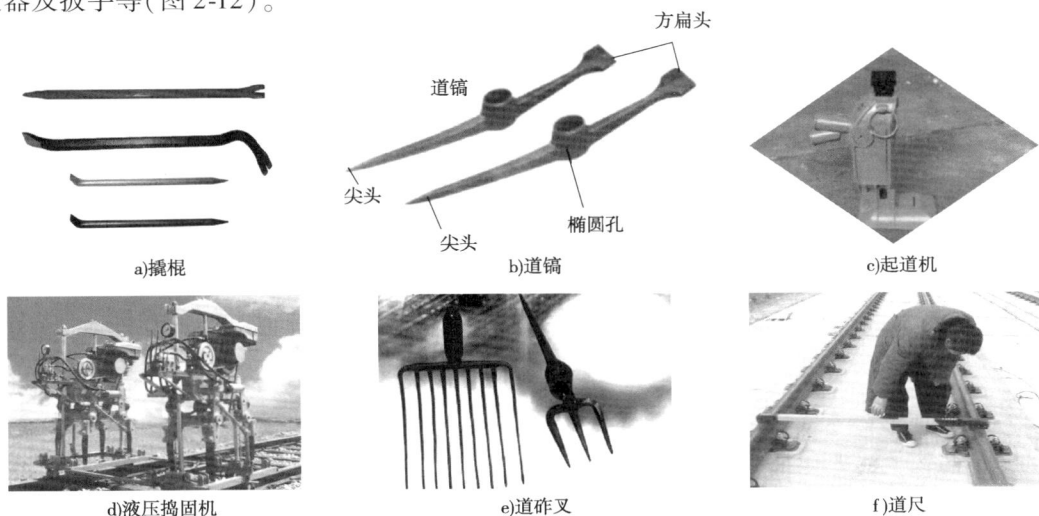

a)撬棍　　　　b)道镐　　　　c)起道机

d)液压捣固机　　　　e)道砟叉　　　　f)道尺

图　2-12

g)轨缝调整器　　　　　　h)拨道器

图 2-12　人工铺轨机具设备

3. 机械铺轨

机械铺轨流程如图 2-13 所示,具体步骤如下。

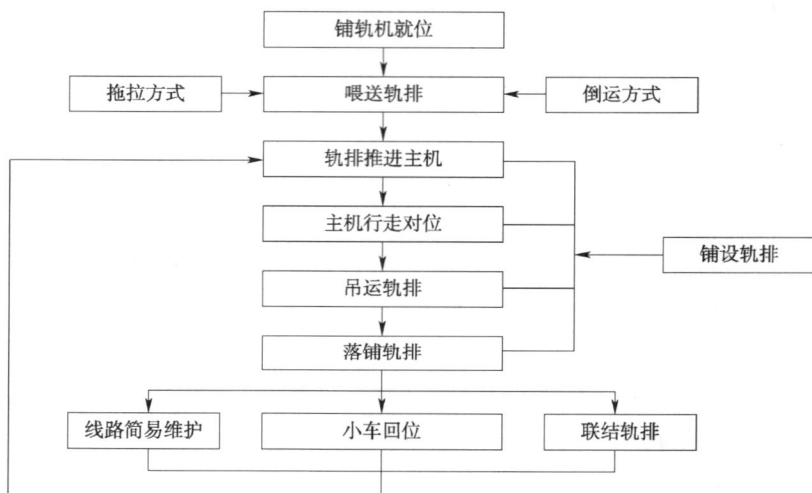

图 2-13　机械铺轨流程

①松开长轨的锁紧装置,启动门式起重机,走行至第 1 列枕轨运输车,分别操作左右夹轨臂夹住待牵引钢轨。

②在钢轨端部穿上导向靴,门式起重机将钢轨牵引至伸展车。

③门式起重机后退,夹住钢轨,调整牵引臂高度及左右位置,使轨头依次准确进入铺轨机两侧各导向滚轮。

④重复上述 3 个步骤,直到拖拉机能开始拖拉钢轨,钢轨与拖拉机连接前先取下导向靴。

⑤在底砟上每隔 10m 左右设置一支撑滚轮,支撑滚轮设置应准确、平稳。

⑥拖拉机牵引长轨按约 3m 的轨距布设,应使钢轨支撑在支撑滚轮上。

⑦左右两根长轨同时铺设,接头位置应相对,且根据施工图规定,左右两股钢轨相错量不得大于 40mm。

4. 机械铺轨机具设备

①铺轨主机主要包括走行导向履带、布枕装置、收轨装置、主车体、发动机组、液压机械装置等,如图 2-14 所示。

②轨枕输送起重机(图 2-15):门式起重机走行在枕轨运输车、伸展车及主机车体两侧的

走行轨道上,主要由柴油发动机(动力为130kW)、液压泵、液压马达、传动机构、钢轨抽拉吊臂、操作控制室及钢结构组成。

图2-14 铺轨主机

图2-15 轨枕输送起重机

③枕轨运输车:整车由18个N17铁路平车组成,上部轨枕支架梁上搁置轨枕,下部存入铺设的长钢轨。上部安装支架及轨枕运输起重机走行轨道,如图2-16所示。

④钢轨伸展车:配备有两辆钢轨伸展车(SUWⅠ和SUWⅡ),纵向可固定12根钢轨,将钢轨从中间向两边伸展,保证钢轨在需要的条件下平稳弯曲,使内部应力最小,如图2-17所示。

图2-16 枕轨运输车

图2-17 钢轨伸展车

⑤钢轨导向牵引车:采用TY220推土机,主要用来拖拉长钢轨。

⑥附属装置:包括连接钢轨的夹板、钢轨滚轮、线路导向拉线和导向线装置等。钢轨滚轮放置在路基上,每10~15m放置一个;导向拉线为钢线,在轨道两边拉伸以便引导铺轨机准确布枕。

任务三 铺砟整道

一、铺砟整道概述

施工机具设备包括:风动卸砟车,配砟整型车、自动起拨道捣固车、动力稳定车及小型捣固机具。

线路铺砟整道分 4～5 次完成,施工过程如图 2-18 所示。

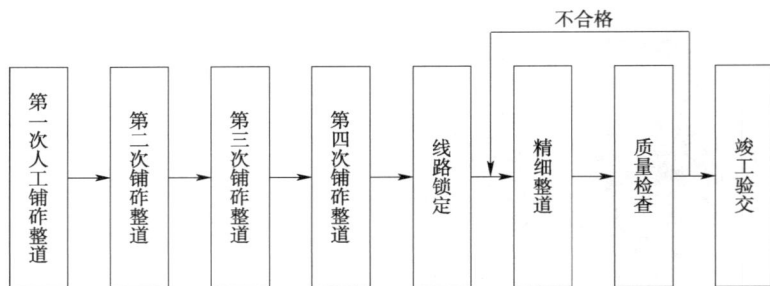

图 2-18　线路铺砟整道施工流程图

第一次铺砟整道:在铺设轨排之后立即进行,风动卸砟车卸砟,铺砟量为剩余铺砟总量的 40% ,人工配合小型捣固机具整道,起道量为 80～100mm,目标是消除反超高、空吊板、三角坑等影响行车安全的隐患,保障工程列车的行车安全,同时保证枕底有一定厚度的道砟,为大型养路机械施工提供条件。

第二次铺砟整道:铺砟量为剩余铺砟总量的 40% ,起道量为 60～80mm,目标是使线路初步平顺,初步稳定线路。

第三次铺砟整道:铺砟量为剩余铺砟总量的 10% ,起道量为 60～80mm,大型养路机械整道,目标是使轨道进一步抬高,曲线地段外股超高基本成形,线路基本平顺,道床基本稳定。

第四次铺砟整道:铺砟量为剩余铺砟总量的 10% ,起道量为 30～50mm,大型养路机械整道,目标是使轨面达到设计高程,线路平顺,道床稳定,使轨道几何尺寸和道床参数满足线路锁定的要求。

第五次精细整道:铺砟整道在线路锁定之后进行,为线路的最后一次铺砟整道,属精细整道,起道量为 20mm 左右,目标是消除线路局部的小量不平顺,使线路完全达到设计文件和验收规范的要求,直线平直、曲线圆顺。

二、底层道砟铺设

1. 质量标准及检验方法

①中特级碎石道砟材质的检验方法:查验道砟厂建厂检验证书、生产检验证书和产品合格证。

②道砟进厂时的粒径级配、颗粒形状及清洁度应符合铁路碎石道砟技术条件的规定。检验方法一般采用筛分、专用量规或特定检验。每 5000m³ 为一批,不足 5000m³ 时亦按一批计。每批抽检一次。

③底层道砟应采用压强不小于 160kPa 的机械踮压,道床密度不应低于 1.6g/cm³。检验方法是检算踮压机械压强,用道床密度仪或灌水法检测。每 5km 抽检 5 处。

④底层道砟厚度宜为 150mm,单线宽度一般为 4.5m。砟面应平整,其平整度为 10mm/3m,砟面中间不应凸起。检验方法:每千米抽检 4 处,通过目视观察,或者使用钢尺、靠尺进行

测量。

2. 施工准备

①铺砟前由铺轨单位与路基施工单位共同对路基按设计要求进行检查验收,符合要求后,方可进行铺砟作业。

②对路基中线、水平进行复测。

③配置摊铺、碾压机械,各种检测设备,对机械进行安装调试,对检测设备进行检定。

3. 施工机械及工艺装备

①摊铺设备主要包括自卸汽车、洒水车、摊铺机、装载车、压路机。

②配套设备主要包括激光发射器、激光接收器、定位标杆。

③检测设备主要包括密度仪、方孔筛、全站仪、水准仪、3m 靠尺及直尺。

4. 工艺及质量控制流程

底层道砟铺设施工工艺及质量控制流程如图 2-19 所示。

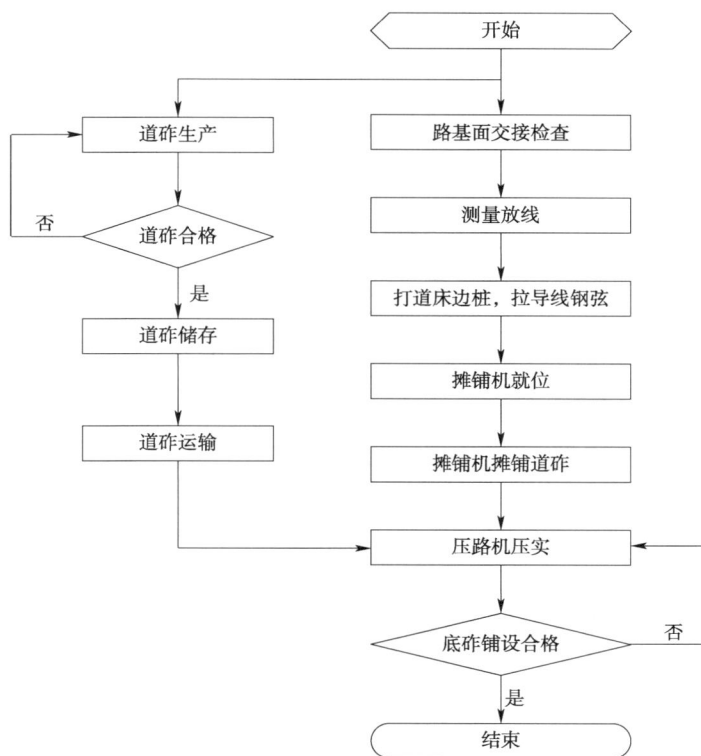

图 2-19　底层道砟铺设施工工艺

三、铺砟整道施工

1. 质量标准及检验方法

①道床经分层铺设、起道、捣固、稳定作业后,达到初期稳定阶段时,道床状态参数应达

到表 2-1 要求。

初期稳定阶段道床状态参数指标及检验　　　　　　　　表 2-1

阶段	枕下道床刚度(kN/mm)	道床横向阻力(kN/枕)	检验方法	检验数量
初期稳定阶段	≥70	≥7.5	用道床刚度仪检测	每5km作为一个检验批,每千米检测2根轨枕,求平均值

②整道后的道床断面应满足设计要求,曲线外轨超高应按设计要求设置,并应在缓和曲线全长范围内均匀递减。检验方法:观察检查、尺量。检验数量:全部检查。

③道床达到初期稳定阶段状态时,道床初期稳定阶段轨道静态几何尺寸允许偏差和检验方法应符合表 2-2 的规定。

道床初期稳定阶段轨道静态几何尺寸允许偏差和检验　　　　　　　　表 2-2

项目	允许偏差(mm)	检验方法	检验数量
高低	4	10m 弦量	每5km抽检2处,每处抽检10个测点
轨向	4	直线10m弦量,曲线20m弦量	
扭曲(基长6.25m)	4	轨距尺量	每5km抽检2处,每处抽检10个测点
轨距	2	轨距尺量	
水平	4	轨距尺量	

④道床达到稳定状态时,道床状态参数指标应符合表 2-3 的规定。

稳定状态时道床状态参数指标及检验　　　　　　　　表 2-3

列车设计行车速度 v(km/h)	枕下道床密度(g/cm^3)	枕下道床刚度(kN/mm)	道床横向阻力(kN/枕)	道床纵向阻力(kN/枕)	检验方法	检验数量
200	≥1.70	≥100	≥10	≥12	用道床刚度仪及密度仪检验	以5km作为一个检验批,每千米检测2根轨枕,求平均值,要求每一实测值与批平均值之差不超过平均值的20%,有桥梁和隧道的区间应在桥隧范围内至少抽检10根轨枕
200<v≤250	≥1.75	≥110	≥10	≥12		
300≤v≤350	≥1.75	≥120	≥12	≥14		

⑤有砟轨道静态平顺度铺设精度标准及检验方法应符合表 2-4 的规定。

⑥道床厚度、砟肩宽度及堆高允许偏差应符合表 2-5 的规定。

⑦道床稳定阶段轨面高程、轨道中线、线间距的允许偏差及检验方法应符合表 2-6 的规定。

有砟轨道静态平顺度铺设精度标准及检验　　　　　　　表 2-4

序号	项目	列车设计行车速度 v(km/h)		检验方法	检验数量
		200	>200		
1	轨距(mm)	±2	±2	轨检小车检测	每 5km 抽检 2 处，每处各抽检 10 个测点
2	高低(mm)	3	2		
3	水平(mm)	3	2		
4	扭曲(基长 6.25m)(mm)	3	2		
5	轨向(mm)	3	2		

道床厚度、砟肩宽度及堆高检验　　　　　　　表 2-5

项次	项目	允许偏差(mm)	检验方法	检验数量
1	道床厚度	−20	尺量	每千米抽检 5 处
2	砟肩宽度	±20		
3	砟肩堆高	不得有负偏差		

道床稳定阶段轨道几何尺寸允许偏差及检验　　　　　　　表 2-6

序号	项目		允许偏差(mm)	检验方法	检验数量
1	轨面高程与设计比较	一般路基上	±20	水准仪测量	每 5km 抽检 2 处，每处各抽检 10 个测点
		在建筑物上	±10		
		紧靠站台	+20,不得有负偏差		
2	轨道中线偏差		30	尺量	
3	线间距差		0,+20		

2. 施工准备

①铺轨后应及时按 3m 间距测量各点的总起道量，每次将确定的各点起道量输入计算机。

②平直地段用激光准直，根据中线桩在200～600m 范围内安装激光发射仪。

③曲线上把曲线资料输入计算机。

④按照套道方式和起道量确定需要补充道砟的数量。

3. 施工机械及工艺装备

①施工机械包括内燃机车、风动卸砟车、配砟整型车、起拨捣固车、动力稳定车、装载机。

②工艺装备包括全站仪、水准仪、直靠尺、钢尺、测绳、轨检仪、道床刚度仪。

4. 工艺及质量控制流程

铺砟整道施工工艺流程如图 2-20 所示。

5. 布砟工艺说明

①风动卸砟车内燃机车牵引布砟，牵引速度不得大于 10km/h。布砟分 3 次进行，前两

次各完成需要砟量的 1/2～2/3，第三次补足全部道砟。布砟时应使轨枕盒饱满，道肩丰厚。

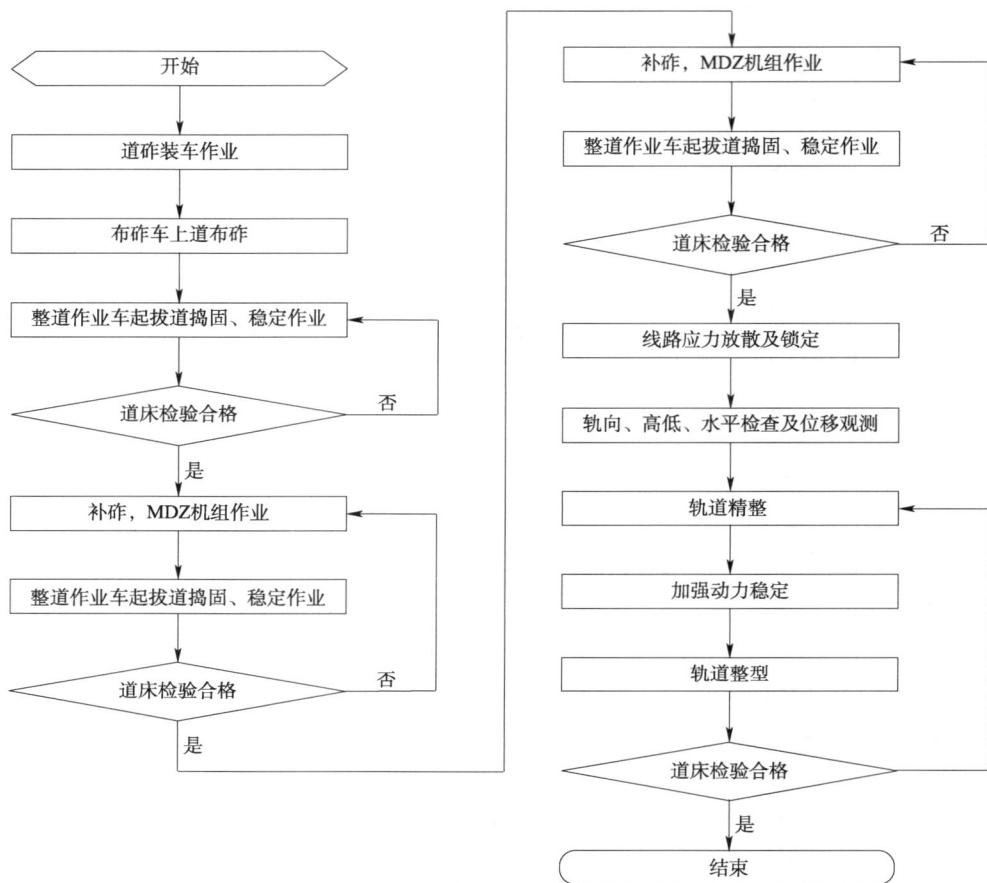

```
                                                    ┌──────────────────────────┐
                                                    │   补砟，MDZ机组作业        │◄──┐
        ╱─────────────────╲                         └──────────────────────────┘   │
       ⟨      开始          ⟩                         ┌──────────────────────────┐   │
        ╲─────────────────╱                         │ 整道作业车起拨道捣固、稳定作业 │   │
              │                                      └──────────────────────────┘   │
       ┌──────────────────┐                                   │                     │
       │   道砟装车作业      │                          ╱────────────────╲   否        │
       └──────────────────┘                         ⟨   道床检验合格    ⟩────────────┘
              │                                      ╲────────────────╱
       ┌──────────────────┐                                   │ 是
       │   布砟车上道布砟    │                          ┌──────────────────────────┐
       └──────────────────┘                         │   线路应力放散及锁定        │
              │                                      └──────────────────────────┘
       ┌──────────────────────────┐                          │
       │ 整道作业车起拨道捣固、稳定作业 │◄──┐            ┌──────────────────────────┐
       └──────────────────────────┘   │           │ 轨向、高低、水平检查及位移观测 │
              │                         │           └──────────────────────────┘
       ╱────────────────╲   否          │                    │
      ⟨   道床检验合格    ⟩──────────────┘            ┌──────────────────┐
       ╲────────────────╱                          │   轨道精整         │◄──┐
              │ 是                                   └──────────────────┘   │
       ┌──────────────────┐                                  │              │
       │   补砟，MDZ机组作业 │◄──┐                      ┌──────────────────┐   │
       └──────────────────┘   │                      │   加强动力稳定     │   │
              │                 │                      └──────────────────┘   │
       ┌──────────────────────────┐   │                    │              │
       │ 整道作业车起拨道捣固、稳定作业 │   │              ┌──────────────────┐   │
       └──────────────────────────┘   │              │   轨道整型         │   │
              │                         │              └──────────────────┘   │
       ╱────────────────╲   否          │                    │              │
      ⟨   道床检验合格    ⟩──────────────┘            ╱────────────────╲   否   │
       ╲────────────────╱                         ⟨   道床检验合格    ⟩───────┘
              │ 是                                   ╲────────────────╱
                                                             │ 是
                                                    ╭──────────────────╮
                                                    │      结束          │
                                                    ╰──────────────────╯
```

图 2-20　铺砟整道施工工艺流程图

②每次布砟后，由轨道作业车进行起道和稳定作业。前两次各完成总起道量的 1/2～2/3，第 3 次按设计轨面高程起道。

③配砟整型车将道砟收拢，通过侧犁收拢道砟向线路中心补砟，使道砟充满轨枕盒。道砟配置高度低于钢轨头部但高于轨枕面不大于 10cm，并清除钢轨及轨枕面上道砟。按设计断面对道床进行整型，做道肩堆高。

④在捣固车作业前 200～600m 范围内安装激光发射仪，捣固车根据输入的资料进行光电转换，通过自动控制对线路进行起、拨、捣作业。每次捣固两根轨枕并夯实道肩道砟。起道量在 60～80mm 时，捣固两次；起道量在 60mm 以下时，捣固一次。

⑤动力稳定车在首次捣固作业后对道床进行两次动力稳定，动力稳定车的行进速度为 1.5km/h。以后每捣固一次，动力稳定一次，动力稳定车的行进速度为 0.6km/h。

⑥质量要求：

a. 起拨道、捣固作业，在长钢轨锁定轨温 −20～+15℃ 范围内进行；

b. 每次整道作业完毕，利用轨检仪对线路状况的检测结果，对捣固车和动力稳定车给定的作业参数进行调整,以便有针对性地安排精整作业。捣固作业参数及作业标准如表2-7所示,稳定作业参数如表2-8所示。

捣固作业参数及作业标准 表2-7

序号	捣固作业参数及作业后标准	第一遍作业	第二遍作业	第三遍作业	精细整道	
					第四遍作业	第五遍作业
1	捣固深度(mm)	插入枕底以下100	插入枕底以下100	插入枕底以下100	插入枕底以下80	插入枕底以下80
2	夹持时间(s)	0.6	0.6	0.8	0.8	0.8
3	捣固次数	双捣	单捣	双捣	单捣	单捣
4	捣固速度(m/m)	20	20	20	18	18
5	捣镐振动频率(Hz)	35	35	35	35	35
6	中线差(mm)	≤50	≤30	≤30	≤30	
7	轨向(mm)	—	—	≤3	≤2	
8	水平(mm)	≤5	≤4	≤3	≤2	
9	高低(mm)	—	≤4	≤3	≤2	
10	扭曲(mm)	≤1.1	≤1	≤1	≤1	
11	道床刚度(kN/mm)	—	—	≥70	≥120	
12	纵向阻力(kN/枕)	—	—	—	≥14	
13	横向阻力(kN/枕)	—	—	≥7.5	≥10	
	备注	依中桩拨道	绳正法拨道	绳正法拨道	绳正法拨道	找小坑作业

稳定作业参数 表2-8

序号	稳定作业参数	第一遍稳定	第二遍稳定	第三遍稳定	第四遍稳定
1	动力稳定频率(Hz)	35	35	35	35
2	下沉量(mm)	20左右	20左右	10左右	10左右
3	稳定走行速度(km/h)	0.9	0.8	0.7	0.6
4	稳定荷载(kN)	19.8	19.8	19.8	19.8
	备注	捣固第五、第六遍作业不进行动力稳定。稳定车在桥上作业时,荷载采用9.8kN,频率采用30Hz。桥上稳定作业不得进行停机、重新起振作业和终止作业			

任务实施

有砟轨道施工流程

一、铺轨前预铺道砟工序

铺轨前预铺道砟工序如表2-9所示。

铺轨前预铺道砟工序 表 2-9

上道工序：CPⅢ轨道控制网测设

序号	工序	作业控制要点
1	道砟验收	预铺道砟前对道砟进行检验，道砟等级、材质及级配应符合设计及道砟技术条件要求
2	测量放线	①预铺道砟前，核对路基面（含桥梁、隧道）的高程及中桩。 ②根据其摊铺厚度及中线，在路肩挂拉弦线，长度一般为 150～200m，每 10m 设置一支点，并在两端用加紧器将钢弦拉紧
3	试验确定参数	通过试验选定摊铺机械压实振动频率、摊铺厚度、摊铺速度等各项工艺参数
4	摊铺压实	①作业机械行走比压不应超过基床设计允许值，应避免对路基基床表层的扰动。 ②运作车辆在基床表层上行驶时，应做到缓行缓停，禁止突然加速或紧急制动，载重运行速度宜小于 15km/h。 ③预铺道砟厚度不宜小于 150mm，作面应整平压实，作面中间不得凸起，可压出凹槽。 ④预铺道砟采用道砟摊铺机一次摊铺压实成型，或采用压强不小于 160kPa 的机械配合碾压、整平。 ⑤道砟整平、压实施工过程中使用的机械设备应统一指挥。 ⑥施工过程中摊铺机两侧应设专人观测传感仪工作状况，发现大的误差应及时调整，严重时应鸣笛中止工作，及时排除故障。 ⑦人工平整压实作面，不得出现反超高、大的三角坑。 ⑧在立交桥上铺作应做好防护，并注意桥下行车情况
5	检测	①作面外形：铺设完成的作面应在纵横向坡度、宽度、厚度等方面达到要求。 ②平整度：用 3m 靠尺检查作面平整度，设计速度大于 160km/h 时为 20mm，设计速度小于 160km/h 时为 30mm。 ③压实密度不小于 1.6g/cm³

下道工序：铺枕、铺轨

二、铺枕铺轨（单枕铺设法）工序

铺枕铺轨（单枕铺设法）工序如表 2-10 所示。

铺枕铺轨（单枕铺设法）工序 表 2-10

上道工序：铺轨前预铺道砟

序号	工序	作业控制要点
1	施工准备	①按设计要求精确测量线路中心线，并按铺轨机作业要求用醒目颜色设置铺轨机走行标示线或设置导向边桩及钢弦。 ②按枕轨运输列车技术要求装载长钢轨和轨枕，长钢轨装车完毕后要保证其锁定牢固。 ③轨枕装车时严禁发生碰损、装偏、倾斜、漏垫支垫物等现象

续上表

序号	工序	作业控制要点
2	长轨推送拖放	①机车推送铺轨列车进场时,运枕门式起重机应在铺轨机上锁定牢固。 ②拖卸长钢轨时,每次只允许解开所拖卸的长钢轨的锁紧装置。扳下钢轨间隔铁,搬开长轨前挡块。 ③拨、串钢轨时,应由专人指挥,施工人员应动作一致。 ④牵引长钢轨时,必须卡牢牵引卡,并设专人保护,施工人员不得站在牵引钢丝绳两侧;轨头送入推送机构时,位置要准确,拖拉要平稳。 ⑤长轨推送装置将长轨沿导向装置推送至铺轨机前端拖拉机拖拉架下,并用专用的夹具将长轨前端与拖拉架相连。 ⑥拖拉机拖拉长轨前行,每隔 10m 左右在长轨下放置一对滚筒,滚筒横向中心距为 3250mm。 ⑦在钢轨端部脱开车体或各工作机构时,一切人员与钢轨端部要保持一定的距离,防止钢轨端部反弹伤人
3	轨枕转运	轨枕的吊运应分层进行
4	布枕	①铺轨机沿线路中心线匀速前行,轨枕布设装置按规定间距布设轨枕,布枕中心线与线路中心线的误差在 30mm 以内。 ②轨枕布设时将橡胶垫板放至轨枕承轨槽中
5	钢轨入槽就位	①铺轨机前进时收轨装置自动将长钢轨收入至轨枕承轨中,长钢轨间用临时连接器连接。 ②收轨同时,将轨底的滚筒收到铺轨机前端的存放滚筒架上
6	安装扣件	长钢轨就位后,方正轨枕,安装部分扣件,保证铺轨机组安全通过。铺轨机组通过后要及时补充扣件
7	质量检验	①严格按铺轨编号依次铺设长钢轨,铺轨时应及时记录铺设轨温。 ②铺轨后左右股单元轨节接头相错量不宜超过 100mm。 ③轨道中心线与线路设计中心线应一致,允许偏差为 30mm。 ④枕间距为 600mm 时,轨枕间距及偏斜允许偏差为 ±20mm,连续 6 根轨枕间距为 3m±30mm

下道工序:分层上砟整道

三、轨排铺设工程流程

1. 轨排铺设流程

轨排铺设流程如图 2-21 所示。

2. 分层上砟整道工序

分层上砟整道工序如表 2-11 所示。

施工准备

↓

轨排装车、运输

↓

轨排组倒装 ← 倒运平车作业循环

↓

轨排组运送

↓

轨排组过渡

↓

铺轨机吊运轨排

↓

轨排对位

↓

轨排落放 ← 铺轨机作业循环

↓

轨排连接

↓

铺轨机前进

↓

拨荒道

↓

铺轨质量检验 —— 不合格

↓ 合格

结束

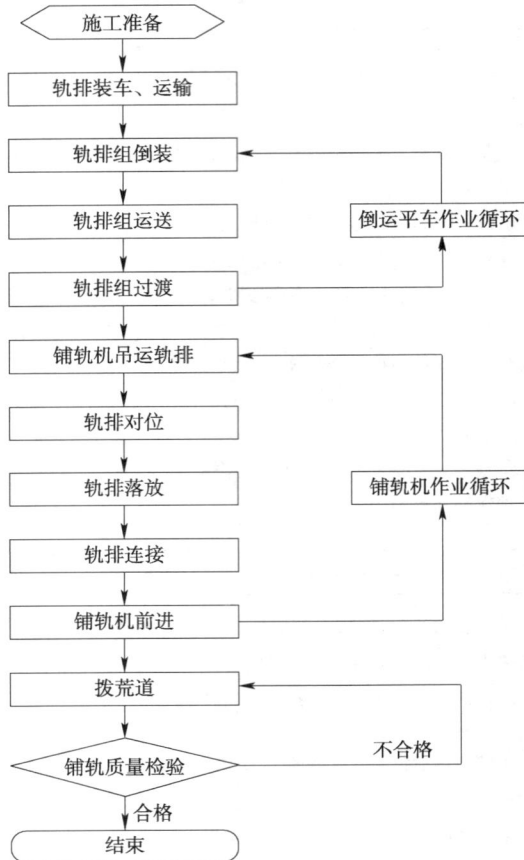

图 2-21　轨排铺设流程

分层上砟整道工序　　　　　　　　　　　　　　　　　表 2-11

上道工序:铺枕、铺轨

序号	工序	作业控制要点
1	整道前施工测量	①采用全站仪测设线路的中线桩,直线上每 50m、圆曲线上每 20m 及缓和曲线上每 10m 测设一点,并把中线点外移到线路的外侧。 ②完成平面测量,算出相应里程的拨道量。 ③在路基两侧的路肩上钉设水平桩,直线地段不大于 50m,曲线地段不大于 20m,变坡点和竖曲线起讫点,应增设桩橛。用水准仪往返测量,测出各点的桩顶实测高程、轨顶实测高程,计算出起道量、桩顶至设计轨顶高程的距离
2	补砟	长钢轨铺设后使用风动卸砟车及时进行第一次上砟
3	轨道线路调查	①枕下道砟摊铺厚度不应小于 150mm,枕木盒内道砟饱满。 ②调查并处理钢轨硬弯、死弯、曲线反超高等。 ③调查并清理、拆除可能影响机养作业的障碍物。 ④调查具备机养条件的线路区段,编制施工方案

续上表

序号	工序	作业控制要点
4	配砟整型作业	①配砟整型车在收放工作装置时，应选择线路比较平直的地段进行。 ②放下侧犁时应避免侧犁后翼犁板碰撞司机室，中犁放下后距轨枕面 10～15mm，清扫装置放下后距轨枕面 10～5mm。 ③配砟整型车工作时，应注意线路上的固定装置及障碍物
5	起拨捣固作业	①第一、第二遍起道量不宜大于 50mm，第三、第四、第五遍起道量不宜大于 30mm。 ②一次拨道量不宜大于 50mm。 ③起道量 30mm 以上时，宜双捣作业；起道量 30mm 以下时，宜单捣作业
6	稳定作业	每层道床起道、捣固作业后，应进行 1～2 次动力稳定作业，稳定车在路基上工作速度一般为 0.6～0.9km/h，由下层至上层速度逐层降低；作业频率控制在 30～35Hz 范围内，竖向荷载为 19.8kN
7	质量检验	①轨道几何尺寸允许偏差应符合相关要求。 ②轨面高程及道床断面基本符合设计，道床厚度宜比设计厚度小 40mm，道砟数量宜符合设计断面要求。 ③轨道中心线与设计线路中线应一致，允许偏差为：30mm。 ④道床状态参数指标：Ⅱ型枕：道床横向阻力不得低于 6.5kN/枕，道床支承刚度不得低于 60kN/mm；Ⅲ型枕：道床横向阻力不得低于 7.5kN/枕，道床支承刚度不得低于 70kN/mm

下道工序：单元焊接

案例分析

兰新铁路主要技术介绍

一、工程概况

兰新铁路是新疆通往我国东部地区的铁路运输干线，是构成我国西北地区铁路网络的重要组成部分。兰新铁路建成后，乌鲁木齐铁路局对线路进行了大规模的更新改造，逐步实现了电力贯通，采用了电气集中联锁、半自动闭塞、无线列车调度等先进技术设备，从根本上改变了技术和设备的落后状况，使线路通过能力提高到 200 万 t，达到国内先进水平，并于 1986 年第一个在我国实现牵引动力内燃化。

二、技术难点

据设计单位中铁第一勘察设计院集团有限公司（以下简称铁一院）的专家介绍，兰新铁路第二双线西宁至张掖段先后穿越大坂山、祁连山，这些地区最冷月平均气温为 −13.1℃，极端最低气温为 −34.5℃，隧道建成后冻害问题将十分突出。

另外，线路在甘肃、新疆境内大部分穿行于戈壁荒漠地区，解决戈壁荒漠地区路基沉降控制、边坡防护、轨道结构、综合接地等一系列技术难题,对于项目的顺利实施以及建成后铁路的运输安全有着重要意义。

而这条线路将面临的更大挑战是它要经过安西风区、烟墩风区、百里风区、三十里风区和达坂城风区等几个主要的大风区。这些风区最高风速超过每秒60m,局部地段每年有200天风力在8级以上。为确保列车安全、高速地通过这些风区,线路设计人员必须建立完善的大风预警系统。

为攻克一系列技术难题,铁一院吸取青藏铁路设计、建设中的成功经验,集中精锐力量,重点开展了"大风、戈壁、严寒地区高标准铁路关键技术及配套技术"的研究。

学习检测

一、选择题

1. 我国铁路有砟轨道采用的混凝土枕为（　　　）。

    A. 先张法预应力混凝土枕　　　　　　　B. 后张法预应力混凝土枕

    C. 普通钢筋混凝土枕　　　　　　　　　D. 双块式混凝土枕

2. 碎石道床断面的三个主要特征为（　　　）。

    A. 道床顶面宽度、道床底面宽度、道床厚度

    B. 道床顶面宽度、道床厚度、道床边坡坡度

    C. 道床顶面宽度、道床肩宽、道床边坡坡度

    D. 道床顶面宽度、道床肩部堆高、道床边坡坡度

    E. 道床肩部堆高、道床肩宽、道床边坡坡度

3. 我国铁路碎石道砟的等级分为（　　　）。

    A. 一级、二级　　　　　　　　　　　　B. 一级、二级、三级

    C. 特级、一级、二级、三级　　　　　　D. 特级、一级、二级

4. 某铁路线路的轨道,其道床为双层道床,面砟厚30cm,底砟厚20cm,则道床厚度为（　　　）。

    A. 20cm　　　　　　B. 30cm　　　　　　C. 40cm　　　　　　D. 45cm

    E. 50cm

5. 图2-22所示的铁路轨道中使用的结构为（　　　）。

    A. 轨撑　　　　　　B. 轨卡　　　　　　C. 防爬撑　　　　　　D. 扣件

图　2-22

二、简答题

1. 道砟材料的技术条件有哪些？

2. 预应力混凝土轨枕的施工工艺有哪些特点？

3. 如何进行硫黄水泥砂浆锚固？其技术要点有哪些？

4. 铺轨机铺设轨排有哪些注意事项？

5. 铺砟整道有哪些基本作业？简述其作业要点。

项目三
轨道板预制

教学引导

中国铁路运行的动车组有哪些种类？

轨道板是无砟轨道非常重要的部件，直接影响列车运行速度。那么，代表中国速度的动车组是如何分类的呢？

中国铁路运行的动车组列车分为三个级别：高速动车组（时速 250km 及以上，G 字头），中速动车组（时速 160km 和 200km，D 字头）、低速动车组（时速 140km，以适应城市轻轨）。

1. 和谐号动车组

和谐号动车组家族有下列成员：

（1）CRH1 型动车组。CRH1 型动车组家族有 CRH1A、CRH1B、CRH1E、CRH1A-A、CRH1E-250。

（2）CRH2 型动车组。CRH2 型动车组家族有 CRH2A、CRH2B、CRH2C、CRH2E、CRH2G。

（3）CRH3 型动车组。CRH3 型动车组家族有 CRH3C。

（4）CRH5 型动车组。CRH5 型动车组家族有 CRH5A、CRH5E、CRH5G。

（5）CRH6 型动车组。CRH6 型动车组家族有 CRH6A、CRH6F、CRH6S。CRH6 不是高速动车组，CRH6A 和 CRH6F 是城际铁路动车组，CRH6S 是市域铁路动车组，时速为 140 ~ 200km。

（6）CRH 380A 型动车组。CRH 380A 型动车组家族有 CRH 380A、CRH 380AL。

（7）CRH 380B 型动车组。CRH 380B 型动车组家族有 CRH 380B、CRH 380BL、CRH 380BG。

（8）CRH 380C 型动车组。CRH 380C 型动车组家族有 CRH 380CL。

（9）CRH 380D 型动车组。CRH 380D 型动车组家族有 CRH 380D。

2. 复兴号动车组

复兴号动车组家族有 CR400AF（4 动 4 拖 8 辆编组，图 3-1）、CR400BF（4 动 4 拖 8 辆编组）、CR400AF-A（8 动 8 拖 16 辆长编组）、CR400AF-B（8 动 9 拖 17 辆长编组）等高速列车型号。

2019 年 1 月起,时速 160km 的短编组 CR200J 型动力集中式复兴号电力动车组列车(1 动 8 拖 9 辆编组,图 3-2)和长编组 CR200J 型动力集中式复兴号电力动车组列车(2 动 16 拖 18 辆编组)也开始逐步替代传统普速列车在普速铁路上运营。

图 3-1　复兴号 CR400AF 型电力动车组　　图 3-2　动力集中式 CR200J 型复兴号电力动车组

动车组是现代铁路运输的先进代表,是一种由若干自带动力、可独立操控或联控运行的车辆单元(动车)和若干无动力车辆(拖车)组成的固定编组列车。它以电力为主要牵引动力,凭借尖端的技术、卓越的性能和严谨的管理体系,成为高效、快捷、安全、舒适、绿色出行的交通工具。

动车组不仅是现代科技与工业制造的结晶,更承载着深厚的时代精神与社会价值。作为中国高端装备制造的闪亮名片,动车组凝聚了无数科研工作者和产业工人的智慧与汗水。

动车组的设计、制造与运营团队始终履行最高的道德准则和行为规范,以高度的社会责任感,致力于提供优质的出行服务,提升旅客体验,保障公共交通安全。同时,作为国家交通大动脉的核心载体,高速铁路积极响应国家战略,服务区域协调发展,促进经济文化交流,充分展现了其积极参与社会发展和国家建设的重要角色。

学习目标

知识目标

1. 了解轨道板的类型。
2. 掌握不同类型轨道板制作的技术要点。
3. 掌握双块式轨枕的制作要点。

能力目标

1. 能够进行各类型轨道板的预制。
2. 能够进行双块式轨枕的预制。

素质目标

1. 深刻理解并牢固树立"安全第一,预防为主,综合治理"的安全生产方针在轨道板制作中的重要性。
2. 养成严谨细致、实事求是的工作态度,尊重客观规律和数据。
3. 培养良好的团队合作精神,能够有效沟通、协调配合,共同完成复杂的施工任务。

任务一　CRTS I 型轨道板预制

CRTS I 型轨道板制造工艺流程如图 3-3 所示。

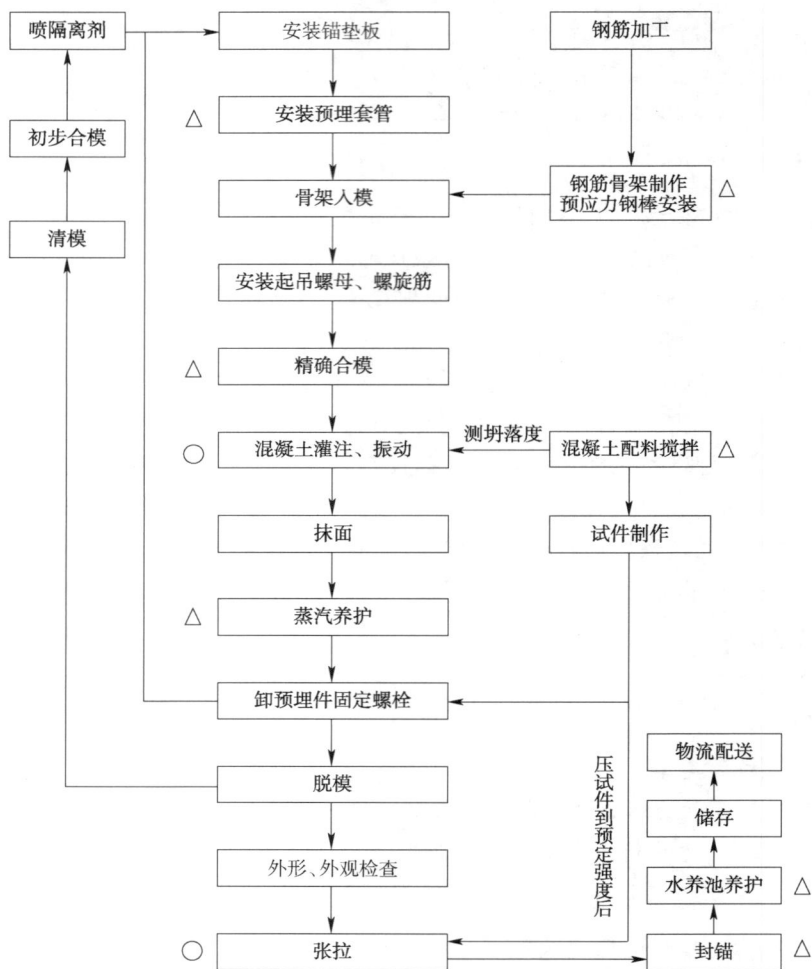

图 3-3　CRTS I 型轨道板制造工艺流程
注：○表示特殊工序；△表示关键工序。

一、模板工程

按照轨道板型号购置标准型模板，所有轨道板模型均采用精加工钢模板制作，其结构由底模、端侧模、锁紧系统、脱模系统、定位系统和振动系统组成。

1. 模板及模板基础设计

（1）模板结构设计

模板结构要有足够的强度、刚度和稳定性，保证模板在设计规定周转期内不变形；模板设计方案要从材料选择、加工方式、变形处理等多方面综合考虑，以保证模板尺寸精度满足要求，同时也要考虑便于模板的安装和拆卸（包括预埋件），且在混凝土的灌注过程中既能控制轨道板形状和尺寸的准确性，又要保证在强烈的振动下混凝土不漏浆。

CRTS I 型
轨道板预制

（2）模板基础设计

模板基础采用换填土夯实、板式混凝土扩大基础，其上部由混凝土立柱组成。

2. 模板验收

（1）进场验收

轨道板模板逐套进行验收，验收合格方可进场，不合格模板不得投入使用。进场模板配件必须齐全，重点检查扣件定位销配置数量是否符合要求，预紧螺栓、起吊套管、接地端子紧固件数量是否符合设计需求，标识牌数量、规格与模板是否相匹配。

模板组装验收应符合表 3-1 规定。

模板验收标准

表 3-1

序号	检查项目		允许偏差（mm）
1	长度		±1.5
2	宽度		±1.5
3	厚度		0，+1.5
4	预埋套管	中心位置距板中心线	±0.5
		保持轨距的两套管中心距	±0.75
		保持同一铁垫板位置的两相邻套管中心距	±0.5
		歪斜（距顶面 120mm 处偏离中心线距离）	±1
		凸起高度	0，−0.25
5	标记线（板中心线）位置		±0.5
6	板顶面平整度	轨道板四角承轨面水平	±0.5
		单侧承轨面中央翘曲量	≤1.0
7	其他预埋件位置及垂直歪斜		±1.5
8	半圆形缺口直径		±1.5
9	底模错缝、错台		不允许有
10	侧模、端模错缝错台		≤1.0
11	端模、侧模旁弯		≤1.5
12	底模对角线误差		≤1.5
13	预应力锚穴		≤0.5

表 3-1 中所列检验项均为全检,同时对模板的退模、顶升、密封性能等装置进行验收。

（2）模板日常检查和定期检查

模板日常检查（图 3-4）应在每循环作业前进行,检查模板的平整度、外观、倒角成型槽口、标识牌、定位销松紧、模板各定位连接件完好情况、振捣器支架完好情况、退模装置和起板装置完好情况。模板的外观质量检查主要检查模板表面是否清渣、脱模剂涂刷质量,扣件预埋绝缘套管预留孔处是否有杂物、变形,承轨台位置定位装置凹槽内混凝土是否清理干净,模板四壁是否清渣彻底,各个配件表面是否存在裂纹和破损现象。

图 3-4　模板日常检查

模板日常的平整度检查:可采取轨道板脱模后立即对其正面（承轨面）进行平整度检查的方式和每日抽 1/7 的模板,采用精密电子水准仪对模板进行全面检查,保证每周对模板循环检查一遍。模板检查项目及允许偏差如表 3-2 所示。

模板的控制指标　　　　　　　　　　　　　　　表 3-2

序号	检查项目	允许偏差（mm）
1	长度	±1.5
2	宽度	±1.5
3	厚度	0, +1.5
4	单侧承轨面中央翘曲量	≤1.5
	轨道板四角的承轨面水平	±0.5
5	定位销垂直度	≤1
6	外观质量（稳固牢靠,接缝严密,不漏浆;模板表面清理干净并均匀满涂隔离剂;锚穴处全面清理灰浆,不得漏涂隔离剂）	质量检查情况描述

3. 模板安装与拆除流程

（1）安装流程

清理模板→涂刷脱模剂→安装绝缘套管及标识牌→安装锚垫板→脱模、顶板装置回位→两侧模同步滑移就位、侧模锁紧→端模同步就位→端模锁紧→预紧螺栓→模型安装完成。

注意事项如下:

①清理模板时,要将残留在端模、侧模表面的杂质清除干净。特别注意对锚穴下部和根

部残留杂质的清理。

②绝缘套管安装前,必须将定位销表面清理干净,将套管与定位销拧紧。安装过程中不得采用榔头或其他硬质物体直接敲击绝缘套管,必须加软质垫层或橡胶锤头慢慢拍入。绝缘套管安装必须保证垂直度,并与模型面板的缝隙不得超过0.2mm。

③检查模板紧固件、模板定位销槽是否齐全、完好,脱模、顶升装置是否就位。

④标识牌表面是否完整无缺,内容是否准确无误。

(2)拆除流程

接到脱模通知后,松开钢筋预紧螺栓并拆除→松开预埋件预紧螺栓(松开定位销锁紧装置)→松开模型锁紧装置→转动退模装置至侧模与板体表面脱离→安装起吊装置→转动顶升装置顶升板体→脱模完成。

脱模注意事项如下:

①脱模时,禁止生拉硬撬,以免造成模型局部变形或损坏板体混凝土。

②同一侧模板退模速度必须同步,以避免划伤、带出预紧螺栓,若将预紧螺栓带出必须及时将钢筋复位。板体起吊过程中必须平稳、缓慢,不得有倾斜现象发生。

③脱模后应及时清点、收集紧固件,并在清理干净后涂抹机油以备再用,如有损坏丢失应及时检修、配齐。

④拆卸完模板后,将板面灰浆清除干净、涂刷脱模剂。

⑤脱模后定位销必须及时进行清理维护,脱模过程中如发现退模或板体顶升困难必须立即停止作业,重新检查模型、预埋件锁紧装置拆除情况,并及时通知相关部门或现场值班人员进行处理,不得擅自操作。

⑥轨道板侧模脱出后应及时在顺板长度方向的侧面中部加盖轨道板流水编号及生产日期,加盖编号应清晰可见。

⑦轨道板脱模翻转后应立即清理扣件绝缘套管内杂物,杂物清理完毕后加盖封堵,保证绝缘套管内无杂质妨碍扣件旋入。

(3)拆模条件

轨道板拆模(图3-5)时的混凝土强度必须达到40MPa,根据轨道板养护试件强度确定拆模时间。拆模时轨道板表层与环境温差不大于15℃,以防止板体表面混凝土产生早期裂缝。

图3-5 轨道板拆模作业

二、钢筋工程

1. 钢筋加工胎卡具

轨道板钢筋加工胎卡具按照施工工艺的不同，可分为钢筋焊接胎卡具和钢筋绑扎胎卡具。依据施工图纸结合预埋件的具体位置对其进行准确定位，验收合格后方能进行钢筋绑扎的批量生产。胎卡具按照工装设备的要求进行管理，需要定人定期检查、维修和记录。

为保证综合接地钢筋焊接质量和钢筋骨架的尺寸准确，设置综合接地钢筋焊接胎卡具，依据轨道板的型号、钢筋焊接加工数量、施工效率综合确定胎卡具的型号、数量。

焊接胎卡具在设置时，先定位接地端子的位置，采用定位钢板螺栓的方式进行定位。在接地端子设置好后再进行纵横向钢筋的布设及焊接。

钢筋的绑扎胎卡具主要是控制钢筋的位置和间距符合图纸要求。绑扎胎卡具采用钢木结合方式，按照设计图纸尺寸在木胎具上切割槽口，保证环氧树脂涂层钢筋在绑扎过程中不受损伤。胎卡具的四边用方木作支挡，以此控制纵、横向筋的位置和保护层厚度，保证钢筋绑扎各部位尺寸满足设计要求。

钢筋胎卡具制作完成后，应经安质部检验合格方可投入使用。日常使用过程中，胎卡具一个月检查一次。主要检查胎卡具的完好程度，钢筋定位槽口磨损变形是否符合要求，各部分尺寸是否符合要求。

2. 钢筋加工

（1）普通钢筋加工

工艺流程：限位（固定挡板）→切断（图3-6）→限位→弯制（图3-7）→码放。钢筋加工允许误差如表3-3所示。

图3-6　钢筋自动切断工艺

图3-7　钢筋自动弯制工艺

钢筋加工允许误差　　　　表3-3

序号	项目	允许偏差（mm）	序号	项目	允许偏差（mm）
1	受力钢筋全长	−10,0	2	箍筋内净尺寸	±3

（2）环氧涂层钢筋加工要求

环氧树脂涂层钢筋的加工应符合相关技术标准的要求，除满足普通钢筋的弯制要求外，还将钢筋弯曲机弯折部位用塑料套筒包裹，确保表面涂层不被破损，钢筋端部弯折一次成型,不得进行重复操作。涂层钢筋进行弯制时,对直径 d 不大于 20mm 的钢筋,其弯曲直径不应小于 $4d$。对纵向环氧涂层钢筋加工后的堆码应分层存放,对小型号的钢筋采取悬挂存放措施,以防表面涂层破损。环氧涂层钢筋现场存放时间不宜超过 6 个月。

（3）安全注意事项

机械运转切料时,手距刀口距离要大于 150mm;严禁用手直接清除刀口附近的杂物。钢筋切断时,在钢筋的摆动范围内非操作人员不准停留。

3. 钢筋绑扎

①钢筋绑扎在交点位置应采用绝缘型扎丝逐点绑扎。绑扣形式以不易松脱为准,绑点如有松脱,应紧扣或重绑,其尾部应扭向骨架内,如图 3-8 所示。轨道板钢筋绑扎位置允许偏差如表 3-4 所示。

轨道板钢筋绑扎位置允许偏差（mm）　　　　　　　　　　　表 3-4

序号	项目	要求	检查方法
1	普通钢筋	±5	钢尺测量
2	螺旋筋	±5	
3	钢筋保护层	+5	量垫块
4	预应力筋	±1	尺量
5	箍筋间距	±10	钢尺测量

②为保证钢筋骨架绝缘性能检测合格,在普通钢筋和环氧涂层钢筋交点位置逐点加垫绝缘垫片。

③混凝土垫块设置位置为侧面和底部,保证净保护层厚度不小于 35mm。

④绑扎完毕的钢筋骨架存放时,每层之间应用方木条隔开,并应轻起轻放防止环氧涂层钢筋的涂层被损坏,并应采取措施防止倾覆,如图 3-9 所示。方木条的位置和数量以保证钢筋骨架不变形为准。钢筋骨架运输应采取相应的隔离、限位保护措施。

⑤钢筋骨架吊装过程中不得直接吊装环氧涂层钢筋,应采用方木条、塑料等柔性物质作为起吊介质多点起吊;起吊平稳,缓慢就位。

图 3-8　钢筋骨架绑扎　　　　　　　　图 3-9　钢筋存放

4. 钢筋骨架安装

钢筋骨架入模后,如有偏斜、扭曲,应进行调整并确保保护层厚度符合要求,如图 3-10

所示,应对发生松动或损坏的混凝土垫块进行调整或更换。

在穿入横向、纵向预应力钢筋前,要逐个检查钢筋长度,长度符合要求的预应力钢筋才能穿入预紧;预紧前着重检查横向预应力钢筋的长丝和短丝方向是否颠倒,预紧质量及预应力混凝土用钢筋护套与锚垫板连接处密封质量均要满足要求。

轨道板的各种预埋件安装包括绝缘套管、综合接地端子、起吊套管,必须保证型号、位置准确、数量齐全、安装牢固。

钢筋骨架入模后,不得在其上行走,以免损伤钢筋的环氧涂层。仔细检查环氧涂层钢筋的涂层,尤其是剪切端头处,如有损伤应及时进行修补,严禁钢筋骨架入模时与预埋件相碰。

5. 钢筋骨架绝缘性能检测

混凝土浇筑前,应用兆欧表测量确认钢筋骨架的绝缘性能,电阻应不小于 $2M\Omega$。如检测不合格,不得浇筑混凝土,应查明原因并调整,直至合格方可浇筑混凝土,如图 3-11 所示。

图 3-10　钢筋骨架入模　　　　　　　图 3-11　钢筋骨架绝缘检测

三、混凝土工程

1. 高性能混凝土配合比设计原则

根据《客运专线高性能混凝土暂行技术条件》(科技基〔2005〕101 号)、《客运专线铁路 CRTS I 型板式无砟轨道混凝土轨道板暂行技术条件》(科技基〔2008〕74 号)相关要求,原材料品质、混凝土的配制应体现以下主要原则。

①进行原材料(水泥、掺合料、砂、石、外加剂和水)的比选复试,确定材料性能符合《客运专线高性能混凝土暂行技术条件》(科技基〔2005〕101 号)的要求,用于 C60 混凝土的试配。

②在开工前,将选定的混凝土原材料及确定的理论配合比的混凝土电通量、抗冻试件各一组送至中国铁路总公司产品质量检验中心进行检验。

③混凝土拌合物的坍落度按 80～120mm 进行控制。混凝土的入模含气量不大于 3%。混凝土入模后不得泌水。

④混凝土耐久性能指标之一的电通量应小于 1000C。

⑤抗冻性满足相关要求。

2. 混凝土的拌制

（1）施工准备

轨道板混凝土施工准备包括技术准备、机械设备及计量器具的准备、材料准备、劳动力准备,组织混凝土施工从拌和、运输、浇筑到振捣的协调一致,以及突发事件情况下保证浇筑顺利进行的应急措施等。

(2)原材料进场

①原材料进场后,经复检合格,报监理工程师审查后方可使用。

②材料分类堆放,标识清楚。

③碎石入仓前要进行水洗。

④料仓不得混料,严禁混料进行施工。

(3)开盘准备

①取得施工配合比通知单,确认本次浇筑混凝土的集料、水泥、掺合料、外加剂等已经检验合格,不得采用一边运输材料、一边开盘搅拌的方式进行轨道板混凝土浇筑作业。

②混凝土搅拌站和输送设备处于正常状态,称量器具已检查校正。

③机具进行试运转,并确认状态良好。

④附着式振捣器已调试完毕。

⑤水电供应系统正常,意外停水、停电的备用措施已落实。

⑥容易损坏的机具和零部件有备用品,机械故障停盘有应急方案。

⑦浇筑安全防范设施确认安全可靠。

⑧模板、钢筋、绝缘套管、起吊套管、接地端子等工序的检查签证(工艺流程卡)均已检查完毕并满足要求。

⑨技术交底、劳动力(包括后备人员)、机电维修力量配备、落实。

(4)混凝土配料和计量

①混凝土配料必须严格按试验室通知单进行,并应有试验人员在现场进行施工控制。

②混凝土原材料配料采用自动计量装置,计量设备每年由当地技术监督局校验一次。对于粉状和液体材料,每7d用电子秤砝码自校一次;对于集料,每14d用电子秤砝码自校一次;每班施工前搅拌站操作人员要校核电子秤及其他计量器具的精准度并由试验人员复查,如施工中发现异常情况应及时校核。称料误差(均以质量计)规定:水、外加剂、水泥、掺合料不大于±1%;砂、石不大于±2%。

③每次开盘前应进行集料含水率测定,遇有雨雪天气应增加测定次数,并按测定的结果及时调整混凝土施工配合比。用水量的调整应由试验人员决定,其他任何人不得擅自调整用水量,混凝土拌合物出机后严禁加水。

(5)混凝土搅拌

混凝土施工配合比按试验室当日出具的配料单执行。搅拌混凝土的下料顺序为:依次下细集料、水泥、掺合料和减水剂,搅拌均匀后,再加入所需用水量,待砂浆充分搅拌后再投入粗集料,并继续搅拌至均匀为止。总搅拌时间为2~3min,且混凝土必须搅拌均匀,颜色一致。

混凝土拌制速度和灌注速度要密切配合,拌制服从灌注,以免灌注工作因故障停顿而使机内储存混凝土。如因故障中断灌注,常温下混凝土滞留在搅拌机内的时间不宜超过30min,最长不应超过混凝土的初凝时间(初凝时间应根据水泥性能、环境温度、水胶比和外加剂类型、运输距离等条件通过试验确定）。否则，应将搅拌筒彻底清洗后才能重新拌和混凝土。

（6）混凝土拌和记录

在拌和过程中，每 $50m^3$ 混凝土取样检验一次，并做好记录。

3. 混凝土运输和浇筑

（1）混凝土运输

混凝土运输采用运输车、桁吊、配合料斗运输方式，装料前应仔细检查料斗有无润湿、积水以及料斗内壁黏附的混凝土是否清除干净。同一天中浇筑中断 45min 及以上时间再行搅拌混凝土时，必须再次清洗漏斗。运输途中应确保混凝土不得发生离析、漏浆、严重泌水及坍落度损失过多等现象。

（2）混凝土浇筑

混凝土拌合物入模温度应为 5～30℃，当昼夜平均气温低于 5℃ 或最低气温低于 -3℃ 时，应采取保温措施，并按冬季施工处理；混凝土入模含气量不大于 3％；混凝土坍落度控制在 80～120mm。

混凝土灌注一次成型，不得增补或接长，采取混凝土从模型一端向另一端延伸的办法布料。混凝土采用振捣器进行振捣，如图 3-12 所示。第一层布料完成后，充分振捣后再放入另一层混凝土，如图 3-13 所示。第二次振捣过程中注意将局部多余混凝土铲掉，混凝土不够的地方应及时补料、振平。每层布料厚度约 10cm，振捣时间根据混凝土密实情况进行适当调整。

a)变频柜　　　　　　　　　　　　b)振捣器

图 3-12　振捣设备

振捣器控制箱操作人员必须仔细观察混凝土表面，防止漏振、欠振和过振，以混凝土无明显下沉、无明显气泡、表面泛浆为度。

振捣后用抹子抹平混凝土表面，注意填边填角，如图 3-14 所示。表面抹平但不进行压光处理，终凝前严禁踩踏。收完面后，将侧模、端模边等处的混凝土清理干净，如图 3-15 所示。

每次混凝土振捣过程中，必须检查端侧模紧固件是否松动、脱落。如发现问题必须及时处理。混凝土抹面后，及时覆盖篷布，静停保温，及时填写混凝土施工记录。

图 3-13　混凝土布料

图 3-14　人工收面

4. 混凝土试件制作及养护

①在浇筑混凝土过程中,按规定取样制作混凝土强度试件、弹性模量试件,同条件试件随轨道板养护,标准试件按规定制作和标准养护 28d;混凝土试件制作、试验、评定应符合《普通混凝土拌合物性能试验方法标准》(GB/T 50080—2016)和《铁路混凝土强度检验评定标准》(TB 10425—2019)的规定。

②同条件养护的混凝土试件作为拆模和张拉的依据,每 12 块板的最后一块板为一批次做 2 组试件,试件尺寸为 150mm × 150mm × 150mm,如图 3-16 所示。

③每浇筑 36 块板为一批次,做 28d 弹性模量试件及 28d 的强度试件。

④批量生产中,预制轨道板每 5000m³ 混凝土抽取耐久性试件。

图 3-15　人工找平

图 3-16　同条件养护试件

5. 混凝土抗压强度评定

①每天同一批次,应进行一次混凝土抗压强度评定。

②抗压强度试验方法应符合《普通混凝土拌合物性能试验方法标准》(GB/T 50080—2016)规定,评定强度应符合《铁路混凝土强度检验评定标准》(TB 10425—2019)的规定。

6. 轨道板养护

①蒸汽养护。

轨道板在混凝土灌注完毕表面收浆后,立即用篷布将轨道板覆盖,在保证篷内蒸汽流动畅通的前提下开始进行蒸汽养护。蒸汽养护采用电磁阀自动控制装置。混凝土蒸汽养护分为静停、升温、恒温、降温四个阶段,具体要求应符合《铁路混凝土工程施工质量验收标准》

（TB 10424—2018）的规定。

a. 静停。

混凝土灌注完毕,静停环境温度不应低于5℃,静停时间宜为4~6h。

b. 升温。

升温是混凝土的定型阶段,升温阶段由自动温控设备以每小时升高不大于10℃的速度进行升温,篷布内温度最高不能超过42℃;升温阶段每15min测温一次。

c. 恒温。

恒温阶段是混凝土强度的主要增长阶段,为保证恒温时轨道板芯部温度不超过55℃,通过前期资料分析,确定蒸养的恒温温度不得超过42℃,恒温时间为6h。恒温阶段每15min测温一次。

d. 降温。

降温是蒸养的关键阶段,施工时要严格控制。降温速度控制在不大于10℃/h,每15min测温一次。停气后待轨道板混凝土表层与环境温差不超过15℃时,方可拆模。

②轨道板拆模前应保存养护温度曲线图资料。每12块板应有一个混凝土芯部温度测试记录,并与养护温度、环境温度共同形成3个曲线,反映在一张图上形成温控曲线资料。

③蒸汽养护由锅炉房统一送气,严禁随意关闭全自动温度控制测量系统;操作人员认真做好巡查工作,及时观察温度变化,保证养护质量,并保存好电子温测数据,做好养护记录。

④轨道板水养结束吊出水池后,应揭开预埋套管扣盖,放出水养时灌入套管内的积水,并检查预留套管内无其他杂物后,重新加盖封堵。

7. 预应力施工

CRTS Ⅰ型无砟轨道板自动张拉设备,代替了人工张拉,该设备的使用提高了工作效率,保证了张拉质量,实现了轨道板张拉过程自动化、标准化。进入工作模式后,选择操作控制画面,按横向钢筋依次按下张拉按钮,对横向钢筋依次分别进行张拉工作,结束后,进入纵向钢筋张拉模式,纵向钢筋两端同时张拉,如图3-17所示。

图 3-17　张拉作业

具体钢筋张拉顺序如图3-18所示。

张拉工作分为预张拉和张拉两个阶段。按下张拉按钮,系统进入预张拉阶段,当预张拉压力或行程达到设定值时,持压5s后预张拉结束。预张拉结束后,自动进入张拉阶段。当张拉压力达到张拉控制力时,持压 60s 后张拉结束。

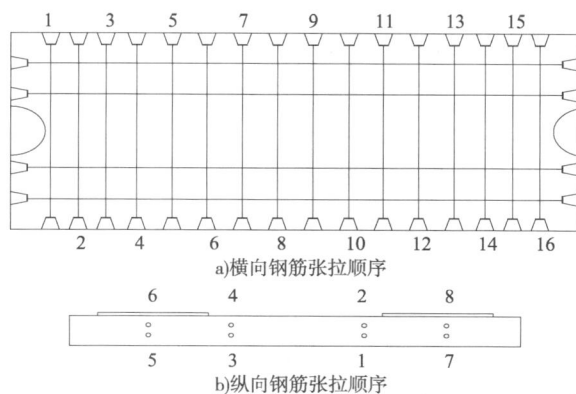

图 3-18　钢筋张拉顺序

张拉过程中,在锚穴边会自动生成压痕,并在每一个锚穴边盖"张拉完成"章。如张拉完一块轨道板,需经现场监控人员检查确认张拉合格后,在轨道板纵向侧面中部加盖"张拉完成"章,如图 3-19 所示。

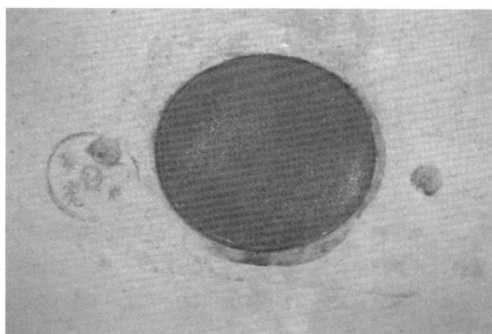

图 3-19　张拉完成自动压痕标记

8. 封锚

（1）封锚前准备

准备强制搅拌机、空气压缩机、空气锤、凿毛电镐等封锚设备。空气锤应由有相应资质的单位检验标定。

（2）封锚工艺

封锚工艺流程如图 3-20 所示。

（3）封锚质量要求

①封锚砂浆采用 52.5 级水泥、筛除 5mm 以上颗粒的细集料以及能提高砂浆韧性的聚醋酸乙烯类聚合物乳液等配制,拌制时水灰比不宜大于 0.18,聚合物用量（按折固量计）应不小于胶凝材料的 2%。粗细集料称量精度为 2%,矿物掺合料、胶凝材料和水称量精度为 1%。水泥与水的理论配合比为 1：0.12。

②封锚砂浆采用强制式搅拌机拌制,搅拌机转速不宜小于 180r/min,如图 3-21 所示。

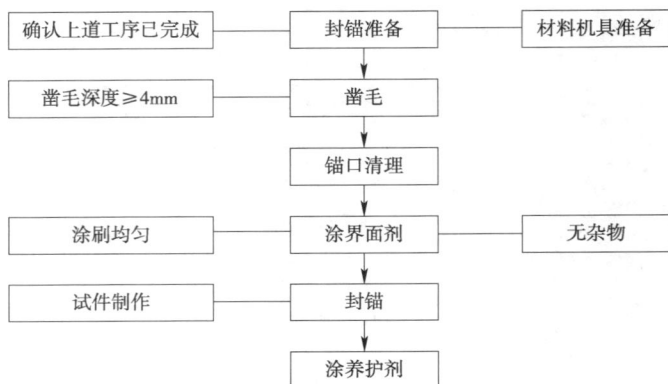

图 3-20　封锚工艺流程图

③封锚砂浆填压前，应对锚穴内部进行凿毛处理，且尽可能增加凿毛点的密度，保证锚穴内壁四周均有一定深度凿毛，凿毛深度不小于 4mm，并采用高压气清孔，应保证锚穴内无油污、浮浆、杂物和积水等，以免影响锚块与锚穴的黏结；清理完毕后，在锚穴内壁均匀喷涂能够提高黏结强度的界面剂，如图 3-22 所示。

图 3-21　封锚搅拌机

图 3-22　锚穴凿毛

④封锚砂浆填压前，应采用所选用水泥、集料、掺合料、聚合物等原材料制作砂浆抗渗性能、收缩性能试件各一组进行性能检测，并确保由不同原材料带入砂浆内的氯离子含量符合技术条件的要求。

⑤封锚砂浆应分三层填压。采用空气锤对砂浆进行振捣，频率不小于 1000Hz，振捣力不小于 30N，振捣次数不得少于 3 次，每次不少于 20s。

⑥封锚砂浆填压过程中，可对砂浆进行二次搅拌，但严禁二次加水。

⑦封锚砂浆拌制完成后须在砂浆初凝前使用完，如果超过允许时间，砂浆不得继续使用。应立即用干净抹布、灰刀将封锚完成的轨道板锚穴周围擦拭干净，然后均匀涂刷养护剂，如图 3-23 所示。

⑧封锚填压过程中，应随机取样制作 1d、7d 和 28d 的抗压强度试件，试件制作应按每工班一次，试件应采用与封锚砂浆相同的成型条件，试件脱模后应进行标准养护。

⑨封锚砂浆填压完毕后应立即在砂浆表面喷涂养护剂，静置时间不宜少于 2h（图 3-24），方可进行入池水养护。入池养护时间为 7d。

⑩封锚砂浆填压时的环境温度宜为 5 ~ 35℃。当昼夜平均气温低于 5℃或最低气温低于 −3℃时，应采取保温措施，保温时间不少于 24h。避免在阳光直射、雨、雪和大风环境下进

行封锚作业。

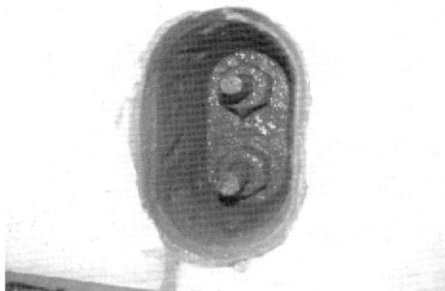

图 3-23　涂刷养护剂

图 3-24　封锚后静置状态

封锚砂浆质量要求如表 3-5 所示。

封锚砂浆质量要求
表 3-5

序号	项目名称		性能要求
1	抗压强度（MPa）	1d	≥40
		7d	≥50
		28d	≥60
2	抗折强度（MPa）	1d	≥5
		7d	≥7
		28d	≥9
3	抗渗性能		≥P20
4	收缩率（%）		≤0.02
5	氯离子总含量		不应超过胶凝材料总量的0.06%

9. 水养

①在轨道板脱模后，环境温度应大于5℃，用湿润无纺布覆盖保持轨道板处于湿润状态，在保证张拉后封锚完毕静置大于2h的条件下，脱模至入水时间不宜大于8h，特殊条件下不大于10h，吊入车间内的水养池进行湿润养护。

②轨道板在水养池内湿润养护时间为7d，如图3-25所示。

图 3-25　轨道板水养池

③放入水养池中的轨道板用连接卡两两相扣,防止存放时产生倾覆现象。

④冬季施工期间,轨道板水养时间达到7d,出水后,立放在车间内存放2d,等到轨道板表面干燥后,再吊装至存板区进行存放。

四、运输与存放

轨道板完成蒸养作业拆除模型后,安装好起吊装置,采用专用吊具——10t桁吊水平起吊,并吊装上运板车,运至翻板区,再利用10t桁车进行翻转作业。翻转完成的轨道板通过10t桁车吊装至张拉封锚台座,封锚完毕2h后再利用桁车将轨道板单侧垂直吊装至养护池进行水中养护,完成7d的水中养护后,再吊运至存放区立放,并采取防倾覆措施。若临时(不大于7d)平放时,轨道板堆放层数不超过4层,层间净空不小于20mm,并保证承垫物上下对齐位置符合设计要求。

1. 起吊前准备工作

①轨道板起吊前,作业人员应检查起重机及吊具(吊绳、起吊螺栓等)是否完好,如图3-26所示。

图3-26　轨道板吊装准备

②轨道板脱模起吊前,作业人员应检查模板是否完全脱离混凝土表面,与轨道板相连的紧固件是否松开等。

③轨道板入池起吊前,作业人员应检查轨道板绝缘套管、起吊套管等是否清洁,轨道板面板上的杂物是否清除干净。

2. 轨道板吊装

①轨道板起吊时,起吊吊具与轨道板间加设橡胶垫,并拧紧起吊螺栓,利用轨道板上的起吊装置水平起吊,使起吊螺栓均匀受力,如图3-27所示。

②吊运的重量不得超过起重设备的最大起重量,混凝土轨道板吊运时产品不得多于1块。

③起重作业时,应由专人指挥,严禁多人指挥。

④整个起吊作业过程中必须坚持贯彻"轻起轻放"的原则,防止碰伤轨道板。

⑤轨道板脱模后,必须进行翻板作业,翻板过程中应对轨道板进行有效保护,并在翻板后对轨道板外观及预埋件质量进行检验。翻板作业时不得损坏轨道板,严禁碰、撞、摔。

图 3-27　轨道板吊装作业

3.轨道板运输

轨道板的场内运输可采用平板车运输方式。

①装车时,轨道板应按纵向水平分层放置于平板车内,每两层间用两根垫木分开放置,垫木应上、下支点对齐。支点设置于起吊套管处。

②混凝土轨道板运输过程中严禁碰、撞、摔,保证轨道板的安全、质量。

③装车的质量不得超过设备的最大载质量。

④运输时应采取防止轨道板倾倒和三点支承的相应措施,并保证轨道板不受过大的冲击。

4.轨道板存放

①轨道板成品应按型号和批次分区储存,并做出明确标识。严禁不同型号和不同批次的产品混装混存。不合格的轨道板要单独存放,并做出明确的标识。

②存放轨道板的基础要求坚固、平整,无沉陷。应隔段采取防倾覆措施。

③长期储存时,轨道板采用立放(长度方向着地)方式进行存放,如图 3-28 所示。

④轨道板采用立放时用限位卡将相邻两块轨道板连接,使轨道板存放成一整体,轨道板存放端头应有良好的防倾倒支撑架,第一块轨道板连接在支撑架上,如图 3-29 所示。

⑤轨道板储存时,用塑料盖对预埋件孔眼进行封堵,防止雨水或杂物进入。

图 3-28　轨道板存放

图 3-29　轨道板分区存放

五、质量验收标准

1.轨道板成品的检验

工程部、安质部、实验室、物设部应对原材料、混凝土性能和轨道板质量负责检验,未经检验的轨道板不得出厂。轨道板应按批检验，同样原材料和生产工艺制成的 500 块轨道板为一批，批量不足 500 块按 500 块计。轨道板成品检验分型式检验和出厂检验。

型式检验项目应包括：原材料及预埋件检验报告，轨道板外形尺寸和外观质量，混凝土碱含量，混凝土氯离子含量，混凝土抗压强度，混凝土弹性模量，混凝土抗冻性，混凝土电通量，封锚砂浆的抗压强度、抗折强度、抗渗性、收缩率及氯离子总含量，预埋套管抗拔力，预应力筋、预应力筋-锚固螺母组装件性能，环氧树脂涂层钢筋性能，轨道板绝缘及综合接地性能。

对于预应力筋，应进行抗拉强度、屈服强度、伸长率、松弛率和疲劳性能试验；对于预应力筋-锚固螺母组装件，应进行静力、疲劳和周期荷载性能试验；对于锚固螺母，应进行外观尺寸检验。

对于环氧树脂涂层钢筋，应进行涂层材料、涂层厚度、连续性、可弯性以及与混凝土的黏结强度和锚固长度试验。

轨道板成品外形尺寸和外观质量的抽检数量为每批 10 块，轨道板成品外形尺寸和外观质量检验如表 3-6 所示。

轨道板成品外形尺寸和外观质量检验表　　　　　　　表 3-6

类别	序号	检查项目		允许偏差（mm）	每批检查数量（出厂检验）	检查项别
外形尺寸	1	长度		±3.0	10 块	C
	2	宽度		±3.0	10 块	C
	3	厚度		+3.0	全检	B2
	4	预埋套管	中心位置距板中心线	±1.0	全检	B1
			保持轨距的两套管中心距	±1.5	全检	B1
			保持同一铁垫板位置的两相邻套管中心距	±1.0	全检	B1
			歪斜（距顶面 120mm 处偏离中心线距离）	2.0	全检	B2
			凸起高度	0，-0.5	全检	B2
	5	标记线（板中心线）位置		±1.0	10 块	B2
	6	板顶面平整度	轨道板四角的承轨面水平	±1.0	全检	B1
			单侧承轨面中央翘曲量	≤3.0	全检	B1
	7	板底面平整度	普通型轨道板	5.0/m	10 块	B2
	8	其他预埋件位置及垂直歪斜		±3.0	全检	C
	9	半圆形缺口直径		±3.0	10 块	C
外观质量	1	肉眼可见裂纹（预应力轨道板）		不允许	全检	A
	2	承轨部位表面缺陷（气孔、黏皮、麻面等）		长度≤20、深度≤5	2 全检	B2
	3	锚穴部位表面缺陷（裂纹、脱层、起壳等）		不允许	全检	C
	4	其他部位表面缺陷（气孔、黏皮、麻面等）		长度≤80、深度≤8	全检	C

续上表

类别	序号	检查项目	允许偏差（mm）	每批检查数量（出厂检验）	检查项别
外观质量	5	轨道板四周棱角破损和掉角	长度≤50	全检	C
	6	预埋套管内混凝土淤块	不允许	全检	A
	7	减振型轨道板板底垫层的翘起	不允许	全检	A
	8	轨道板侧面漏筋	不允许	全检	A
预埋套管抗拔力（不小于100kN）			无裂纹	1块3个套管	A
轨道板绝缘性能			符合要求	3块	A

①A类项别单项项点数不允许超偏。

②B1类项别单项项点数的超偏率不大于5%。

③B2类项别单项项点数的超偏率不大于10%。

④C类项别各单项超偏项点数之和不大于C类总项点数的10%。

从外形外观质量抽检的轨道板中抽取1块，抽取3个套管进行预埋套管抗拔力试验，如图3-30所示。

轨道板绝缘性能试验的抽检数量为3块，如图3-31所示。

图3-30 预埋套管抗拔力试验

图3-31 轨道板绝缘性能试验

受检轨道板上钢轨的电感相对偏差量，即：$(L-L_0)/L_0 \leq \pm 3\%$。

受检轨道板上钢轨的交流电阻相对偏差量，即：$(R-R_0)/R_0$：$0 \sim 15\%$。

2. 出厂检验

出厂检验项目应包括轨道板各部分尺寸和外观质量、混凝土28d抗压强度和弹性模量、封锚砂浆抗压强度和抗折强度、轨道板绝缘性能、预埋套管的抗拔力等。

任务二 CRTSⅡ型轨道板预制

轨道板制作工艺流程，如图3-32所示。

原材料、配件进场及检验

普通钢筋 | 配件 | 预应力钢筋 | 塑料套管 | 水泥 | 砂 | 石 | 外加剂

预制下层钢筋网片

钢筋加工

预制上层钢筋网片

定位预应力筋入模

安装下层钢筋网片

预应力筋入模

预应力筋初张拉

安装分丝横隔板

安装橡胶件、精轧螺纹钢筋

安装塑料套管

安装上层钢筋网片

预应力筋终张拉

混凝土灌注振动成型

混凝土表面刮平

混凝土表面刷毛

覆盖养护膜、养护16h

分丝横隔板清理、涂刷脱模剂

放松应力

CRTS II 型轨道板脱模

在台座旁静停1d

模型清理、涂刷脱模剂

计量

搅拌

运输混凝土

试件制作

组装试件模型

脱模≥48MPa | 混凝土试件标准养护 | 28d标准养护强度

运往毛坯板库存放约1个月

翻转CRTS II 型轨道板

切割CRTS II 型轨道板侧面预应力筋的突出部分

CRTS II 型轨道板打磨、编号

安装轨道扣件

运往成品库单独存放 ← CRTS II 型轨道板成品检验不合格 ← 安装轨道扣件 → CRTS II 型轨道板成品检验合格

运往安装地点

运往成品库存放

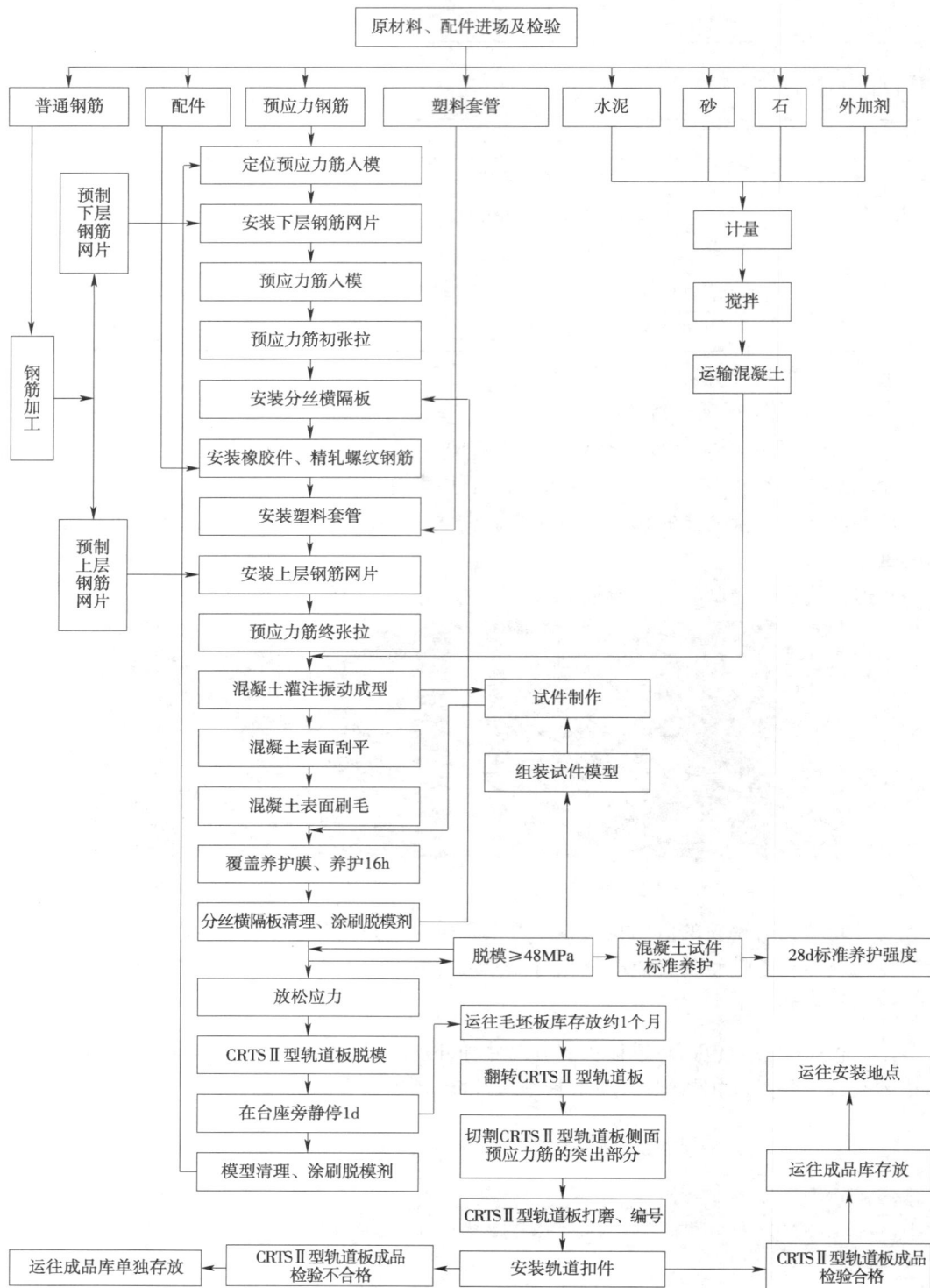

图 3-32　轨道板制作工艺流程

一、模具的检测与调整

根据模具检测的要求,轨道板生产线上的模具需要定期进行检测,对检测数据不符合设计要求的模具进行调整。

1. 基准点的确定

在生产线的周围选定一点,要求该点相当稳固且不容易被破坏,方便以后准确找到模具调整的参考面。采用数字水准仪测出该基准点的值并记录。

CRTS Ⅱ 型
轨道板预制

2. 模具调整参考面的确定

(1)首块模具参考面的确定

采用数字水准仪测出张拉钢丝钳口高程、模具边沿的高程和首块模具承轨台的高程。模具调整参考面的确定要根据模具边沿与张拉钢丝钳口的高程差以及模具所有承轨台的高程确定,参考面建在多个承轨台高程检测值之间。

(2)非首块模具参考面的确定

非首块模具参考面的确定是指在改变了检测仪器支架的情况后,模具参考面的确定。采用数字水准仪测出基准点的数值以及上块调整模具的承轨台高程,通过与上次测量数据的比较确定出这次模具调整的参考面。确定时以基准点的比较值为准,模具承轨台数值的比较为参考。

3. 模具的检测

通过数字水准仪分别测出模具上承轨台的坐标。测量的承轨台有 8 个,分别是每列上的 1、4、7、10 承轨台,具体的测量位置是在靠近模具支腿一侧的承轨台角。

4. 模具的调整

根据承轨台的测量值以及模具调整参考面确定各个支腿调整的方向以及调整的量。通过扳手转动支撑钢板上的调节螺栓,改变支腿的高低。调整时要求对 4 个调节螺栓调整相同的量,保证支撑钢板在一个平面上。调整后,对模具重新进行测量、调整,直到同一列承轨台的高程精度达到 ±0.3mm。

二、预应力钢丝及钢筋网片制作、安装

1. 钢筋及绝缘组成

轨道板内钢筋由 $\phi10mm$、$\phi5mm$ 预应力钢丝及上下两层钢筋网片组成。钢筋间纵横节点处通过环氧树脂涂层材料和热缩套管进行隔离,实现钢筋间绝缘。

2. 预应力钢丝加工

切断预应力钢丝时,先用起重机将整盘钢丝吊放到特制绞车里,去掉捆扎铁片,起重机配合人工将钢丝头从绞车中抽出(长度应稍大于绞车至预应力钢丝推送器之间的距离),装入推送器的推送槽中,开启电源,推送装置及切割机将按既定长度自动下料,并将成品置于推送装置的一侧。钢丝切割长度误差控制在 ±14mm 内。

在预应力钢丝运送到安装工位以前，检查所有预应力钢丝，确认无外观缺陷（如锈蚀、裂痕、机械损害等）后，人工配合 2 台 16t 起重机，将预应力钢丝吊送到安装台座。

3. 钢筋网片加工

钢筋加工车间内设置热缩管安装台，负责热缩管的定位安装。下层钢筋网片加工胎具，用于下层钢筋网片安装和接地装置焊接。上层钢筋网片加工胎具，用于上层钢筋网片及纵向连接精轧螺纹钢安装。

（1）热缩管安装

热缩管安装在专用胎具上进行，将定长的钢筋抬放到加工胎具上，然后将热缩套管套在螺纹钢筋上，并调整到设计位置，用喷火枪开始热缩加工。

燃气喷火枪点火后，沿套管上（或下）反复、快速移动，此时热缩管将收缩套紧，当热缩管处能看到钢筋螺纹时，停止喷火。喷火时，枪口与热缩管保持 10 ~ 15cm 距离，防止热力过于集中，使绝缘性能降低或消失。

（2）接地装置加工

接地装置在加工下层钢筋网片的胎具上进行，其中接地端子由指定厂家定型加工，接地扁钢在车间下料成型，在接地扁钢、接地端子与螺纹钢筋交叉和连接处施焊二氧化碳气体保护焊，焊接长度不小于 5cm。

（3）钢筋加工

环氧树脂涂层钢筋采用定尺钢筋，通过材料包装、打捆，汽车运输到钢筋车间。运输中要特别注意绝缘涂层的保护。要进行钢筋力学性能自检、绝缘性能委托检验。

（4）钢筋网片的组装

在加工完接地装置后，依次将需要的钢筋放到下层钢筋网片制作胎具上，在钢筋交叉点处用扎带进行绑扎，完成下层钢筋网片的制作。

（5）检测绝缘电阻

钢筋网片组装完成后，要及时检测其绝缘性能。检测方法如下。

①用起重机将钢筋网片吊起，并放到钢筋网片堆放区，网片间放置绝缘方木。吊放时要注意保护环氧树脂涂层钢筋，禁止吊钩挂在环氧树脂涂层钢筋上。

②将万用表的两个表笔搭接，检查万用表电路是否正常。搭接时，万用表的读数应归零，否则须调整万用表的工作状态。

③将万用表的读数单位调至 $1.0 \times 10^{10} \Omega$，一个表笔与一根纵向钢筋串联，另一个表笔依次与横向钢筋串联，逐根检测横向钢筋与纵向钢筋之间的电阻值。如果不合格，需要更换环氧树脂涂层钢筋；合格则记录结果，并用钢筋托盘将钢筋网片吊送到安装工位。

4. 钢筋入模安装

预应力钢丝采用人工安装，将预应力钢丝放入定位槽口，并在两端安装锚具。在安装完预应力钢丝后，用起重机和吊具将钢筋网片吊入模具内（钢筋网片接地桥位于模具的高承轨台一侧）；安装完下层钢筋网片后，将已经安装好锚具的预应力钢丝通过人工放入到位，并做20% 的初张拉。初张拉步骤如下。

①操作张拉控制台,使钢筋张拉到预先设计的张拉力。

②锁紧装置锁紧张拉油顶,完成预应力钢丝的初张拉。

在初张拉后,安装侧向隔板和扣件套管,调整下层钢筋网片的位置,然后进行预应力钢丝的终张拉。

安装侧向隔板的方法如下。

①用起重机和挂钩将编好号的隔板吊放到对应的模板交接处。

②将隔板固定,注意不能倾斜或留有缝隙。

③用模具上的拉杆将侧板锁紧。

安装套管的方法如下。

①将扣件预埋套管安装在支柱上,用手拧紧。

②用手试拔一下,检查套管是否已固定紧。

终张拉的步骤如下。

①终张拉前用压板压住预应力钢丝的端头,防止张拉时钢筋弹出伤人,在张拉时张拉方向不能有人员活动。

②操作张拉控制台,使钢筋张拉到预先设计的张拉力。

③锁紧装置锁紧张拉油顶。

④操作张拉控制台,释放油压,完成预应力钢丝的终张拉。

在预应力钢丝终张拉后安装上层网片。上层钢筋网片与预应力钢丝间采用热缩管绝缘。

安装完钢筋后,要系统地检测钢筋的电气绝缘性能,合格后方可浇筑混凝土;要系统地检查钢筋的保护层厚度,发现不合格点及时调整,钢筋保护层的允许误差为 ±5mm;要认真检查预埋件的位置,发现问题及时纠正。

三、预应力钢丝张拉及放张

预应力张拉与放张操作采用计算机控制,实现同步张拉放张。

1. 预应力张拉控制工艺

轨道板采用整体张拉方式,且在台座两端同步进行。

张拉时,安装在台座两端各两个千斤顶同时将两个锚固有预应力钢丝的张拉横梁向外推开,在张拉过程中,计算机上将显示每个千斤顶的活塞位移量、张拉力值。

初张拉:启动自动张拉系统,将预应力钢丝张拉至约设计值的 20%,用环形螺母锁紧。安装中间隔模后进行终张拉。

终张拉:将预应力钢丝从设计值的 20% 张拉至 100%,用环形螺母锁紧锚固,自动张拉系统回油、卸载。张拉过程中,千斤顶活塞伸长值偏差允许值为:同端千斤顶不大于 2mm、异端千斤顶不大于 4mm。

在张拉过程中,台座上 4 个千斤顶的活塞位移量、张拉力值自动存储在计算机内,计算机将对这些数值进行计算处理,得出预应力钢丝总张拉力,伸长值及伸长值与设计值的允许偏差不大于5%。

2. 预应力钢丝放张、切割

当轨道板混凝土经过养护，同温水池试块经实验室检测强度达48MPa以上时，开始放张预应力。放张时先接通设备，将钢丝"过度"张拉（该过程为自动控制）到可以松开环形螺母的时候为止，然后取出支撑板，油缸回缩，回缩的过程要慢（全过程控制在约40～60s），以便逐渐降低张力，防止卸力太快对轨道板和模具造成损伤。当端头预应力钢丝切断后，手动回油使张拉油缸回到初始位置。

预应力钢丝采用特制的切割小车进行切割，为避免粉尘散入空气影响人体健康，切割小车配有专用工业吸尘器。切割顺序如下：第一个切口安排在张拉台座的中间，第二个切口在张拉台座的3/4处，第三个切口在台座的1/4处，根据出板顺序逐个切割轨道板间预应力钢丝。切割时，首先用人工推动切割小车沿装在横梁上的线性导轨缓慢走行至作业位置，将吸尘器软管摆顺，用小车上的制动锁栓将小车固定，然后接通电源，放下切割片进行切割。切割完成后，关闭吸尘器、水源和切割小车电源，提起切割锯片，松开制动锁栓，移动切割小车至下一作业部位。

四、轨道板混凝土浇筑及养护

混凝土使用布料机布料入模，布料机可均匀布料。混凝土采用附着式振捣器捣固，附着式振捣器安装在模具下方。混凝土浇筑前模板温度控制在10～30℃之间。混凝土入模温度控制在5～30℃之间。

1. 混凝土拌和

配置混凝土的各种原材料、混凝土配合比设计均须符合《客运专线铁路CRTS Ⅱ型板式无砟轨道混凝土轨道板（有挡肩）暂行技术条件》（科技基〔2008〕173号）主要工程材料技术要求部分的有关规定，否则禁止使用。

混凝土拌和站必须进行计量标定，否则不能用于混凝土拌和。除计量标定外，正常情况下，混凝土配料的计量设备应每月用标准砝码自行校正一次。

搅拌机计算机能根据砂石料含水率自动将混凝土理论配合比换算成施工配合比，并计算每盘材料用量。砂石料含水率由试验室检测并书面通知混凝土拌和班组。搅拌机启动后先空转3min，运转正常后再下料搅拌，不能带负荷起动或超量搅拌。下料顺序为：砂、碎石、水泥、掺和料、水、外加剂，搅拌时间不少于90s。冬季生产时，采取搭棚保温、给水加热等措施，保证混凝土的入模温度不低于5℃。材料计量误差（按重量记）：水泥、掺和料水及减水剂不超过±1%；碎石及砂不超过±2%。灌注混凝土时，试验人员应在模具旁边检测混凝土的坍落度，发现异常，及时查找原因并纠正，每台班坍落度检测不少于2次。

2. 混凝土运输

混凝土运输采取蓄电池车和起重机联合作业方式，其工作流程如下。

混凝土蓄电池车行驶到拌和站，并使承接混凝土的吊斗处于出料口下方。打开搅拌机出料闸门，使混凝土通过溜槽泻落到吊斗内，直到装满（需要两罐料）。开动蓄电池车，将混凝土运送到车间内起重机作业范围以内。将起重机开到混凝土蓄电池车上方,将空吊斗放到蓄电池车上,并将吊钩挂到装满混凝土的吊斗上。将挂着混凝土运输罐的起重机运行到布料机上方,打开运输罐闸门,将混凝土倾卸到布料机的临时储料斗中,混凝土运输作业完成。

混凝土运输过程中,要注意各环节的衔接,使混凝土在基本稳定的时间内运送到灌注工位,确保注入模具内的混凝土坍落度基本一致。一般情况下,混凝土运输到灌注地点的时间不要大于 15min。

3. 灌注混凝土

混凝土使用布料机摊铺、附着式振捣器振捣,具体如下:

机械准备:将布料机运行到灌注混凝土的模具上方;起重机、拌和站、蓄电池车、料斗等开始运行并检查。

拌和好的混凝土卸入储料罐,再由起重机吊运至布料机,卸入布料斗内,起重机离开后,操作人员开启排料阀门,同时横向走行布料斗,将混凝土均匀倒入模具内。注意根据实际情况,选择混凝土输出速度。

混凝土分两次布料:第一次从一端布料到另一端,均匀注入 75% ~ 80% 的混凝土;布料机返回进行第二次布料,将全部混凝土均匀注入模中。如经过捣实后发现混凝土太少,再进行补料。

第一次布料完成时,启动模具下的附着式振捣器,将混凝土振捣密实,密实以混凝土表面泛浆,无气泡或少量气泡冒出为准。在第二次布料后,对于布料过程中不均匀的地方,通过人工作业辅助完成混凝土的均匀布料。

整块轨道板布料并振捣密实后,放下整平板并启动整平板振捣器,同时向前运行布料机,将混凝土表面刮平,并把多余混凝土刮到相邻模具内。

拉毛结束后,及时将 S2 调高钢板压入混凝土中,其位置和深度符合设计要求。

脱模后,混凝土表面水泡、气泡、破损深度不大于 5mm,水泡、气泡、破损面面积不大于 50cm²,无蜂窝现象。生产线混凝土的灌注顺序为由北向南。灌注混凝土过程应形成记录。

4. 拉毛

用自行式拉毛机作业,拉毛机用门架式走行机构驱动,其行驶速度为 15 ~ 30m/min。在混凝土刮平后,间隔 20 ~ 30min 进行拉毛作业,拉毛作业程序如下:

①将拉毛机移动到模具的纵向挡板上。

②降下拉毛机,使毛刷与混凝土面接触。

③移动门架式走行机构对混凝土表面进行拉毛。

④作业完成后,升起拉毛机,应在板面上沿横向形成 1mm 深的纹路。

5. 混凝土养护

轨道板浇筑完毕混凝土初凝后起出侧模,及时在混凝土表面覆盖帆布养护。帆布放在专用托盘上,用多功能车运送到现场。

浇筑最后一块轨道板时,制作两组同条件养护试件,一组标准养护试件,一组同条件养护试件(放到水箱中)，水箱中的水温在温控装置控制下与轨道板芯部温度保持一致。在混凝土灌注完成后约16h，同条件试件强度达到48MPa以上时，方可撤掉帆布，进行预应力放张，切割预应力钢丝，进行轨道板脱模作业。

轨道板脱模后放置到模板池一侧的临时存板台上，每垛3块，静放24h降温后用蓄电池车运至存板场。堆放到存板场后，进行自然养护。

五、轨道板脱模、存放、运输作业

1. 毛坯板脱模

毛坯板脱模采取起重机配合真空吊具，用压缩空气辅助的方法进行。脱模时，运行起重机至真空吊具放置地点，将吊钩与真空吊具挂好后，运行起重机至脱模地点，用起重机将真空吊具横梁轻放到出模毛坯板上，其4个吸盘自然落在毛坯板上，4条支腿落在模具边沿的支杆处；开启液压油缸，将油缸以低压力伸出，使真空吊具横梁自行校平；控制油缸到较高压力，以制造真空，使吸盘牢固地吸在毛坯板上，待四块吸盘的指示灯变为绿灯时，方可开始脱模作业。

脱模作业需要设置在模具下面的压缩空气装置配合。打开压缩空气阀门，同时启动油缸提升功能，待将毛坯板提出模具约30cm距离后，脱模作业完成。

起重机将毛坯板提升至一定高度后，人工辅助将毛坯板沿水平面旋转90°，再运行起重机到临时存板台上方，调整毛坯板位置，在人工辅助下，将毛坯板放到存板台上，经检查位置无误后，方可解除真空，移走吊具，开始下一循环作业。毛坯板在临时存板台上放三层，层间用四块方木支撑，支撑的位置在毛坯板的第2个和第8个预裂缝处。

2. 毛坯板存放

毛坯板在车间存放24h后，即可运到车间外堆放。毛坯板运输采用蓄电池车，蓄电池车载质量为30t，一次可顶起3块毛坯板并运到车间外。

开动蓄电池车到临时存板台位，通过前进后退装置，使4个液压油缸与存板台柱对齐。开启液压装置到终端位置，将毛坯板顶起到高出存板台支柱约6cm。液压系统的起升力可达300kN，油缸行程120mm。将毛坯板运输到车间外中间堆放台座处，油缸回油，将毛坯板落在中间堆放台上，并进行局部钢筋的切割，保证钩式吊梁能够顺利放在毛坯板上。

用门式起重机吊起抓钩式吊梁，移动到中间存板台后，落下并将吊梁放到毛坯板上。放到毛坯板上的吊梁，其4个卡钩距轨道板边缘的距离应相同。人工拉动吊梁上的链锁，使吊钩处于锁紧状态。人工将4块垫木设计位置精确摆放在存板台上。垫木外形尺寸为150mm×150mm×120mm，高度误差为±2mm。

用门式起重机吊起毛坯板，运输到摆好的垫木处，慢慢落下轨道板。落好轨道板后，松开吊梁的锁紧装置，继续下一个工作循环。

3. 成品板存放

安装好扣件的成品板，通过横移小车从托架线转送到出板线。横移小车在正常情况下以自动工作方式运行，但也可以人工操作运行。二者之间的切换方式是：按下相应按键，进入手工控制状态,松开按键,小车运行即恢复为自动状态。横向运输小车的走行速度10m/min。自动状态下,成品板横移的工作过程如下。

①成品板输送到托架线横移工位后,手动控制横移小车运行到移板工位。

②手动开启液压油缸,将成品板顶起。

③运行横移小车,将成品板运送到出板线中间台位后,落下油缸,将轨道板放到台柱上。

成品板的运输过程如下。

①将蓄电池车移动到出板线中间台位下,4个油缸与4个台柱在一条线上。

②启动油缸,顶起油缸至最高伸出量。

③开动蓄电池车将成品板运输到车间外的临时存放台,落下成品板,门式起重机将成品板吊放到存放位置,完成成品板的运输堆放。蓄电池车继续下一个循环作业。

成品板的出板、堆放作业方法与毛坯板相同。成品板堆放每垛最多9块,成品板间垫木采用尺寸为175mm×175mm×200mm的硬质木块,高度误差为±2mm。成品板堆放到台座上后,要及时形成记录,记录的内容包括轨道板的编号、打磨日期、预制日期、模具号、质量情况等。

六、轨道板打磨

1. 翻转轨道板

翻转轨道板主要由特制的翻转机完成,翻转机的提升力为100kN,其作业程序如下:

扶板人员配合门式起重机、抓钩式吊梁将毛坯板放到翻转机上,等扶板人员下来后启动翻转机液压装置,将毛坯板夹紧,并翻转180°。将翻转装置下降到轨道板靠近滚轮线位置后,解开翻转机锁紧装置,翻转机上升,等轨道板走行后翻转回原状。

2. 切割外漏预应力钢丝

轨道板翻转后,按下滚轮托架线启动按钮,将轨道板运送到钢筋切割工位,用盘锯将轨道板两侧外漏预应力钢丝切平,切割完成后轨道板继续前行至打磨室进料口外,等待打磨作业。

3. 打磨轨道板

轨道板打磨由打磨机完成,工作过程需要水、电、气及污水处理系统协同运行。正常情况下,每块轨道板打磨时间约15min,主要工作程序如下。

①数据输入:将设计单位提交的线路设计数据拷贝到"AV"机(生产计划系统),并按照生产安排,通过生产计划软件将这些数据导入数据库。生产计划软件中主要有五个界面,分别是初步计划界面、任务界面、数据管理界面、数据界面、质量界面。生产计划系统管理员按照现场进度及铺板顺序需要制订轨道板打磨生产计划。将近期计划打磨的轨道板数据存放在生产计划软件的任务界面,根据打磨完成情况适时转入数据管理界面,将要打磨的轨道板数据通过网络传送到打磨机电脑,打磨机根据这些数据进行打磨。打磨完成后自动将更新的打磨数据传回计划系统,并记录全部打磨数据和质量数据。

②打磨过程:需要打磨轨道板时,开启进料口,提起限位挡块并启动滚轮线,将在打磨室进料口外等待的毛坯板,通过滚轮系统运至限位挡块处,即打磨机下的固定位置,并落下限位挡块。

③固定轨道板：滚轮线将轨道板运送到打磨工位后，首先用设置在毛坯板下的6个油缸将毛坯板顶起并调平（压力调节），此时系统会自动调节各个点上不同的荷载分配，压力调平后，支撑油缸顶升并锁紧油缸，最后，侧面6个夹紧油缸分两组先后伸出，将轨道板夹紧，此时，完成轨道板的固定工作，可以开始对毛坯板进行测量和磨削加工。

④生成子程序：通过磨床内激光测量系统（或探针测量系统）测量轨道板承轨台的各个关键点，并依据线路设计数据计算出各个承轨台需要加工的量，自动生成加工毛坯板的打磨子程序。

⑤打磨轨道板：根据打磨程序给出的打磨次数和打磨量，打磨机的两个磨轮对轨道板进行打磨。

⑥质量检验：打磨完成后，系统将自动测量轨道板所有的承轨台，并与给定数据进行比较，合格后，系统将自动存储终端数据，否则修改一些设置，重新生成打磨程序进行打磨，直到打磨结果符合设计要求为止。

⑦雕刻编号：轨道板打磨完成后，使用测量系统对轨道板打磨质量进行检测，检测合格后，采用自动生成雕刻程序将轨道板的布板编号雕刻在轨道板上。

⑧清洗出板：雕刻编号完成后，机床上的冲洗装置自动冲洗轨道板。冲洗过程中，夹紧油缸松开，将轨道板放到滚轮托架线上，打开打磨室的进出料口，启动滚轮控制按钮，将打磨好的轨道板运出，下一块毛坯板进入打磨室。在运出轨道板的过程中，打开出料口的吹气阀，吹干打磨好的成品板，然后一直运往扣件安装工位。

4. 扣件安装

轨道板运到扣件安装工位后，首先用吸尘器对存满水和混凝土粉末的螺栓孔清洁并吹干，再用注油机定量（每个螺栓孔14g）注入润滑油脂，人工摆放扣件、插入螺栓，最后用固定力矩（30~50N·m）气动扳手拧紧每个螺栓。

装配完成后继续由滚轮线运输前移至横向运输位置，用横移小车将轨道板运至成品板出厂线存放台，用成品板运输蓄电池车沿成品板出厂线运输轨道板，在绝缘检测工位对成品板进行整体绝缘性能检测后，将其运到成品板存放区的临时存放台，用门式起重机和汽车运送到成品堆放区。

七、质量控制要点

CRTS Ⅱ型无砟轨道板主要有两个方面的特点：一是制作精度要求高，以满足线路的平顺性要求；二是耐久性要求高，以降低维修保养成本。因此，在生产过程中尺寸精度控制是关键，耐久性及防腐性是重点，根据上述特点确定如下质量控制点。

严格控制模具质量，包括其制作精度和使用变形两个方面。

混凝土质量控制：包括原材料质量、拌和、振捣、养护等方面达到质量标准要求。

轨道板打磨精度控制：确保轨道板成品各项质量指标符合规范要求。

轨道板运输方面的保护措施：采取切实可行的技术措施，确保轨道板安全、平稳地运输至存板场。

原材料质量控制：加强检验工作，确保进场原材料质量符合规范要求。

起重作业：及时进行起重设备维修，严格执行起重机械操作规程，杜绝制板作业各阶段任何起重设备事故。

预应力钢丝作业控制：严格执行无砟轨道板预应力钢丝作业中有关内容，确保预应力钢丝的制作、张拉等过程及预应力施加效果符合规范要求。

非预应力钢丝作业控制：认真执行无砟轨道板施工细则中有关内容，确保预应力钢丝的制作、安装等过程，尤其是钢筋的绝缘效果符合规范要求。

任务三　CRTSⅢ型轨道板预制

CRTSⅢ型轨道板预制流程如图3-33所示。

一、施工准备

施工前对照设计要求，对各种原材料种类、数量及技术条件进行核实。对各种机械设备及工装进行检查，以确保施工的正常进行。

1. 试生产

正式开工前，进行试生产，确定轨道板生产过程中工艺参数，以指导正式施工。

2. 混凝土配合比

正式开工前，依照设计图纸和相关要求，进行混凝土配合比试验，确定混凝土施工的理论配合比。

3. 轨道板模板

（1）模板技术要求

①具有足够强度和刚度。

②拆装方便，结合部位便于清理。

③采取必要措施，保证轨道板内各预埋件的位置准确。

④模板的制造允许公差以轨道板成品允许公差的1/2为准。

⑤加工过程中消除焊接、加工产生的应力。

⑥轨道板中心线刻印是通过在钢模上轨道板中心线位置预留凹槽形成的。

⑦按照设计尺寸在模板上安装模轨道板型号、厂标、模板编号、制造时间等标记。

（2）模板安装要求

①模板支承基础平整、坚实，不得因其不均匀性下沉引起模板变形。

②安装过程中按要求操作，避免安装过程中产生变形及应力集中现象。

③根据设计精确调整模板承轨槽位置，以满足设计要求。

④模板实行日常检查和定期检查,检查结果记录在模板检查表中。日常检查在每天作业前进行,检查内容包括外观和尺寸。定期检查每月进行一次,检查内容包括长度、宽度、厚度、承轨槽和预埋套管细部尺寸、板中心线、其他预留孔位。

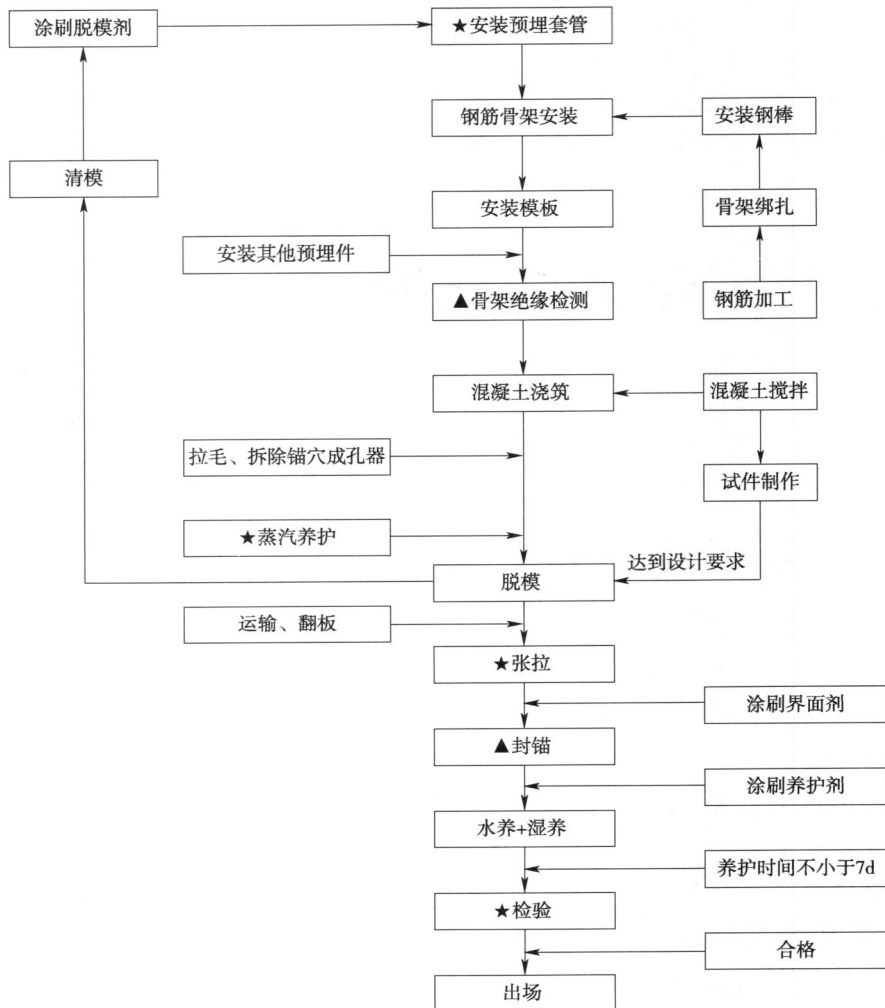

图 3-33　CRTS Ⅲ 型轨道板预制流程

注:★表示重点工序;▲表示关键工序。

4. 轨道板模板检验要求

轨道板模板尺寸允许偏差如表 3-7 所示。

轨道板模板尺寸允许偏差

表 3-7

序号	项目		测量尺寸公差
1	整体模板	长度(mm)	±1.5
2		宽度(mm)	±1.5
3		厚度(mm)	0,+1

续上表

序号	项目		测量尺寸公差
4	框架	四边翘曲(mm)	±1.0
5		四边旁弯(mm)	±1.0
6		整体扭曲(mm)	±1.0
7	底板	平面度(mm)	±2.0
8		承轨槽的平整度(mm)	纵 ±0.3　横 ±0.15
9		承轨槽与底板的高差(mm)	0，−0.5
10	预埋套管	保持轨距的两套管中心距(mm)	±0.5
11		同一承轨槽两相邻套管中心距(mm)	±0.3
12	承轨槽	预埋套管处承轨台横向位置偏差(mm)	±0.3
13		预埋套管处承轨台垂向位置偏差(mm)	±0.5
14		小钳口距离(mm)	±0.3
15		承轨面与钳口面夹角(°)	±0.5
16		承轨面坡度(轨底坡)	1∶38～1∶42
17		承轨槽间外钳口距离(mm)	±0.5
18	扣件间距	边上螺栓孔距板端距离(mm)	±1.0
19		扣件间距(mm)	±1.0
20	标记线(板中心线)位置(mm)		±0.5
21	其他预留孔位(mm)		±0.5

二、施工工艺

1. 钢筋工程

（1）钢筋存放

钢筋存放在钢筋加工车间的钢筋存储区,地面用厚度为 20mm 的 C30 混凝土硬化,平整、干燥。钢筋下垫 100mm × 100mm 木方,避免与地面水接触而锈蚀或油污。螺旋筋按盘存放在木板搭设的平台上,使用时放置在专用旋转架上。

不同型号的钢筋分类存放,标识清晰,易于识别,不产生混淆。

环氧树脂涂层钢筋成捆存放,每捆用具有抗紫外线照射性能的塑料布进行包装。涂层钢筋的吊装应采用对涂层无损伤的绑带及多支点吊装系统进行,并防止钢筋与吊索之间及钢筋与钢筋之间因碰撞、摩擦等造成的涂层损坏。

涂层钢筋在搬运、堆放的过程中,应在接触区域设置垫片;当成捆堆放时,涂层钢筋与地面之间、涂层钢筋与捆之间应用垫木隔开,且成捆堆放的层数不得超过 5 层。

（2）钢筋吊装

普通钢筋的运输采用 5t 门式起重机配合 25t 汽车起重机运输,通过在专用吊具下设置吊钩,用钢丝绳进行吊运。

环氧树脂涂层钢筋的吊运采用专用吊具,用尼龙绳捆绑钢筋吊运,避免损伤涂层。

（3）钢筋加工

①钢筋切断

钢筋切断按照图纸要求的下料长度进行下料,钢筋切断机固定刀片与冲切刀片间必须有间隙(以 1~2mm 为合适),刀刃磨成一定的角度。将要切断钢筋的长度标记在工作台上,沿标记设置固定挡板(涂层钢筋用木方,普通钢筋用角钢),将钢筋端头顶齐,如有弯折部分先将弯折部分切断再顶齐。之后将钢筋落入切断机切断,为防止差错,应先试断一根,检查合格后,再成批切断。

②环氧树脂涂层钢筋切断

环氧树脂涂层钢筋切断操作的平台加垫橡胶板,避免拖拽时与钢筋接触,损伤涂层。涂层钢筋的切断采用钢筋切断机进行,严禁采用气割方法。

涂层钢筋弯制、切断后以专用环氧树脂涂料进行修补。

（4）钢筋弯制

将下料后的钢筋移至弯曲机的操作平台,按照图纸要求进行弯制。弯制后摆放整齐,或放置在专门支架上,并明确标识,以免混淆。

带肋钢筋应做成彼此相对的 90°弯钩,光圆钢筋末端应做成彼此相对的 180°弯钩,弯曲半径均不得小于 2.5d,直线段长度均不小于 3d。

环氧树脂钢筋弯制加工时,环境温度宜不低于 5℃,钢筋弯曲机的芯轴套用专用套管,平板表面铺布毡垫层,避免涂层与金属物直接接触;涂层钢筋的弯曲直径,对于直径 12mm 的钢筋,不小于 4d,且弯曲速率不宜高于 80r/min。钢筋加工允许偏差,如表 3-8 所示。

钢筋加工检验表　　　　　　　　　表 3-8

项目	允许偏差（mm）	检验方法	项目	允许偏差（mm）	检验方法
钢筋全长	±10	尺量	弯制后长度	0,10	尺量
箍筋内净尺寸	±10	尺量			

（5）钢筋绑扎

①接地端子焊接

为保证综合接地钢筋焊接质量和钢筋骨架的尺寸,需设置钢筋焊接胎具,在胎具上焊接成型。

焊接胎具焊接上接地端子,然后按照图纸对横向普通钢筋、L 形筋进行焊接,接地端子实行双面焊,焊接长度不小于 5d,单面焊长度不小于 10d,焊缝要饱满,不应有咬肉、烧伤主筋等现象,焊渣要及时清除。

②轨道板钢筋骨架的绑扎

轨道板钢筋骨架采用在经验收合格的钢筋绑扎胎具内整块绑扎。钢筋绑扎胎具采用硬木质材料制作,设有钢筋定位槽、综合接地端子定位槽、门形筋位置、锚穴成孔器位置等。胎具定位槽口中心误差不宜超过 2mm,槽口应能保证钢筋位置准确。

轨道板-钢筋骨架绑扎流程如图 3-34 所示。

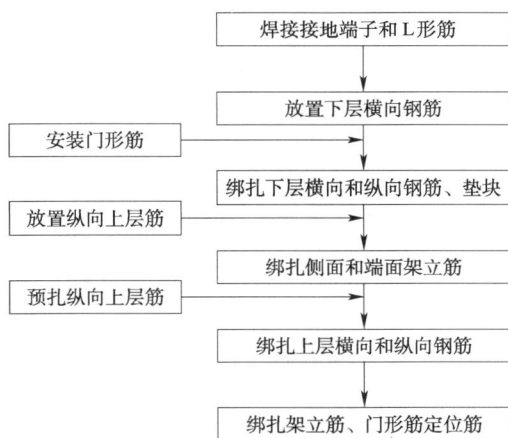

图 3-34 轨道板-钢筋骨架绑扎流程

轨道板钢筋绑扎要求如下。

a.箍筋与底板筋交点逐点绑扎,箍筋弯折处与架立筋交点逐点绑扎,箍筋接头叠合处逐处绑扎。

b.绑扣形式以不易松脱为准,绑点如有松脱,应紧扣或重绑。

c.垫块应呈梅花形交错布置,设置数量为每平方米不少于 4 块,钢筋骨架易变形处可适当增加垫块数量。

d.绑扣的形式应成八字形交替绑扎,不得顺风绑扎。绑线宜采用绝缘绑线,其尾部应扭向骨架内。骨架上不得有油污。绑扎成型的钢筋骨架应进行绝缘性能测试,发现绝缘性能超标者应立即进行整改。垫块设置应能保证净保护层厚度不小于 35mm。

(6)骨架吊装、运输及存放

骨架上下车应拿起轻放。吊装过程中不得直接吊装环氧钢筋,采用尼龙绳等柔性物质作为起吊介质。吊装应平稳起吊,缓慢就位,轻起轻放,防止环氧涂层钢筋的涂层被损坏。

钢筋骨架运输采用运输平车运输至成型车间,每次运输不宜超过两层,并采取相应的保护措施。雨天运输骨架应覆盖遮雨篷布。

钢筋骨架存放时,每层之间应用木条隔开,保证骨架之间净间距大于 20mm,并且木条应上下对齐,以保证骨架不严重变形。堆放层数不宜超过 4 层。垫木条位置和数量以保证钢筋骨架不变形为准。

(7)穿钢棒

钢筋骨架在入模前,应将预应力钢棒按图纸位置穿入骨架内,具体程序:穿纵向下层钢棒→穿横向钢棒→穿纵向上层钢棒。

横向钢棒丝扣长 70mm 端为张拉端,长 40mm 的为固定端。每侧横向固定端与张拉端交错布置。钢棒安装要求为:站在骨架纵向一端,面对骨架,右手端第一根钢棒丝扣为长丝扣,第二根为短丝扣,依此类推。

2. 模板组装

（1）模板安装顺序

轨道板组模顺序：清模→涂刷脱模剂→安装预埋套管→吊装钢筋骨架→校正骨架→安装锚垫板→安装侧模→安装端模→安装接地端子、起吊套管→安装锚穴成孔器、胶套→安装橡胶套→安装钢棒螺旋筋→预紧钢棒→组装模具。

（2）模板检测

模板进场后，须经轨道板场安质部进行验收，对模具细部尺寸、刚度、强度进行全面验收，合格后方可使用。

模板实行日常检查和定期检查，检查结果记录在模板检查表中。日常检查在每天作业前进行，检查内容包括外观、平面度。定期检查每周进行 2 次，检查内容包括模板各细部尺寸全面检查。模具进场后，前一周，每天观察平整度，待合格后方可定期检查。

要求模板支承基础平整、坚实，不得因其不均匀性下沉引起模板变形。模板安装过程中按图操作，避免安装过程中产生变形及应力集中现象。根据设计精确调整模板挡肩部分位置，以满足设计要求。

（3）清模

轨道板模具使用前，应用专门清模工具将模板上残留的灰渣和污物等杂物一并清除。用砂纸和抹布将轨道板模具底模、侧模、端模上的灰浆等清理干净，特别是承轨槽处、预埋件安装位置处、模板结合处、锚穴成孔器处等。严禁锤击和硬物直接敲打型腔，以免造成凹坑和局部变形。检查所有模板连接处，端部和底脚有无碰撞而造成不符合使用标准的缺陷或变形，各种螺栓是否丢失，如有，则必须及时整修合格。

（4）涂刷脱模剂

模板的各部位清理干净之后，可均匀且全面地将脱模剂涂刷在模板所有与混凝土的接触面上，尤其是承轨台处、预埋件安装位置处、模板结合处、锚穴成孔器处等。不得漏刷，模板上不得有脱模剂淤积。

（5）安装预埋套管

采用两种不同的预埋套管定位方式，分别为胀紧式、螺旋式。胀紧式：将预埋套管放置在模具定位销上，用手向下按压，使套管大部分套在定位栓上，并与承轨面大致垂直，然后用橡胶锤敲击套管顶端，使套管牢固安装在定位栓上，并与承轨面无可见缝隙。套管与模板之间必须牢固、密实无缝隙，采取措施保证其合格，之后在套管上安装螺旋筋。螺旋式：将预埋套管旋进定位栓内，并安装到位，旋上螺旋筋，放入定位孔内，旋紧定位夹，之后检查套管与底模之间的缝隙和牢固度，保证其在振捣时，预埋套管不发生歪斜、上浮等问题。将灌注孔定位器牢固安装在模板上。

（6）吊装钢筋骨架

钢筋骨架吊装必须使用专用吊具，施吊前必须对吊具等进行认真检查。吊装时吊钩下严禁站人。骨架放入模板时，应注意避开绝缘预埋套管位置。若钢筋骨架影响预埋件位置和预应力钢棒位置，可适当移动普通钢筋位置，但移动后必须重新绑扎牢靠。骨架入模后，如有偏斜、扭曲，应进行调整确保保护层厚度，使满足要求。

（7）安装螺旋筋

在模板中安装就位前，预先将锚垫板和螺旋筋一端进行焊连，采用绝缘绑线将螺旋筋另一端牢固绑扎在普通钢筋上，确保螺旋筋水平。严禁上下层螺旋筋接触，以免影响轨道板绝缘性能。锚垫板应与采用强磁的锚穴成孔器紧密相合，密实无缝隙。采用橡胶密封圈防止锚垫板处漏浆。

（8）安装锚穴成孔器

锚穴成孔器是可拆卸式的纯钢件，通过钢棒的预紧螺栓固定在模板的侧模上。安装时应特别注意当混凝土初凝时，松开钢棒预紧螺栓，卸掉锚穴成孔器。

（9）安装免凿毛胶套

安装完成锚穴成孔器后，将免凿毛胶套套在锚穴成孔器上，小胶套套在横向固定端锚穴成孔器上，中胶套套在横向张拉端锚穴成孔器上，大胶套套在纵向锚穴成孔器上。注意将胶套居中，并将肋与肋分开，纵向胶套竖向肋置于两肩，避免过多削弱纵向锚穴混凝土。

（10）预紧预应力钢棒

预应力钢棒安装前必须检查包裹层是否完好，对于包裹层微小损坏的地方，可采用塑料胶带封裹。严禁采用包裹层损坏严重的预应力钢棒。合模时，人工抬起预应力钢棒，穿入相应锚穴成孔器，并安装预应力钢棒预紧装置。保证预应力钢棒的平直。预应力钢棒预紧力为 $10 \sim 20kN$，实际操作以保持钢棒平直为准。预应力钢棒护套与锚垫板连接处密封满足要求，钢棒护套应深入锚垫板 $2mm$，防止漏浆。

（11）安装起吊套管和接地端子

将起吊套管安装在侧模上，使用起吊套管固定螺栓，并加设弹簧垫片，防止振捣时移位，用扳手拧紧。安装预埋套管螺旋筋并固定。使用接地端子固定螺栓将接地端子固定在侧模上，用扳手拧紧。

（12）组装模板

底模与端模、侧面结合部位均用橡胶条密封，防止振捣时漏浆。安装侧模与底模预紧螺栓，使侧模与底模之间密贴不漏浆。安装端模与底模预紧螺栓，使端模与底模之间密贴、不漏浆。

3. 钢筋骨架绝缘检测

（1）调整钢筋骨架

混凝土浇筑前，应进行钢筋骨架绝缘性测试，调节骨架保护层，使保护层满足 $+5mm$ 偏差范围。钢筋骨架检验如表3-9所示。

调整纵向上下层螺旋筋，禁止上下层螺旋筋相接触，影响轨道板绝缘。采用胎具将锚垫板螺旋筋的一端焊接在锚垫板上，另一端绑扎在普通钢筋上。

调整钢筋与预埋件，若钢筋与预埋件相碰，适当调整钢筋位置。

（2）绝缘测试

用500V兆欧表的一端连在骨架下层任一普通钢筋上，摇动兆欧表，一人手持另一端依次接触上层普通钢筋，当表指针指示小于 $2M\Omega$ 时，停止前进，查找原因，用绝缘垫片垫起普通钢筋与环氧涂层钢筋，并绑扎牢固，测试电阻，合格后方可继续进行。上层普通钢筋之间的测试也依照此种方法进行。全部测试合格后方可浇筑混凝土。

钢筋骨架检验表(mm)

表 3-9

序号	项目	允许偏差	方法
1	普通钢筋	±5	尺测
2	螺旋筋	±5	尺测
3	箍筋间距	±10	尺测
4	钢筋保护层	+5	尺测
5	预埋件位置	±1	尺测
6	预应力筋位置	±1	尺测
7	门型筋	垂向 0 ~ +5;纵向 ±5	尺测

钢筋骨架绝缘调节完成后,将模具内掉落的绑线、绝缘垫片等杂物清理干净。

4. 混凝土施工

1)混凝土搅拌

(1)原材料运输

河砂、碎石由铲车运输至配料仓,其他材料均泵送至搅拌仓。

轨道板采用高性能混凝土,混凝土胶凝材料的用量不超过 500kg/m³。水胶比不应大于 0.35,混凝土的含气量控制在 2% ~4% 范围内。在配制混凝土拌合物时,由实验室下达混凝土的施工配合比,水、水泥、外加剂、掺和料的用量准确到 ±1%,粗、细集料的用量准确到 ±2%(均以质量计),所用的计量装置必须由计量检验部门定期标定。

(2)混凝土搅拌

混凝土原材料应严格按照施工配合比要求进行准确称量,称量最大允许偏差应符合下列规定(按重量计):胶凝材料(水泥、掺和料等)±1%;外加剂 ±1%;集料 ±2%;拌和用水 ±1%。

搅拌混凝土前,应严格测定粗细集料的含水率,准确测定因天气变化而引起的粗细集料含水率变化,以便及时调整施工配合比。一般情况下,含水率每班抽测 2 次,雨天应随时抽测,并按测定结果及时调整混凝土施工配合比。

搅拌时,宜先向搅拌机投入细集料、水泥和掺和料,搅拌均匀后,再加入减水剂和所需用水量,待砂浆充分搅拌后再投入粗集料,并继续搅拌至均匀为止。上述每一阶段的搅拌时间不宜少于 30s,总搅拌时间不宜少于 2min,也不宜超过 3min。

2)混凝土浇筑

混凝土搅拌完成后,放进下料斗内,再由轨道平车运送至车间。

混凝土入模前,应测定混凝土的入模温度、坍落度、含气量等工作性能;只有拌合物性能符合设计或配合比要求的混凝土方可入模浇筑。混凝土的坍落度为 60 ~100mm,施工中控制在 60 ~80mm 范围内;入模温度宜控制在 5 ~30℃。

混凝土灌注时钢模配置振捣器,灌注采取先灌注两边,再灌注中间呈倒"e"字形布料方式。混凝土浇筑分两层连续进行:第一层混凝土覆盖承轨台和横向钢棒,大约厚 100mm;第二层同模具边缘平齐。严禁浇筑间隔超过初凝时间的混凝土。浇筑温度必须进行严格控制。在夏季的浇筑温度宜在 30℃ 以内,集料、水泥及拌和水应进行遮盖,避免长时间日照。冬季浇筑温度应控制在 10~20℃,应做好集料、水泥和水的保温工作,并用蒸汽对模板进行预热。

第一层混凝土布料完成,开动底模侧边振捣器,约 2min,以混凝土表面不再有明显气泡、表面泛浆且无显著下沉为准。第二层振捣时间适当加长,约 3min,以混凝土表面不再有气泡、表面泛浆且无显著下沉为准。

下料过程中应注意填边填角,尤其是纵向锚穴位置,不应有厚的灰浆。

最后用抹子将混凝土表面压密实和整平,以表面泛浆和无石子裸露为准。用方钢将混凝土表面找平,以模板侧边高度为准。

将门形筋固定筋拆除,并用抹布将门形筋上的灰浆擦拭干净。模板四周灰浆清除。

混凝土初凝前,将混凝土裸露面的稀浆去除,并对混凝土面进行拉毛处理,拉毛深度应为 2~3mm。

3)试件制作

浇筑混凝土过程中,以不大于 10 块板为一批,每批从最后一块板浇筑成型过程中取样制作 3 组混凝土抗压强度试件,用于混凝土脱模抗压强度和 28d 抗压强度的检测。每隔 7d 取样制作 2 组混凝土弹性模量试件,用于张拉前混凝土弹性模量和 28d 混凝土弹性模量的检测。试件应与轨道板相同条件下振捣成型和养护,28d 试件应在脱模后进行标准养护,试件制作、养护应符合规范。

4)蒸汽养护

轨道板混凝土蒸汽养护采用自动温控设备,计算机程序全程自动控制、自动记录、自动报警。

(1)探头设置

每套模具均设置一个蒸汽养护探头,每个工班设置 2 个测量混凝土表面温度、芯部温度的探头,以测量混凝土表面温度和芯部温度。车间东西两侧分别设置一个探头,测量环境温度。每个探头所采集到的温度数据均传输至温度控制计算机,自动记录,通过对数据进行分析,控制电磁阀的开启与关闭。

(2)养护阶段

蒸汽养护,分为静置、升温、恒温、降温四个阶段。计算机程序设置静置 3h 20min,升温 2h,恒温 5h 40min,降温至允许值拆模。

静置:混凝土浇筑完毕,静停环境温度不应低于 5℃,静停时间宜为 4~6h。应加盖篷布,以保持混凝土表面湿润,防止混凝土干裂。

升温:计算机控制电磁阀开启,篷布内通入蒸汽,棚内温度逐步升高,升温速度不应大于 10℃/h。

恒温:蒸汽温度不宜超过 45℃,板内芯部混凝土温度不应超过 55℃,其持续时间不超过 6h。当恒温温度超过警戒线时,温控系统自动报警提示,负责蒸汽养护人员立即采取措施降温。

降温:降温速度不应大于 10℃/h,降温采用分阶段降温法,防止因降温速度过快而引起混凝土开裂。降温时,先将一侧篷布掀开,不露出板面,隔段时间掀另一侧篷布,直至轨道板表面与环境温差不应大于15℃。

自动温控系统自动记录蒸汽养护全过程温度情况,并显示形成的直观曲线,如图3-35所示。

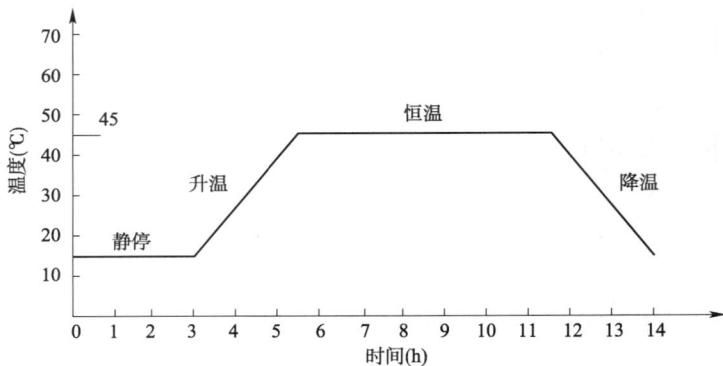

图 3-35　蒸汽养护温度控制

5. 拆模

（1）脱模

在混凝土初凝时,将纵、横向钢棒预紧螺栓松开,用专用工具将锚穴成孔器拆卸,并将胶套摘下,注意不能扰动混凝土薄弱处。

蒸汽养护结束后,实验室对试件进行试验,当强度不够时,延长养护时间,强度达到40MPa时,待降温达到要求才能脱模。

拆除螺栓后,将端模和侧模拉开,拧紧吊环,吊环与轨道板之间应用橡胶垫加垫,防止损伤混凝土。

顶起千斤顶前,应观察所有固定螺栓均拆卸。顶起轨道板时,四处千斤顶应同步顶升,并关注轨道板四角顶升状况。

拆除灌注孔定位栓后,用轨道板专用的吊具进行吊装作业。轨道板起吊时应保持水平起吊,缓慢进行,保证预应力钢棒从端、侧模缓慢脱出。吊运过程中必须关注轨道板运输状况,防止不规范操作引起问题。

（2）翻板

将轨道板吊运至张拉封锚区,平放在两根 100mm × 100mm 的木方上,位置为起吊位置。卸掉一侧吊环后,桁吊吊起轨道板,另一侧吊环缓慢上升,同时吊位应往翻的方向缓慢移动,直至轨道板垂直,然后向另一侧缓慢放下,注意此时轨道板两端应有人扶持轨道板,防止其打转,并注意不要碰撞损坏轨道板。轨道板下垫木方以保证不损伤轨道板表面。

翻板完成之后,检查轨道板正面有无缺陷,并将预埋套管、接地端子用封盖堵上,防止其进入异物。

轨道板从拆模后到入水前,应在其表面洒水,保持轨道板湿润。

脱模后,用工具将底模、侧模上的混凝土残渣清除干净,更换损坏的密封胶条,不得用铁锤敲击模型。

6. 轨道板施加预应力

（1）张拉要求

混凝土强度不低于40MPa、弹性模量不低于3250MPa时才能进行轨道板张拉作业。

轨道板张拉应采用自动张拉设备。使用前张拉千斤顶应与油压表配套标定，千斤顶的校正系数不大于1.05，油压表的精度不得低于0.4级。千斤顶标定的有效期不得超过一个月或张拉300块板，油压表不得超过一周。进行张拉力控制的测力传感器标定有效期不超过1个月，相应的位移传感器标定有效期不超过一周。

（2）张拉方法

在张拉前，先将钢棒螺母旋紧预应力钢棒的螺纹上，调整到合适位置，再将千斤顶的张拉螺杆旋进预应力钢棒；将千斤顶穿入张拉螺杆，晃动千斤顶使千斤顶旋转套与锚固螺母对正，然后将承压螺母装上，旋紧。开启自动张拉设备，输入型号、编号等数据，开始张拉。压力值缓慢增加，当压力达到张拉设计应力值的20%时，自动持荷。继续增加压力至达到设计压力值，自动持荷1min，并在持荷时自动保压，使压力值始终保持在±1kN范围内。顺时针旋转手柄，锁紧钢棒螺母，卸荷后取下承压螺母，拿下千斤顶，卸下张拉螺杆，在板边盖"已张拉"章，完成整个张拉过程。

（3）张拉力

预施应力值应采用双控，以张拉力读数为主，以预应力钢棒伸长值作校核，实际伸长值与设计伸长值的差值不得超过1mm，实测伸长值宜以20%张拉力作为测量的初始点。

（4）张拉顺序

对预应力钢棒张拉时应先横向后纵向，横向逐根张拉，纵向先下后上、先内后外。预应力钢棒张拉顺序应符合设计图纸要求。横向预应力钢棒采用单端张拉，固定端预应力钢棒螺纹外露量控制在8~10mm；纵向预应力钢棒应两端张拉，并控制两端预应力钢棒螺纹外露量基本一致。

轨道板张拉完成后，应在板侧面做"张拉完成"标记。

7. 轨道板封锚

（1）封锚顺序

清理锚穴→涂刷界面剂→搅拌封锚砂浆→封锚→涂刷养护剂。

（2）清理锚穴

轨道板锚穴采用在锚穴成孔器上加套免凿毛胶套形成沟槽方式，以保证封锚砂浆和锚穴的牢固连接。封锚砂浆填压前，应对锚穴进行清理，不得有油污、浮浆（尘）、杂物和积水。

（3）涂刷界面剂

填料封锚前，应向锚穴内均匀喷涂可提高砂浆黏结强度的界面剂，并用棉纱或海绵等吸水材料吸取锚穴凹陷处的多余界面剂。同时应保证在填料前，锚穴内喷涂的界面剂仍为湿润状态，未挥发、未干燥。

（4）封锚砂浆质量检验

每次进原材料时，应按批量进行检验，原材料的性能应满足技术条件的相关指标要求。封锚砂浆质量检验应按照相关规定进行。

封锚砂浆应饱满密实，与基层混凝土黏结牢固，砂浆表面应平整，不得有疏松、裂纹、脱层和起壳等缺陷。

（5）封锚砂浆搅拌

封锚砂浆采用强制式搅拌机拌制，搅拌机转速不宜小于180r/min。封锚砂浆干料：水为1：0.095。封锚砂浆和水的计量误差均不大于±1%。封锚砂浆搅拌时间不宜小于3min，宜慢搅60s，快搅120s。封锚砂浆填压过程中，可对砂浆进行二次搅拌，严禁二次加水。

（6）封锚

封锚砂浆应分层填压。采用空气锤对砂浆进行振捣，频率不小于1000Hz，振捣力不小于30N，振捣次数不得少于3次，每次不少于20s。

锚穴孔上部砂浆不易填满，应注意多装料；应保证锚固螺栓周围砂浆的充分压实；在对轨道板纵向大孔封锚时，装料、压实顺序应从下至上。若表面出现孔洞缺陷，可补抹一层砂浆，再用捣固棒压实即可。应确保封锚锚体表层四周与锚穴紧密结合、无肉眼可见缝隙。

封锚成型后宜凹进板面2~4mm。锚体与板无缝隙存在，无裂纹，手压无明显痕迹。

封锚砂浆填压时的环境温度宜为5~35℃。当昼夜平均气温低于5℃或最低气温低于-3℃时，应采取保温措施，保温时间不少于24h。避免在阳光直射、雨、雪和大风环境下进行封锚作业。

（7）外观检查

封锚成型密实，指压应无明显变化。表面平整、光洁，无明显坑洞缺陷。封锚锚体应与锚穴四周紧密结合，无肉眼可见裂缝。表面凹入轨道板锚穴表面深度宜2~4mm。

（8）涂刷养护剂

封锚砂浆填压完毕后应立即在砂浆表面喷涂养护剂。

封锚砂浆填压完毕至轨道板水养的时间间隔不宜小于2h。

8. 轨道板水养、湿养

（1）轨道板水养

轨道板在脱模后至入水前，板面应洒水保持湿润。

封锚后轨道板静置2h后方可移入水养池，进行水中养护，养护水温不低于10℃。湿养池内轨道板存放净间距为50mm，第一块轨道板应固定在水养池边上，防止轨道板倾覆，其余轨道板采用连接器连接，保证轨道板间距避免损伤轨道板外观。

水养池中水应能将轨道板完全浸没。养护时间不少于3d。

（2）轨道板湿养

轨道板水养后进行洒水养护，养护温度不低于10℃。当环境温度低于5℃时，禁止洒水，并对轨道板喷洒养护剂。

水养时间不少于3d，湿养至7d。

9. 轨道板运输及储存

（1）轨道板装卸

吊板用钢丝绳应有足够的安全系数，钢丝绳存在影响承载力的缺陷时不应使用。

轨道板起吊采用专用的起吊架进行吊装作业，操作人员要定期对起吊设备、机具进行安全检查（如：起吊螺栓是否弯曲、开裂、滑丝，吊装钢丝绳是否断丝或磨损严重，桁车的机械性能有无保证等）。

轨道板的起吊螺栓必须充分拧紧后才能开始起吊工作。

（2）轨道板运输

运输时应采取防止轨道板倾倒和三点支承的相应措施，并应保证轨道板不受过大的冲击。

轨道板运送至施工地段的临时存放点后，采用起重机配备专用四点吊具进行单块装卸，严禁碰撞。

在运输过程中轨道板之间用方木垫起。在运输过程中为防止紧急制动时，轨道板因滑动而造成板体损坏，可用草帘作为填塞衬垫加以防护。

轨道板在存放和运输时，应在定位螺母和起吊螺母等处安装相应的防护装置。

（3）轨道板存放

轨道板采用立放（长度方向着地）或平放（不大于 7d）方式进行存放，平放最多可存放 4 层，层间净空不小于 20mm。轨道板垫木设置在起吊螺栓两螺栓孔之间，且上下处于同一位置。存放轨道板的基础要求坚固、平整，无沉陷，严禁出现三点支撑现象。长期储存时不得平放。

轨道板存放以垂直立放为原则，并采取防倾倒措施。要求存板台座坚固、平整，并在台座上铺设木板，以保证轨道板边角不受损伤。

轨道板采用立放时应用连接螺栓板和连接螺栓连接紧邻两块轨道板，使轨道板堆放成一整体，轨道板堆放端头应有良好的防倾倒支撑架，第一块轨道板连接在支撑架上。

轨道板储存时，用塑胶盖对预埋件孔眼进行封堵，防止雨水或杂物进入。露天存放时，要用篷布遮盖，避免阳光直射，造成混凝土表面龟裂。

10. 轨道板检测

轨道板每生产 500 块为一个批次，不足 500 块，按一个批次计。

（1）轨道板外形外观检测

轨道板外形外观检测分两部分：一是外观检查，二是轨道板外形尺寸测量。

外观检查主要观察轨道板混凝土外观颜色是否一致，有无油污污染，表面气孔黏皮等缺陷。轨道板外形尺寸测量需要借助专用的测量仪器进行，轨道板各个部位尺寸通过全站仪和工装检测，数据传输入计算机，通过专用软件处理后得出相应结果。

（2）轨道板预埋套管抗拔试验

预埋套管抗拔试验：从每批次外形外观质量抽检的轨道板中抽取 1 块轨道板，抽取 3 个套管进行试验。预埋套管抗拔力应不小于 60kN，试验后其周围无可见裂纹，允许少量砂浆剥离。

试验前应仔细察看预埋套管有无裂纹等异样，在承轨台上放置承压铁板，将锚杆拉拔仪的穿心螺杆旋进预埋套管，直至螺杆端部顶到套管根部，将千斤顶穿进螺杆，放在承压钢板上，然后将固定螺母旋进螺杆，使固定螺母离千斤顶上部5mm缝隙。开始手动缓慢增压，待油表指针指示16MPa(通过传感器校核)时停止加压，同时计时，3min内及时补压，使指针始终保持不低于16MPa，3min后卸压，并仔细察看预埋套管周围，允许有少量砂浆剥落，但不允许有裂纹。

（3）轨道板绝缘检测

轨道板的绝缘性能每批检验20%。如检验不合格，该批应逐块检验。

轨道板水养结束后，放置在绝缘检测区，等轨道板表面无水迹后方可测试。采用智能型可编程电桥测试仪检测：频率精度0.01%，分辨率$R \geq 0.01\text{m}\Omega$、$L \geq 0.01\mu\text{H}$，基本测量准确度0.05%，检测信号AC1.0V、2000Hz、60kg/m钢轨、长度8m、钢轨间距1435(+3)mm，钢轨两端伸出轨道板的长度应相同，安装封连线的一端钢轨两端距端部100mm的轨腰处各钻一直径10mm的圆孔。检测轨的一端用一根轨道电路专用钢包铜引接线连接，长度2m、截面积不小于$42\text{mm}^2(\phi 1.2 \times 37\text{mm})$，采用直径不大于10mm的螺栓压接方式封连。检测轨的另一端在钢轨截面处采用焊接方式安装检测用接线端子。试验现场应无电磁干扰，受检轨道板周边5m范围内及地面下无金属物。检测过程中，检测轨轨距、高度及其与检测装置中包含的其他金属物件的相对位置应保持不变。220V、50Hz交流电源，电压稳定。

通过LCR测量仪检测无砟轨道板和有砟轨道板电阻和电感时，检测结果为电阻值增大不大于15%、电感值偏差不超过3%。

任务四 双块式轨枕制作

双块式轨枕预制的施工工艺主要分为三大部分，分别是高性能混凝土拌制、钢筋骨架加工、轨枕预制，如图3-36所示。

钢筋骨架生产顺序分为钢筋冷轧→数控弯箍→骨架加工，如图3-37所示。根据生产顺序要求，将钢筋骨架生产线分为冷轧机组、数控弯箍机、骨架焊接机组三部分，并按施工先后顺序进行设备布置。

轨枕预制生产线采用闭合环式的工作方式，以模具的循环移动来完成轨枕的预制生产。按照施工顺序和各部位功能，轨枕预制生产线可分为清理模具、喷涂脱模剂、钢筋桁架安装、混凝土浇筑及振捣、混凝土养护、轨枕脱模六个部分（图3-38），这六个部分组成一个首尾相连的闭合环，各工序之间衔接紧密，使模具的空载运行降到最低，有效提高了模具的利用率。

根据双块式轨枕环形生产线工艺需要,按工序不同将生产线分为六个主要的功能区,如图 3-39 所示。

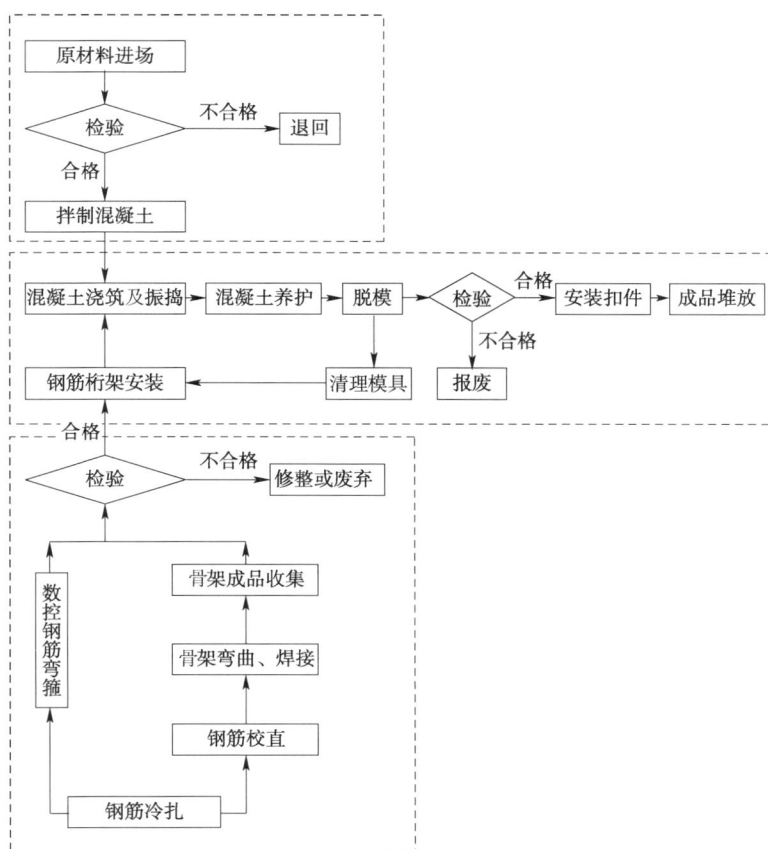

图 3-36　双块式轨枕施工工艺流程图

一、各功能区简介

①清理模具:在这个工位上,首先检查定位轴和标识牌是否完好,如有损坏及时更换,同时将模具清理干净。

②喷脱模剂:本工位完成模具内脱模剂的喷洒、安装螺旋筋和箍筋。

③钢筋桁架安装:完成钢筋桁架和挡浆夹安装,并对安装好的模具进行混凝土浇筑前的检查,如有不合格情况立即处理。

④混凝土浇筑、振捣:将混凝土均匀浇筑至模具内,并振捣密实。

⑤混凝土养护:按照静停、升温、恒温、降温的顺序对轨枕混凝土的养护,使蒸养 10h 后的轨枕达到 48MPa 的混凝土立方体抗压强度。

⑥脱模:利用专用脱模台将轨枕与模具分离,并分别将轨枕运到环形生产线外,将空模具运回环形生产线。

原材料进场

冷轧作业：
拉直去皮 → 上粉 → 压轧 → 消应、收卷

焊接作业：
钢筋校直 → 骨架焊接 → 进步、剪切 → 焊接 → 检验（不合格 → 修整或废弃；合格）→ 轨枕预制

数控弯箍：
钢筋校直 → 设定程序 → 弯折、截断 → 焊接 → 检验（不合格 → 修整或废弃；合格）→ 轨枕预制

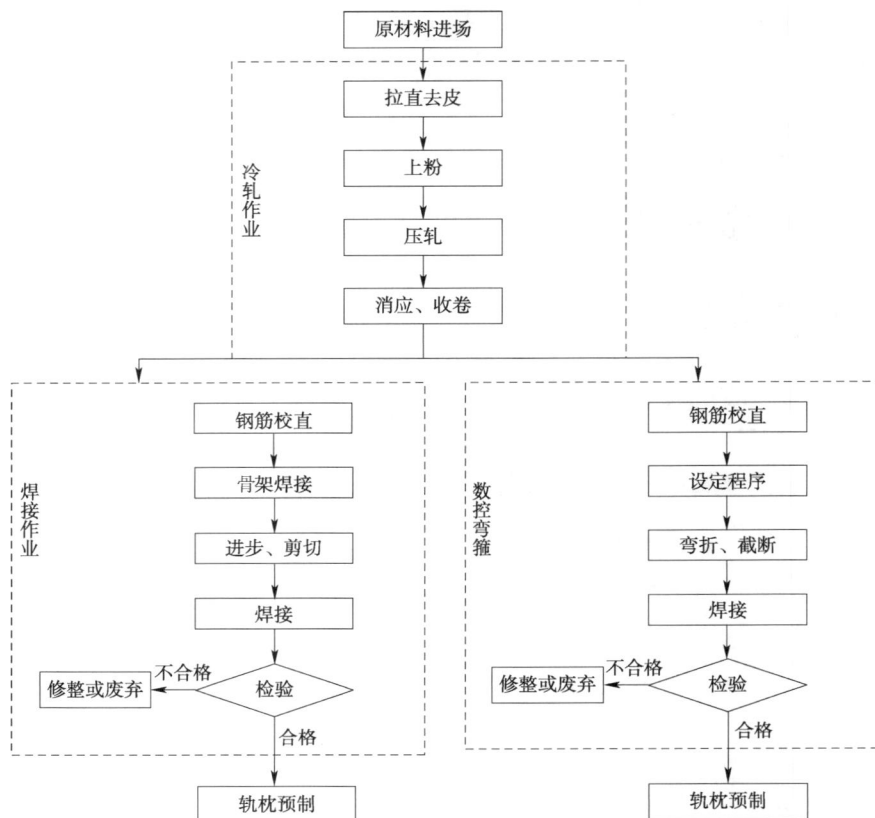

图 3-37　双块式轨枕钢筋骨架制作工艺流程

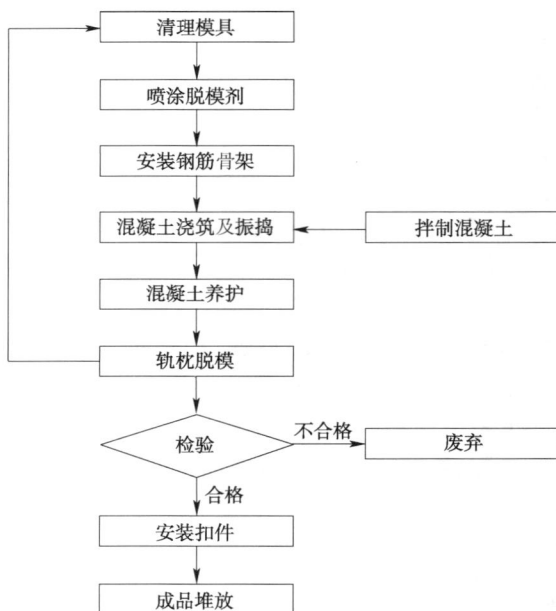

清理模具 → 喷涂脱模剂 → 安装钢筋骨架 → 混凝土浇筑及振捣 ← 拌制混凝土
混凝土浇筑及振捣 → 混凝土养护 → 轨枕脱模
检验（不合格 → 废弃；合格）→ 安装扣件 → 成品堆放

图 3-38　双块式轨枕预制施工工艺

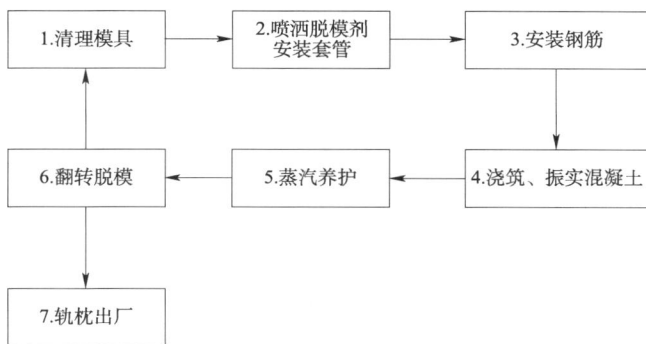

图 3-39 双块式轨枕环形生产线主要工序及循环示意图

二、双块式轨枕质量检验

可依照国内客运专线预制梁的标准,进行双块式轨枕生产全过程的质量控制。其中外形尺寸检测标准按设计图纸应满足表 3-10 轨枕外形尺寸偏差要求。

轨枕外形尺寸偏差要求   表 3-10

检查项目		允许偏差(mm)	检测频率(%)
承轨部位的断面高度		+5,-3	1.5
承轨部位顶部宽度		±5	1.5
有挡肩枕	两承轨槽外侧底脚间距离	+/-1.5	1.5
	同一承轨槽底脚间距离	+/-1.0	1.5
	承轨槽底脚距套管中心距离	±1	1.5
	套管下沉	2	1.5
	距承轨面120mm深处套管偏离中心线距离	6	1.5
钢筋	上下排钢筋间的距离	±3	1.5
	开焊或松脱	不允许	全检
轨底坡		0.5	1.5
承轨面不平度		1	1.5

①轨枕外形尺寸偏差应符合表 3-10 的规定。外观质量应按《Rheda 2000 双块式轨枕表面状况合格/不合格的定义》的规定。

②混凝土强度等级根据《铁路混凝土工程施工技术规程》(Q/CR 9207—2017),边长为 150mm 的立方体抗压强度应不低于 60MPa。

主要设备配置,包括钢模型、模型输送辊道、混凝土灌注设备、振捣台、养护池、运模小车、翻-脱模机、模型清理侧翻平台、链式传送机等;钢模型采用 4×1 联短模型;养护池应具备自动控温系统,以控制养护温度和电控系统等。

任务实施

CRTSⅢ型轨道板制作流程

一、轨道板生产工艺流程

轨道板生产工艺流程如图3-40所示。

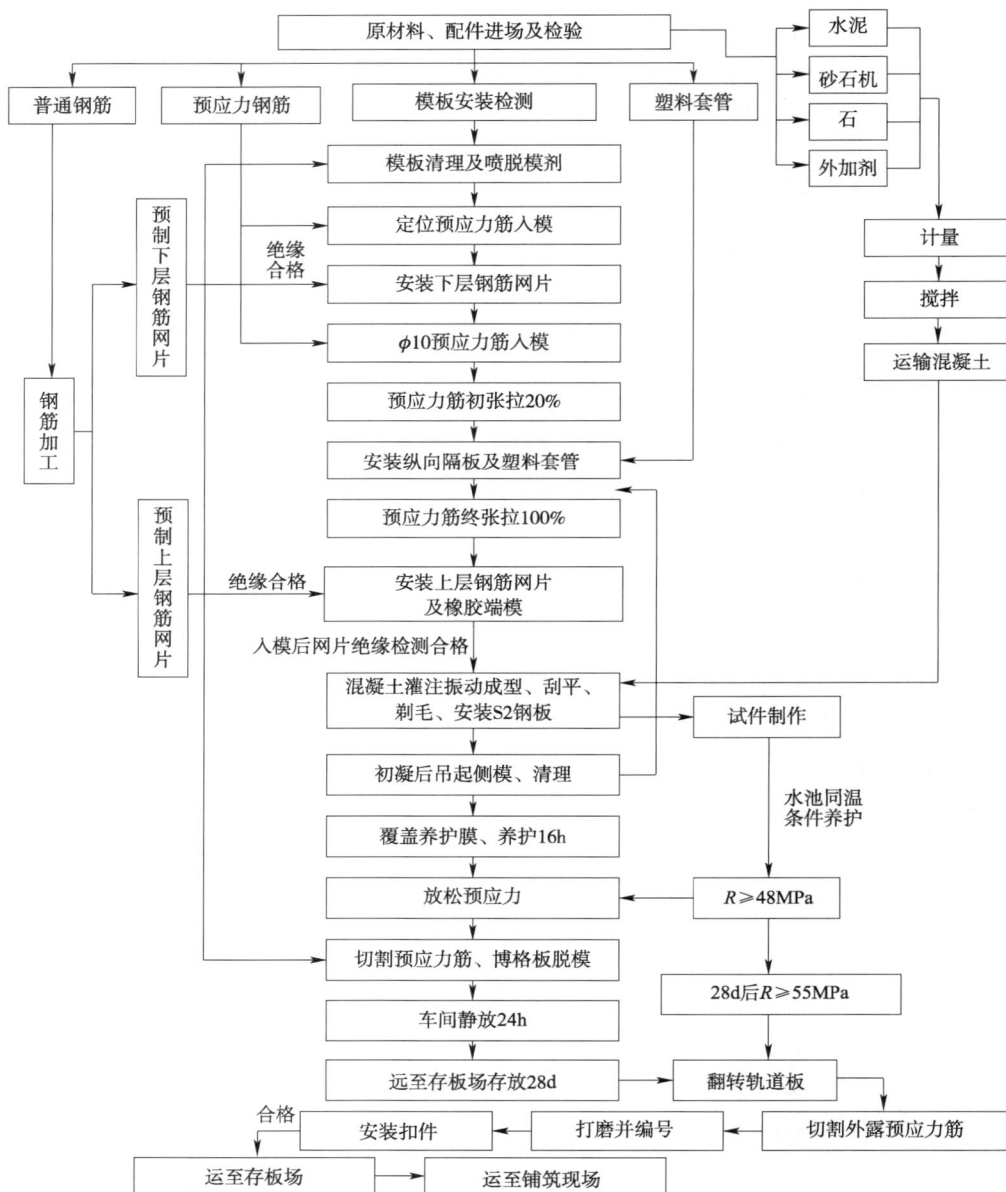

```
                  原材料、配件进场及检验 ────────────────→ 水泥
     ┌──────────┬──────────┬──────────────────┬─────────┐   砂石机
  普通钢筋   预应力钢筋      模板安装检测         塑料套管     石
                                                          外加剂
              预制              模板清理及喷脱模剂
              下层      绝缘
              钢筋      合格    定位预应力筋入模                计量
              网片
                              安装下层钢筋网片                搅拌
      钢筋
      加工                    φ10预应力筋入模              运输混凝土

                              预应力筋初张拉20%

              预制            安装纵向隔板及塑料套管
              上层
              钢筋    绝缘合格  预应力筋终张拉100%
              网片
                              安装上层钢筋网片
                              及橡胶端模
                  入模后网片绝缘检测合格
                              混凝土灌注振动成型、刮平、      试件制作
                              剃毛、安装S2钢板
                                                         水池同温
                              初凝后吊起侧模、清理           条件养护

                              覆盖养护膜、养护16h

                              放松预应力          R≥48MPa

                              切割预应力筋、博格板脱模    28d后R≥55MPa

                              车间静放24h

                  合格         远至存板场存放28d ──────→ 翻转轨道板
                        安装扣件 ← 打磨并编号 ← 切割外露预应力筋
                  运至存板场 ──→ 运至铺筑现场
```

图3-40　轨道板生产工艺流程

二、先张法预应力生产工艺流程

先张法预应力生产工艺流程如图 3-41 所示。

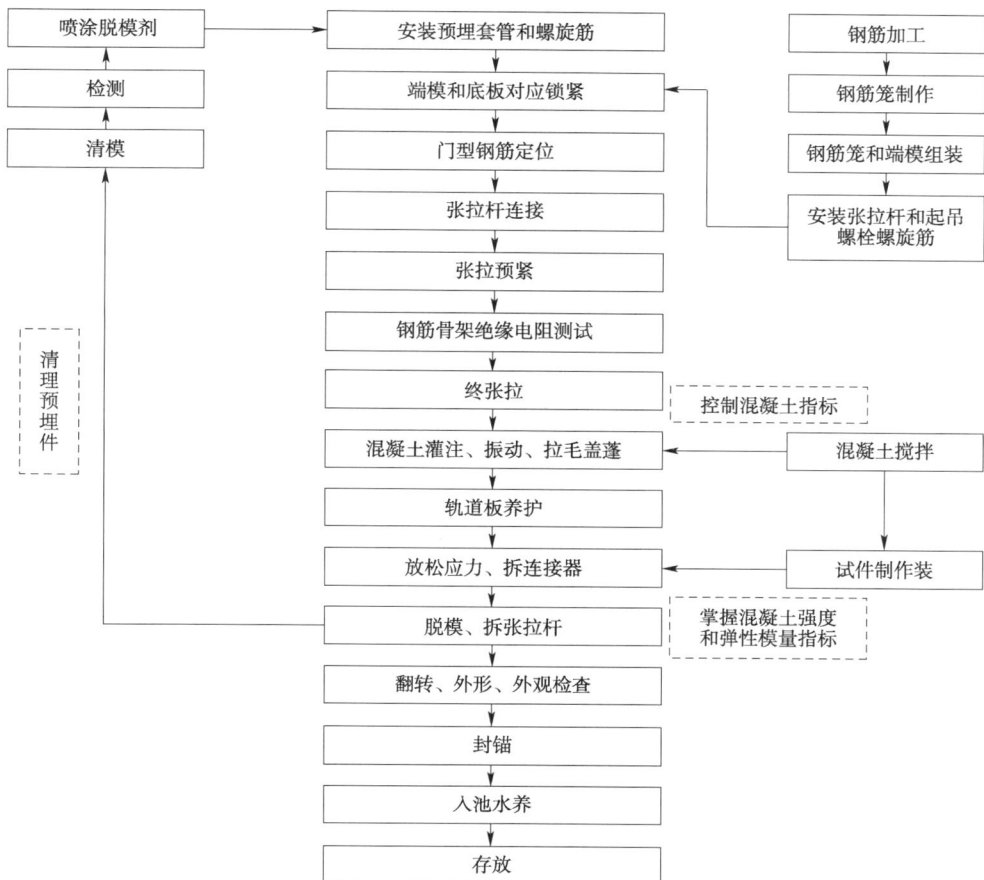

```
┌──────────┐         ┌──────────────────┐         ┌──────────────┐
│ 喷涂脱模剂 │────┐    │  安装预埋套管和螺旋筋  │         │   钢筋加工    │
└──────────┘    │    └──────────────────┘         └──────────────┘
┌──────────┐    │    ┌──────────────────┐              │
│   检测    │    └───>│   端模和底板对应锁紧  │<───┐         ┌──────────────┐
└──────────┘         └──────────────────┘   │         │   钢筋笼制作   │
┌──────────┐         ┌──────────────────┐   │         └──────────────┘
│   清模    │         │   门型钢筋定位     │   │         ┌──────────────┐
└──────────┘         └──────────────────┘   │         │  钢筋笼和端模组装 │
                     ┌──────────────────┐   │         └──────────────┘
                     │   张拉杆连接      │   │         ┌──────────────┐
                     └──────────────────┘   │         │ 安装张拉杆和起吊  │
                     ┌──────────────────┐   └─────────│  螺栓螺旋筋    │
                     │   张拉预紧       │             └──────────────┘
                     └──────────────────┘
┌──────┐             ┌──────────────────┐
│ 清理  │             │  钢筋骨架绝缘电阻测试  │
│ 预埋件 │             └──────────────────┘
└──────┘             ┌──────────────────┐    ┌ ─ ─ ─ ─ ─ ─ ─ ┐
                     │    终张拉       │     │  控制混凝土指标  │
                     └──────────────────┘    └ ─ ─ ─ ─ ─ ─ ─ ┘
                     ┌──────────────────┐         ┌──────────────┐
                     │ 混凝土灌注、振动、拉毛盖蓬 │<───────│   混凝土搅拌   │
                     └──────────────────┘         └──────────────┘
                     ┌──────────────────┐
                     │   轨道板养护      │
                     └──────────────────┘
                     ┌──────────────────┐         ┌──────────────┐
                     │  放松应力、拆连接器  │<───────│   试件制作装   │
                     └──────────────────┘         └──────────────┘
                     ┌──────────────────┐    ┌ ─ ─ ─ ─ ─ ─ ─ ┐
                     │  脱模、拆张拉杆    │     │ 掌握混凝土强度   │
                     └──────────────────┘     │ 和弹性模量指标  │
                     ┌──────────────────┐    └ ─ ─ ─ ─ ─ ─ ─ ┘
                     │ 翻转、外形、外观检查  │
                     └──────────────────┘
                     ┌──────────────────┐
                     │    封锚         │
                     └──────────────────┘
                     ┌──────────────────┐
                     │   入池水养       │
                     └──────────────────┘
                     ┌──────────────────┐
                     │    存放         │
                     └──────────────────┘
```

图 3-41 先张法预应力生产工艺流程

▌案例分析

兰新铁路第二双线线路双块式无砟轨道施工优化

一、工程概况

1. 线路

兰州至乌鲁木齐铁路第二双线途经甘肃省、青海省、新疆维吾尔自治区三省区,线路东起甘肃省省会兰州市,途经青海省民和县、乐都县、平安县至青海省省会西宁市,后折向北经大通县、门源县,穿越祁连山山脉进入甘肃省河西走廊后西行,经民乐县、张掖市、临泽县、酒泉市、嘉峪关市、玉门市以及新疆维吾尔自治区哈密市、鄯善县、吐鲁番市,终点为乌鲁木齐市,线路正线全长 1775.8km,线路走向如图 3-42 所示。

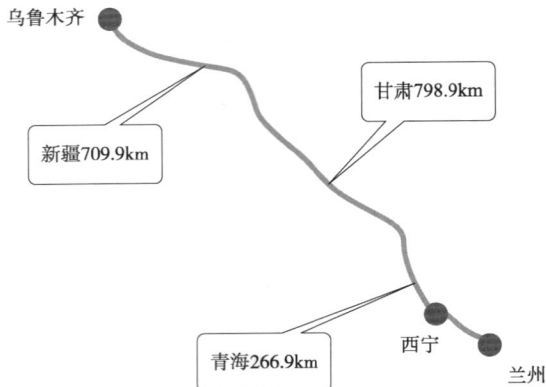

图 3-42 兰新铁路第二双线线路示意图

2. 环境特点

本项目沿线气候环境差异大,线路大部分地段处于严寒、温差大、风沙大、日照强、干旱缺水等恶劣自然气候条件下。因此,有必要对双块式无砟轨道连续式道床板及各种单元式道床板结构形式特点和结构功能合理性,进行安全性、耐久性、施工性和经济性综合比较分析,进一步确定兰适合兰新铁路第二双线线路双块式无砟轨道结构形式。

二、优化双块式无砟轨道施工措施

1. 道床板施工工艺及过程控制

道床板混凝土施工控制应涵盖与结构和环境特征相适应的混凝土施工技术、科学的节水养护技术和合理的温度应力释放措施三个方面。兰新铁路第二双线线路双块式无砟轨道道床板的施工工艺及过程控制如图 3-43 所示。

道床板混凝土采用"之"字形路线三点布料浇筑工艺,保证入模混凝土的整体匀质性,降低混凝土表层浮浆的厚度,进而防止道床板混凝土表面龟裂。二次振捣工艺是在使用 $\phi 50$ 振捣棒振捣完毕后,再使用 $\phi 30$ 振捣棒斜插入轨枕底部并在轨枕四周进行振捣,保证轨枕底部混凝土密实,以及四周混凝土与轨枕界面黏结质量,防止出现离缝。

2. 支承层滑模摊铺施工工艺控制

对于兰新二线优化设计的表面无需拉毛处理且具有锯齿形凹槽的水硬性支承层,施工质量控制尤其重要,经模筑和滑模机摊铺两种工法的试做对比,滑模机摊铺具有以下显著的优点。

①滑模成型好,支承层外形尺寸及其平整度完全满足设计要求。

②滑模机的高频振捣棒效率高,使低塑水硬性混合料振捣密实,形成低收缩率的水硬性支承层,可大大减少支承层收缩裂缝对道床板混凝土的开裂影响。

③滑模机效率高,施工速度快,综合施工质量优秀。

鉴于以上优点,最终选定在兰新二线采用滑模摊铺机施工水硬性混合料支承层,仅在滑模机不便进入的个别短路基段采用人工模筑。相对于内地其他线路,兰新铁路第二双线水硬性混合料滑模摊铺的质量控制难点就是养护,其具体措施如下:在摊铺过程中及时采用土工膜覆盖,切缝后采用补水或滴灌方式进行养护,用土工膜、土工布进行覆盖保水。养护不少于7d,湿度较小或气温较低时延长养护时间,当平均气温低于5℃时,支撑层应用棉被覆盖保温,禁止洒水。

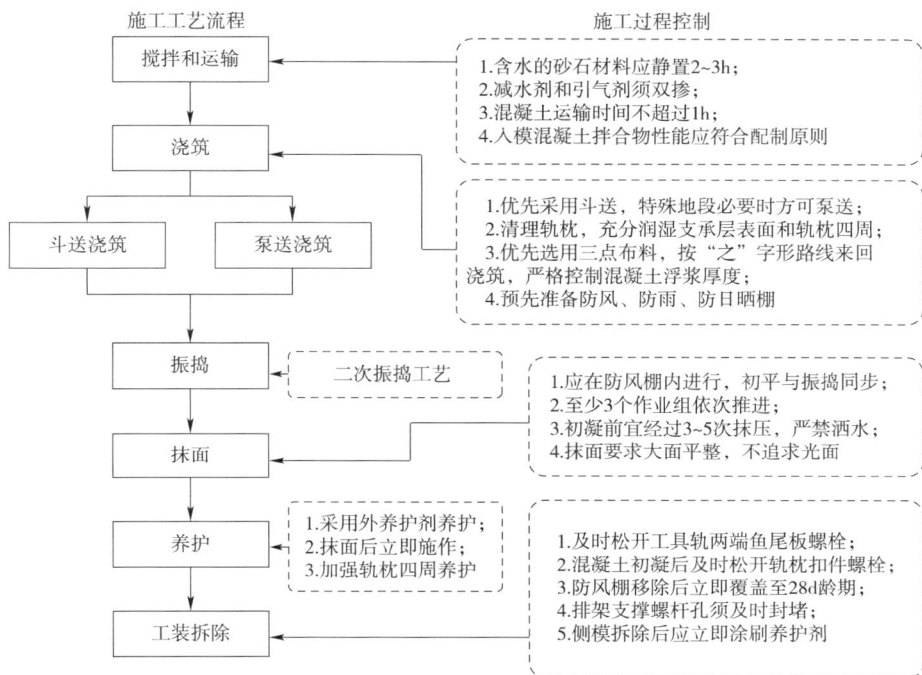

施工工艺流程　　　　　　　　　　　施工过程控制

```
┌──────────┐        ┌─────────────────────────────┐
│ 搅拌和运输 │◄───────┤ 1.含水的砂石材料应静置2~3h;   │
└────┬─────┘        │ 2.减水剂和引气剂须双掺;        │
     │              │ 3.混凝土运输时间不超过1h;      │
     ▼              │ 4.入模混凝土拌合物性能应符合配制原则 │
┌──────────┐        └─────────────────────────────┘
│   浇筑   │◄───────┐
└────┬─────┘        │ ┌─────────────────────────────────┐
  ┌──┴──┐           └─┤ 1.优先采用斗送,特殊地段必要时方可泵送; │
  ▼     ▼             │ 2.清理轨枕,充分润湿支承层表面和轨枕四周; │
┌──────┐ ┌──────┐     │ 3.优先选用三点布料,按"之"字形路线来回 │
│斗送浇筑│ │泵送浇筑│     │ 浇筑,严格控制混凝土浮浆厚度;         │
└──────┘ └──────┘     │ 4.预先准备防风、防雨、防日晒棚        │
     │                └─────────────────────────────────┘
     ▼
┌──────────┐  ┌────────────┐  ┌─────────────────────────────┐
│   振捣   │──┤ 二次振捣工艺 │  │ 1.应在防风棚内进行,初平与振捣同步; │
└────┬─────┘  └────────────┘  │ 2.至少3个作业组依次推进;          │
     │                  ┌─────┤ 3.初凝前宜经过3~5次抹压,严禁洒水; │
     ▼                  │     │ 4.抹面要求大面平整,不追求光面    │
┌──────────┐◄───────────┘     └─────────────────────────────┘
│   抹面   │
└────┬─────┘
     │     ┌────────────────────────┐ ┌──────────────────────────────┐
     ▼     │ 1.采用外养护剂养护;      │ │ 1.及时松开工具轨两端鱼尾板螺栓;  │
┌──────────┐│ 2.抹面后立即施作;        │ │ 2.混凝土初凝后及时松开轨枕扣件螺栓; │
│   养护   │┤ 3.加强轨枕四周养护        │ │ 3.防风棚移除后立即覆盖至28d龄期;  │
└────┬─────┘└────────────────────────┘ │ 4.排架支撑螺杆孔须及时封堵;        │
     │                                  │ 5.侧模拆除后应立即涂刷养护剂       │
     ▼                                  └──────────────────────────────┘
┌──────────┐◄─────────────────────────────────────┘
│ 工装拆除 │
└──────────┘
```

图3-43　兰新二线无砟轨道道床板施工工艺及过程控制

学习检测

一、选择题

1. 以下各项绝对不能用于混凝土施工用水的是(　　　)。

　　A. 纯净水　　　　　　B. 海水　　　　　　C. 井水

2. 道床板混凝土浇筑完成后应及时松开(　　　)。

　　A. 扣件　　　　　　　　　　　B. 螺杆调节器

　　C. 轨距撑杆　　　　　　　　　D. 轨头夹板

3. 道床板混凝土未达到设计强度(　　　)之前,严禁在道床上行车和碰撞轨道部件。

　　A. 50%　　　　　　B. 75%　　　　　　C. 100%

4. 轨排是通过调整(　　　),达到水平或高程的调整。

　　A. 螺杆调节器　　B. 钢轨　　　　　C. 轨枕　　　　　D. 扣件

5. 道床板混凝土浇筑前应将(　　　)遮盖,以免被混凝土污染。

　　A. 扣件　　　　　　B. 轨枕　　　　　C. 钢轨　　　　　D. 扣件、轨枕、钢轨

6. 支撑层的湿润养护时间应持续不小于(　　　)。

　　A. 5天　　　　　　B. 7天　　　　　　C. 10天　　　　　D. 14天

二、简答题

1. 简述双块式预应力混凝土枕的预制过程。

2. 简述 CRTS Ⅰ 型轨道板的预制过程。

3. 简述 CRTS Ⅱ 型轨道板的预制过程。

4. 简述 CRTS Ⅲ 型轨道板的预制施工工艺。

5. 简述轨道板预制中混凝土蒸汽养护的过程。

高速铁路无砟轨道施工

教学引导

世界上第一条穿越高寒季节性冻土地区的高速铁路在哪里？
高速列车和铁路钱是怎样对抗严寒的？

世界上第一条穿越高寒季节性冻土地区的高速铁路是 2012 年 12 月 1 日通车的哈尔滨—大连高速铁路(简称哈大高速铁路)。哈大高速铁路(图 4-1)是我国目前在最北端的严寒地区设计建设标准最高的一条高速铁路,营业里程为 921km,设计时速 350km,经过辽宁、吉林、黑龙江三省。根据最近 30 多年的气象记录,东北三省全年温差达到 80℃,是中国最寒冷、温差最大的地区。高速列车和铁路线是怎样对抗严寒的？

1. 使用专门设计的高寒动车组

高寒条件下行驶的高速列车应该是专门设计的车型,与在温带和热带行驶的高速列车有许多不一样的地方。和谐号 CRH 380BG 型(图 4-2)高寒动车组是针对哈大高速铁路高寒环境专门研发设计的动车组,运行速度达到 300km/h。CRH380BG 型高寒动车组包含两方面的技术创新:一是密封型的开闭结构,自然通风、密封型的设备舱,能保证冬季多雪天气设备舱中不会大量积雪;二是对制动系统、电气系统、给水系统等进行低温适应性优化设计,保证 −40℃ 高寒环境下各部件能够正常运行。火车鸣笛代表许多种含义,按规定,长声为 3s,短声为 1s,音响间隔为 1s。重复鸣示,须间隔 5s 以上。

图 4-1　哈大高速铁路　　　　　图 4-2　CRH380BG 型动车组

2. 高寒铁路线需要配备自动加热的设备

大连到哈尔滨全线最大积雪厚度在17～30cm，恶劣天气下铁路线沿线风吹雪打，积雪融化的时间比较长，道岔也容易被雪掩埋，必须使道岔和基本轨处于无雪状态，道岔才能灵活转换。哈大高速铁路沿线各车站全部设置了道岔融雪装置（图4-3），在车站咽喉区域设置道岔融雪控制棍、隔离变压器、轨道温度传感器、雨雪传感器等设备。道岔融雪装置用专门的电加热方式来消除道岔的积雪，具有远程控制和车站控制这两级控制的终端，既可以自动启动电加热消融冰雪，也可以手动操作电加热。

3. 根据天气变化，采取应急措施和人工干预

如果雪太大，温度极低，为了安全也有应急处置方案。遇严寒天气会向全线各车站、路段及时发布预警，开行轨道除雪车（图4-4）清除积雪。如果雪埋线路情况严重，影响行车安全，不具备时速300km的运行条件，就根据实际情况，采取降低车速的措施。如果轨道被雪严重掩埋，列车就要停运，清除积雪后，在确保安全的情况下再运行。哈大高速铁路行驶并不是全天候的。

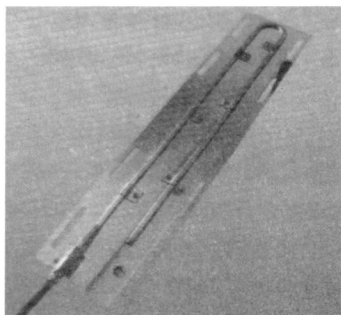

图4-3　道岔融雪装置

图4-4　轨道除雪车

4. 采用有针对性的措施保护铁路设备

高速铁路每隔1km轨道上设置一个黄色的扁盒，它叫作应答器，是列车运行自动控制系统（ATC）的重要设备。它发出所在位置及路况信息，车载列车控制设备接收后就能够对列车运行速度实施控制。哈大高速铁路运行的高速列车，冬天时车体底下会结一层冰壳和许多冰柱，开行过程中常常会落下来，由于惯性，掉下来的冰块的速度也是300km/h，如砸在应答器上，冲击力极大，会把一些应答器砸坏，使车载列车控制设备接收不到所在位置及路况信息，就可能使得哈大高速铁路发生停运事故。为了解决这一问题，科研人员经过多次冲击试验，设计出一种有效的抗冲击装置，安装在应答器前方，保护应答器不受伤害。

5. 保证零故障，始发运行48h检修一次

生产厂商在哈尔滨西、长春西、沈阳北、大连建立了售后服务站点。售后服务人员记下车辆每次运行的发车起始时间、发车区间、行驶公里数、每天发生的故障及处理情况等，为车辆做专属"健康档案"。当高寒动车组运行一天回到"高铁之家"后，技术人员要对车辆各个部件进行全面"体检"。每天凌晨，售后人员会在动车组出库前对车辆进行一次快速"体检"，进行性能测验、数据监控和试验,确保车辆各系统工作状态良好。当车辆运行48h或4000km时就将进行一级检修,运行2万km进行二级检修,保证"零故障出库、零故障始发"。

学习目标

知识目标

1. 了解高速铁路板式无砟轨道的特点。
2. 了解高速铁路双块式无砟轨道的特点。
3. 掌握CRTSⅠ型轨道、CRTSⅡ型轨道、CRTSⅢ型轨道的施工流程。

能力目标

1. 能够完成CRTSⅠ型轨道、CRTSⅡ型轨道、CRTSⅢ型轨道施工。
2. 能够完成双块式无砟轨道结构的施工。

素质目标

1. 树立劳动光荣、劳动伟大、劳动平等的观念和热爱劳动人民的情感。
2. 树立正确的就业与择业观念。
3. 培养学生诚实守信的品质。
4. 树立生态文明观念,养成勤俭节约的习惯。

任务一　高速铁路认知

一、高速铁路的定义及特点

1. 定义

高速铁路，简称高铁，在不同国家、不同时代有不同规定。中国国家铁路局将高速铁路定义为：新建设计开行速度 250km/h（含预留）及以上动车组列车、初期运营速度不小于200km/h 的客运专线铁路。

欧洲早期组织即国际铁路联盟，1962 年将旧线改造时速达 200km、新建时速达 250 ~ 300km 的铁路定为高速铁路；1985 年日内瓦协议做出新规定：新建客货共线型高速铁路时速为 250km 以上，新建客运专线型高速铁路时速为 350km 以上。

中国铁路按速度分为高速铁路（250 ~ 380km/h）、快速铁路（160 ~ 250km/h）、普速铁路（80 ~ 160km/h）三级。中国高速铁路全部采用高铁级，快速铁路则以中高标准的国铁Ⅰ级为主，低标准的高铁级为辅。高铁级和国铁Ⅰ级分别位于我国铁路等级（技术等级）中的第一、第二位。其中高铁级主要用于东部铁路客运干线和特大城市群城际铁路；国铁Ⅰ级主要用于东部铁路客货干线。

2. 特点

①高速铁路非常平顺，以保证行车安全和舒适性，高速铁路都是无缝钢轨，而且时速300km 以上的高速铁路采用的是无砟轨道，即没有石子的整体式道床以保证平顺性。

②高速铁路的弯道少，弯道半径大，道岔都是可动心高速道岔。

③大量采用高架桥梁和隧道，以保证平顺性和缩短距离。

④高速铁路的接触网，即火车顶上的电线的悬挂方式也与普通铁路不同，可保证高速动车组的接触稳定和耐久性。

⑤高速铁路的信号控制系统比普通铁路精准度要求更高，因为发车密度大、车速快，安全性一定要高。

中国高速铁路一般采用无砟轨道，也有少部分采用有砟轨道。中国高铁线路统一运营设计速度达 200km/h 以上的电力动车组列车，车次分"G、D、C"三种字母开头，车辆分 CRH和 CR 两种系列车型。

二、世界高速铁路发展历史

20 世纪初期，当时火车时速超过 200km 者寥寥无几。直到 1964 年日本的新干线系统开通，成为第一个实现时速高于 200km 的高速铁路系统。

1959 年 4 月 5 日,世界第一条真正意义上的高速铁路东海道新干线在日本破土动工,经过 5 年建设,于 1964 年 3 月全线完成铺轨,同年 7 月竣工,1964 年 10 月 1 日正式通车。东海道新干线从东京起始,途经名古屋、京都等地终至(新)大阪,全长 515.4km,运营速度高达 210km/h,它的建成通车标志着世界高速铁路新纪元的到来。随后法国、意大利、德国纷纷修建高速铁路。继东海道新干线之后,日本又修建了山阳、东北和上越新干线;法国修建了东南线、大西洋线;意大利修建了罗马—佛罗伦萨线。以日本为首的第一代高速铁路的建成,大力推动了沿线地区经济的均衡发展,促进了房地产、工业机械、钢铁等相关产业的发展,降低了交通运输对环境的影响程度,铁路市场份额大幅回升,企业经济效益明显好转。

法国、德国、意大利、西班牙、比利时、荷兰、瑞典、英国等欧洲大部分发达国家,大规模修建该国或跨国界高速铁路,逐步形成了欧洲高速铁路网络。这次高速铁路的建设高潮,不仅是铁路提高内部企业效益的需要,更多的是国家能源、环境、交通政策的需要。

在世界范围内掀起建设高速铁路的热潮,主要体现在:一是修建高速铁路得到各国政府的大力支持,一般都有全国性的整体修建规划,并按照规划逐步实施;二是修建高速铁路的企业经济效益和社会效益,得到更广层面的共识,特别是修建高速铁路在节约能源、减少土地使用面积、减少环境污染、提高交通安全性等方面的社会效益显著,能够促进沿线地区经济发展、加快产业结构调整等。

适合修建高速铁路其实只有两条基本原则:一是,人口稠密和城市密集,而且生活水准较高,能够承受高速铁路的高票价和多点停靠;二是,较高的社会经济和科技基础,能够保证高速铁路的施工、运行与维修需要。

就这两点而言,以巴黎和柏林为核心的欧洲大陆和日本密集的城市带是最适合修建高速铁路的。因此,世界最先进的高速铁路技术诞生在德国、法国、日本这三个国家就非常合乎逻辑了。

以日本的高速铁路新干线为例,当时的东京至新大阪"东海道"新干线仅用 8 年时间就收回全部投资。近 40 年来,新干线技术不断进步,已经构成日本国内铁路网的主干部分。虽然新干线的速度优势不久之后就被法国的高速铁路系统(TGV)超过,但是日本新干线拥有目前最为成熟的高速铁路商业运行经验——近 40 年没有出过任何事故,而且新干线修建之后对于日本经济的拉动也是引起世界高速铁路建设狂潮的原因之一。

TGV 是法语高速铁路(Train à Grande Vitesse)的简称。法国第一条 TGV 是 1981 年开通的巴黎至里昂线。此后不过几个月,TGV 就打败法国航空,拥有了这条线路的最大客源。1972 年的试验运行中,TGV 时速达 318km。从此 TGV 一直牢牢占据高速铁路的速度桂冠,2007 年创下 574.8km/h 的速度纪录。另外,法国境内的加来至马赛 TGV 的平均时速超过 300km,表现也非常稳定。法国 TGV 的最大优势在于传统铁路领域的技术领先。1996 年,欧盟各国的国有铁路公司经联合协商后确定采用法国技术作为全欧高速铁路的技术标准。因此 TGV 技术被出口至韩国、西班牙和澳大利亚等国,是运用最广泛的高速铁路技术。

德国的 ICE(Intercity Express)则是目前高速铁路中起步较晚的项目。ICE 的研究开始于 1979 年,其内部制造原理和制式与法国 TGV 有很大相似之处,目前的最高时速是在 1988 年创下的 409km。ICE 起步较晚和进展比较落后的一个重要原因是德国人在高速铁路和磁悬浮的双线发展。由于磁悬浮在设计理念上的先天优势（没有固态摩擦），德国的常导高速磁悬浮一直是其铁路方面的科研重点。磁悬浮的设计理念与传统意义上的高速铁路完全不同，因此当法国的 TGV 顺利投入运行，而且速度不亚于当时的磁悬浮时，德国人才开始在高速铁路方面奋起直追，但是至今仍与法国 TGV 技术有不小的差距。

在认识到建造高速铁路的优势后，美国也大力投入，不仅保留了原计划拆除的东北走廊电气化设施，而且在引进 TGV 技术的基础上，研制了具有美国特色的阿西乐特快高速列车（Acela）。该列车连接了波士顿、纽约、费城、华盛顿，是美国唯一一条高速铁路。

1971 年，最早的 TR1 型磁悬浮问世之后，至今已经有 8 个型号。上海磁悬浮采用的就是最新的 TR8 型。

日本磁悬浮研究成功是在新干线正式运行 10 年之后的 1972 年，而且研究方向是与德国完全不同的超导方式。目前日本磁悬浮已经在试验中取得最高试验速度。但是其噪声和晃动都大于德国磁悬浮。日本方面也以此技术尚未完全成熟为由，拒绝向中国提供磁悬浮技术。

高速铁路和磁悬浮虽然在设计方法上有天壤之别，却有一点是共通的，那就是关注于改变列车和轨道的接触状况，以提高速度。与目前最高时速的高速铁路 TGV 相比，磁悬浮的纯速度领先还并不明显，但它有明显的速度潜力和低能耗、低噪声等优势。与此大相径庭的关注于改进机车牵引系统的摆式列车，很有可能是此后地面交通工具提高速度的另一个有益尝试。

德国、意大利和瑞典是最早进行摆式列车试验的国家，1997 年以来摆式列车因为价格便宜和制造工艺相对简单，尤其是能够充分利用现有线路，不必铺设全新的铁路网络，而逐渐能够在高速列车的竞争上与高速铁路和磁悬浮分庭抗礼。

从国际发展趋势来看，摆式列车很有可能是一种在大规模成熟铁路网基础上完成提速，而且是性价比比较高的高速铁路技术。

三、中国高速铁路发展历史

中国铁路的发展，镌刻着中华民族从积贫积弱走向繁荣富强的深刻烙印，是一部不畏艰难、自力更生、创新超越的奋斗史诗，更是国家综合实力显著提升的生动见证。

中国最早的铁路多由外国列强修建并控制，成为其经济掠夺和军事侵略的工具。铁路主权的丧失，是国家羸弱、民族苦难的缩影。

面对困境，以詹天佑为代表的中国工程师展现了非凡的智慧与勇气。1905—1909 年，中国自主设计修建京张铁路。在险峻的关沟段创造性地运用"人"字形线路，在崇山峻岭间凿出首条完全自主设计的铁路。青龙桥车站至今矗立的詹天佑铜像，见证着中国人用智慧打破技术封锁的初代硬实力。

在战乱年代，铁路成为兵家必争之地，屡遭破坏。铁路工人在极端困难的条件下，以坚韧不拔的毅力抢修线路、运输物资，保障抗战和国家解放事业的需要。这一时期，铁路建设举步维艰，全国铁路网支离破碎。

中华人民共和国成立之初，铁路设备陈旧，技术落后，运能严重不足，无数铁路建设者以

"逢山开路,遇水架桥"的大无畏精神,战天斗地。在极其艰苦的条件下,依靠简陋工具和人力,克服重重地理障碍(如秦岭、成昆线的复杂地质),修复和新建了大量干线铁路(如成渝、宝成、兰新铁路等)。

1958—1970 年,在"地质禁区"中修建的成昆铁路,全长 1096km,每 1.7km 就有一座桥梁,每 2.5km 便有一条隧道。建设者在万丈悬崖打眼放炮,用十字镐对抗玄武岩。金沙江畔"龙骨甸烈士桥墩"内浇筑着年轻战士的英气,建设者们以"为有牺牲多壮志,敢教日月换新天"的气概,在"地质博物馆"般的艰险环境中,用汗水打通了西南大动脉,铸就了"成昆精神",是不畏艰险、无私奉献、科学求实、开拓创新的集中体现。这一时期,中国铁路网骨架初步形成,独立自主的工业体系和铁路技术体系开始建立。

改革开放的春风为中国铁路建设注入了新的活力。中国铁路开始学习引进国外先进技术和管理经验,同时立足自主创新。面对经济快速发展带来的巨大运输需求,中国铁路实施了大提速战略。通过技术改造、线路升级、管理优化,不断提升既有线的运输效率和安全性,有效打破了制约经济发展的"瓶颈",展现了强大的组织动员和攻坚克难能力。通过引进消化吸收再创新,在机车车辆、通信信号、线路工程等领域积累了宝贵经验,为后续的跨越式发展奠定了坚实的技术基础。

面对新时代要求,中国作出了发展高速铁路的重大战略决策。中国铁路人迎难而上,集智攻关,突破了高速列车核心技术(如牵引传动、网络控制、制动系统)、复杂地质条件下高速铁路建造技术(如无砟轨道、长大桥梁隧道)、高速列车运行控制技术(CTCS)等一系列世界级难题。"和谐号""复兴号"动车组的诞生与迭代,标志着中国高速铁路技术实现了从追赶者到领跑者的历史性跨越。青藏铁路克服了高寒缺氧、冻土广布、生态脆弱等世界级难题,其建成通车是挑战极限、勇创一流精神的完美诠释,被誉为"天路"。

中国建成了世界上规模最大、运营里程最长(超过 4 万公里)、速度最快、场景最复杂的高速铁路网。"四纵四横"升级为"八纵八横",深刻改变了中国的时空格局和经济社会发展面貌。中国高铁已成为彰显国家综合实力和科技竞争力的闪亮名片。其安全性、可靠性、舒适性、性价比得到世界广泛认可,成为中国标准"走出去"的代表作。

自 2003 年至今,我国高速铁路建设里程碑工程如表 4-1 所示。

我国高速铁路建设里程碑工程 表 4-1

里程碑工程	突破性成就	精神象征
青藏铁路(2006)	攻克 550km 冻土带、海拔 5072m 世界之最	挑战极限,生命禁区架天路
京沪高铁(2011)	1318km 6 年贯通,年输送旅客 2 亿人次	举国之力铸就黄金走廊
复兴号(2017)	国产化率 90%,时速 350km,世界商业运营速度最快	技术自主,标准输出
雅万高铁(2023)	东南亚首条高铁,全系统中国标准	"一带一路"的钢铁名片

四、我国高速铁路规划

CRH(China Railway High-speed)意为"中国高速铁路"(简称中国高铁)。目前,中国高铁机车主要有四种型号：CRH1、CRH2、CRH3 和 CRH5。其中，CRH1、CRH2、CRH5 的设计时速在 200km 以上，而 CRH3 的设计时速在 300km 以上。

CRH1 是由青岛四方—庞巴迪—鲍尔铁路运输设备有限公司（简称 BSP 公司）生产，四方机车占 BSP 公司的股权比例为 50%。

CRH2 是南车四方机车车辆公司引进日本川崎重工的技术，消化吸收再创新生产的，以日本新干线列车为原型，时速 200km 以上。

为满足快速增长的客运需求，优化拓展区域发展空间，在"四纵四横"高速铁路的基础上，增加客流支撑、标准适宜、发展需要的高速铁路，部分利用时速 200km 铁路，形成以"八纵八横"主通道为骨架、区域连接线衔接、城际铁路补充的高速铁路网，实现省会城市高速铁路通达、区际之间高效便捷相连。

因地制宜、科学确定高速铁路建设标准。高速铁路主通道规划新增项目原则采用时速 250km 及以上标准（地形地质及气候条件复杂困难地区可以适当降低），其中沿线人口城镇稠密、经济比较发达、贯通特大城市的铁路可采用时速 350km 标准。区域铁路连接线原则采用时速 250km 及以下标准。城际铁路原则采用时速 200km 及以下标准。

1. 八纵

①沿海通道。大连（丹东）—秦皇岛—天津—东营—潍坊—青岛（烟台）—连云港—盐城—南通—上海—宁波—福州—厦门—深圳—湛江—北海（防城港）高速铁路（其中青岛至盐城段利用青连、连盐铁路，南通至上海段利用沪通铁路），连接东部沿海地区，贯通京津冀、辽中南、山东半岛、东陇海、长三角、海峡西岸、珠三角、北部湾等城市群。

②京沪通道。北京—天津—济南—南京—上海（杭州）高速铁路，包括南京—杭州、蚌埠—合肥—杭州高速铁路，同时通过北京—天津—东营—潍坊—临沂—淮安—扬州—南通—上海高速铁路，连接华北、华东地区，贯通京津冀、长三角等城市群。

③京港（台）通道。北京—衡水—菏泽—商丘—阜阳—合肥（黄冈）—九江—南昌—赣州—深圳—香港（九龙）高速铁路；另一支线为合肥—福州—台北高速铁路，包括南昌—福州（莆田）铁路。连接华北、华中、华东、华南地区，贯通京津冀、长江中游、海峡西岸、珠三角等城市群。

④京哈—京港澳通道。哈尔滨—长春—沈阳—北京—石家庄—郑州—武汉—长沙—广州—深圳—香港高速铁路，包括广州—珠海—澳门高速铁路。连接东北、华北、华中、华南、港澳地区，贯通哈长、辽中南、京津冀、中原、长江中游、珠三角等城市群。

⑤呼南通道。呼和浩特—大同—太原—郑州—襄阳—常德—益阳—邵阳—永州—桂林—南宁高速铁路。连接华北、中原、华中、华南地区，贯通呼包鄂榆、山西中部、中原、长江中游、北部湾等城市群。

⑥京昆通道。北京—石家庄—太原—西安—成都（重庆）—昆明高速铁路，包括北京—张家口—大同—太原高速铁路。连接华北、西北、西南地区，贯通京津冀、太原、关中平原、成渝、滇中等城市群。

⑦包（银）海通道。包头—延安—西安—重庆—贵阳—南宁—湛江—海口（三亚）高速铁路，包括银川—西安以及海南环岛高速铁路。连接西北、西南、华南地区，贯通呼包鄂、宁

夏沿黄、关中平原、成渝、黔中、北部湾等城市群。

⑧兰(西)广通道。兰州(西宁)—成都(重庆)—贵阳—广州高速铁路。连接西北、西南、华南地区,贯通兰西、成渝、黔中、珠三角等城市群。

2.八横

①绥满通道。绥芬河—牡丹江—哈尔滨—齐齐哈尔—海拉尔—满洲里高速铁路。连接黑龙江及蒙东地区。

②京兰通道。北京—呼和浩特—银川—兰州高速铁路。连接华北、西北地区,贯通京津冀、呼包鄂、宁夏沿黄、兰西等城市群。

③青银通道。青岛—济南—石家庄—太原—银川高速铁路(其中绥德至银川段利用太中银铁路)。连接华东、华北、西北地区,贯通山东半岛、京津冀、太原、宁夏沿黄等城市群。

④陆桥通道。连云港—徐州—郑州—西安—兰州—西宁—乌鲁木齐高速铁路。连接华东、华中、西北地区,贯通东陇海、中原、关中平原、兰西、天山北坡等城市群。

⑤沿江通道。上海—南京—合肥—武汉—重庆—成都高速铁路,包括南京—安庆—九江—武汉—宜昌—重庆、万州—达州—遂宁—成都高速铁路(其中成都至遂宁段利用达成铁路),连接华东、华中、西南地区,贯通长三角、长江中游、成渝等城市群。

⑥沪昆通道。上海—杭州—南昌—长沙—贵阳—昆明高速铁路。连接华东、华中、西南地区,贯通长三角、长江中游、黔中、滇中等城市群。

⑦厦渝通道。厦门—龙岩—赣州—长沙—常德—张家界—黔江—重庆高速铁路(其中厦门至赣州段利用龙厦铁路、赣龙铁路,常德至黔江段利用黔张常铁路)。连接海峡西岸、中南、西南地区,贯通海峡西岸、长江中游、成渝等城市群。

⑧广昆通道。广州—南宁—昆明高速铁路。连接华南、西南地区,贯通珠三角、北部湾、滇中等城市群。

任务二　CRTSⅠ型板式无砟轨道施工

一、概述

1.底座及凸形挡台

底座板是CRTSⅠ型板式无砟轨道的支承基础,通过底座板可以进行轨道超高设置。在桥上,底座板与梁体通过预埋在桥梁固定支座上方设置的剪力齿槽和预埋螺纹钢筋实现连接。

施工前应根据线路平、纵断面资料以及板式轨道铺设范围,确定凸形挡台位置、底座高程,应注意消除和调整因线路纵坡及平面曲线引起的误差,必要

轨道检测设备
操作——轨距尺

时可通过微调板缝宽度进行调整。

凸形挡台上安装调板基准器，作为调板的基准，与三角规配合使用，进行轨道板的调整。

基准器采用微调式装置，通过固定装置定位螺栓固定在凸形挡台凹槽内。对基准器进行精调时，根据测量数据由横向及竖向两个方向调整基准器芯棒，达到基准器（图4-5）点位连线与轨道板中心线重合且点位与钢轨顶面高差一致的要求。

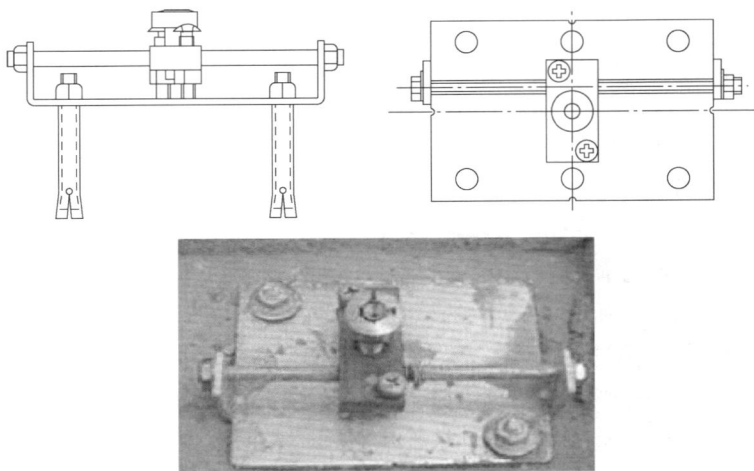

图4-5　基准器

2. 精确定位关键设备

CRTS Ⅰ 型轨道板精确定位的关键设备为基准器、三角规。三角规在日本"新干线"单元板无砟轨道施工过程中得到了大量的应用，具有结构简单、使用方便等特点，我国在武广综合试验段 CRTS Ⅰ 板的铺设中也有应用。经研究，对其进行改进，在保证原有三角规功能的基础上，研制出更适应我国 CRTS Ⅰ 型轨道板精调的三角规。改进后的设备增加了倾斜传感器，取代原有的水准气泡，使对于轨道板在曲线地段的调整更为精确与便捷。

但中国铁路总公司工程管理中心认为三角规技术落后，调板为定性调整，且与 CPⅢ 不相配。因此推荐 CRTS Ⅰ 型轨道板使用速调标架调板，如图4-6所示。

图4-6　CRTS Ⅰ 型轨道板速调标架

轨道板精调应以基准器精调数据为基准，并使用三角规控制轨道板扣件安装中心线，采用专用油压千斤顶、支撑螺栓、螺纹丝杆顶托等，调整轨道板的高低、方向，实现轨道板横向及竖向的调整。精调示意如图 4-7 所示。

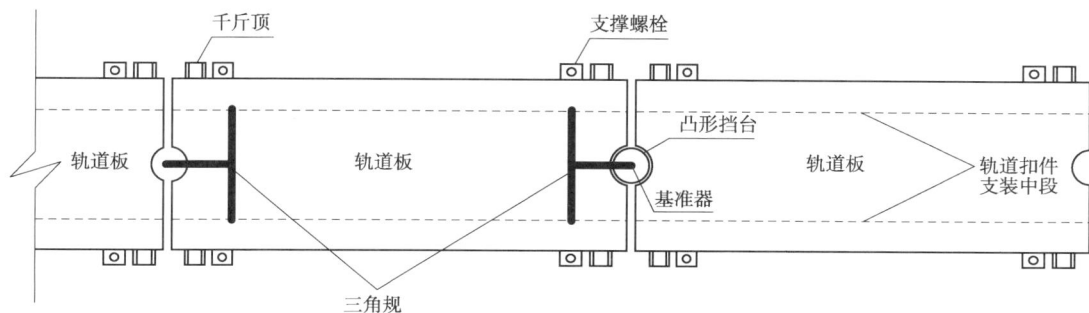

图 4-7 精调示意图

3. 水泥沥青砂浆搅拌设备

为满足 CRTS Ⅰ 型板式无砟轨道施工,在 CRTS Ⅱ 型板式无砟轨道高弹性模量砂浆车的基础上,研发出符合 CRTS Ⅰ 型板式无砟轨道 SY9300TSJ500 低弹性模量砂浆车,如图 4-8 所示。

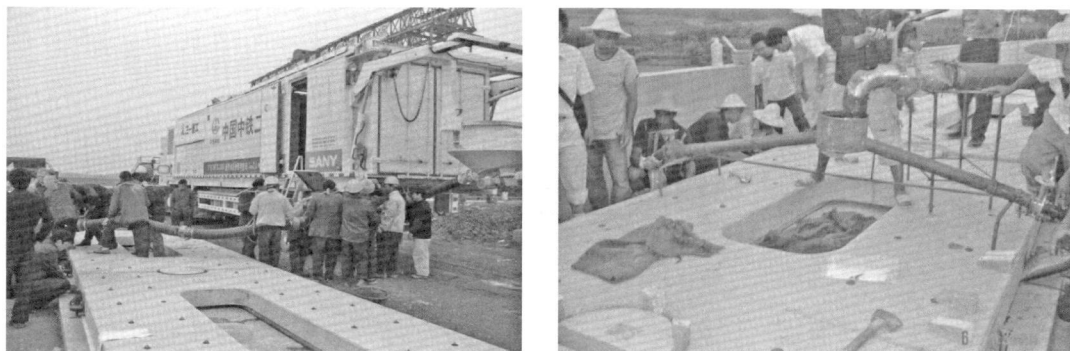

图 4-8 SY9300TSJ500 低弹性模量砂浆车

砂浆车要求满足中国新型低弹性模量水泥沥青砂浆搅拌和高弹性模量水泥沥青砂浆搅拌的要求,能够适应现场施工的恶劣环境,机动灵活、满足公路运输条件,适应多工点同时施工的工况。

4. 关键设备

所用设备主要有运板车及铺板门式起重机、轨道板调板用三角规及基准器(或速调标架)、低弹性模量水泥沥青砂浆车及灌注装置、铺轨机、轨检小车等。

二、工艺原理

轨道板铺设毫米级的精度要求如何保证?CP Ⅲ 建网、测设精度均可满足精度要求,因此精度要求的保证关键在于轨道板精调过程、CA 砂浆灌注前后的精度保持,CA 砂浆的生产和灌注质量。轨道板精调采用高精度双向千斤顶,直线段采用专用防上浮工装,曲线段内侧采

用防侧滑防上浮集成的专用工装和外侧采用防上浮工装,保证砂浆灌注前后的精度,防止
CA 砂浆灌注施工过程中产生位移和上浮。CA 砂浆拌制采用专用砂浆车,转运斗运输砂浆,
灌注采用特制灌注斗施工。

三、工艺流程及操作要点

1. 工艺流程

CRTS I 型轨道施工流程如图 4-9 所示。

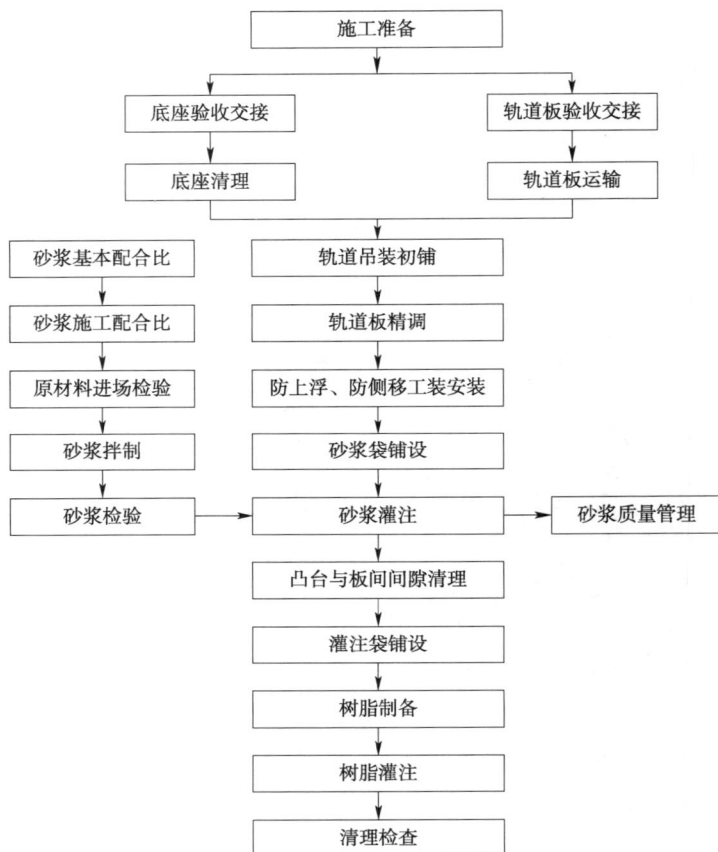

图 4-9　CRTS I 型板式无砟轨道施工流程

2. 操作过程及施工要点

（1）底座混凝土验收

①当路基和桥上底座板混凝土施工完成,且达到交验条件时,由相关单位组织底座板施
工单位与铺板单位进行底座板验收交接工作,对底座板外观尺寸及相应资料进行复核。

②底座混凝土应表面平整、颜色均匀,没有露筋、蜂窝、孔洞、疏松、麻面和缺棱、掉角等
缺陷。

③底座外形尺寸允许偏差如表 4-2 所示。

底座外形尺寸允许偏差 表 4-2

序号	项目	允许偏差	序号	项目	允许偏差
1	顶面高程	+3mm, -10mm	3	中线位置	3mm
2	宽度	±10mm	4	平整度	10mm/3m

(2)凸形挡台外形尺寸允许偏差(表 4-3)

凸形挡台外形尺寸允许偏差 表 4-3

序号	项目	允许偏差(mm)	序号	项目	允许偏差(mm)
1	圆形挡台的直径	±3	3	中线位置	3
2	半圆形挡台的直径	±2			

(3)轨道板外观质量要求(表 4-4)

轨道板外观质量要求 表 4-4

序号	检查项目	允许偏差(mm)
1	肉眼可见裂纹(预应力轨道板)	不允许
2	承轨部位表面缺陷(气孔、黏皮、麻面等)	长度≤20、深度≤5
3	锚穴部位表面缺陷(裂纹、脱层、起壳等)	不允许
4	其他部位表面缺陷(气孔、黏皮、麻面等)	长度≤80、深度≤8
5	轨道板四周棱角破损和掉角	长度≤50
6	预埋套管内混凝土淤块	不允许
7	轨道板侧面露筋	不允许

(4)轨道板交接质量检验及存放

①轨道板制造厂应对每块轨道板编号,并提供"轨道板制造技术证明书",进场时应对照设计图纸复核轨道板型号。

②轨道板交接时应检查轨道板外观质量、外形尺寸,其外形尺寸允许偏差见表 4-5。

轨道板外形尺寸允许偏差 表 4-5

序号	项目	允许偏差(mm)
1	长度	±3
2	宽度	±3
3	厚度	+3,0
4	两侧螺栓孔的中心间距	±1
5	单侧螺栓孔的中心间距	±1
6	半圆缺口部位的直径	±3

序号	项目		允许偏差（mm）
7	平整度	四角承轨台水平	±1
		中央翘曲量	≤3
8	预埋套筒	位置	±1
		垂直度	≤1°

（5）轨道板吊装及运输

①轨道运输，施工前应对行驶路线进行调查，确保最不利的限界可以满足运输需要，并尽量选择较平顺的道路。

②起重机吊装轨道板之前应检查吊具和吊绳是否有损伤，装载要对称。每层板之间采用方木在起吊螺母处支垫，装载高度不得超过 4 层，板间支垫的木方规格为 50mm × 100mm × 2400mm，每层间支垫方木不得少于两根。轨道板应适当固定，防止运输过程中错位。

③运输前应确认装车平稳，捆绑牢固，严禁三点支撑。

④轨道板装卸时应利用轨道板上的起吊装置水平吊起，使四角的起吊螺母均匀受力，严禁碰、撞、摔。

（6）底座清理

轨道板铺设前应人工清理底座混凝土表面，清除灰尘、杂物、积水以及松散的石子等，防止尖锐物品刺破注入袋中。

（7）轨道板的粗铺

①铺设轨道板前，应复测底座、凸形挡台高程，并将底座表面清理干净，保证无残渣、积水等，符合要求后方可进行铺设。

②轨道板吊装铺设宜采用跨双线门式起重机及专用吊具，也可选择汽车起重机。

③吊装前应仔细检查轨道板及起吊设备的状态，合格后方可进行吊装。

④轨道板起吊并移至铺板位置后，施工人员扶稳轨道板，缓慢将轨道板落在预先放置的支撑垫木上（支撑垫木规格为 50mm × 100mm × 300mm）。

⑤落板时应防止轨道板撞击凸形挡台，并保证轨道板中心线与两凸台中心连线基本吻合，且与两个凸形挡台的间距在 30 ~ 50mm，并使轨道板距两端凸形挡台的距离差小于 5mm。

⑥轨道板粗铺时，应使接地端子的方向与综合接地的设计方向一致，桥梁两端桥台上的轨道板必须按设计的大小头来铺设，不得颠倒位置。

（8）轨道板精调

①将全站仪架设在线路中线附近，后视前后 6 个 CPⅢ点，进行自由设站。换站过程，保证有 4 个 CPⅢ点与上一测站重合，自由设站精度为 1mm，保证站与站的平顺过渡。

②在设站完毕之后，通过数据传输电台控制全站仪的操作，可对轨道板上相应的棱镜进行测量，通过实测测量结果与理论数据的比较，计算偏差值。

③每次设站测量 6 块板，调整 5 块板，搭接 1 块板，以消除错台误差。调板机具上的操

作人员,可以通过显示器看到待调的轨道板的偏差,进而进行调整。调整完成之后,使用全站仪进行复测,直到轨道板达到要求:板内相对误差高程1mm、横向2mm的精度;板间误差高程1mm、横向1mm的精度。

④轨道板精调完成后,应在轨道板四角安装防上浮和防侧滑装置,装置距板端应小于600mm。

⑤已完成精调定位的轨道板,应采用防护措施,严禁踩踏和撞击,并尽早灌注水泥沥青砂浆。

(9)防上浮、防侧移工装安装。

防上浮、防侧移工装安装如图4-10所示。

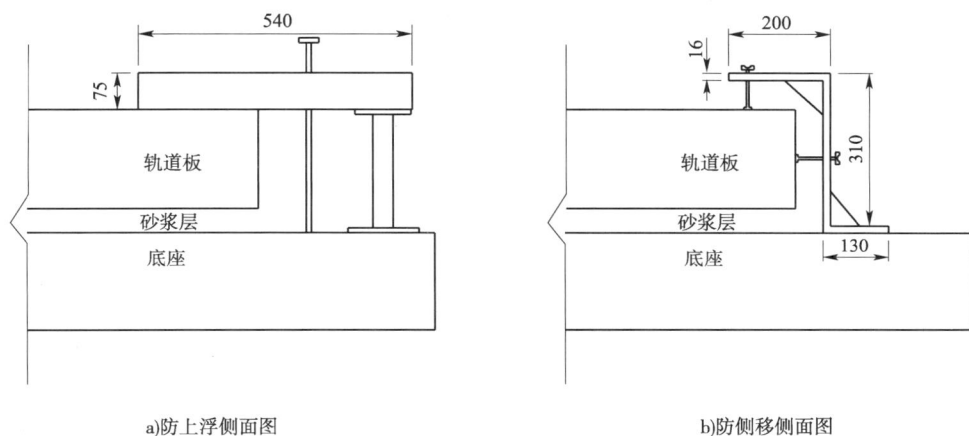

a)防上浮侧面图　　　　　　　　　　　b)防侧移侧面图

图4-10　防上浮、防侧移工装安装示意图(尺寸单位:mm)

(10)CA砂浆灌注袋的铺设

①对灌注袋应进行材料进场检验,按照规定质量检验批次、取样数量进行强度试验,并检查产品质量证明文件。目视检查灌注袋是否完好无损伤,检查合格后方可进行正式铺设,防止在运输过程中产生不合格品用于施工。

②使用CA砂浆灌注袋前,应按照单元板式无砟轨道结构设计文件和配板图,确定铺板类型、CA砂浆灌注厚度,选择对应尺寸灌注袋,并尺量检查。

③将灌注袋展开,灌注口朝向轨道板外侧,牵引拉伸灌注袋,使其进入轨道板和底座混凝土之间。将灌注袋拉伸平展,四边、对角应对称,距离轨道板最外侧距离相同,定位后不允许再移动。采用木楔法进行固定,灌注。

(11)CA砂浆拌制

①砂浆原材料进场应按相关规定检验合格后方可使用。

②无砟轨道施工前,应建立具有相应资质的试验室,实验室根据水泥乳化沥青砂浆原材料特性、气候条件、施工组织及工艺要求等影响因素,反复进行配合比试验,直至砂浆性能指标满足技术条件要求,确定砂浆基本配合比。

③在进行水泥乳化沥青砂浆灌注前,还应在基本配合比的基础上,根据砂浆拌制设备性能、现场施工气温条件、原材料含水率等指标,进行配合比放大试验,对基本配合比进行修

正,确定施工配合比。加入材料的顺序为:乳化沥青→P 乳液→水→消泡剂→干料(水泥→砂→铝粉→膨胀剂)→引气剂。搅拌完毕后应及时转入中转仓。CA 砂浆现场配制时,应根据原材料及环境温度进行现场试验,确定适宜的搅拌速度与时间。CA 砂浆配制与施工的环境温度范围为 5 ~ 35℃,施工自身温度为 5 ~ 40℃。

(12)砂浆质量管理

①充填层厚度:40 ~ 100mm,最佳值为 40 ~ 60mm。

②充填饱满度:灌注袋 U 形边切线与轨道板平齐,误差不超过 ±10mm。

③轨道板边缘与填充层间隙最大深度不超过 50mm。

④尽量避免在雨天灌注,施工过程中若遇降雨,应采取遮雨措施。

⑤每块轨道板下面的砂浆应一次灌注完成,在曲线地段由低向高的方向进行砂浆灌注。

⑥施工环境温度应在 5 ~ 35℃,砂浆自身温度应在 5 ~ 40℃。当天最低气温低于 - 5℃时,全天不得进行砂浆灌注。

⑦一般环境温度下 CA 砂浆采用自然养护,当日最低气温低于 0℃时,应采取相应保温措施覆盖养护。当 CA 砂浆强度达到 0.1MPa(约 24h)时,会发生收缩现象,为适应这种情形和防止轨道板与砂浆填充层之间产生间隙,必须拆除支撑螺栓,使轨道板与砂浆充分受力接触。CA 砂浆抗压强度至少达到 0.7MPa(约 7d)后,方可使轨道板承重。使用轨道板支撑螺栓前,必须涂润滑油,以便其在 CA 砂浆硬化后取出。轨道板支撑螺栓必须逆时针方向拧出,严禁顺时针方向操作,防止轨道板顶起。

⑧灌注口的密封。待砂浆凝固后,用刀具切断灌注口,并用小型燃烧器将保护薄膜(封补灌注袋的苫布)及金属刮刀全面加温后粘贴。粘贴封补灌注袋的苫布时,为了避免产生空隙,要对其进行加热,并用金属刮刀涂抹,使灌注袋和砂浆融为一体。

(13)凸形挡台与轨道板间间隙清理

①清理凸形挡台的灌注部位,露出混凝土底座,将灌注部位的垃圾、尘土、浮浆、水等异物清扫干净。

②灌注前测量凸形挡台与轨道板之间的间隔缝,该缝不得小于 30mm,否则进行处理。

③选择相应型号的灌注袋,将泡沫聚乙烯塞入灌注袋底部衬孔,将灌注袋塞入凸形挡台填充部位,并将灌注袋底部的泡沫压实。

④在轨道板半圆形缺口侧面和凸形挡台侧面满涂黏合剂。

⑤用手拉紧灌注袋两边的侧面,使其完全展开铺平至结合部位,将灌注袋的两侧面分别与轨道板和凸形挡台的混凝土黏结、压实,避免灌注袋出现褶皱。

⑥擦去灌注区内的水分、油类物质,保证施工面干燥、清洁,并对轨道板端采取防污染防护。

(14)树脂制备

采用开罐器将 A 组分的桶盖去掉,上下、左右充分搅拌,将桶底的沉淀物全部搅起,尤其注意桶底边角的沉淀。将 A 组分和 B 组分按照配比要求倒入搅拌桶内,采用专用搅拌设备上下、左右充分搅拌。搅拌过程中要尽量避免空气混入液体内。将搅拌好的混合液分装到灌注容器内,由灌注容器进行灌注施工。

（15）树脂灌注

①安装模板，铺设轨道板前，在凸形挡台周围与轨道板下面之间设置树脂防泄漏的发泡聚乙烯、海绵材料、发泡聚乙烯（侧面用）凸形挡台树脂填充层。在侧面用发泡聚乙烯模板上粘贴脱模纸带，使树脂固化后不至于粘贴在模板上。

②树脂灌注应符合表4-6的要求。

树脂灌注要求   表4-6

序号	检查项目	质量要求
1	灌注高度	低于轨道板顶面5~10mm
2	轨道板与凸形挡台间距	不小于30mm，且不大于50mm

③搅拌后的树脂材料必须在混合后20min内注入。一个凸形挡台周围填充树脂必须一次性灌注完成。

④采用人工或平板车的形式，将灌注容器移至灌注地点，向灌注袋内灌注树脂。

⑤树脂材料注入过程中，为使凸形挡台及周围轨道板不受树脂污染，应采用塑料苫布覆盖。灌注过程中严禁掉入杂物及带入水分。

⑥灌注过程中应随时检查模型情况，防止泄漏。凸形挡台周围树脂灌注自轨道板底开始，至轨道板倒角下端位置时停止灌注。

⑦施工作业中断时，应及时对搅拌器、灌注容器等用稀释剂清洗，废罐及废液应作为工业废弃物进行处理，不得污染环境。

⑧曲线超高地段，树脂宜一次灌注到位。特殊情况下需进行二次灌注或多次灌注时，最好在上次树脂未固化前进行。已固化的树脂可采用插入螺钉（长度40mm，以10mm间隔插入25mm以上）或打磨的方式（用研磨机等对表面进行全面打磨）增加其黏结力。

（16）清理检查

凸形挡台树脂施工完毕后，若遇到恶劣天气，应对树脂部分采取封盖等防护措施，防止雨水或杂物落入树脂内。室外温度在20℃以上时，6~7h后可拆模，脱模后，被树脂玷污的处所要用稀释剂擦净，固化部分用道具割掉，并清扫干净。灌注完成6h后拆除模板。检查灌注情况及灌注质量。

（17）质量要求

①底座外形尺寸应符合《客运专线无砟轨道铁路工程施工质量验收暂行标准》（铁建设〔2007〕85号）第8.2.18条。

②凸形挡台外形尺寸允许偏差应符合《客运专线无砟轨道铁路工程施工质量验收暂行标准》（铁建设〔2007〕85号）第8.2.19条。

③轨道板外观质量应符合《客运专线铁路CRTS I 型板式无砟轨道混凝土轨道板暂行技术条件》（科技基〔2008〕74号）第3.5.1条。

④交接时应检查轨道板外观质量、外形尺寸，其外形尺寸偏差及外观质量应符合《客运专线铁路CRTS I 型板式无砟轨道混凝土轨道板暂行技术条件》（科技基〔2008〕74号）的有关规定。

⑤水泥乳化沥青砂浆原材料、技术性能应符合《客运专线铁路 CRTS Ⅰ 型板式无砟轨道水泥乳化沥青砂浆暂行技术条件》（科技基〔2008〕74 号）规定。

⑥每罐 CA 砂浆拌制完成后，抽取一定量的砂浆，参照《客运专线铁路 CRTS Ⅰ 型板式无砟轨道水泥乳化沥青砂浆暂行技术条件》（科技基〔2008〕74 号），检测拌和的温度、流动度和含气量。检测合格后再进行灌注，灌注时，应制作试件检查砂浆泛浆率、膨胀率、分离度、抗压强度，其性能指标及检验方法应符合《客运专线铁路 CRTS Ⅰ 型板式无砟轨道水泥乳化沥青砂浆暂行技术条件》（科技基〔2008〕74 号）的要求。

⑦CA 砂浆灌注是无砟轨道施工的重要环节，需要保证在合适的空间内将 CA 砂浆灌满轨道板下部，要严格控制 CA 砂浆的配合比和灌注速度，以及搅拌和输送的技术要求，防止因灌浆的速度和压力等原因使经过精调后的轨道板发生位移。

任务三　CRTS Ⅱ 型板式无砟轨道施工

一、施工工艺

线下工程验收→防水层施工→两布一膜滑动层→铺设硬塑料泡沫板→安装后浇带连接器→安装底座板钢筋→安装底座板模板→底座板混凝土浇筑→后浇带混凝土浇筑→轨道板初铺→轨道板精调→封边及砂浆灌注→轨道板张拉连接→侧向挡块施工→轨道板与底座板的剪切连接→长轨焊接锁定→轨道静态调整。

1. 防水层施工

桥梁梁面验收合格后，进行防水层施工。防水层施工主要包括：抛丸、底涂及腻子施工、喷涂聚脲防水涂料、聚氨酯面层施工。

（1）抛丸

防水层喷涂前，须对梁面进行抛丸处理，抛丸即指通过机械的方法把丸料（钢丸）以很高的速度和一定的角度抛射到工作表面上，让丸料冲击工作表面，然后在机器内部通过配套的吸尘器的气流清洗作用，将丸料和清理下来的杂质分别回收，并且使丸料可以再次利用的技术。机器配有除尘器，提供内部负压以及分离气流，可做到无尘、无污染施工。抛丸处理后完全去除浮浆和起砂，有效创面大于 95%；粗糙度应符合图 4-11 中的 SP3、SP4 要求。

（2）底涂及腻子施工

施工前要对梁面进行清理，确保梁面清洁、无灰尘，环境温度不得低于5℃，梁面要干燥，

桥上无砟轨道施工演示

城际高速铁路 CRTS Ⅱ 型板式无砟轨道施工

CRTS Ⅱ 型板式无砟轨道施工演示

含水率不大于7%，在底涂施工前要检测梁面含水率，采用$1m^2$的塑料薄膜铺在梁面，四周用胶带封闭，3~4h后掀开塑料薄膜，当薄膜无水珠、梁面颜色未变深时（此时梁面含水率较低），方可进行底涂施工。底涂施工前先用弹墨线标记底座板两侧边线，施工时底座板两侧应宽出20cm，作为底座板与底座板及底座板与防撞墙之间防水层的搭接宽度；底涂采用辊筒满涂（图4-12），在气孔比较密集的地方可多涂几道，确保底涂渗入气孔，将气孔完全封闭；施工完成后严禁人员踩踏，防止污染，表面干燥后才可进行腻子施工。

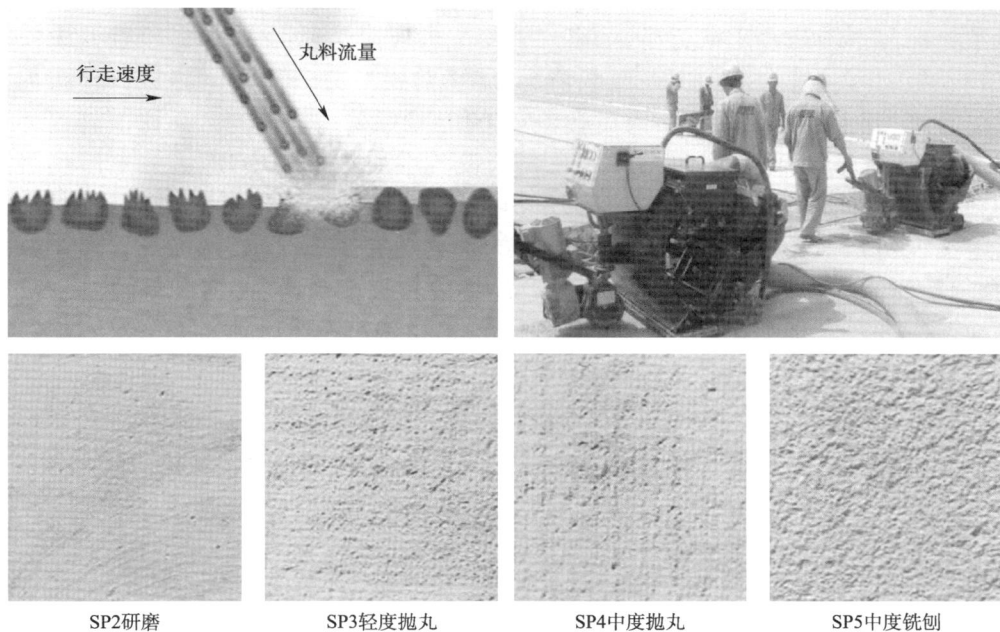

SP2研磨	SP3轻度抛丸	SP4中度抛丸	SP5中度铣刨

图4-11　抛丸施工图

底涂施工后小的气孔基本封闭，但是梁面仍存在一些比较大的孔洞，需要人工有针对性地使用腻子进行修补，修补完毕后，再采用刮刀满刮腻子（图4-13），腻子要反复刮涂，厚度要均匀，通过底涂和腻子来消除梁面抛丸后的气孔、细微缺陷，增强防水层与梁面的黏结力，避免聚脲防水层施工后出现针眼或气泡。

图4-12　手工辊涂示意图　　　　　　　　图4-13　刮刀满刮施工示意图

（3）喷涂聚脲防水涂料

聚脲防水涂料适合在干燥、温暖环境中的施工，施工时温度在 5～35℃、相对湿度宜在 75% 以下，在喷涂聚脲前要测量空气温度与湿度，确保基层温度大于露点温度3℃，否则不能进行聚脲喷涂施工，避免温度升高后防水层起鼓（在一定环境湿度状态下，在某一温度会产生结露现象，该温度即为露点温度，无论在哪一个基层施工，任何涂层都应在基层温度高于露点温度3℃时进行，而且在涂层固化过程中，这一条件要保持）。

施工前要做好充分的准备工作：一是检查设备工作是否正常，如空压机、干燥器及喷涂主机加热系统是否正常工作，输出气管与主机连接是否正常；二是检查有无喷涂部位遮挡及施工人员安全防护用品佩戴情况，施工前要对剪力齿槽、侧向挡块、防护墙等部位进行遮挡防护，施工时施工人员必须穿工作服，佩戴眼镜、手套、防毒面具等劳动保护用品，并保证施工环境通风良好；三是喷涂设备主加热器加热，施工前主加热器需加热到 60～70℃，压力 3000psi（1psi = 6.895kPa），如果喷涂设备发生调整，需要根据不同的喷涂设备、不同的喷枪流量及施工现场环境进行调节并试喷，选择最佳作业温度和压力，保持压力平衡，压力偏差过大会导致涂层理化性能下降、起泡、不固化等；四是正式喷涂前需进行试喷作业，根据观察试喷情况，调整温度及压力值，达到最佳效果，再进行喷涂作业。

喷涂施工：喷涂施工以机械喷涂为主，人工喷涂为辅，对机械喷涂不能到达的特殊部位进行人工喷涂，即梁面底座板以下（梁端 1.45m 范围除外）采用机械喷涂，梁端 1.45m 范围、坡面范围采用人工喷涂。

①采用人工喷涂应事先在梁面上画出各喷涂区域的边线，分两层进行，两层喷涂间隔时间不宜超过 2h；采用机械喷涂时，进行两遍喷涂，第一遍喷涂厚度为 0.7mm，喷涂机速度为 2.2m/min，第二遍喷涂速度为 1.3m/min，第一遍与第二遍间隔时间 2h。

②对防护墙的根部，应先使用角磨砂轮机打磨混凝土表面，进行平整度处理，清除浮浆和毛边，喷涂防水层后应保证根部封边质量，必要时辅以手工涂刷；泄水孔内刷涂底涂约 10cm 深，然后手工向孔内壁喷涂聚脲防水材料。

③适用于桥面喷涂聚脲防水层两次施工间隔在 6h 以上，需要搭接连接成一体的部位，第一次施工应预留出 15～20cm 的操作面同后续防水层进行可靠的搭接。

④施工后续防水层前，应对已施工的防水层边缘 20cm 宽度内的涂层表面进行清洁处理，保证原有防水层表面清洁、干燥，无油污及其他污染物。

对原有防水层表面 15cm 范围内做打磨处理，采用专用黏结剂处理。

（4）聚氨酯面层施工

聚氨酯面层宜在聚脲防水层施工完毕后 6h 内完成，保证面层和聚脲防水层之间良好地黏结；聚氨酯面层施工前，应对相应区域聚脲防水层表面进行清洁处理，保证聚脲防水层表面干燥，无灰尘、油污和其他污染物；与聚脲防水层施工间隔时间超出规定时，应采用专用搭接黏结剂做预处理或现场做黏结拉拔试验后确定；脂肪族聚氨酯面层施工可采用辊涂，边角沟槽辅以刷涂施工。

防水层施工经常碰到的质量问题：一是可能出现抗拔力达不到 2.5MPa；二是出现针眼、

气孔、空鼓等现象。这些质量通病需要采取措施处理,如图 4-14 所示。

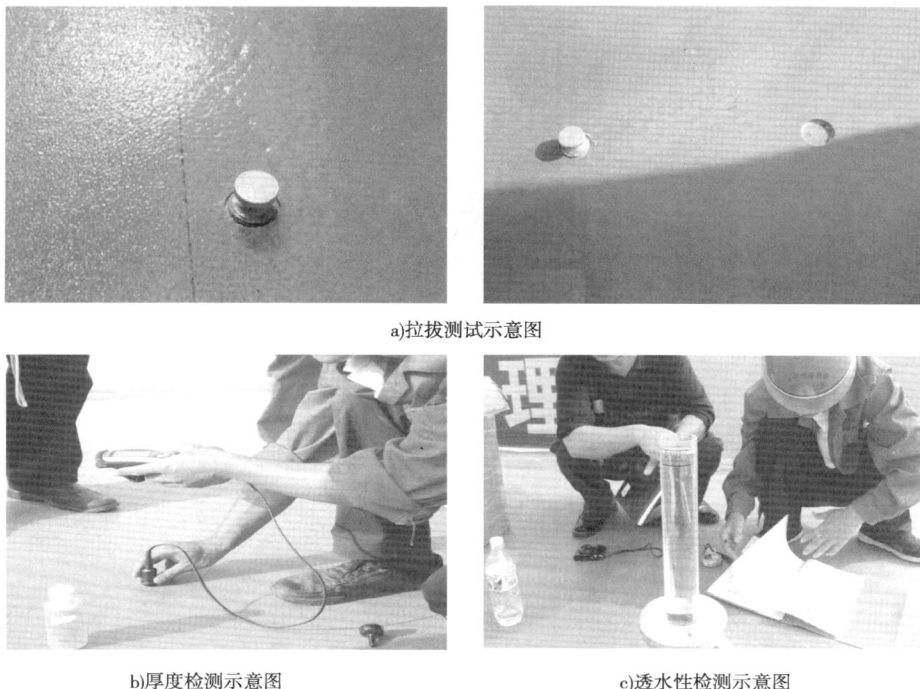

a)拉拔测试示意图

b)厚度检测示意图

c)透水性检测示意图

图 4-14　检测防水层

2. 滑动层施工和硬泡沫板施工

滑动层自下至上由土工布 + 塑料薄膜 + 土工布组成,简称为"两布一膜"。每孔箱梁上滑动层的铺设范围为桥梁固定端的剪力齿槽边缘至桥梁活动端,在梁缝处配合硬泡沫塑料板的安装,局部调整滑动层的铺设,将梁缝处底层土工布切断。铺设滑动层前,应对桥面进行彻底清理,对油污等污染应进行特殊清理,确保桥面清洁。

硬泡沫塑料板设于桥梁接缝处,硬泡沫塑料板规格、尺寸按桥面拼接需要确定,硬泡沫塑料板的拼接应满足相关要求。

滑动层铺设:应根据桥面上的测量标记点确定滑动层铺设位置,并弹出墨线,依此控制滑动层铺设。铺设宽度应为 3.05m,保证其每侧宽出底座板 5cm(底座板施工完成后切除宽出部分),确保底座板模板与桥面间保持密封状态。

土工布应连续整块铺设,非特殊情况(如小半径曲线段)下,土工布不宜采取搭接(或对接)方式,如果必须连接,底层土工布只能采用对接方式连接,对接时在接缝两侧分别涂刷 30cm 宽的黏结胶带(横桥向)进行黏结。胶合剂涂刷与土工布铺设工序间应紧密衔接。

聚乙烯薄膜在第一层土工布上铺设,原则上应整块铺设,特殊情况(如小半径曲线段)必须分块铺设时,其接缝采用热熔对接。禁止采用搭接(或对接)方式。

第二层土工布铺于聚乙烯薄膜上,应连续整块铺设。采用自制 2kg 左右的压辊进行滚压,以增加胶黏剂与挤塑板的浸润性。然后布设混凝土垫块。

　　铺设后的滑动层（包括分层铺设两布一膜滑动层）禁止人员踩踏。滑动层铺设完毕后，在梁缝处滑动层顶面铺设宽 20cm、长 2.95m 的镀锌铁皮。滑动层施工和硬泡沫板施工如图 4-15 所示。

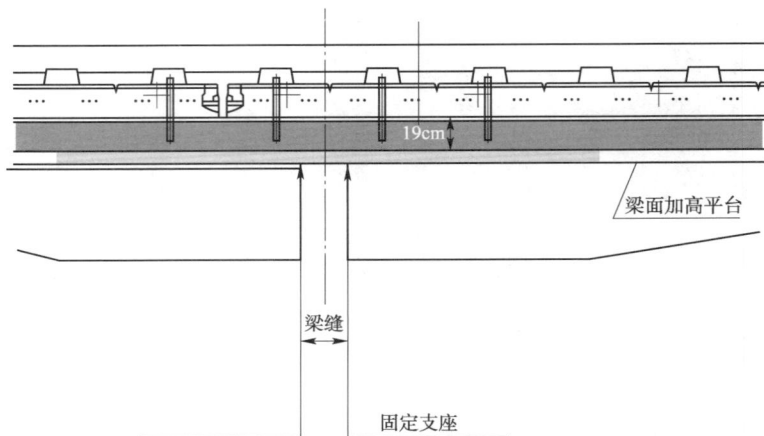

图 4-15　滑动层施工和硬泡沫板施工

　　按照放线结果，沿底座板横宽度方向精确弹出三道底胶的涂刷范围，滑动层（两布一膜）及黏结剂的规格、材质、性能指标应符合设计要求及相关技术条件规定。每道 30cm 宽，然后进行两布一膜的铺设，如图 4-16 所示。

a)

b)

c)

d)

图　4-16

e)

f)

g)

h)

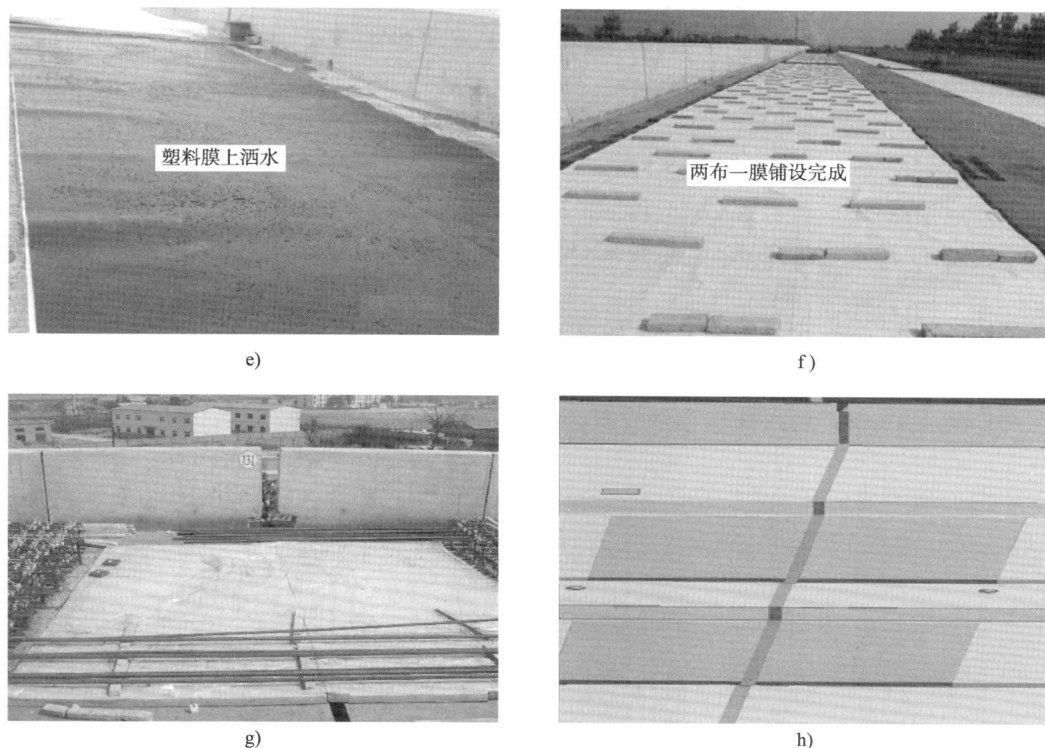

图4-16　两布一膜铺设

质量控制要点如下。

①两布一膜产品质量符合技术条件的要求。

②必须保证桥面清洁,无影响滑动凸出桥面的尖刺等。

③必须保证底层膜与桥面的黏结牢固,两布一膜平整、无皱褶。

④相对底座板边缘不容许有缩进。

3. 底座板施工

(1)基本术语

临时端刺:在长大桥梁无砟轨道施工中,须将底座分成若干区段。为提供底座张拉所需反力,在每个常规区两端需设置两段底座,长度800m,并依靠这两段底座与桥梁间的摩擦力来提供底座张拉所需反力,因其功能与端刺相仿,且在后续施工中被消除,故称此为临时端刺。

常规区:一次张拉锁定并浇筑完成的底座区域,位于两临时端刺之间。

BL1后浇带:即钢板连接器后浇带,供底座连接或张拉之用,宽度为50cm。其主要作用是避免浇筑混凝土时混凝土水化热产生的强制力传到桥梁上,一般布置在跨中。

BL2后浇带:剪力齿槽后浇带,主要作用是避免底座与桥梁间通过剪力齿槽进行力的传递。

混凝土浇筑段:两BL1间的混凝土段落。

侧向挡块结构:侧向挡块沿线路方向长800mm;垂直于线路方向上宽下窄,其中不受底座偏移影响的侧向挡块上宽590mm,下宽400mm;高度随轨道高度的不同而变化;顶面自轨道板上边缘向线路外侧成2%的排水坡。侧向挡块采用C35混凝土、HRB335钢筋。限位板结构为两块钢板夹一层橡胶板结构。其中，与底座接触的钢板应选用不锈钢材质，厚度2mm；与侧向挡块接触的钢板可采用热镀锌(镀锌层厚不小于60μm)钢板，厚5mm；橡胶板厚度为11mm。侧向挡块与轨道板、底座相接的非限位板区域填以硬泡沫材料，厚度分别是20mm和10mm。

钢板连接器：钢板材质为Q345，厚40mm。与钢板焊接的φ25mm钢筋采用HRB500，与钢板锚固的φ25mm钢筋采用HRB500精轧螺纹钢筋，锚固螺母材质为Q345。

(2)底座板划分原则

无砟轨道施工前，应根据施工管段的具体情况进行底座板划分设计。划分设计方案依据总工期计划、桥面验收移交进展情况、施工管段划分及资源配置等因素确定。主要内容包括底座板施工单元段划分、临时端刺设置、常规区和后浇带位置确定，以及各灌注段先后施工顺序的确定。

底座板施工单元划分应统一筹划设计，每个施工单元至少1880(780 + 320 + 780)m，一般以4~5km为宜。桥梁底座板施工段划分如图4-17所示。

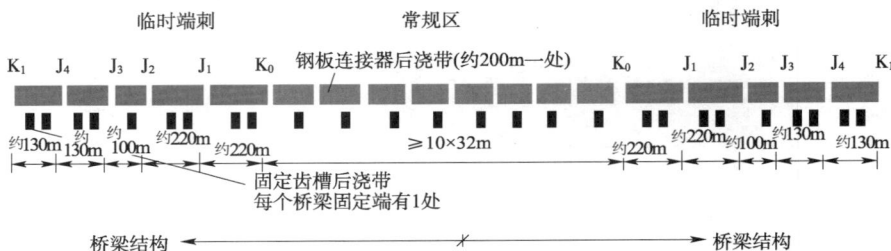

图4-17 底座板划分示意图

对于施工单元，根据作业面布置情况事先统一规划，确定相邻作业面张拉顺序和分工责任：常规区两个相邻后浇带之间距离不大于150m；临时端刺不能设置在连续梁上，且距连续梁至少两孔梁；左右线临时端刺布置要错开两孔梁；钢板连接器与剪力齿槽间距不大于75m；未与梁剪切连接的长度不大于150m；钢板连接器距高强度挤塑板间距不小于5m。

施工单元划分完成后，一定要在桥梁上显著位置标识各后浇带位置、名称、类型，方便以后张拉时识别。

(3)底座板施工

底座板施工内容包括钢筋的加工、模板制作安装、混凝土浇筑、养护、连接。

①钢筋的加工。

可在场内预制，也可在桥上直接安装，如果工期紧张，建议在场内预制，吊装上桥。

加工钢筋半成品时，在加工场根据钢筋设计图纸，放出大样，根据加工大样进行钢筋半成品的加工，加工钢筋时应严格按照施工大样及设计图纸进行。半成品加工好后，应分类放置，经技术员、质检员检查合格后挂牌标识，并将其覆盖好，不得裸露，防止生锈。成型的钢筋网片如图4-18所示。

钢筋安装前，用墨线恢复底座板边沿线，钢筋的位置和混凝土保护层的厚度(图4-19)应符合设计要求。垫块采用大平面混凝土块(4cm×4cm×24cm,强度等级与底座混凝土相同),以防因底板座钢筋铺设使滑动层过度受压而破损。

图4-18 成型的钢筋网片

图4-19 混凝土保护层

固定梁端处锚固钢筋和锚固钢板的连接:剪力齿槽处设置剪力钉,在钢筋场集中加工,现场进行安装,采用自制的套筒扳手。

两布一膜和梁缝硬泡沫塑料板铺设结束后布置后浇带。提前测量、精确定位后浇带位置,底座后浇带的钢筋连接器在钢筋铺设前布置;钢板的一边钢筋穿过钢板的预留孔与钢板焊接部分在钢筋加工场内完成,整体吊装上桥,另一边的钢筋通过钢板的预留洞穿过钢板,用分置于钢板两边的螺母与钢板连接部分在后浇带位置安装完成,在其施工完后铺设底座板钢筋(图4-20)。

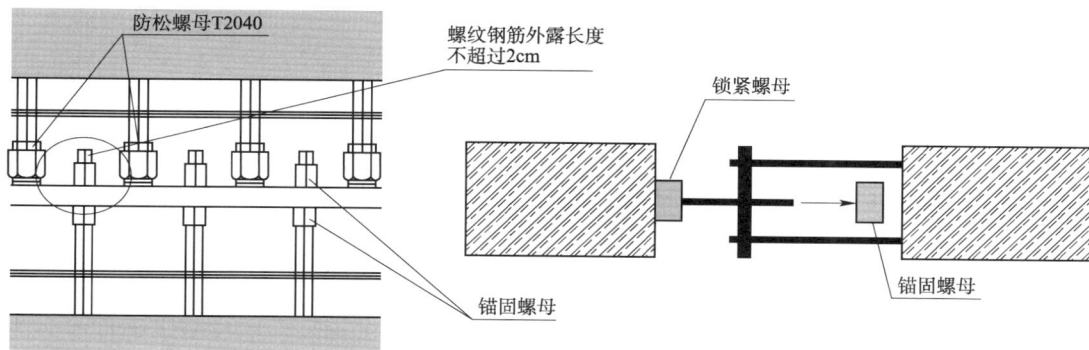

a)示意图

b)实物图1

c)实物图2

图4-20 后浇带施工

钢板连接器在桥下预制,安装时整体吊装上桥,在钢筋笼安装初期安放到位。制作连接器时,应采取有效措施保证钢板在焊接时不翘曲和变形。

②模板制作安装。

混凝土底座板模板采用槽钢及角钢组合可调式专用钢模,并满足普通地段和曲线超高地段的模板拼装需要,模板采用组合高度宜略低于底座板设计厚度(一般20mm左右),以适应线路曲线超高变坡和梁面平整度情况。

底座板模板采用丝杆进行加固,在桥梁防护墙一侧,模型支顶在防护墙上;两线之间模型采用剪刀撑形式的支杆进行支顶。

二、CRTS Ⅱ 型板式无砟轨道关键设备

轨道板磨床及其他装置:运板车及铺板门式起重机、轨道板调板用精调框、高弹性模量水泥沥青砂浆车及灌注装置、铺轨机。

任务四 CRTS Ⅲ 型板式无砟轨道施工

一、CRTS Ⅲ 型板式无砟轨道施工工艺流程

CRTS Ⅲ 型板式无砟轨道施工工艺流程如图4-21所示。

二、底座施工

1. 桥梁段底座施工工艺流程

底座板宽度比轨道板边缘各宽200mm,底座板厚度为190mm,底座混凝土强度等级为C40,钢筋为CRB550级冷轧带肋钢筋焊接网(工厂化加工制作)。桥梁每一块轨道板对应的底座位置设置一道伸缩缝,伸缩缝宽20mm,采用聚乙烯泡沫板或泡沫橡胶板填缝,并采用聚氨酯或沥青软膏密封,其填充厚度不小于30mm,底座板间不连接。桥梁段底座施工工艺流程如图4-22所示。

2. 路基段施工工艺流程

路基无砟轨道底座在设计速度为200km/h时采用连续浇筑。底座宽度3100mm,厚度240mm,且路基曲线段地段由基床表层提供曲线超高值。底座在每块轨道板范围内设置两个限位凹槽,采用凹槽结构,深100mm,尺寸(长×宽)为1000mm×700mm。凹槽周围(侧面)设置弹性垫层。路基段底座板施工工艺流程如图4-23所示。

```
                    ┌─────────────────────────┐
                    │   线下工程沉降变形观测评估    │
                    └─────────────────────────┘
                                │
                                ▼
                    ┌─────────────────────────┐
                    │    无砟轨道铺设施工准备      │
                    └─────────────────────────┘
                                │
                                ▼
                    ┌─────────────────────────┐
                    │  路基面(梁面或隧底)清理     │
                    └─────────────────────────┘
                                │
                                ▼
                    ┌─────────────────────────┐
                    │  CPIII控制网测设与评估     │
                    └─────────────────────────┘
                                │
                                ▼
                    ┌─────────────────────────┐
                    │    底座钢筋模板施工         │
                    └─────────────────────────┘
                                │
                                ▼
      ┌──────────┐    ┌─────────────────────────┐
      │混凝土生产运输│──▶│    底座混凝土施工         │
      └──────────┘    └─────────────────────────┘
                                │
                                ▼
                    ┌─────────────────────────┐
                    │   轨道基准点测试与评估       │
                    └─────────────────────────┘
                                │
                                ▼
                    ┌─────────────────────────────┐
                    │中间隔离层及限位挡台周围弹性垫层铺设│
                    └─────────────────────────────┘
                                │
                                ▼
      ┌──────────┐    ┌──────────────────────────────┐
      │轨道板运输及存放│─▶│轨道板吊装、自密实混凝土钢筋焊接     │
      └──────────┘    │网片与轨道板底部门式钢筋连接绑扎   │
                    └──────────────────────────────┘
                                │
                                ▼
                    ┌─────────────────────────┐
                    │         粗铺              │
                    └─────────────────────────┘
                                │
                                ▼
                    ┌─────────────────────────┐
                    │     轨道板精确调整         │
                    └─────────────────────────┘
                                │
                                ▼
                    ┌─────────────────────────┐
                    │   自密实混凝土模板施工      │
                    └─────────────────────────┘
                                │
                                ▼
                    ┌─────────────────────────┐    ┌──────────┐
                    │    自密实混凝土灌注         │◀──│自密实混凝土 │
                    └─────────────────────────┘    │制备及运输  │
                                │                └──────────┘
                                ▼
                    ┌─────────────────────────┐
                    │       长钢轨铺设          │
                    └─────────────────────────┘
                                │
                                ▼
                    ┌─────────────────────────┐
                    │       轨道静态精调        │
                    └─────────────────────────┘
```

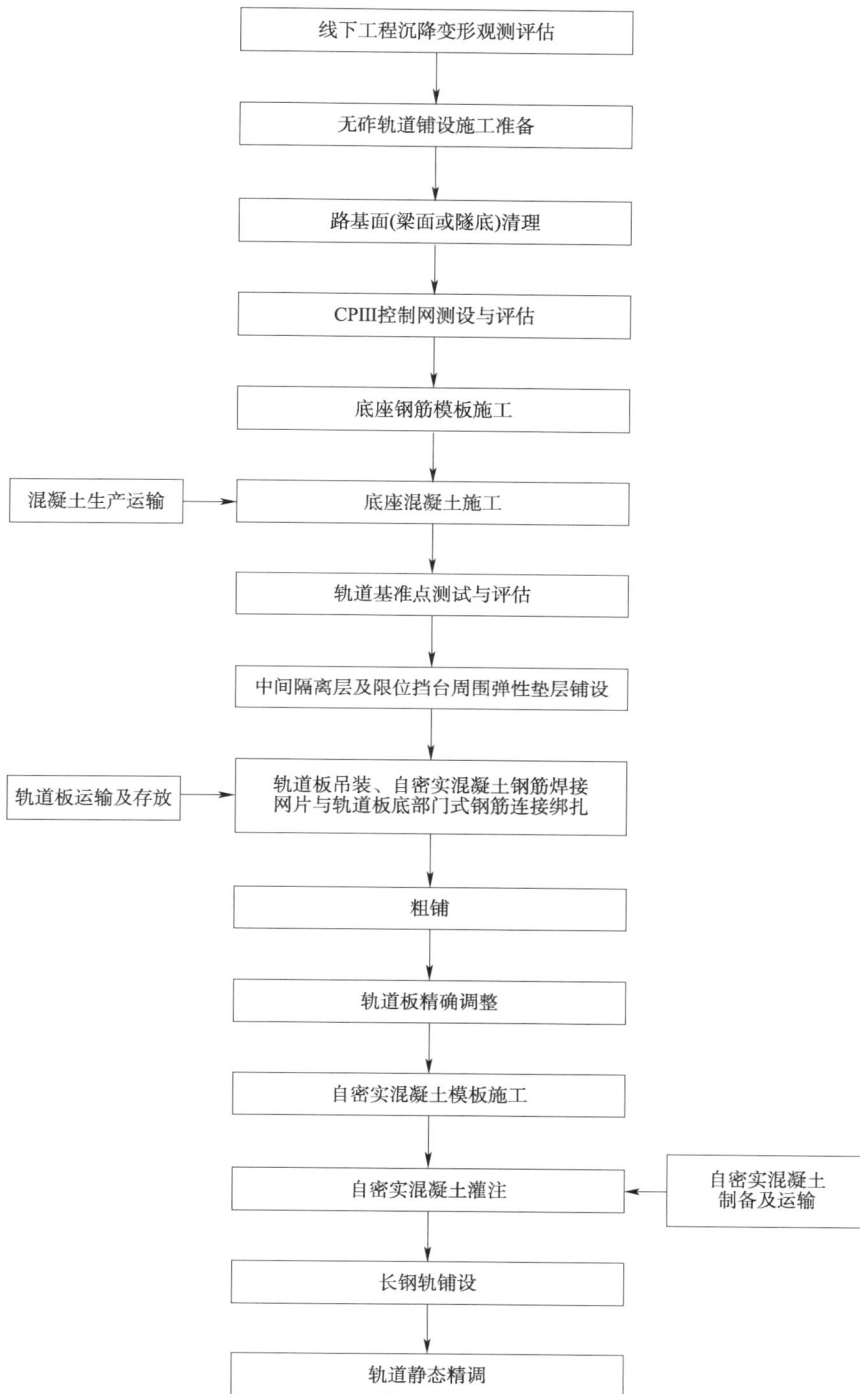

图 4-21 CRTS Ⅲ 型板式无砟轨道施工工艺流程

```
┌─────────────────┐          ┌─────────────────┐
│    施工准备      │          │    测量放样      │
└────────┬────────┘          └────────┬────────┘
         │                            │
┌────────┴────────┐          ┌────────┴────────┐
│    梁面验收      │          │ 底座板钢筋焊接网片安装 │
└────────┬────────┘          └────────┬────────┘
         │                            │
┌────────┴────────┐          ┌────────┴────────┐
│   钢筋网片安装    │          │底座板、限位凹槽安装模板│
└────────┬────────┘          └────────┬────────┘
         │                            │
┌────────┴────────┐          ┌────────┴────────┐
│限位凹槽、底座板模板安装│       │   高程及中线控制   │
└────────┬────────┘          └────────┬────────┘
         │                            │
┌────────┴────────┐          ┌────────┴────────┐
│  底座板混凝土浇筑  │          │   浇筑面洒水湿润   │
└────────┬────────┘          └────────┬────────┘
         │                            │
┌────────┴────────┐          ┌────────┴────────┐
│    混凝土养护     │          │  底座板混凝土浇筑  │
└────────┬────────┘          └────────┬────────┘
         │                            │
┌────────┴────────┐          ┌────────┴────────┐
│   填充填缝材料    │          │    混凝土养护     │
└────────┬────────┘          └────────┬────────┘
         │                            │
┌────────┴────────┐          ┌────────┴────────┐
│    检查验收      │          │   填充填缝材料    │
└─────────────────┘          └────────┬────────┘
                                      │
                             ┌────────┴────────┐
                             │    检查验收      │
                             └─────────────────┘
```

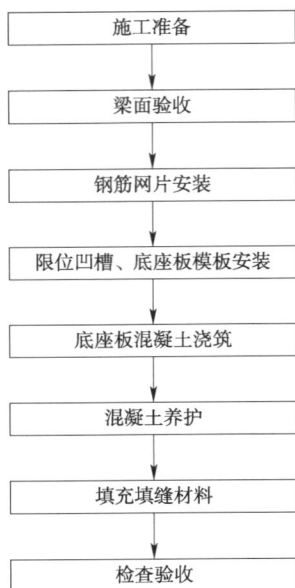

图 4-22 桥梁段底座施工工艺流程　　图 4-23 路基段底座板施工工艺流程

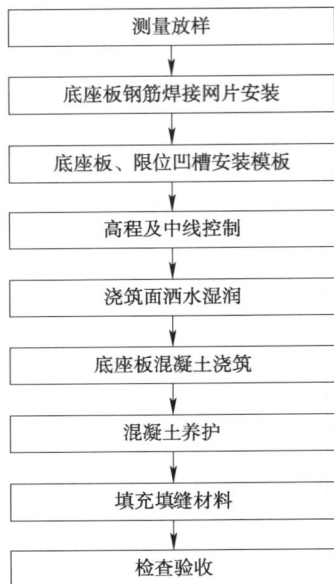

路基底座根据所处位置的不同主要有两种结构形式，即普通路基上的底座和路基无砟轨道起点、终点地段上的底座。

①普通路基上的底座结构自上而下为 19cm 轨道板、9cm 自密性混凝土、24cm 混凝土底座。

②路基起点、终点 6m 左右和 11m 左右底座下部设置端梁。

路基地段底座混凝土强度等级采用 C25，对材料的选定、施工工艺及耐久性要求按照设计文件执行。

3. 基面验收

为了保证无砟轨道各部结构的技术条件，施工前应对基层表面施工质量进行验收，对轨道中心线 2.6m 范围内的桥梁梁面进行拉毛处理。

4. 预埋筋

桥梁预埋筋因架梁、运梁的需要，分为梁内和底座板内两部分。梁内部分（含套筒）在梁场制作时预埋在箱梁顶板内；底座板内部分在底座板施工时用套筒连接，伸入底座板钢筋内。设计位置预埋筋折断或者缺少的情况下要求植筋，应将桥面清理干净。

5. 放样

测量人员根据设计图纸，以 CPⅢ控制网为基础，利用全站仪自由设站，对底座模板控制点放样出模板安装线。

6. 钢筋工程

钢筋网片在预制厂家集中预制完成后运至现场（生产工厂化），现场验收，按其质量过磅验收，要求网片实际质量与理论质量偏差在 4.5% 以内，并检查其外观尺寸。

底座板内的钢筋焊网由具备资质的厂家加工成型,运输到施工现场吊装到桥上。

焊网运输车辆的长度与焊网长度相匹配,焊网吊装时采用专用吊具进行,确保吊装过程中焊网不松动、不变形(图4-24)。安放焊网时,应根据设计的平面位置及高程,对焊网进行调平、调直。

图4-24 焊网现场吊装图

钢筋焊接网外观质量检查应符合下列规定。

①钢筋焊接网交叉点开焊数量不应超过整张网片交叉点总数的1%,并且任一根钢筋上开焊点数不得超过该根钢筋上交叉点总数的50%。焊接网最外边钢筋上的交叉点不得开焊。焊接网几何尺寸允许偏差如表4-7所示。

焊接网几何尺寸允许偏差 表4-7

项目	允许偏差	项目	允许偏差
网片的长度、宽度(mm)	±25	对角线差(%)	±1
网格的长度、宽度(mm)	±10		

注:表中对角线差是指网片最外边两个对角焊点连线之差。

②焊接网表面不得有影响使用的缺陷,可允许有毛刺、表面浮锈以及因取样产生的钢筋局部空缺,但空缺处必须用相应的钢筋补上。

采用墨斗按照设计位置在基层面弹出钢筋网片位置,然后铺设钢筋网片,绑扎上、下网片之间钢筋,并加垫垫块。上层钢筋保护层厚度为40mm,下层钢筋保护层厚度为30mm。焊网安装允许偏差如表4-8所示。

焊网安装允许偏差 表4-8

序号	项目	允许偏差(mm)	序号	项目	允许偏差(mm)
1	钢筋焊网平面位置	±15	3	钢筋保护层厚度	+10,−5
2	钢筋焊网竖向位置	±10			

7. 支立底座板模板

底座模板必须采用可调式模板。安装模板前,必须对模板表面清理后涂刷脱模剂。模板安装时,根据CPⅢ控制网测量模板平面位置及高程,并通过模板的调整螺杆调整模板顶高程达到底座设计高程。模板安装要平顺、牢固、接缝严密，防止跑模、漏浆，具体允许偏差如表4-9所示。

序号	检查项目	允许偏差（mm）	序号	检查项目	允许偏差（mm）
1	顶面高程	0，−5	3	中线位置	5
2	宽度	±5			

底座凹槽处为整体钢模，凹槽处模板通过角钢直接固定在侧模上，解决了浇筑时底座模板上浮问题。限位凹槽模板安装允许偏差如表4-10所示。

序号	检查项目	允许偏差（mm）
1	顶面高程	0，−5
2	长度和宽度	+5，0
3	凹槽中心与底座模板内侧距离	±5

桥梁地段梁缝大于14cm地段，按梁端轨道板底座悬出0~8cm设计，因此除铺设轨道板外，施工期间禁止在其上堆放重物或通行车辆，如必须通行车辆，应采用搭短桥的方式通过，避免悬出端混凝土局部受损。

8. 底座板混凝土施工

①当底座的钢筋焊接网片安装完成、模板支撑牢固后，进行混凝土浇筑。

②底座混凝土的最小浇筑长度不小于单孔梁长度。

③底座混凝土由拌和站集中搅拌，混凝土罐车运到工地，再由泵车送入模。混凝土的自由落差不能大于1m，混凝土的入模温度不能超过30℃，混凝土的坍落度控制在设计坍落度范围内。桥梁底座为分块结构，不采用纵连，浇筑混凝土时采取一端向另一端推进，一次成型，中间不留施工缝。浇筑混凝土时，先用人工大致推平，然后用50mm插入式振捣棒振捣，振捣时要快插慢拔，插棒间距为振捣棒直径的10倍，振捣棒切忌触碰模板、连接螺栓和钢筋。最后采用振捣梁提浆整平，按设计人工抹出流水坡（图4-25）。

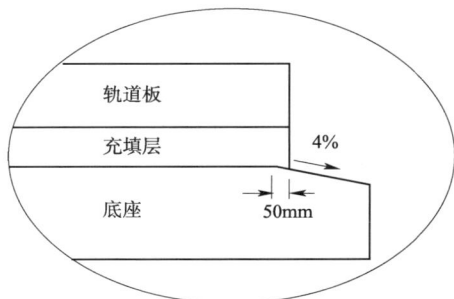

图4-25　流水坡设置

在设计时速为200km时，路基无砟轨道底座采用连续浇筑，浇筑混凝土时采取一端向另一端推进，中间留施工缝，浇筑底座混凝土前，应对施工缝处凿毛，使界面垂直、粗糙，并洒水湿润。

④混凝土浇筑完成后应及时进行养护,养护时间不少于14d。养护用水温度与混凝土表面温度之差不得大于15℃。可采用覆盖土工毡、土工布、麻袋、草袋、草帘等洒水湿养护方式。夏季施工采取降温措施。当环境温度低于5℃时,禁止洒水养护,可在混凝土表面喷涂养护液养护,并采取覆盖保温措施。

9. 路基切缝

混凝土浇筑完成12h以内应进行切缝施工,释放表面应力。加强养护,防止出现贯通裂缝。气温较低时,切缝时间可适当延长。切缝深度为40~50mm,宽度控制在20mm,切缝设置在设计位置。

10. 底座及限位凹槽外形尺寸指标

底座、限位凹槽外形尺寸允许偏差分别如表4-11、表4-12所示。

底座外形尺寸允许偏差   表4-11

序号	项目	允许偏差	序号	项目	允许偏差
1	顶面高程	0, -10mm	3	平面位置	10mm
2	宽度	±10mm	4	平整度	10mm/3m

限位凹槽外形尺寸允许偏差   表4-12

序号	检查项目	允许偏差(mm)	序号	检查项目	允许偏差(mm)
1	平面位置	5	3	深度	+5,0
2	长度和宽度	+5,0			

三、隔离层及弹性垫层施工

1. 进场原材料的质量控制

中间隔离层所用材料的规格、材质、性能指标应符合设计要求。同一厂家、品种、批号的中间隔离层材料,每25000m²为一批,不足25000m²也可按照双方约定频次进行检验。每批产品随机抽取2%~3%作为样品,且不少于3卷。

弹性垫层所用材料的规格、材质、性能指标应符合设计要求。进场检验应逐批检验,检验内容应包括外形尺寸和外观质量、硬度、拉伸强度、拉断伸长率、200%定伸应力和静刚度。同一配方、同一规格、同一工艺条件下连续生产的弹性垫层10000件为一批,不足10000件按一批次计。弹性垫层的外形尺寸和外观质量的抽检数量为每批10块,弹性垫层物理力学性能检验数量为每批从外形外观检查合格产品中抽取5块。

2. 隔离层及弹性垫层施工工艺

隔离层、弹性垫层施工工艺流程分别如图4-26、图4-27所示。

```
┌─────────────────┐          ┌─────────────────┐
│     底座验收     │          │    限位挡台验收   │
└────────┬────────┘          └────────┬────────┘
         │                            │
┌────────▼────────┐          ┌────────▼────────┐
│     底座清理     │          │    限位挡台清理   │
└────────┬────────┘          └────────┬────────┘
         │                            │
┌────────▼────────┐          ┌────────▼────────┐
│     测量放样     │          │    铺贴弹性垫层   │
└────────┬────────┘          └────────┬────────┘
         │                            │
┌────────▼────────┐          ┌────────▼────────┐
│  铺设隔离层土工布 │          │       验收       │
└────────┬────────┘          └────────┬────────┘
         │                            │
┌────────▼────────┐          ┌────────▼────────┐
│       验收       │          │     下一道工序    │
└────────┬────────┘          └─────────────────┘
         │
┌────────▼────────┐
│     下一道工序    │
└─────────────────┘
```

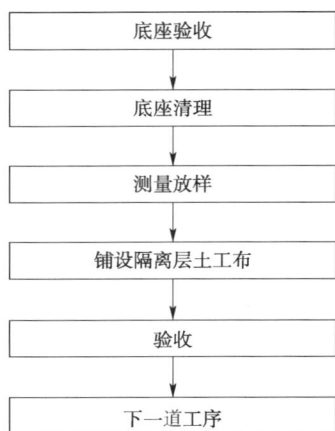

图 4-26　隔离层施工工艺流程　　　　图 4-27　弹性垫层施工工艺流程

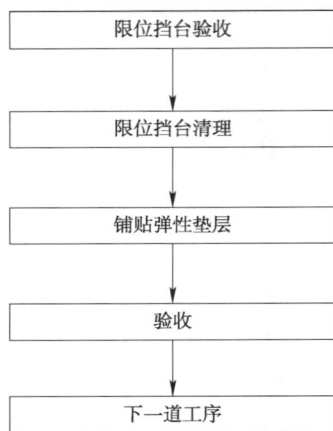

3. 隔离层施工

（1）底座处理

铺设前应用风力灭火器彻底对底座进行清洁和清理,保证铺设范围内底座洁净,且无砂石类可能破坏隔离层的磨损性颗粒。

（2）底座施工段测量放样

根据 CPⅢ 控制网对无砟轨道底座施工段进行测量放样,弹出隔离层边线。

（3）中间隔离层土工布的铺设

中间隔离层应采用 $700g/m^2$、厚 2mm 土工布,其宽度为（2600 ± 10）mm。底座混凝土强度达到设计强度的 75% 后可进行隔离层施工。

①弹线。

用墨斗沿线路纵向在轨道板两侧及中间弹出三条 30cm 宽的胶黏剂涂刷带边线,线条应清晰、准确。

②铺设土工布。

首先将整张土工布铺在底座表面,在限位凹槽的位置用刀将土工布割出方孔,使整张土工布与底座板表面密贴(含限位凹槽)。每一段内的土工布连续铺设,轨道板下中间隔离层土工布不允许搭接。

③整平。

铺上土工布后应立即压上保护层垫块,垫块材质、强度等级与自密实混凝土相同,防止滑动,禁止人员踩踏。在自密实混凝土模板安装、固定前,应将土工布拉扯平整。

4. 弹性垫层施工

（1）限位凹槽处理

铺设前用吹风机对限位凹槽进行清理,保证铺设范围内无砂石类可能破坏弹性垫层的磨损性颗粒。

（2）弹性垫层施工

在底座混凝土养护 48h 后,方可进行弹性垫层铺设。弹性垫层应采用三元乙丙橡胶,厚

8mm,将弹性垫层(图4-28)与限位凹槽侧壁密贴,并用混凝土钢钉将弹性垫层固定于混凝土侧壁。注意固定时应平整,顶面与底座表面平齐。限位凹槽内的中间隔离层向外伸出部分应包在弹性垫层内,上下拐角处用宽胶带封闭。弹性垫层周围用泡沫板填充,并与凹槽侧壁密贴。弹性垫层与限位凹槽侧面应粘贴牢固,周边无翘起、空鼓、封口不严等缺陷。

图 4-28　弹性垫层

四、轨道板粗铺

1. 粗铺工艺流程

粗铺工艺流程如图4-29所示。

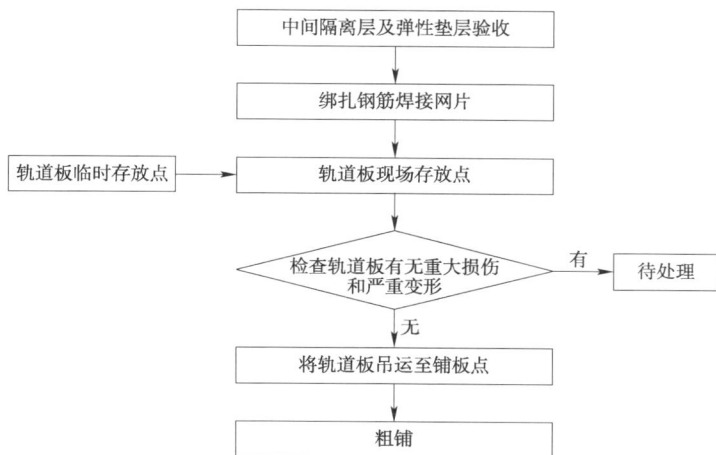

图 4-29　粗铺工艺流程

2. 铺板施工

(1)隔离层及弹性垫层验收

轨道板粗铺前,首先对隔离层和弹性垫层施工质量进行检查验收。隔离层应铺设平整,无破损,边沿无翘起、空鼓、皱褶、封口不严等缺陷。弹性垫层与限位凹槽侧面应粘贴牢固,顶面与底座表面平齐,周边无翘起、空鼓、封口不严等缺陷。

(2)自密实混凝土焊接钢筋网片安装

轨道板粗铺前,先将限位凹槽处的钢筋与钢筋网片绑扎在一起。绑扎时为了防止因绑扎位置不准确造成铺设困难,可在固定胎具上绑扎。

根据设计要求,轨道板预埋门形钢筋与自密实混凝土钢筋焊接网之间需绝缘处理,故在轨道板粗铺之前,先将钢筋焊网绑扎在轨道板预埋门形钢筋上,且两者之间用绝缘垫块隔离,用绝缘扎丝绑扎。

（3）轨道板检验

在粗铺前对轨道板应重新进行检验,观察轨道板是否有掉角、破损、预埋件等情况。对于缓和曲线上的轨道板,轨道板的位置和类型是唯一的,铺设时要派专人负责验收,以免铺设错误。轨道板具体外观质量要求如表4-13所示。

轨道板外形尺寸偏差和外观质量要求　　　　　　表4-13

序号	检查项目		允许偏差	每批检查数量 （出厂检验）	检验项别
1	长度(mm)		±3.0	10块	C
2	宽度(mm)		±3.0	10块	C
3	厚度(mm)		±3.0	10块	B2
4	预埋套管	同一承轨槽两相邻套管中心距(mm)	±0.5	全检	B1
		歪斜(距顶面120mm处偏离中心线距离)(mm)	2.0	全检	B2
		凸起高度(mm)	−1.0,0	全检	B2
5	承轨台	预埋套管处承轨台横向位置偏差(mm)	±0.5	全检	B1
		预埋套管处承轨台垂向位置偏差(mm)	±0.5	全检	B1
		单个承轨台钳口距离(mm)	±0.5	全检	A
		承轨台与钳口面夹角(°)	±1.0	全检	B1
		承轨面坡度(轨底坡)	1:37~1:43	全检	B1
		承轨台间外钳口间距(mm)	±1.0	全检	A
		承轨台外钳口距外侧套管中心距(mm)	±1.0	全检	B1
6	其他预埋件位置及垂直歪斜(mm)		±3.0	全检	C
7	扣件间距	板端螺栓孔距板端距离(mm)	±2.0	10块	B1
		扣件间距(mm)	±2.0	10块	B1
8	板顶面平整度	轨道板四角的承轨面水平(mm)	±1.0	10块	B1
9		单侧承轨面中央翘曲量(mm)	≤1.0	10块	B1
10	板底面平整度		5mm/1m	10块	B1
外观质量					
11	肉眼可见裂纹		不允许	全检	A
12	承轨部位表面缺陷(气孔、黏皮、麻面、裂纹等)(mm)		长度≤20、深度≤5	全检	B2
13	锚穴部位表面缺陷(裂纹、脱皮、起壳等)		不允许	全检	C
14	其他部位表面缺陷(气孔、黏皮、麻面)(mm)		长度≤80、深度≤8	全检	C

序号	检查项目	允许偏差	每批检查数量（出厂检验）	检验项别
外观质量				
15	轨道板四周棱角破损和掉角（mm）	长度≤50	全检	C
16	预埋套管内混凝土淤块	不允许	全检	A
17	轨道板漏筋	不允许	全检	A
18	承轨台外框低于轨道板面	不允许	全检	B1
19	轨道板刷毛（mm）	深度2~3	全检	C
20	轨道板底浮浆	不允许	全检	C

注：1. A类项别单项点数不允许超偏。

2. B1类项别单项项点数的超偏率不大于5%。

3. B2类别单项项点数的超偏率不大于10%。

4. C类项别各单项超偏率点数之和不大于C类总项点数的10%。

3.轨道板粗铺放线

轨道板铺设前，要在底座上放出轨道板位置轮廓线，保证粗铺时轨道板中心线与线路中心线偏差在10mm之内，提高轨道板精调效率。

轨道板粗铺时的位置偏差：纵向不应大于10mm，横向不应大于精调支架横向调程的1/2。

4.吊装、运输

根据施工需要，提前将轨道板运送至铺板现场。轨道板采用小型汽车运输，装卸车时考虑轨道板铺设顺序，避免轨道板铺设时二次倒板。

5.轨道板粗铺

①铺设轨道板时，根据设计要求选择对应的轨道板型号，采用悬臂式铺板门式起重机起吊。利用铺板门式起重机走行系统将轨道板吊至铺设工作面，再由人工配合铺板门式起重机起吊、移动系统将轨道板准确就位（边线误差在10mm以内），并在轨道板预埋套筒位置放置4块尺寸为200mm×100mm×85mm支承垫木作临时支撑。

轨道板铺设也可采用汽车起重机铺设，轨道板由存板地吊装轨道板到小型运板车上，运至施工现场，吊装进行铺设。

②经检查轨道板粗铺满足要求后，拆除吊具，分别在轨道板预埋套筒处安装精调器，填写粗铺记录。以上工序循环进行。

③轨道板粗铺完成后立即按配板图填写放板编号，确保所铺轨道板均可追溯到生产源头。

五、轨道板精调

1.精调过程

（1）标架检校

精调系统在使用前一定要进行标架检校，硬件常数（强制对中三脚架高度、棱镜高等）、标架四角平整度要进行检核和调整,再将相关常数录入程序中。在使用过程中,如发现数据不符,需重复检校。

（2）标架安放

Ⅲ型板精调系统在精调时需要使用6个标架,放置在当前调整的轨道板的正数第二排承轨台和倒数第二排承轨台上。进行搭接时,搭接标架放置在搭接板临近当前精调板的第二排承轨台上。

（3）调板

启动轨道板精调软件测量,根据偏差值调板

步骤一:调整未调板的搭接端,使当前待调整板和已调整好的板大体一致,可以借助一些辅助装置进行,加快调板速度。

步骤二:精调软件指挥全站仪,观测放置在当前板4个精调标架上的4个棱镜,根据测得的坐标值计算出实测值和理论值之间的偏差值,进行精确调整,当调整完成后进行完整的重复测量,当偏差值符合限差要求时轨道板调整完成,保存精调成果,转入下一块轨道板的调整,重复以上工作。

2. 轨道板压紧装置

为了防止轨道板在灌注时上浮,精调完成后在轨道板两侧和端部安装压紧装置。压紧装置由锚杆、L形钢架及翼形螺母组成。

一般情况下,压紧装置安装于轨道板的两端及中间共5个,即1个横向、4个纵向压紧装置,每块板同侧两纵向压紧装置间距3.5m。

压紧装置锚杆锚固在底座板或支承层上,锚杆锚固深度应为100～150mm,冲击钻打眼后用膨胀螺栓锚固,应确保锚固完成的锚杆处于垂直状态,如图4-30所示。

图4-30　轨道板压紧装置

3. 资料整理

测量完成后应提交以下资料:轨道板精调技术设计书、轨道板精调成果报告。轨道板精调成果报告包含内容:技术总结、轨道基准点三维坐标、轨道板精调工程文件、轨道板铺设精度检测工程文件、轨道板精调成果文件、轨道板铺设精度检测成果文件、轨道板精调结果。在测量完成之后,应该对测量成果进行整理,并报监理审核之后执行。

六、自密实混凝土配制与灌注施工

1. 自密实混凝土的概念

自密实混凝土是具有高的流动性、间隙通过性和抗离析性，浇筑时仅靠自重作用而无需振捣便能均匀密实成型的高性能混凝土。

填充层自密实混凝土性能要求高自流平性能、高抗离析能力、高间隙通过能力、超长距离流动能力、高体积稳定能力、优越的耐久性。自密实混凝土拌合物性能包括流动性、填充性、间隙通过性和抗离析性等。自密实混凝土拌合物的性能要求与检测方法应符合表 4-14 的要求，具体检测如图 4-31 所示。

自密实混凝土拌合物性能要求与检测方法   表 4-14

项目	性能要求	项目	性能要求
坍落扩展度(mm)	700±50	L形箱,H_2/H_1	≥0.9
T_{50}(s)	2~6	T_{700L}	10~18
B_J(mm)	<18	含气量(%)	2~5
泌水率	0	塑性膨胀率(%)	0~1

a)扩展度测试

b)B_J环测试

c)含气量测试

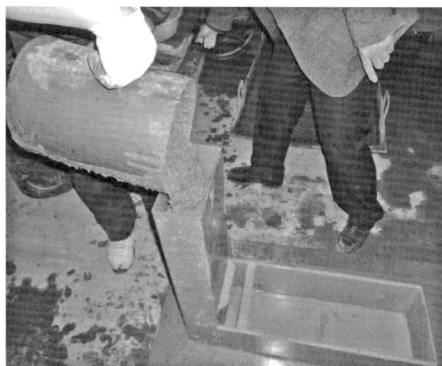
d)L形箱测试

图 4-31　自密实混凝土性能测试

2. 自密实混凝土硬化体性能

抗压强度与弹性模量应满足设计要求,耐久性和收缩性应符合表 4-15 中的规定。

自密实混凝土性能

表 4-15

项目	指标要求	检测方法
56d 电通量（C）	≤1000	《客运专线高性能混凝土暂行技术条件》（科技基〔2005〕101号）
56d 抗冻性能	F300	《普通混凝土长期性能和耐久性能试验方法标准》（GB/T 50082—2009）
56d 干燥收缩值（×10⁻⁶）	≤400	

3. 自密实混凝土配合比

自密实混凝土配合比设计宜采用绝对体积法,自密实混凝土的配合比参数应符合以下规定。

①胶凝材料用量不宜大于 $600kg/m^3$。

②用水量不宜大于 $190kg/m^3$。

③自密实混凝土浆体量宜为 $0.35 \sim 0.42 m^3/m^3$。

④单位体积粗集料绝对体积宜为 $0.26 \sim 0.32 m^3/m^3$。

自密实混凝土氯离子总含量应不大于胶凝材料总量的 0.10%,自密实混凝土的总碱量应不大于 $3.0kg/m^3$。

4. 自密实混凝土配合比调整

当混凝土原材料、施工环境温度等发生较大变化时,应及时调整混凝土配合比。

5. 自密实混凝土的施工

①应根据设计要求、灌注施工工艺和施工环境等,会同设计、监理单位各方,共同制订自密实混凝土施工技术方案、施工过程的质量控制与保证措施。

②自密实混凝土的施工包括自密实混凝土的搅拌、运输、灌注、养护和拆模等。根据交通运输条件,采取不同的自密实混凝土灌注方案。

③正式施工前,应进行自密实混凝土的试灌注,并进行自密实混凝土的现场揭板质量检验,验证并完善混凝土的灌注施工工艺。

④施工和监理单位应确定并培训专门从事自密实混凝土关键工序施工的操作人员和试验检验人员。

⑤应建立完善的质量保证体系和健全的施工质量检验制度,加强对施工过程每道工序的检验,发现与规定不符的问题应及时纠正,并按规定做好记录。

⑥质量检验方法和手段应符合技术要求的规定以及中国铁路总公司的相关标准要求,检验结果应真实可靠。

⑦应根据设计要求、工程性质以及施工管理要求,在施工现场建立具有相应资质的实验室。

⑧自密实混凝土达到 75% 的设计强度后方可承载。

6. 原材料储存与管理

①混凝土原材料进厂（场）后，应对原材料的品种、规格、数量以及质量证明书等进行验收核查，并按有关标准的规定取样和复验。经检验合格的原材料方可进厂（场）。

②混凝土原材料进厂（场）后，应及时建立"原材料管理台账"，台账内容包括进货日期、材料名称、品种、规格、数量、生产单位、供货单位、"质量证明书"编号、"复试检验报告"编号及检验结果等。"原材料管理台账"应填写正确、真实、项目齐全，并经监理工程师签认。

③混凝土用水泥、矿物掺和料等应采用散料仓分别存储。袋装粉状材料在运输和存放期间应用专用库房存放，不得露天堆放，且应特别注意防潮（单独分仓储存）。

④不同混凝土原材料应有固定的堆放地点和明确的标识，标明材料名称、品种、生产厂家、生产日期和进厂（场）日期。原材料堆放时应有堆放分界标识，以免误用。对集料堆场应事先进行硬化处理，并设置必要的排水设施。

7. 混凝土拌和

①自密实混凝土应采用拌和站集中拌制，拌和站应配有自动计量系统和强制式搅拌机，混凝土原材料称量最大允许偏差应符合：胶凝材料（水泥、矿物掺和料等）±1%，外加剂 ±1%，集料 ±2%，拌和用水 ±1%。

②搅拌混凝土前，应严格测定粗细集料的含水率，准确测定粗细集料含水率变化情况，及时调整施工配合比。一般情况下，含水率每班抽测 2 次。

③搅拌时，宜先向搅拌机投入粗集料、细集料、水泥和矿物掺和料以及其他材料，搅拌 1min，再加入所需用水量和外加剂，并继续搅拌 2min。

④冬期施工时，直接与水泥接触的水的加热温度不宜高于 80℃，自密实混凝土搅拌时间宜比常温施工延长 50% 左右。

⑤夏（热）期施工时，水泥进入搅拌机时的温度不宜大于 50℃。

⑥正式生产前必须对自密实混凝土拌合物进行开盘鉴定，检测其工作性能。

8. 模板安装

①模板与其支护应具有足够的承载能力、刚度和稳定性，应能可靠地承受灌注混凝土的自重、侧压力和施工过程中产生的荷载。

②对于通过灌注口灌注施工的无砟轨道板，侧模与轨道板平齐，安装允许误差为 ±5mm。侧模板上应预留排气孔（图 4-32）。

③在模板与底座之间的缝隙用土工布或海绵堵漏，注意要封堵密实，且不得侵入自密实混凝土层内。

④应注意分块式模板交接边的平整，不得出现错边。

⑤立模完成后检查堵漏、固定、支撑情况，并复核模板与轨道板侧边的密封、钢筋保护层厚度等，不符合要求则应调整或重新立模。

⑥设置限位装置，防止轨道板上浮和偏移。

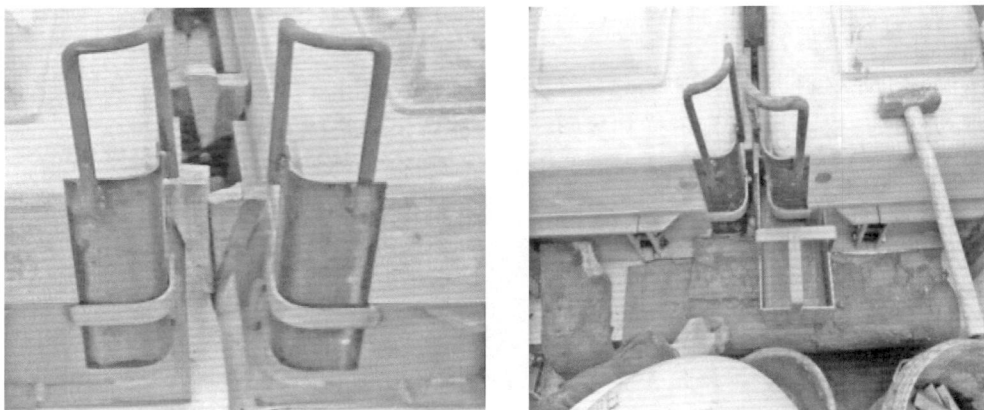

图 4-32　排浆(气)口

9. 运输

①应选用能确保浇筑工作连续进行、运输能力与混凝土搅拌机的搅拌能力相匹配的混凝土专用运输设备运输自密实混凝土。

②自密实混凝土的运输速率应保证施工的连续性,当罐车到达浇筑现场时,应使罐车高速旋转 20～30s,方可卸料。

③应确保混凝土在运输过程中保持均匀性,不发生分层、离析和泌浆等现象,并具有要求的工作性能。

④运输自密实混凝土过程中,应对运输设备采取保温隔热措施,防止局部混凝土温度升高(夏季)或受冻(冬季)。应采取适当措施防止水分进入运输容器或蒸发,严禁在运输过程中向混凝土内加水。

10. 灌注

①自密实混凝土灌注前,应完成以下准备工作。

a.针对工程特点、环境条件与施工条件事先设计灌注方案,包括灌注口位置与数量、工装模型等。

b.仔细检查钢筋网片的位置、保护层垫块数量及其紧固程度。

c.检查轨道板四周模板的密封情况、轨道板之间横向边缝的密封情况,不得漏浆,不得污染基础工程。在混凝土灌注前,应将底座混凝土表面土工布和轨道板下面喷雾润湿,并不得有积水。

d.检查轨道板的支撑和限位装置。

e.检查灌注所需设备是否正常,机具是否齐全且状态良好。

②自密实混凝土灌注前,应检测混凝土拌合物的温度、坍落扩展度、T_{50} 和含气量等工作性能。

③填充层混凝土施工原则:重力灌注、自由流动、入口密封、四角排气。

图 4-33 为充填层混凝土在轨道板底的流动模型(中间孔灌注)。

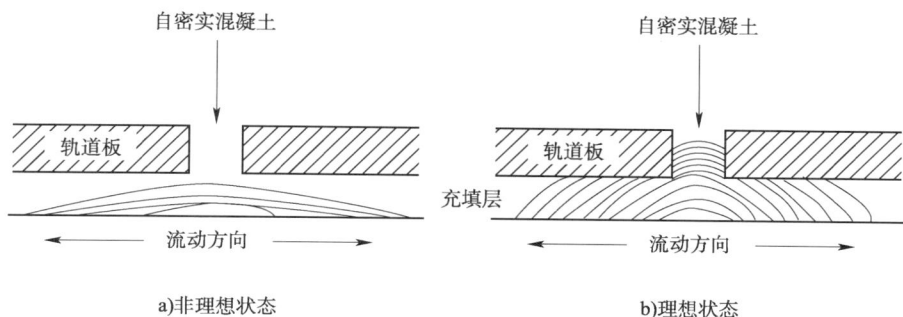

图 4-33 充填层混凝土在轨道板底的流动模型(中间孔灌注)

自密实混凝土应从轨道板预留灌注孔进行灌注,两侧模板上预留排气孔。灌注时应通过料仓及连接料仓的下料管注入,自由倾落高度不宜大于 1.0m。自密实混凝土灌注速度不宜过快,应保证下料的连续性和混凝土拌合物在轨道板下的满空间连续流动。按确定的工艺进行混凝土灌注,灌注完毕后,多余混凝土应及时清除。自密实混凝土灌注示意如图 4-34 所示。

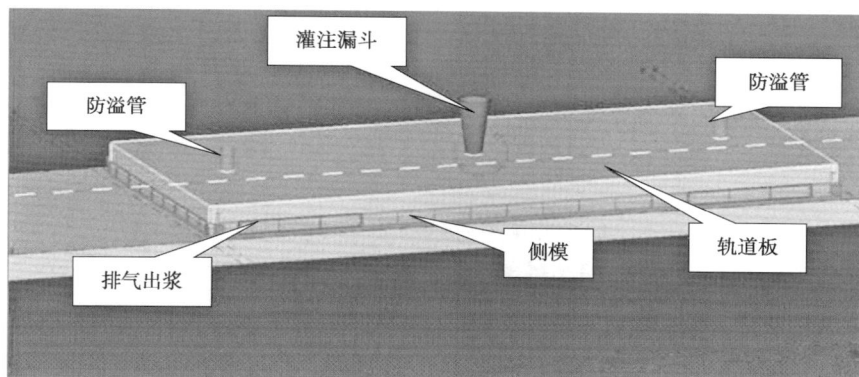

图 4-34 自密实混凝土灌注示意图

④一块轨道板下的自密实混凝土应一次灌注完成。

⑤在炎热季节灌注自密实混凝土时,入模前的混凝土、模板和模腔的温度不得超过 40℃。

⑥在低温条件下(当昼夜平均气温低于 5℃或最低气温低于 -3℃时)灌注自密实混凝土时,按冬季施工方法执行。

⑦在自密实混凝土灌注过程中,应按要求取样制作混凝土强度、弹模和耐久性试件,试件制作数量应符合《普通混凝土拌合物性能试验方法标准》(GB/T 50080—2016)的相关规定。

⑧在超高地段和坡度地段进行自密实混凝土灌注时,施工单位从低向高进行灌注,以利于自密实混凝土排气。灌注过程中要有专人观测轨道板状态,不得出现拱起、上浮现象,尽量避免踩踏轨道板。

⑨自密实混凝土灌注注意事项如下：

a.压紧装置安装必须牢固有效；

b.封边模板宜用钢模板＋透气模板布的方式；

c.板底润湿需充分，润湿后4h内须进行混凝土灌注；

d.自密实混凝土灌注施工应采用轨道板中间孔灌注，灌注速度宜采用先快后慢的灌注方式。

⑩终灌条件控制。

终灌条件控制方法。

方法一：定量设计自密实混凝土灌注漏斗容积，灌注料斗一次加装一块轨道板充填层所需混凝土量，这样，在混凝土本身无问题的前提下，灌注完毕即自然终灌。

方法二：排浆（气）口控制，自密实混凝土从排浆（气）口溢出即停止灌注。该方法的前提是混凝土必须满足要求，不得过稀、离析。因此，终灌条件就是当混凝土充满排浆（气）口就应立即封堵，终止终灌。

方法三：在第二种控制方法的基础上，在轨道板上两个观察孔处设置压力传感器，通过监测结构内自密实混凝土的灌注压力来控制终灌。

11. 养护

①自密实混凝土灌注完成后，应及时养护，养护时间不得少于14d。

②带模养护期间，应采取带模覆盖（麻布、土工布等）、喷淋浇水等措施进行保湿养护；去除覆盖物或拆模后，应对混凝土采用覆盖浇水养护，也可用养护膜、喷养护剂的方法进行养护。

③养护用水温度与混凝土表面温度之差不得大于15℃。

④做好养护记录。同时，对同条件养护的混凝土试件进行洒水养护，使试件强度与自密实混凝土强度同步增长。

12. 拆模

①轨道板支撑装置应在自密实混凝土初凝后拆除。

②轨道板两侧模板的拆除应在自密实混凝土强度达到5.0MPa以上时进行，且其表面及棱角不因拆模而受损。

③拆模宜按立模顺序逆向进行，不得损伤轨道板四周混凝土，并减少模板破损。当模板与自密实混凝土脱离后，方可拆卸、吊运模板。

任务五　双块式无砟轨道施工

双块式无砟轨道施工工艺流程如图4-35所示。

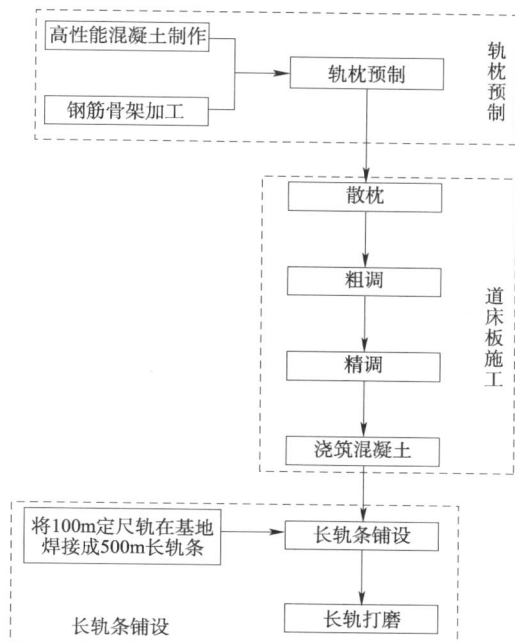

图 4-35　双块式无砟轨道施工工艺流程

　　双块式无砟轨道道床板施工工艺流程可简化为散枕、粗调、精调、浇筑混凝土四道工序。其中又可细化为 10 个工序,散枕区、粗精调区、混凝土浇筑区三个功能区,如图 4-36 所示。

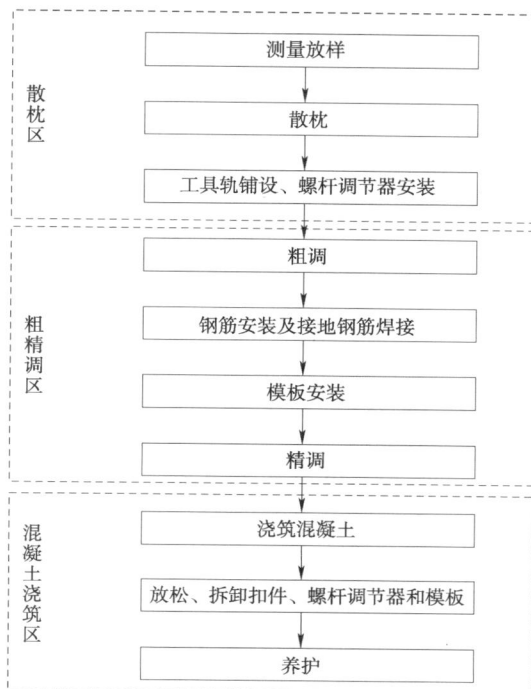

图 4-36　双块式无砟轨道道床板施工工艺流程

双块式无砟轨道道床板施工机械设备主要有：散枕机（或轮胎式门式起重机）、粗调机、模板安装机、精调小车、混凝土浇筑机、模板拆洗机、公铁两用混凝土输送车。

道床施工顺序如图4-37所示。

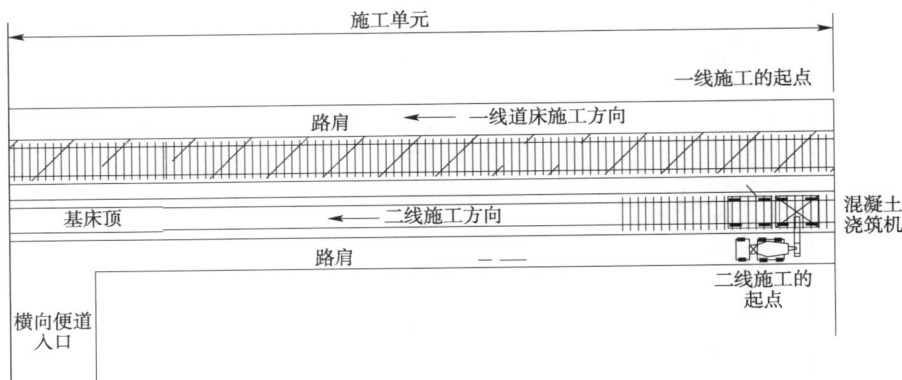

图4-37　道床施工顺序示意图

注：1. 一线道床混凝土由轮胎式混凝土运输车经二线支承层供应混凝土，浇筑机浇筑混凝土。

　　2. 二线道床施工时，采用轮胎式混凝土运输车供应混凝土至横向便道入口的二线支承层，再经一线的轮轨式混凝土运输车倒运至浇筑机附近，浇筑混凝土。

无砟轨道静态平顺度允许偏差应符合表4-16的规定。

无砟轨道静态平顺度允许偏差及检验方法　　　　表4-16

序号	项目	旅客列车设计行车速度 v(km/h)		检验方法
		200	200 < v ≤ 350	
1	轨距(mm)	+1，−2	±1	轨检小车检测
2	高低(弦长10m)(mm)	2	2	
3	轨向(弦长10m)(mm)	2	2	
4	扭曲高低(基长6.25m)(mm)	3	2	
5	水平(mm)	2	1	

任务实施

CRTS Ⅲ型板式无砟轨道施工

一、CRTS Ⅲ型板式无砟轨道施工工艺流程

CRTS Ⅲ型板式无砟轨道施工工艺流程如图4-38所示。

```
                    ┌─────────────────┐
                    │   桥面、路基验收   │
                    └─────────────────┘
                            │                    ┌─────────────────┐
                            │ ◄─────────────────│  沉降变形初步评估  │
                            ▼                    └─────────────────┘
                    ┌─────────────────┐
                    │  CPⅢ建网及评估   │
                    └─────────────────┘
                            │
                            ▼
                    ┌─────────────────┐
                    │  桥面预埋Z字筋    │
                    │    检查整修       │
                    └─────────────────┘
┌──────────────┐            │                    ┌─────────────────┐
│桥梁段最小板缝  │─────────► │ ◄─────────────────│  路基地段底座     │
│验算（曲线梁）  │    ┌─────────────────┐         │   单元划分       │
└──────────────┘    │   底座基础放线    │         └─────────────────┘
                    └─────────────────┘
┌──────────────┐            │                    ┌─────────────────┐
│  底座钢筋制安  │─────────► │ ◄─────────────────│  底座模板安装     │
└──────────────┘    ┌────────────────────────┐   └─────────────────┘
                    │ 桥梁及路基混凝土底座施工  │
                    └────────────────────────┘
                            │
                            ▼
                    ┌─────────────────┐
                    │  底座拆模及养护   │
                    └─────────────────┘
                            │
                            ▼
                    ┌─────────────────────────┐
                    │  桥梁及路基混凝土底座验收  │
                    └─────────────────────────┘
                            │                    ┌─────────────────┐
                            │ ◄─────────────────│  沉降变形最终评估  │
                            ▼                    └─────────────────┘
                    ┌─────────────────────┐
                    │  隔离层及橡胶垫层施工  │
                    └─────────────────────┘
┌──────────────┐            │
│  轨道板验收   │            ▼
│    运输       │    ┌──────────────────────┐
└──────────────┘    │  自密实混凝土钢筋网铺设  │
        │           └──────────────────────┘
        ▼                   │
┌──────────────┐   ┌─────────────┐            │                    ┌──────────────┐
│  轨道板临时   │──►│  轨道板上     │─────────►  │ ◄─────────────────│   布板计算    │
│    存放       │   │  桥上路基     │    ┌─────────────────┐         └──────────────┘
└──────────────┘   └─────────────┘    │   轨道板粗铺     │
                                       └─────────────────┘
                            │
                            ▼
                    ┌─────────────────┐
                    │   轨道板精调      │
                    └─────────────────┘
┌──────────────┐            │                    ┌──────────────┐
│ 配合比设计、  │─────────►  │ ◄─────────────────│  自密实混凝土  │
│  工艺性试验   │    ┌─────────────────┐         │   模板安装     │
└──────────────┘    │  自密实混凝土施工  │         └──────────────┘
                    └─────────────────┘
                            │
                            ▼
                    ┌─────────────────┐
                    │    灌注孔封堵      │
                    └─────────────────┘
                            │
                            ▼
                    ┌─────────────────┐
                    │    拆模养护       │
                    └─────────────────┘
                            │
                            ▼
                    ┌─────────────────┐
                    │    现场清理       │
                    └─────────────────┘
┌──────────────┐            │
│   长轨辅设    │─────────►  ▼
└──────────────┘    ┌─────────────────┐
                    │   轨道板静态精调   │
                    └─────────────────┘
```

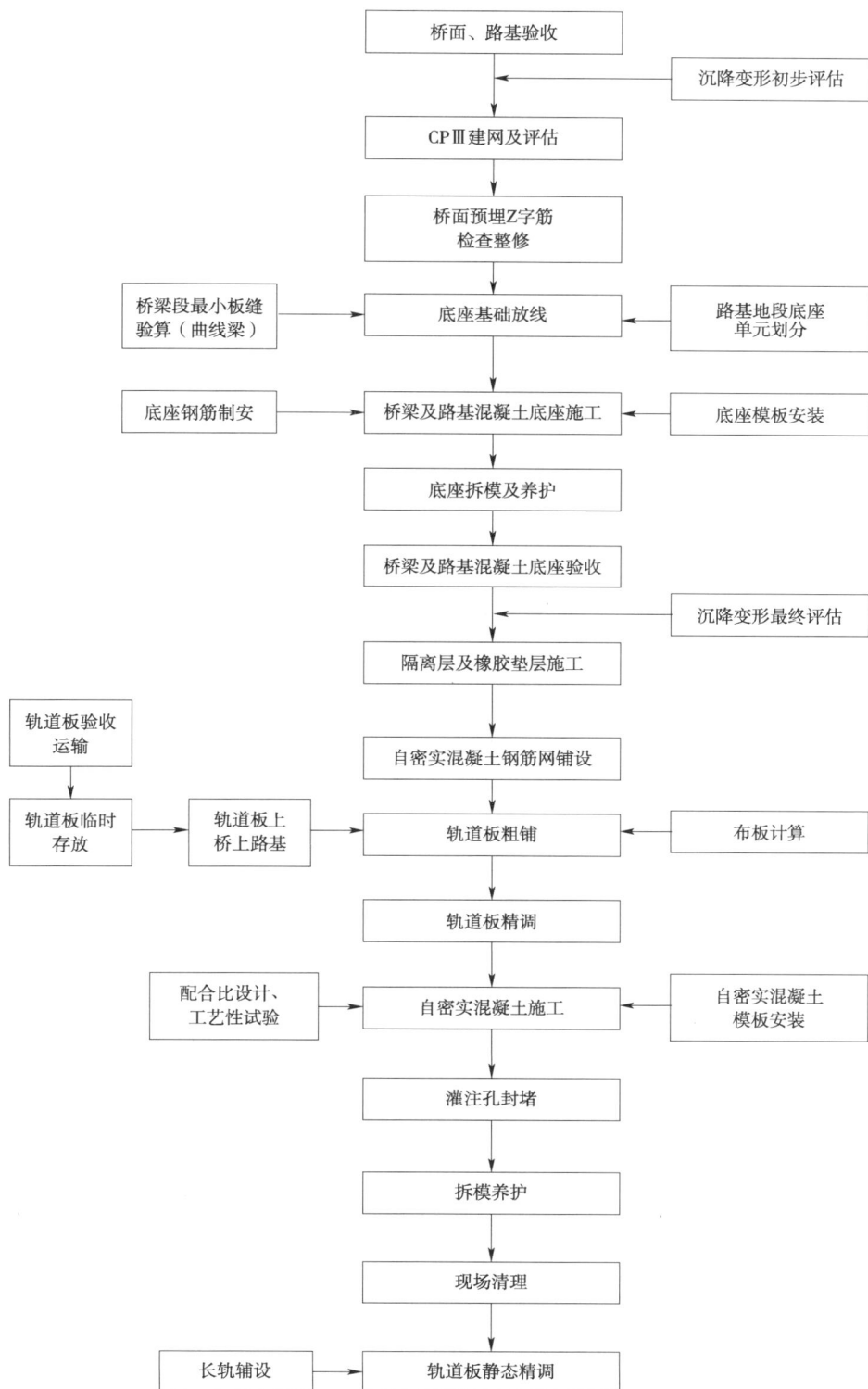

图 4-38　CRTS Ⅲ 型板式无砟轨道施工工艺流程框图

二、无砟轨道底座板基面处理施工工序作业要点

无砟轨道底座板基面处理施工工序作业要点如表4-17所示。

无砟轨道底座板基面处理施工工序作业要点 表4-17

序号	工序	作业控制要点
1	基面处理	①桥面表层混凝土顶面高程进行复核；对不符合要求的进行铣刨、打磨至设计高程；对底座板底流水坡进行检查，不得反坡。 ②基面高程精度范围控制在（−10mm，0）。 ③底座板基面采用铣刨机铣刨，铣刨范围为底座边线距底板边缘10cm以内。 ④铣刨保证大面平整，无浮渣，见新鲜混凝土面积不小于50%。 ⑤浮渣、堆积的灰尘、杂物等清理干净。 ⑥桥梁预埋套筒附近采用凿毛机沿线路方向施工，梁端采用横向补充凿毛，凿毛时采用土工布封闭，注意预埋套筒的保护。 ⑦凿毛深度1.5~2mm，纹路清晰、均匀、整齐，凿毛面积100%，见新面积不小于75%
2	剪力钉及网片安装	①打开基础面预埋套筒封闭盖，清除套筒内杂物，拧入连接钢筋HRB400ϕ16钢筋，安装连接钢筋时拧入套筒长度为23mm，扭紧力矩不小于100N·m。 ②桥梁预埋套筒失效的，进行植入钢筋。钻孔直径18mm，钻孔深度210mm，露出部分桥梁150mm高，弯钩长度均为100mm。试验采用抗拉拔力试验检测，拉力桥梁不小于65kN。 ③植筋深度在电钻、植入钢筋上明确标识深度位置。失效套筒10cm范围内采用钢筋探测仪检测避开混凝土内钢筋，植入筋与基面呈垂直状态。 ④垫块安装：弹线定位钢筋网片位置。安装底座钢筋前安装保护层厚度35mm等强度、等厚度的垫块，垫块密度4个/m²，呈梅花形布置。 ⑤钢筋安装顺序：底层钢筋网片→基础连接筋安装→顶层网片安装→架立筋→限位凹槽防裂钢筋安装。 ⑥钢筋施工要求：架立筋和U形筋尺寸符合图纸要求，以保证钢筋网片位置准确，尤其是曲线超高地段。超高地段采用外轨抬高方式，配筋高度在缓和曲线区段按线性变化完成过渡。限位凹槽防裂钢筋重点检查位置安装及保护层厚度。采用土工布封闭，注意预埋套筒的保护。 ⑦凿毛深度1.5~2mm，纹路清晰、均匀、整齐，凿毛面积100%，见新面积不小于75%
3	底座模板安装	①用全站仪根据设计位置对模板边线进行测量定位，同时做出标记及该点高程。 ②模板采用三角支撑固定牢固，支撑钢筋采用HRB400ϕ16钢筋。底座模板间用螺栓连接，安装平顺、牢固，接缝严密，采用水平尺进行相邻模板检查。 ③模板底部与基面缝隙采用泡沫胶封堵，从内向外注打，将多余部分沿着模板面切除整齐，外观平整。模板定位准确，安装牢固、平顺，接缝严密，做到不跑模，不漏浆。 ④每块轨道板对应的底座板范围内设置两个限位凹槽，限位凹槽尺寸720mm×1020mm，四角为半径5cm圆角。限位凹槽模板为整体定型钢模，放置到底座单元固定位置处，并用G型卡与侧模连接固定，调整螺丝杆使凹槽模板高程达到设计要求，然后上部用双螺母固定防止凹槽上浮。 ⑤伸缩缝位置将2cm厚的聚乙烯泡沫板紧贴在伸缩缝模板上，顶部安装40mm×60mm方管结合卡兰夹紧，在侧模板上采用槽钢固定上口位置，底座混凝土浇筑完毕后待混凝土初凝时再将钢板缓缓抽出。 ⑥在浇筑底座板混凝土前在底座板对应压杠位置各设置ϕ25mm、长度30cm的PVC管，与下层钢筋绑扎牢固。自密实混凝土灌筑完成后用微膨胀混凝土封闭。检查安装位置及保护层厚度

序号	工序	作业控制要点
4	混凝土浇筑、收面及压光	①浇筑前对模板内进行二次清理，对基面进行洒水预湿，以基面潮状不形成积水为原则。对施工通道、工装工具准备进行再次检查和确认。 ②对现场所用混凝土，坍落度、含气量、入模温度等指标进行检测。 ③浇筑时下料高度不得高于2m，伸缩缝两侧混凝土高差不大于10cm，先浇筑有伸缩缝聚乙烯泡沫板侧，布料从凹槽处开始向四周扩散，浇筑速度不宜过快，边浇筑边振捣，振捣时避免对模板、钢筋的撞击，混凝土振捣密实的标志是混凝土表面泛浆，没有明显下沉、无气泡出现。混凝土浇筑完成后，距凹槽四角1.5cm处平放入钢丝网片，网片大小10cm×10cm，网格尺寸1.5cm×1.5cm，网片严禁先行绑扎于钢筋骨架上。 ④底座排水坡采取"压光收面"，其余部位收面平整：a. 混凝土振捣完成后，长刮杠收面两次，短刮杠刮平两次；b. 初凝前人工收面整平一次；c. 初凝后对排水坡进行二次收面压光。 ⑤底座横向排水坡坡度不小于6%，浇筑时采用专业抹（桥长25cm）抹平压光。 ⑥底座凹槽模板提升后立即进行人工抹面，将限位凹槽内混凝土上顶面进行压光
5	底座板混凝土养护及拆模施工	养护： ①收面、压光完成后及时喷洒养护液，待表干混凝土终凝后采用"一布一膜"滴灌养护； ②混凝土表面覆盖一层土工布，土工布表面布置2根带孔塑料软管，软管一端与养护水罐连接； ③将土工布洒水润湿，最后覆盖塑料薄膜，并将塑料薄膜四角压紧。 养护时，在限位凹槽内蓄满水，以保持底座表面的湿润状态。养护时间不少于14d。洒水养护，以充分润湿混凝土面为准。温度低于5℃时采用养护液养护。混凝土达到设计强度的75%之前，严禁各种车辆在底座上通行。 拆模：混凝土强度达到5MPa后，方可拆除模板，拆模时注意对混凝土棱角的保护。混凝土浇筑后约2h松动凹槽模板，约4h后拆除凹槽模板，拆除时注意两侧同时抬起，防止损坏凹槽混凝土。混凝土浇筑后2h内拆除伸缩缝模板，以混凝土不塌陷为准，拆除时注意按压聚乙烯泡沫板，防止上浮或变形。 带模养护满足要求后，拆除侧模板，拆除时注意对棱角的保护，轻取轻放，严禁硬翘，野蛮砸敲。 拆除模板后对模板及时进行打磨，清理余灰，保证模板的表面整洁，便于重复利用
6	伸缩缝、嵌缝施工	采用专用切割机将底座板间聚乙烯泡沫板顶部和侧面切出20mm深凹槽，使凹槽平整，毛刷清理后使用风机吹净杂物。 嵌缝前，用墨斗线沿横向在缝两侧，弹出50mm宽的胶带边线，线条清晰、准确。沿缝两侧张贴5cm宽胶带防止嵌缝料污染底座面，保证胶带线形顺直，在清理后的伸缩缝范围内人工均匀涂刷界面剂。 连续注入嵌缝材料，并采用刮刀刮平，嵌缝胶黏结牢固、密实、饱满、表面无气泡、线形顺直。 填缝材料灌注完毕至实干前，应采取塑料膜覆盖防护措施，防止雨水、杂质落入，严禁污染、踩踏

续上表

序号	工序	作业控制要点
7	隔离层及缓冲垫层	①底座混凝土强度达到75%设计强度后,对凹槽尺寸、高程、中线位置、平整度、底座两侧排水坡、相邻凹槽中心间距等技术指标验收,合格后,进行土工布隔离层和弹性缓冲垫层施工。 ②中间隔离层采用面积700g/m²、厚4mm土工布,桥梁段宽度为2600mm±10mm,路基段宽度为2900mm±10mm。 ③用墨斗线沿纵向在轨道板两侧弹出土工布边线位置。 ④将土工布沿墨斗线整卷均匀连续铺设于底座表面,使用刮杠刮平,做到土工布与混凝土贴、平整、表面无褶皱、破损。铺设时采取方管压住土工布边缘,四角刷胶粘贴,保证无翘起、空鼓,土工布不允许搭接、连接。 ⑤隔离层与弹性垫层接缝:用黄色塑料胶带在弹性垫层台架上将弹性垫板与泡沫板进行密封成型。 ⑥施工时作业人员穿鞋套,避免污染土工布。用电热裁剪刀沿限位凹槽边沿割出方孔,割下部分土工。 ⑦布铺在凹槽底面。弹性缓冲层使用胶体粘贴在凹槽四周,确保与凹槽四周密贴。 ⑧弹性垫层顶面与底座板顶面齐平,接缝封口严密、无翘曲、无空鼓、无褶皱现象
8	钢筋网片安装	根据图纸设计要求凹槽钢筋采用专用模具进行绑扎,与35mm高的C40混凝土垫块绑扎固定后,整体放入凹槽内。 使用全站仪粗放出轨道板对应位置,通过弹线确定铺设钢筋片的位置,先放置凹槽钢筋,再铺设钢筋网片,凹槽钢筋和钢筋网片绑扎成整体。 钢筋网片摆放到位后,上、下面均按照梅花形布置,安装35mm高的C40混凝土支承垫块不少于4个/m²。网片安装完毕后,严禁踩踏。 轨道板运至铺设地点后,对以下内容进行检查: ①轨道板型号、编号、直曲线是否一一对应; ②轨道板表面边缘是否有损坏; ③承轨台部位是否有损坏; ④承轨台上锚栓孔盖有无缺失; ⑤锚穴表面是否有缺陷,轨道板是否有裂纹
9	轨道板粗铺	①轨道板吊装孔专用吊具装配胶垫,防止起吊孔处混凝土开裂。轨道板吊装放置于安全支墩上,检查轨道板预制时其底面预留的门形钢筋不能扭曲、倒伏,整改完毕后,纵向穿入门形钢筋N4水平筋,并用绝缘卡加以固定于门筋内侧。 ②检查轨道板放置方向,确保接地端子与线路综合接地贯通地线在同一侧。轨道板铺设后用塑料胶带封堵"三孔"。 ③粗铺时以底座板上的粗铺线为基准,保证粗铺时轨道板横向不大于精调支架的横向调程的1/2,纵向偏差不大于10mm。侧面采用三角板靠尺的办法,确定横向偏差进行调整。纵向位置采用略小于设计板缝尺寸(边长65mm)的方木条控制,用9cm方木对轨道板高程控制临时支垫,轨道板就位时人工控制轨道板紧贴木条下落。 ④安装行程居中的精调爪,进行粗调,同一轴向精调爪采用相同扭紧力矩,扭力矩在200~300N·m范围,保证精调爪与轨道板侧面平行密贴,受力均匀。通过4个精调爪同步调整竖向位移抬高轨道板,撤出临时支垫。 ⑤曲线地段调整每块轨道板的偏角。将轨道板板端第二对承轨台中线与轨道板中心线的交点布设在轨道中心线上;铺设时四角均匀地在放样边线以内;轨道板高度调整满足超高要求

续上表

序号	工序	作业控制要点
10	轨道板精调	①粗铺后以 1m 水平尺搭接上一块已精调到位的轨道板按压调整端部,按照"高降低升"原则调整至高差 2mm 以内,以提高精调作业效率。严禁单块轨道板大幅度调整。 ②设站:仪器架设中心尽量靠近轨道板中心线,至少采用线路前后两侧 8 个 CPⅢ 点,建站精度为 0.7mm。精调前利用标准标架对另外 3 个标架进行检校,满足 1mm 精度要求。 ③精调顺序:先高程后平面。调整高程时必须 4 个精调爪同时调整,避免单个精调爪受力,调整平面时作业两侧须同向调整。 ④测量:精调前,将 4 个标架放置在对应承轨台上。测量时,全站仪与 1 号标架间距控制在 6~40m。测量仪器架设高度不宜大于 100cm,最后约 100m 范围内应兼顾搭接控制,确保线形平顺。轨道板调整完毕、误差满足要求后,及时存储测量数据。 ⑤延续精调:须对上一块轨道板进行搭接测量,要求相邻轨道板板端承轨台顶面相对高差不大于 0.5mm。采用水平靠尺进行复核,相邻板端高差小于 1.0mm 为合格。精调时轨道板高程偏差严格控制在 -0.5~0mm 以内。 ⑥精调后,在轨道板上放置"精调完毕,严禁踩踏"等警示标语。露天施工时设置防雨篷布,防止雨水进入,避免影响自密实灌注质量
11	自密实模板安装	①轨道板。精调 30 块轨道板后立即进行压紧和封边作业,并对轨道板位置和高程进行复测,掌握轨道板因压紧和封边对精调的影响,影响较大时解除压紧和封边,重新进行精调。 ②模板采用螺栓连接,端模采用 X 形加固件及木楔固定,模板固定由压紧装置处螺栓顶紧。 ③封边模板内侧粘贴透气模板布,模板布必须与模板粘贴紧密牢固,不得起皱、空鼓。模板布与模板下部平齐,可周转使用,一般使用 3~4 次。插板根部预留 1cm,两侧各预留 2mm。 ④每块轨道板压紧不少于 5 道,压杠采用承台"1-2-1-2-2-1"的方式进行压紧,曲线段防侧移装置对称设置不少于 3 道。压杠底部与板面接触部位垫单层土工布,防止压杠对板面的损伤。 ⑤压杠通过地脚螺栓与锚杆连接,预埋压杠锚固拉杆钢筋采用直径 20mm 的 HRB400 型钢筋,钢筋长 30cm,外漏 8cm。模板拉杆顶面必须配备缓冲垫板。 ⑥压杠使用扭力扳手紧固,施工时保证同一压杠两侧同时加固,保持两侧压力均衡。拧紧力矩 50N·m,避免压杠扭力与精调爪之间反力过大,造成板面损伤。测量精调值按照 -0.5mm 控制
12	自密实浇筑	①在灌板前 1h 分别从 3 个板孔及 4 个排气孔伸入轨道板内进行雾状喷射,足够湿润的标志是表面潮湿而不积水。每个孔中的喷雾时间控制在 3~5s。要求隔离层表面无明水、积水。采用雾化旋转喷头对轨道板底面进行润湿。 ②灌注前必须检测自密实混凝土温度、坍落扩展度、扩展时间 T50、含气量和泌水情况等拌合物性能,满足规范要求后方可灌注。同时测量模板温度和腔内温度,其不超过 40℃。混凝土灌注前罐车应高速旋转 20~30s 方使混凝土搅拌均匀,再卸料。混凝土灌注应均匀、连续,待四角排气孔内混凝土流满导流槽、排出混凝土的集料均匀时,可关闭挡浆插板。

续上表

序号	工序	作业控制要点
12	自密实浇筑	③灌注时在灌注孔及观察孔底部安放土工布或塑料布，防止混凝土污染板面。排气孔采用三通方式。排气孔在自密实混凝土灌注至板底后安放，严禁提前安放。灌注时自由倾落高度不宜大于1.0m。灌注时间控制在8～12min。每块板在浇筑时，为防止踩踏板面及压杠影响精调高程，在灌注孔、观察孔附近设置"门"形踏步，共3处。 ④自密实混凝土从轨道板四周排气孔流出，混凝土拌合物没有离析、没有上下分层，碎石在上表面可见，流出的混凝土与轨道板底面没有空气排出，说明灌板已经饱满，待观察孔内混凝土比轨道板高出25mm以上，四角出料均匀以后停止灌注。插板安装必须竖直，且背部使用楔块挤紧。如果自密实混凝土没有从排气孔流出，或者流出的混凝土拌合物明显离析，说明灌板失败。应立即揭开板面进行冲洗干净，重新施工。 ⑤轨道板自密实混凝土初凝前撤除观察孔、灌注孔处防溢管，清除四周多余混凝土，在观察孔、灌注孔的设计位置插入"S"形钢筋，通过右侧工装的"V"口对S形钢筋的高程位置进行定位
13	自密实养护及拆模	①轨道板灌注完成后，对观察孔、灌注孔及时采用特制养护装置进行养护，养护时严禁踩踏板面，严禁行走于门形踏板。 ②混凝土压杠在混凝土膨胀达到体积最大后方能解除，夏季8～10h解除压杠，气温较低时适当延长至20h左右，且同时满足混凝土强度达到10MPa以上要求。 ③自密实混凝土带模养护3d，带模养护期间使用喷壶对模板布进行补水，保证模板土工布湿润。 ④强度达到10MPa拆除模板，模板拆除按立模的顺序逆向进行，并不得损伤轨道板四周混凝土。 ⑤拆模后，在自密实混凝土四周涂刷养护液、贴塑料膜养护，养护时间不少于14d。 ⑥养护时间满足要求后，自密实混凝土达到100%的设计强度后，方能承受全部设计荷载。对灌注孔及观察孔高出5mm部分进行打磨，使之圆顺呈馒头状。 ⑦用电热裁剪刀在自密实混凝土层底部切割轨道板四周宽出的土工布隔离层，严禁使用角磨机等机具切割。 ⑧轨道板复测：自密实混凝土浇筑完成拆模后，对轨道板进行复测

案例分析

盘锦至营口客运专线主要施工技术介绍

一、工程概况

盘锦至营口铁路客运专线（以下简称盘营客专）位于我国东北地区，辽宁省中部，临近渤海，气候上属于暖温带亚湿润大陆性季风气候区，四季分明，冬季寒冷。盘营客专正线无砟轨道铺设长度为167.7km。该地区的特殊地理和气候条件，决定了对CRTS Ⅲ型板式无砟轨道施工质量的较高要求，特殊的地理环境也增加了施工的难度。

二、技术难点

盘营客专 CRTS Ⅲ 型板式无砟轨道施工技术难点主要体现在曲线轨道板制造、轨道板铺设和自密实混凝土施工等 3 个方面。

三、相应施工技术措施

1. 曲线轨道板制造

为实现曲线地段 CRTS Ⅲ 型轨道板与曲线位置的一一准确对应，以往类似工程一般采用承轨槽打磨工艺，设备投资大、功效低。为此，本工程采用模板承轨槽调整的工艺措施，解决这一技术难题，而且设备投资低、功效提高，是轨道板制造技术的重要创新。

2. 轨道板铺设

CRTS Ⅲ 型板式无砟轨道通过设计布板、施工布板、轨道板精调和灌注锁定控制，依据 CP Ⅲ 控制网，采用全站仪、测量标架、精调及压紧等设备，对轨道板通过调整支架进行精确调整和固定，控制好轨道板的绝对精度和相对精度，保证轨道中线位置、高程和相邻轨道板之间的平顺性。

3. 自密实混凝土施工

针对目前自密实混凝土制备中存在的问题，研究制定了自密实混凝土性能指标的选定、自密实混凝土生产质量控制技术和自密实混凝土施工质量控制技术三方面措施。

学习检测

一、选择题

1. 轨道精调定位合格后，应安装轨排固定装置，防止混凝土浇筑时轨排（　　　）。
    A. 横移　　　　　　　　B. 上浮　　　　　　　　C. 横移或上浮　　　　　　　　D. 下沉

2. 混凝土捣固时，应特别注意防止振动棒触碰（　　　）。
    A. 模板　　　　　　　　B. 底座　　　　　　　　C. 钢轨调整器　　　　　　　　D. 支承层

3. 无砟轨道中间层土工布接缝与轨道方向垂直，采用（　　　）方式，并用胶带粘贴。
    A. 搭接　　　　　　　　B. 对接　　　　　　　　C. U 型连接　　　　　　　　D. 其他搭接形式

4. CA 砂浆配合比主要组成正确的是（　　　）。
    A. 乳化沥青、水泥、河砂、膨胀剂
    B. 乳化沥青、水泥、河砂、消泡剂
    C. 乳化沥青、水泥、河砂、膨胀剂、消泡剂
    D. 乳化沥青、水泥、河砂、减水剂

5. CA 砂浆主要性能指标包括（　　　）。
    A. 拌合物温度、流动度、扩展度
    B. 拌合物温度、流动度、扩展度、分离度
    C. 拌合物温度、流动度、分离度

D. 拌合物温度、扩展度、分离度

6. CRTS Ⅱ 型无砟轨道道床在桥上按由下到上的顺序,由( )组成。

A. 滑动层、底座、CA 砂浆垫层和轨道板

B. 支承层、底座、CA 砂浆垫层和轨道板

C. 支承层、滑动层、CA 砂浆垫层和轨道板

D. 支承层、CA 砂浆垫层、底座和轨道板

7. 轨道板纵向连接的张拉顺序为( )。

A. 第一步张拉中间两根钢筋,第二步由外向内张拉剩下的钢筋

B. 第一步张拉两端的钢筋,第二步由外向内张拉剩下的钢筋

C. 第一步张拉中间两根钢筋,第二步由内向外张拉剩下的钢筋

D. 第一步张拉两端的钢筋,第二步由内向外张拉剩下的钢筋

8. 轨道板纵向连接的程序为:( )。

A. 拧紧张拉锁→安装接缝钢筋→浇筑接缝混凝土→接缝混凝土养护

B. 安装接缝钢筋→拧紧张拉锁→浇筑接缝混凝土→接缝混凝土养护

C. 安装接缝钢筋→浇筑接缝混凝土→拧紧张拉锁→接缝混凝土养护

D. 拧紧张拉锁→浇筑接缝混凝土→安装接缝钢筋→接缝混凝土养护

9. 在道床板施工过程中,气温迅速升高或降低( )时,应重新复测。

A. 5℃   B. 10℃   C. 15℃   D. 20℃

10. 下列说法错误的是( )。

A. 冬季施工结束时,应放尽给水装置及管道线路内残留液体,防止冻裂

B. 开机前应先启动电源稳压装置

C. 承轨台之间钳口距离允许误差 ±5mm

D. 打磨后的轨道板需要将磨削水从套管中吸出,并保证套管内干燥清洁才可注脂

二、简答题

1. 简述 CRTS Ⅰ 型无砟轨道的主要施工工艺流程。

2. 应如何向单元板式无砟轨道凸形挡台周围灌注填充树脂? 有哪些注意要点?

3. 简述 CRTS Ⅱ 型无砟轨道设置"两布一膜"滑动层的作用。

4. 简述 CRTS Ⅱ 型无砟轨道施工工艺。

5. 简述 CRTS Ⅱ 型无砟轨道精调方法。

6. 简述 CRTS Ⅰ 型双块式无砟轨道施工工艺流程与施工要点。

7. 应检验 CRTS Ⅰ 型双块式无砟轨道施工使用的工具轨哪些项目? 应如何检验?

项目五
地铁轨道施工

教学引导

磁浮列车悬浮在空中，它是怎样制动的呢？
磁浮列车制动时会不会掉下来？

　　磁浮列车是没有轮子的，悬浮在空中，没有摩擦力等机械阻力阻碍它前进，它是怎样制动的呢？

　　我们先来做一个小实验，把一个电池驱动的直流小电动机接通电源，直流小电动机就转动了；把电源断开，它就停止转动了，但是因为惯性，它转了几圈才停止；如果把电池的正负极反接，小电动机就会反转。磁浮列车是利用电动机的原理行驶的。

　　直流小电机的接线，把直流小电机的界限交换，它就反转。但是，磁浮列车会不会因为列车制动，使其不能悬浮，掉下来而发生危险呢？

　　常导型磁浮列车（图5-1）的悬浮和导向与运行速度无关，停车时列车仍然可以悬浮，例如上海的磁浮列车。

　　超导型磁浮列车（图5-2）都有轮子，因此，制动时不会发生危险。

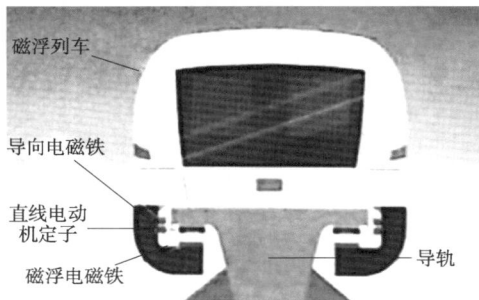

磁浮列车
导向电磁铁
直线电动
机定子
磁浮电磁铁
导轨

图5-1　常导型磁浮列车

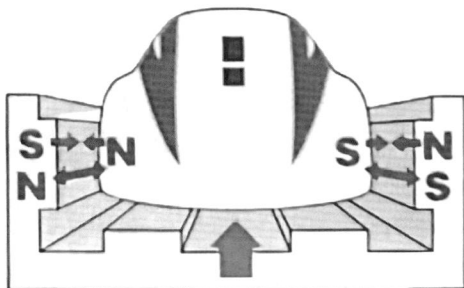

图5-2　超导型磁浮列车

　　目前全球有五条商业运营的磁浮列车线路，上海磁浮示范运营线是世界上唯一的商业运营的磁浮列车高速线路（通常指时速大于250km），另外四条是中低速磁浮列车线路，它们是我国的长沙磁浮快线、北京地铁 S1 线，日本爱知县的东部丘陵线和韩国仁川广城市的仁川机场磁浮线。

高速磁浮列车的最高时速可达到 500km 以上，适用于远距离城市间交通；而中低速磁浮列车的时速在 100～120km 之间，适用于城市内、近距离城市间及旅游景区的交通连接。

磁浮列车的制动也是利用电动机的原理，只要停止供电，磁浮列车就会停驶，只是因为惯性会再向前行驶一段距离。因此，当磁浮列车需要减速或者制动时，就给它通入反相交流电流。这样，就会产生与列车前进方向相反的磁场，给列车一个制动力，使得列车减速，或者很快停下来。

1. 上海磁浮示范运营线

从德国引进技术建成的上海磁浮示范运营线，西起上海轨道交通 2 号线的龙阳路站，东至上海浦东国际机场，专线全长 29.863km，列车时速 430km，14min 内能在上海市区和浦东机场之间往返一次，亲身体验的乘客能充分感受到这一"陆地客机"所带来的奇异感受。

2. 长沙磁浮快线

长沙磁浮快线（图 5-3）2015 年 12 月开通运行，是中国第一条具有完全自主知识产权的磁浮轨道交通线路，设计最高运行时速 100km，长 18.5km，连接长沙南站和长沙黄花机场，是目前全世界最长的中低速磁浮线路，标志着继德国、日本、韩国后，中国成为全世界第四个掌握中低速磁浮技术的国家。

3. 北京地铁 S1 线

北京地铁 S1 线（图 5-4）是中低速磁浮轨道线，也是中国具有完全自主知识产权的磁浮轨道交通线路，于 2017 年 12 月 30 日正式商业运营，全长 10.2km，全部为高架线，设计最高速度为每小时 100km，从门头沟石门营到苹果园行驶约需 10min。车辆采用实用性磁浮列车，6 辆编组，车长 89.6m，每列列车可载 1032 人。

图 5-3　长沙磁浮快线

图 5-4　北京地铁 S1 线

学习目标

知识目标

1. 了解地铁轨道常用的无砟轨道类型。

2.掌握地铁轨道减振降噪措施。

3.掌握地铁轨道结构的施工工艺和施工要点。

能力目标

1.能够进行地铁轨道铺设施工。

2.能够制定整体道床轨道施工方案。

3.能够制定钢弹簧浮置板道床轨道施工方案。

素质目标

1.进行劳动教育,树立正确的择业就业观念、依法维护劳动权益的观念。

2.培养创新精神和创业意识。

3.增强诚实守信、科学管理的概念。

任务一 　地铁认知

一、地铁的发展

1. 国外地铁

1863 年 1 月 10 日,用明挖法施工的世界上第一条地铁在伦敦建成通车,列车用蒸汽汽车牵引,线路全长 6.4km。1890 年 12 月 8 日,伦敦首次用盾构法施工,建成用电气机车牵引另一条线路,长 5.2km。从此,城市交通进入轨道交通时代,可以说城市轨道交通的历史比汽车的历史还悠久。

城市轨道交通的发展经历了曲折的过程,大致分为以下几个阶段。

(1)初步发展阶段(1863—1924 年)

在这一阶段,欧美的城市轨道交通发展较快,其间 13 个城市建成了地铁,还有许多城市建成了有轨电车。20 世纪 20 年代,美国、日本、印度和中国的有轨电车有了很大的发展。

(2)停滞萎缩阶段(1924—1949 年)

第二次世界大战的爆发和汽车工业的发展,促使了城市交通的停滞和萎缩。汽车的灵活、便捷和可达性,一度成为城市交通的宠儿,得到飞速发展;而轨道交通因投资大、建设周期长,一度失宠。

(3)高速发展阶段(1970 年至今)

世界各国城市化的趋势,导致人口高度集中,要求轨道交通高速发展,以适应日益增加的客流运输、各种技术的发展,也为轨道交通奠定良好的基础。

2. 我国地铁

1969 年,北京开通了我国第一条地铁线路,此后停顿了 20 多年,到 1995 年上海才建成地铁 1 号线。目前,我国已成为世界上轨道交通规模最大的国家。我国进入轨道交通大发展时期。

二、地铁的主要结构形式

在城市轨道交通中为了免维修、减少工作量、加强轨道结构强度,在某些轨道结构中使用了整体道床、板式轨道——将轨枕和道床浇筑成一体的轨道结构。

一般地段地下线路采用长轨枕埋入式无砟轨道和短轨枕埋入式无砟轨道(图 5-5、图 5-6)。

高架线路一般采用支撑块承轨台式无砟轨道和板式轨道(图 5-7、图 5-8)。

图 5-5 长轨枕埋入式无砟轨道

图 5-6 短轨枕埋入式无砟轨道

图 5-7 支撑块承轨台式无砟轨道

图 5-8 板式轨道

特殊减振线路一般采用梯形轨枕无砟轨道(纵向轨枕)和浮置板式无砟轨道(图 5-9、图 5-10)。

图 5-9 梯形轨枕无砟轨道(纵向轨枕)

图 5-10 浮置板式无砟轨道

任务二　整体道床轨道施工

采用轨排法方案施工,在铺轨基地组装 25m 轨排,通过轨道运输,现场施工专用铺轨门式起重机铺轨,墩架法固定轨道,通过料斗或泵送浇筑混凝土。

整体道床施工工艺流程如图 5-11 所示。

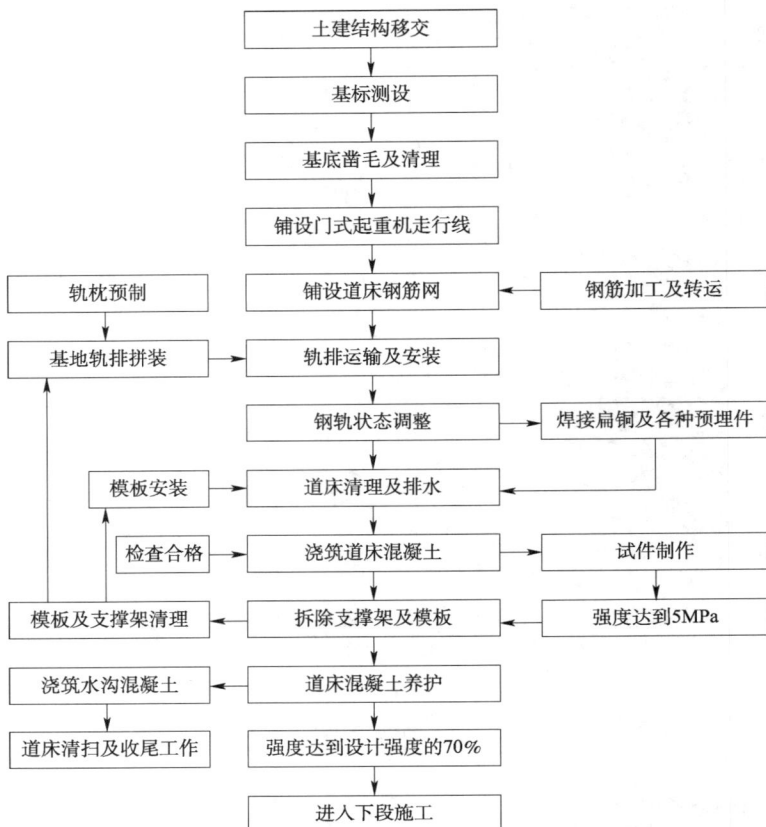

```
土建结构移交
    ↓
基标测设
    ↓
基底凿毛及清理
    ↓
铺设门式起重机走行线
    ↓
轨枕预制      铺设道床钢筋网 ← 钢筋加工及转运
    ↓            ↓
基地轨排拼装 → 轨排运输及安装
    ↑            ↓
             钢轨状态调整 → 焊接扁铜及各种预埋件
    ↑            ↓
模板安装    →  道床清理及排水
    ↑            ↓
检查合格    →  浇筑道床混凝土 → 试件制作
    ↑            ↓
模板及支撑架清理 ← 拆除支撑架及模板 ← 强度达到5MPa
    ↑            ↓
浇筑水沟混凝土 ← 道床混凝土养护
    ↓
道床清扫及收尾工作    强度达到设计强度的70%
                     ↓
                  进入下段施工
```

图 5-11　整体道床施工工艺流程

一、施工准备

1. 土建结构移交

工程部测量、机电人员及相关技术人员要参与洞内的土建移交,同时做好混凝土下料口、隧道内止排水情况、预埋件、预留管道、水电接口等施工情况调查。发现问题要以报告的形式上报监理,及时反映现场情况,提供相应的施工解决方案,提前做好各种施工技术方案及机械设备、水电准备工作,并做好相应的技术交底。

同时还要做好施工技术资料的准备工作,保证各种技术资料能及时送达各工区和作业人员手中。

2. 基标测设

基标测设依据上道工序提供的基桩(导线点及水准点)进行,基桩移交后进行标示和防护,及时对上道工序提供的导线点及水准点进行复测,导线测量的闭合差和水准测量的误差应满足规范的精度要求。复测成果通过后进行控制基标和加密基标测设。

控制基标和加密基标设置于道床两侧水沟内,基标用铜标制作(图 5-12)。

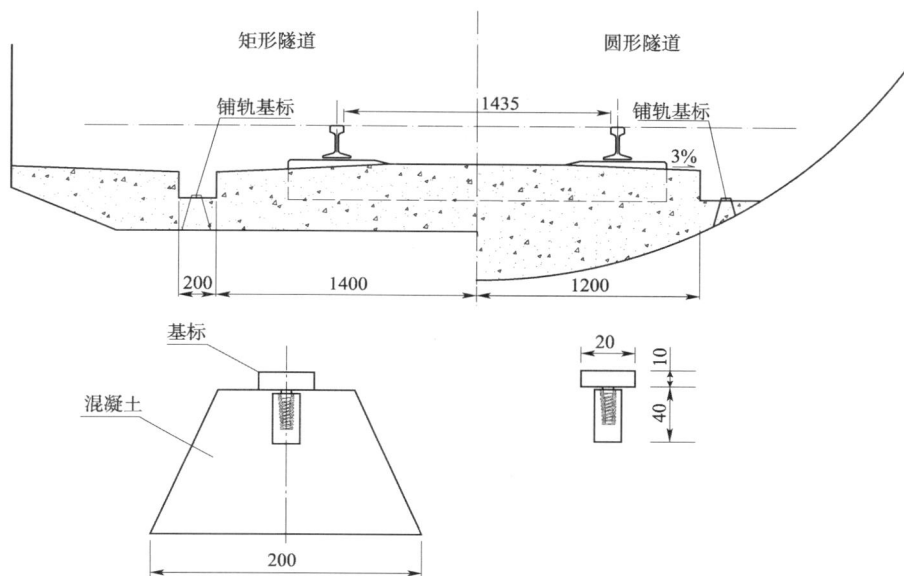

图 5-12　铺轨基标(尺寸单位:mm)

铺轨基标测设工艺流程,如图 5-13 所示。

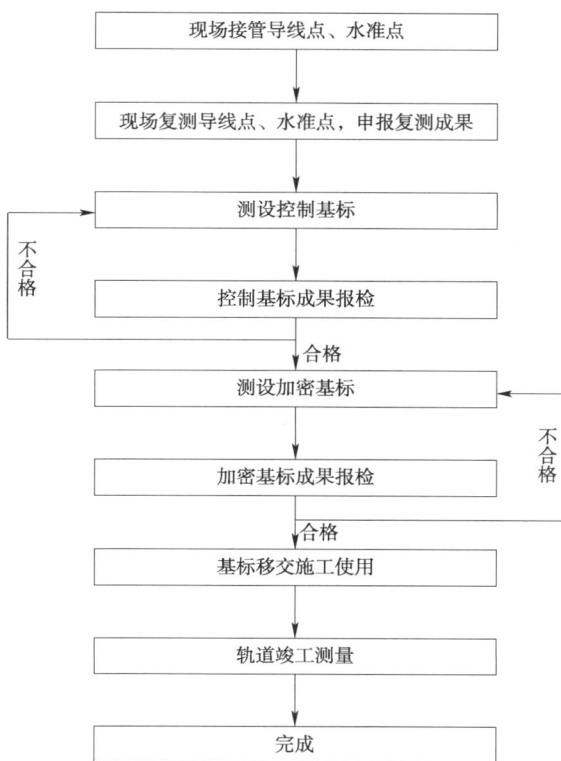

图 5-13　铺轨基标测设工艺流程图

测量配置精度高、性能优良的测量仪器，必须坚持复核制，执行有关测量技术规范，按照规范技术要求进行测量设计、作业和检测，保证各项测量成果的精度和可靠性。

用于测量的图纸资料，应认真研究并做现场核对，确认无误无疑后方可使用。抄录数据资料必须核对，重要的数据须经第二人核对。

测量记录资料应真实、准确、工整。测量原始记录必须现场同步做出，严禁事后补记。原始资料不允许涂改，不合格的应当补测或重测。

测量的外业工作必须有多余观测，并构成检核条件。内业工作应坚持两人独立平行计算和相互检核。

由专人负责内业资料计算、复核，复核后的基标测设资料要监理签认，才可提供给外业组使用。各种测量成果资料整理及时、准确，各种资料、成果分类整理归档，由专人保管。

二、整体道床施工

采用架轨法一次性完成整体道床及水沟混凝土施工。每间隔四根轨枕安装一根轨排支撑架连接左右股钢轨，使用铺轨门式起重机铺轨，铺轨时在轨排支撑架螺旋支腿外加装聚氯乙烯（PVC）套管，利用轨排支撑架结合使用轨道侧向螺旋支撑精调轨道平面、纵横断面，并固定轨道位置，道床混凝土使用料斗浇筑，混凝土强度达到 5MPa 后拆除支撑架。

普通整体道床轨道结构施工工艺流程如图 5-14 所示。

1. 轨排组装及运输

在拼装轨排前，对钢轨进行长度检尺和轨头断面尺寸检查，将公差最小的钢轨配对使用。在拼装轨排前钢轨检尺配对使用，同一轨排左右股钢轨的相对公差不大于 3mm，发现有硬弯的钢轨校直后再使用，轨头断面不垂直、断面不标准的钢轨禁止使用。

用白油漆将轨枕间距线标注在钢轨轨腰的内侧，组装时，轨枕与钢轨中线垂直，内外股轨枕按法线对齐；间隔 2.5m 安装控制轨距的钢枕将左右股钢轨连接。

轨排组装完成后用门式起重机吊运到指定地点堆放或装车，并按铺设顺序注明轨节编号。轨排装车时，最多安装三层，先铺的装在上面，后铺的装在下面。

使用钢轨临时接头连接器将短轨节逐根连接。

2. 铺设道床钢筋网

道床内钢筋网采用基地下料、加工，现场铺设、焊接的方法施工，先将下层钢筋网与基础膨胀螺栓进行绑扎连接，轨排铺设后调整上层钢筋的纵向位置，铺设上层钢筋与架立钢筋，连接上下层钢筋并按设计标准进行焊接。

3. 轨排吊铺

轨排运输到作业面吊铺下落，轨道调整支架的螺旋支腿定位轨道高度控制在 500mm 以内，使用钢轨临时接头连接器将短轨节逐根连接。

4. 轨道粗调与精调

对照铺轨基标利用螺旋支腿粗调轨道几何位置。确认轨道高程、轨距、水平、方向不超过 ±5mm 后，结合使用钢支顶再进行轨道几何位置精调。精调前首先按不大于 0.5mm 精度误差调整道尺,借助于直角道尺调整轨道基本股,再用万能道尺调整另一股调整轨道高程和设置曲线超高;用 10m 弦线圆顺轨道方向和正矢;轨道调整完后,确认轨道中线、高程、轨距、超高、正矢等符合设计要求后,灌注轨道混凝土支墩。过轨管线及其他预埋件位置与相关专业联系处理。

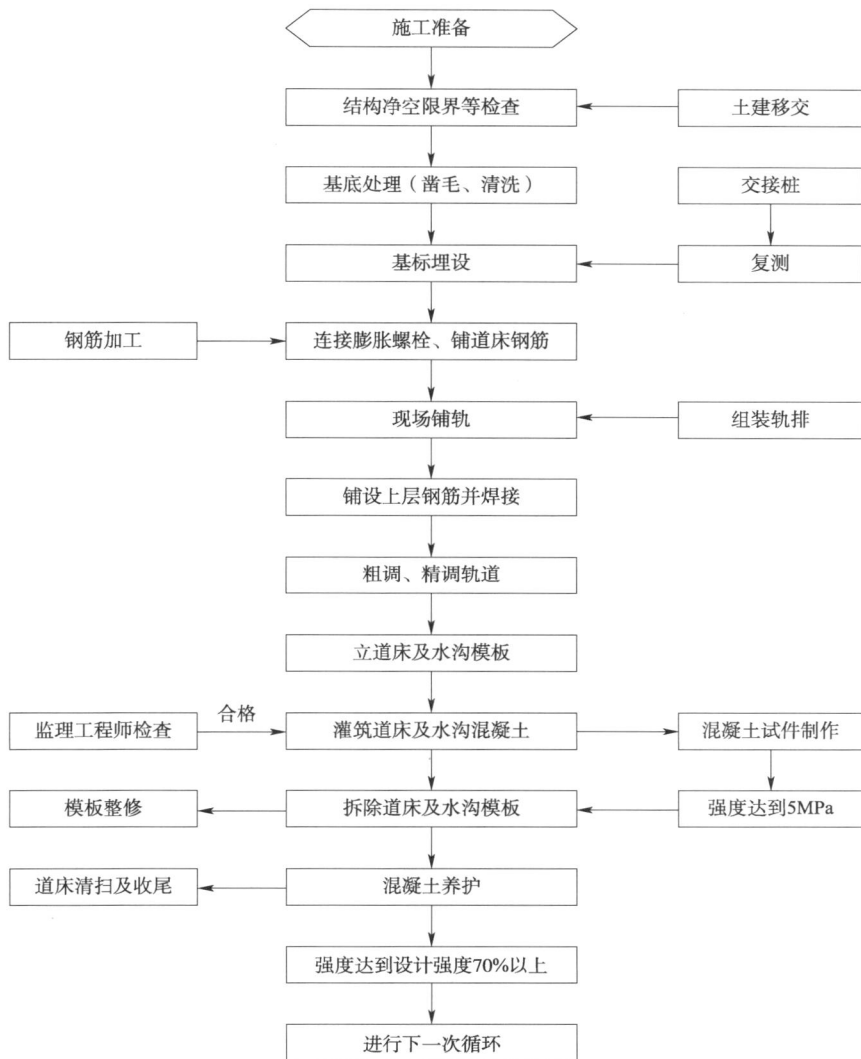

```
                    ┌──────────────┐
                    │   施工准备    │
                    └──────┬───────┘
                           ↓
     ┌──────────────────────────────┐    ┌──────────┐
     │     结构净空限界等检查          │←───│ 土建移交  │
     └──────────────┬───────────────┘    └──────────┘
                    ↓
     ┌──────────────────────────────┐    ┌──────────┐
     │   基底处理（凿毛、清洗）        │    │ 交接桩    │
     └──────────────┬───────────────┘    └──────────┘
                    ↓
     ┌──────────────────────────────┐    ┌──────────┐
     │          基标埋设              │←───│  复测     │
     └──────────────┬───────────────┘    └──────────┘
                    ↓
┌──────────┐  ┌──────────────────────────────┐
│ 钢筋加工  │→ │   连接膨胀螺栓、铺道床钢筋      │
└──────────┘  └──────────────┬───────────────┘
                    ↓
     ┌──────────────────────────────┐    ┌──────────┐
     │          现场铺轨              │←───│ 组装轨排  │
     └──────────────┬───────────────┘    └──────────┘
                    ↓
     ┌──────────────────────────────┐
     │      铺设上层钢筋并焊接          │
     └──────────────┬───────────────┘
                    ↓
     ┌──────────────────────────────┐
     │       粗调、精调轨道            │
     └──────────────┬───────────────┘
                    ↓
     ┌──────────────────────────────┐
     │      立道床及水沟模板           │
     └──────────────┬───────────────┘
                    ↓
┌──────────────┐ 合格 ┌──────────────────────────────┐    ┌──────────────┐
│ 监理工程师检查 │→───│   灌筑道床及水沟混凝土          │→───│ 混凝土试件制作 │
└──────────────┘     └──────────────┬───────────────┘    └──────────────┘
                    ↓
┌──────────┐  ┌──────────────────────────────┐    ┌──────────────┐
│ 模板整修  │←─│   拆除道床及水沟模板            │←───│ 强度达到5MPa  │
└──────────┘  └──────────────┬───────────────┘    └──────────────┘
                    ↓
┌──────────────┐  ┌──────────────────────────────┐
│ 道床清扫及收尾 │←─│        混凝土养护             │
└──────────────┘  └──────────────┬───────────────┘
                    ↓
     ┌──────────────────────────────┐
     │    强度达到设计强度70%以上      │
     └──────────────┬───────────────┘
                    ↓
     ┌──────────────────────────────┐
     │       进行下一次循环           │
     └──────────────────────────────┘
```

图 5-14 普通整体道床轨道结构施工工艺流程

5. 道床及水沟混凝土施工

道床混凝土使用组合式钢模板,灌注道床混凝土前在钢轨扣件上覆盖防污薄膜,轨道几何尺寸经监理工程师检查合格后方可进入混凝土灌注工序。分层进行灌注,灌注混凝土时随时检查轨道的几何状态,捣固棒不得碰触轨枕,以免影响轨道几何尺寸。轨枕四周加强捣固,混凝土灌注后根据设计和试验确定的初凝时间,对道床表面进行压平抹光,确保道床表面平整、横坡符合设计要求。混凝土灌注完毕后用麻袋、草帘覆盖及时浇水养护,养护时间不少于7d,在混凝土强度达到5MPa时拆除模板。同时松开钢轨扣件,防止钢轨因热膨胀而使道床混凝土产生裂纹。模板经过清理、整修后转入下一个施工循环使用。混凝土强度达到设计强度70%后才能承载行车。

遇道床混凝土伸缩缝及结构变形缝时按设计要求采用2cm厚度的沥青木板。

混凝土施工质量控制是为防止道床出现裂纹,施工时加强养护,混凝土早期养护安排专人负责,使混凝土裸露表面随时处于湿润状态。

组装轨排时螺栓涂油后既可防止螺纹套管进水,又便于钢轨接头焊接时扣件的拆除。

防止扣件及钢轨污染也是质量控制的重点。灌注支墩和道床混凝土时要加强防护。

派质检人员驻厂监控混凝土轨枕预制过程,主要对预制品钢筋网布置、混凝土的配合比及浇筑养护预制件的强度等,进行严格控制。不合格的产品严禁使用。

基标保护是重点,对破坏的基标必须立即补上,对不符合规范要求的基标必须重测。

基底处理:必须严格按照有关规定加强监控,对不符合要求的地段必须及时整改。

加强对防迷流钢筋网的焊接质量检查,不符合要求的及时整改。

浇筑混凝土之前,必须对排迷流端子及预埋件进行检查。对遭到破坏的排迷流端子,必须及时修复。严格检查预埋件安装的位置。

严格控制拆除支撑架的作业时间,必须当混凝土强度达到5MPa后,才能拆除支架。

三、整体道床散铺施工

在土建移交时间参差不齐、机械铺轨不能满足节点工期要求的情况下,将采取散铺法施工。在轨道运输条件不满足要求情况下,将工具轨、轨枕、配件等散料通过汽车运输至车站或区间临时下料口,再转运至施工现场。人工现场组装轨排、绑扎钢筋,经过架轨、粗调、精调定位、安装模板后灌注道床混凝土。散铺法施工效率低,运输困难,因此材料提前运输至现场。

1. 工艺流程

整体道床散铺施工工艺流程如图5-15所示。

2. 施工工艺

普通整体道床散铺施工除轨排现场拼装、钢筋现场绑扎外,其他工艺见前述整体道床施工方案。

(1)钢筋绑扎

钢筋在铺轨基地下料完成后,运输至施工现场,按照设计图纸及规范要求进行人工绑扎。

(2)轨排组装

拼装过程要求:以轨节表为轨排拼装的依据,拼装前应认真阅读,发现问题及时报请工程部处理;组装顺序:清理螺纹套管中的残渣→轨枕翻正→双头螺栓→铁垫板→绝缘套→平垫圈→弹簧→螺母。用白油漆将轨枕位置标注在钢轨轨腰的内侧。扣件组装完成后安装轨距支撑架以固定轨距,在支撑架与钢轨之间加入一块轨底坡垫板,用螺栓固定紧密,并与钢轨、轨枕、扣件一起构成轨道框架。轨排组装后组织验收,注意检查轨距、短轨枕位置及间距、扣件与轨枕是否密贴等。

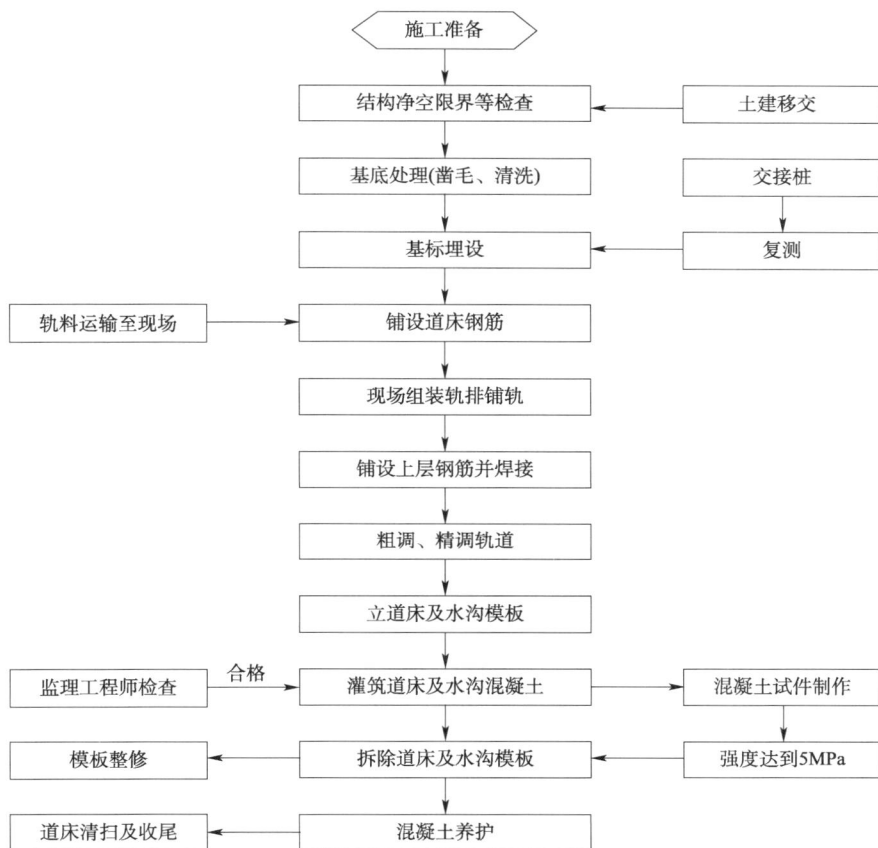

图 5-15　整体道床散铺施工工艺流程图

轨排初步就位后,按照线路基标,采用万能道尺、直角尺通过上承式钢轨支撑架调整轨排高低,采用钢支顶螺旋调整轨道方向。直角道尺是配合施工使用的专用道尺,道尺顶部设有水准泡,其一端装有可水平移动的滑块,另一端固定连接可伸缩调节高度并带刻度的垂直立柱。轨排调整时,用直角道尺控制与标桩同侧的钢轨,先将直角道尺的高度调节到与轨面高差相适应,并将道尺立柱底的对准器对准标桩的中心,道尺的滑块架在同侧的钢轨上,同时将万能道尺紧挨直角道尺,架在两股钢轨上,控制另一侧钢轨,并检查和调整轨距。

首先,调整临近标桩的钢轨支撑架,先调水平后调中线,旋转支撑架立柱,使钢轨升高或降低,当直角道尺水准泡居中时表示同侧钢轨已调至设计高程;当万能道尺(若曲线时内轨顶应加超高值)的水准泡居中时,表示另一侧钢轨也调至所需高度。然后,旋转钢轨支撑调整架上的轨卡螺栓,先松一侧再紧另一侧,使钢轨左右滑动,先调与标桩同侧钢轨,再调另一侧钢轨,直到直角道尺水平滑块指针读数为"0"、万能道尺读数为"1435mm"(如曲线地段需加宽时按 1435 + 轨道加宽量)时,再用 10m 弦线量测,精确调整支撑架的立柱和轨卡螺栓,使轨道的几何尺寸达到标准。

由于钢轨支撑架的位置与线路标桩不在同一横截面上，以及调轨时钢轨的牵连移动，因此调轨工作实际上是按趋近法进行的，需重复多次才能完善。调整就位后的轨道经检查达标后，进行下一工序。轨道依照基标进行调整，道尺使用前要调整，其精度允许偏差为0.5mm。

轨道钢轨调整精度符合下列规定。

①轨道中心线：距基标中心线允许偏差为±3mm。

②轨道方向：直线段用10m弦量，允许偏差为2mm；曲线段用20m弦量正矢，允许偏差如表5-1所示。

允许偏差　　　　　　　　　　　　　　　　　　　　　表5-1

曲线半径 （m）	缓和曲线正矢与计算正矢差 （mm）	圆曲线正矢连续差 （mm）	圆曲线正矢最大值、最小值差 （mm）
251～350	3	5	7
351～450	2	4	5
451～650	2	3	4
>650	1	2	3

建立并实行以总工程师为首的施工技术保证体系，同时建立各级技术人员的岗位责任制，做到分工明确，责任到人，使施工工序和施工方法符合施工规范和施工技术管理制度的要求，以此确保工程质量和进度。

四、梯形轨枕道床施工

梯形轨枕道床轨道，采用"轨排法"工艺施工，在铺轨基地将梯形轨枕与25m标准待焊轨组装成25m轨排，利用基地门式起重机将轨排吊装至3节长度为12.5m的工务平板车上，采用重型轨道车将装有轨排的平板列车顶送至作业面，再由2台铺轨门式起重机将就排吊运至安装位置，落至设计高程，在钢枕两端安装螺旋立柱，支撑在结构底板顶的可纵向滑移的基座上，将轨排支立在结构底板上，进行架轨、绑扎钢筋、立模板，分阶段进行混凝土浇筑并及时养护。

梯形轨枕整体道床施工工艺流程如图5-16所示。

1. 复测基标

会同甲方、监理单位，对测量单位提供的测设资料和控制桩进行现场交接，办理相关手续，同时组织测量人员利用线路中线点或施工控制导线点和施工控制水准点对有关的控制桩进行测量复核，复核完成后，经测量监理工程师确认合格后方可供铺轨使用，并通过基标对界限尺寸进行检测。

2. 基底处理

在进行基底处理之前，以轨面高程为基准线，先对轨道结构高度进行检测，确认整体道底至钢轨顶面不小于设计高度。台座处采用人工进行密集凿毛，凿毛后立即清扫杂物，并用高压水或高压风将结构底板冲洗干净。

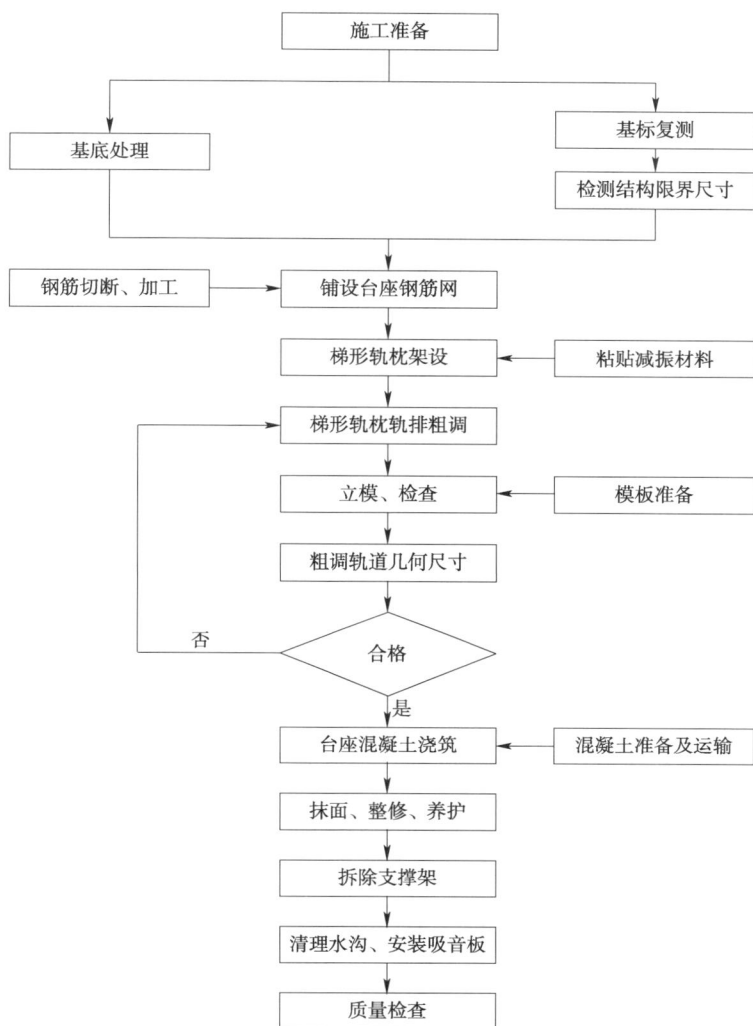

图 5-16　梯形轨枕整体道床施工工艺流程

3. 铺设台座钢筋网

台座钢筋在铺轨基地钢筋加工区,加工并集中存放,并将同一类钢筋编号、做上明显标记。铺设台座钢筋时,按照自下而上的顺序,先底层,再中间层、面层,然后板块端部,最后绑扎特殊部位加固钢筋。钢筋网的制作、焊接、绑扎符合《钢筋焊接及验收规程》(JGJ 18—2012)等相关规范及设计文件要求。

4. 梯形轨枕架设

在梯形轨枕进行吊装时,应严格遵守吊装规则,挂装好已规定的吊点,依次进行梯形轨枕的吊装。采用轨枕支撑架架设,架设梯形轨枕时,要先将梯形轨枕连同已连接好的支撑架一同落放至已绑扎好的钢筋网上,将支撑架基本调整平。

在每组轨枕吊装就位之前,检查梯形轨枕底面、侧面及凸台处的防震材料、缓冲材料、泡沫材料是否黏结完好,若发现缺损和未黏结密实,及时进行更换或重新黏结,直到符合要求为止。为保证梯形轨枕没有减振材料和缓冲材料的地方在支座施工后保持有设计的空隙，因此架枕前在梯形轨枕的侧面和底部设隔离层，隔离层采用泡沫材料粘贴在轨枕的底面和侧面，泡沫材料的高度应高于减振材料3～5mm，在减振材料的位置加工成斜面以便于混凝土的密贴，侧面隔离层厚度为15mm，底部隔离层厚度为30mm。

5. 梯形轨枕轨排粗调

按照基标对架设于支撑架上的梯形轨枕进行粗调，粗调时，在梯形轨枕的两侧找好起压点，两侧同时使用小型液压机将梯形轨枕打起，再进行支撑架调整，以保持梯形轨枕的平稳。具体做法是：先调水平，后调轨距；先调基标部位，后调基标之间。

6. 立模与检查

道床混凝土模板支立应牢固，允许偏差为：位置±5mm，垂直度2mm；模板支立完成后，将道床混凝土表面线弹在模板上，侧面模板要支立牢固，严禁发生跑模、胀模现象。在梯形轨枕内侧中心水沟槽模板上每隔2m左右布置一根支撑架。

7. 精调轨道几何状态

模板支立后，按设计和规范要求对其几何状态进行细调、精调。消除因立模作业和工装变形所产的局部轨道尺寸变化，经过精调后，确保允许偏差应符合《地下铁道工程施工质量验收标准》（GB/T 50299—2018）的规定，并经现场监理检查确认符合要求后，方可进行混凝土浇筑作业。

8. 梯形轨枕浇筑前的保护

在浇筑道床混凝土之前，用塑料薄膜将梯形轨枕以及所有安装完毕的钢轨及配件进行包装，并使用胶带将塑料布粘贴至梯形轨枕边的斜楞处，以免混凝土污染成品。

9. 台座混凝土浇筑

可直接泵送至施工地点，距离较远无法泵送到位的利用泵送或漏斗输送到地下平板车上的料斗内，由轨道车推运至作业面，利用铺轨门式起重机吊运至作业面浇筑。

混凝土浇筑前，应检查梯形轨枕上粘贴的隔离层，对损坏的进行修补。自检合格后报请监理组织隐检（底板处理、钢筋绑扎），认定符合要求后，方可浇筑混凝土。

混凝土浇筑时采用插入式振捣棒振捣，振捣棒移动间距宜为400mm左右，振捣时间为15～30s，20～30min后，进行第二次复振。严禁振捣器触及梯形轨枕支撑架及模板。并应随时检查钢轨的方向、轨距、水平与短枕的位置，若发现超标，立即调整，整改合格后方可继续浇筑。

由于基础为L形，所以基础在浇筑过程中应分层、水平、分台阶浇筑，先浇筑梯形轨枕下层的平垫层，后浇筑梯形轨枕的侧面，浇筑时，混凝土应淤出梯形轨枕边缘8～10mm，这样才能保证混凝土与梯形轨枕密贴，初凝前将淤出部分抹平。振捣完成后台座混凝土表面要进行抹面处理，为防止产生收缩裂缝，须用木抹子磨平、搓毛2遍以上，从隧道两侧边墙上拉弦线，隧道跨度较大的断面现场辅助以水准仪，共同控制抹面高度。

混凝土浇筑完毕12h内，采用喷洒养护剂的方法进行养护。台座最好一次浇筑完成，如遇特殊情况，应在下次浇筑前清理接茬浮浆并凿毛接触表面。

混凝土浇筑必须满足《混凝土结构工程施工质量验收规范》(GB 50204—2015)要求,并经监理工程师认可。

10. 抹面、整修和养护

台座混凝土初凝前应及时进行面层的抹面,并将梯形轨枕、钢轨、扣件、支撑架等表面粘有灰浆的地方立即清理干净。

初凝后,观察基础与梯形轨枕减振板处是否密贴,如存在缝隙,立即使用环氧树脂进行填充。终凝前进行第二次抹面,以提高混凝土的抗拉强度,减少混凝土收缩量,避免混凝土表面皱裂、起皮,并及时进行覆盖。

混凝土浇筑 12h 后,采用喷洒养护剂的方法进行养护,要保持混凝土处于湿润状态,养护应保证有 14d。混凝土强度达到 7.5MPa 后方可拆除模板;达到设计强度的 70% 后,轨道上方可载重、行车。

11. 拆除支撑架

基础混凝土达到设计强度 70% 后,对梯形轨枕支撑架进行拆除、清洗和涂油工作。

12. 拆除模板

在混凝土达到设计规范要求后,将模板进行拆除,拆除时应注意保护成品混凝土的完整性。拆除完毕后的模板应进行清洗并分类摆放、回收。

13. 清理水沟、安放吸音板

清理水沟部位的各种污物,为了降低地下线车厢内噪声的影响,按设计要求铺设道床吸音板。运输、装载吸音板时不得随便抛掷,进场时,会同监理对型号、外形、外观进行验收。合格后,依次进行安装。

任务三 弹性支承块无砟轨道与钢弹簧浮置板道床

1. 弹性支承块无砟轨道简介

弹性支承块无砟轨道在国外也称"低振动轨道(LVT)",最早于 1966 年铺设于瑞士 Boetberg 隧道中,至今已有 52 年的运营经验。1993 年 6 月开通运营的英法海峡隧道也铺设了这种结构,该隧道设计最高行车速度 200km/h。

弹性支承块无砟轨道(图 5-17)一般适于有减振降噪要求的隧道区段,目前在我国城市地铁中一般减振降噪地段铺设较多。

弹性支承块无砟轨道结构简单,施工相对容易。其支承块为钢筋混凝土结构,可在工厂预制,现场只需将钢轨、扣件、靴套及垫板的支承块加以组装,准确定位后,就地灌注道床混凝土即可成型。弹性支承块无砟轨道结构的缺点是中初期投资较大,且橡胶易老化,运营一定时间后必须更换。

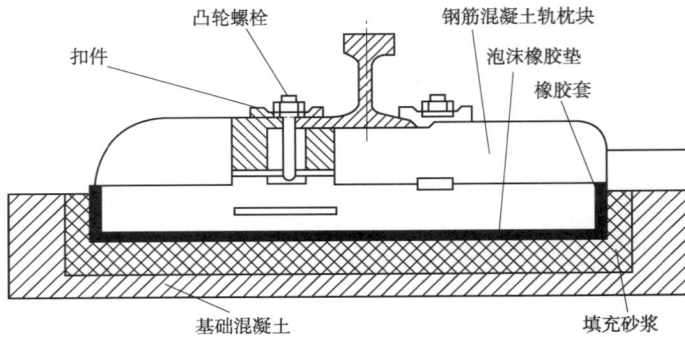

图 5-17 弹性支承块无砟轨道结构形式

2. 钢弹簧浮置板道床施工工艺流程及技术要求、措施

（1）钢弹簧浮置板道床施工工艺流程,如图 5-18 所示。

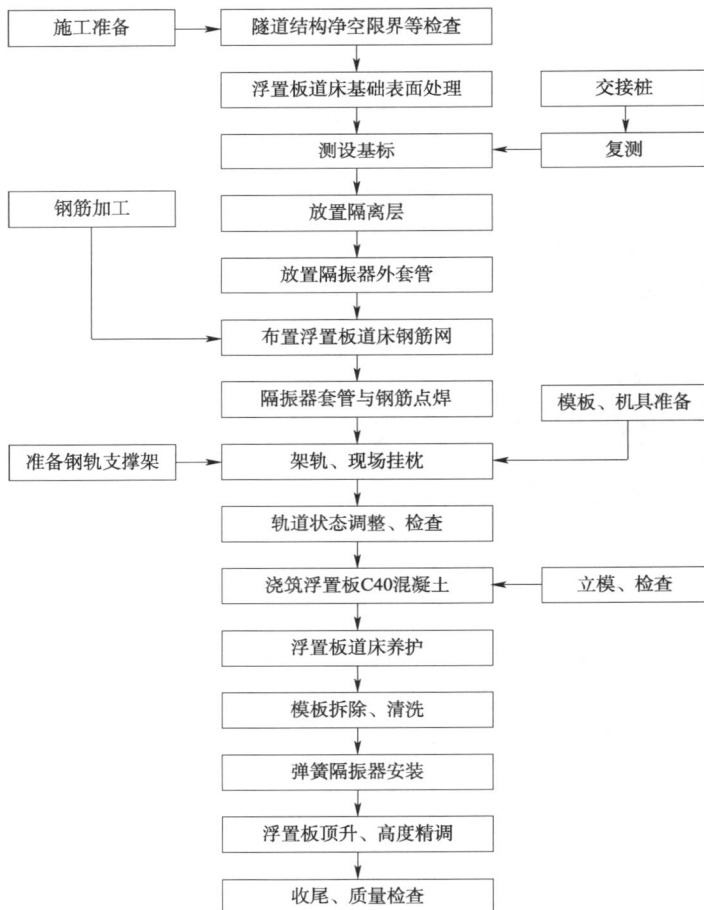

图 5-18 钢弹簧浮置板道床施工工艺流程

（2）技术要求（施工允许偏差）。

①每块浮置板的长度：±12mm。②每块浮置板的宽度：±5mm。③浮置板的高度：±5mm。④隔振器外套筒位置公差：±3mm。⑤剪力铰安装位置公差：±5mm。⑥其他按照《地下铁道工程施工质量验收标准》（GB/T 50299—2018）执行。

（3）技术措施。

浮置板道床基础混凝土表面进行清扫、打磨，确保每个隔振器下面的混凝土基础在直径1m 的范围内表面平整度，高低不平度小于2mm，不满足要求的部位要进行重新打磨处理。最后用高压水冲洗后用高压风吹干来清洗干净。

基标测设：详见钢弹簧浮置板道床基标测设相关内容。

基础混凝土表面清扫干净后，铺设隔离层（塑料薄膜厚度不应小于1mm）。在隔离层上按设计位置标出安装隔震器的准确位置，外套管放好后，用硅胶等把基础密封好，以保证外套管的位置并防止水泥浆渗入。

当所有隔振器外套管放好并固定后，根据设计要求绑扎钢筋和剪力铰，剪力铰定位要准确。在隔振器外套管周围绑扎钢筋时，要注意避免移动外套管。为防止浇筑混凝土时外套管浮起和移动，把外套管的吊耳和上部钢筋连在一起。在绑扎前要检查塑料隔离薄膜，对损坏的要进行修补，绑扎结构钢筋和防迷流钢筋时，要将防迷流端子引出。绑扎专用的排杂散电流钢筋作为收集网。杂散电流专用钢筋搭接处必须焊接，搭接长度不得小于钢筋直径的6 倍，采用两面焊接，焊缝高度不小于6mm。每根排杂散电流纵向钢筋必须与所有排杂散电流横向钢筋焊接。焊接时应采用临时的防护措施，以保证焊接飞溅物不烧穿下面铺设的隔离层。

地下线钢弹簧浮置板整体道床浇筑采用泵送的方法进行，混凝土强度等级为C40。人工配合小型机具将已运至现场的轨枕、扣件、钢轨利用特制的支撑架组装成轨排并铺设就位，架设、调整轨距、水平、方向，按设计的轨面高程对轨排进行精确定位。

立模板，连接器定位浇筑浮置板混凝土，控制混凝土的入模坍落度，加强振捣，尤其要加强套筒附近的振捣。

在浮置板道床混凝土养护28d 后，拆除模板，打开隔振器套管的盖板，依次放入防滑垫板→弹簧套筒（内置阻尼剂定位）→内外弹簧→弹簧套筒上盖，利用便携式液压千斤顶下压每个隔振器的弹簧组，然后放入钢垫片定位。

专用液压千斤顶第一轮顶升至浮置板重量和弹簧力平衡（即浮置板刚脱离隧道仰拱），然后经过四轮顶升，顶升总高度47mm，允许偏差为±1mm。自重作用下直到浮置板底板距离隧道仰拱回填混凝土表面40mm 为止，最后按照设计的轨面高程精确调整浮置板高度。盖上隔振器盖板，随时检查隔振器并重新调平，放置伸缩缝填充材料和橡胶封条。

▍任务实施

钢弹簧浮置板式轨道施工

钢弹簧浮置板式轨道"预拼装式钢筋笼轨排"施工工艺流程如图5-19 所示。

```
调线调坡测量                    施工准备
    ↓                          ↓
线路复测  →                 测设加密基标
                               ↓
            浮置板地段隧道结构尺寸偏差检查 →  隧道结构尺寸不满足浮置板设计要求，
                                              同设计及相关单位确定解决方案
        ↓                              ↓
浮置板道床基础表面清理          钢筋拼装台位的放样(直/曲线) ←  台位的设置
        ↓                              ↓
铺轨门式起重机走行轨的安装      布置隔震器外套筒
        ↓                              ↓
基底钢筋加工 → 基底钢筋的绑扎及安装    钢筋笼的拼装  ←  钢筋的加工
        ↓                              ↓               及钢筋网片的绑扎
    立基底中心水沟模板          钢筋笼的防迷流焊接  ←  纵向钢筋的对焊
        ↓                              ↓
轨道车运输混凝土 → C40基底混凝土浇筑及养护   钢轨横向连接架及钢轨配件安装 ←  铁垫板下替代
        ↓                              ↓                                     木垫板的准备
    基底高程及水平度检查、整修      钢筋笼轨排的整体性加固及锁定
        ↓                              ↓
中心水沟盖板的安装及隔离膜铺设   钢筋笼由轨排孔吊装至平板车
                ↓
        轨道车运输钢筋笼轨排至作业面
                ↓
        铺轨门式起重机                    钢轨横向连接架运回铺
        钢筋笼的吊装及就位                在轨基地进行轨排拼装
                ↓
        钢筋笼就位及整修
                ↓
        轨道的架设及轨道几何尺寸的初调 ←  丝杠及托盘运至前方进行架轨
        ↓         ↓         ↓         ↓
剪力绞及板端间隙  检查孔安装  防迷流      道床模板安装 ← 道床模板
模板的安装                  端子的设置
                ↓
        轨道几何尺寸的精确调整及检查
                ↓
轨道车运输混凝土 → C40浮置板混凝土的浇注及养护
                ↓
混凝土强度达     轨架、模板的拆除及清理
到拆摸强度           ↓
        工艺孔混凝土的填充
                ↓
        混凝土强度达到拆摸强度
        ↓                      ↓
                铁垫板下替代木板更换为正式胶垫
                        ↓
铺轨门式起重机走行轨的拆除   轨道的恢复及道床整修、清理、检查
                ↓
        弹簧隔震器及密封条的安装
        （混凝土施工完毕后一个月）
                ↓
        浮置板的顶升及高度精调
                ↓
        浮置板轨道全面质量检查
```

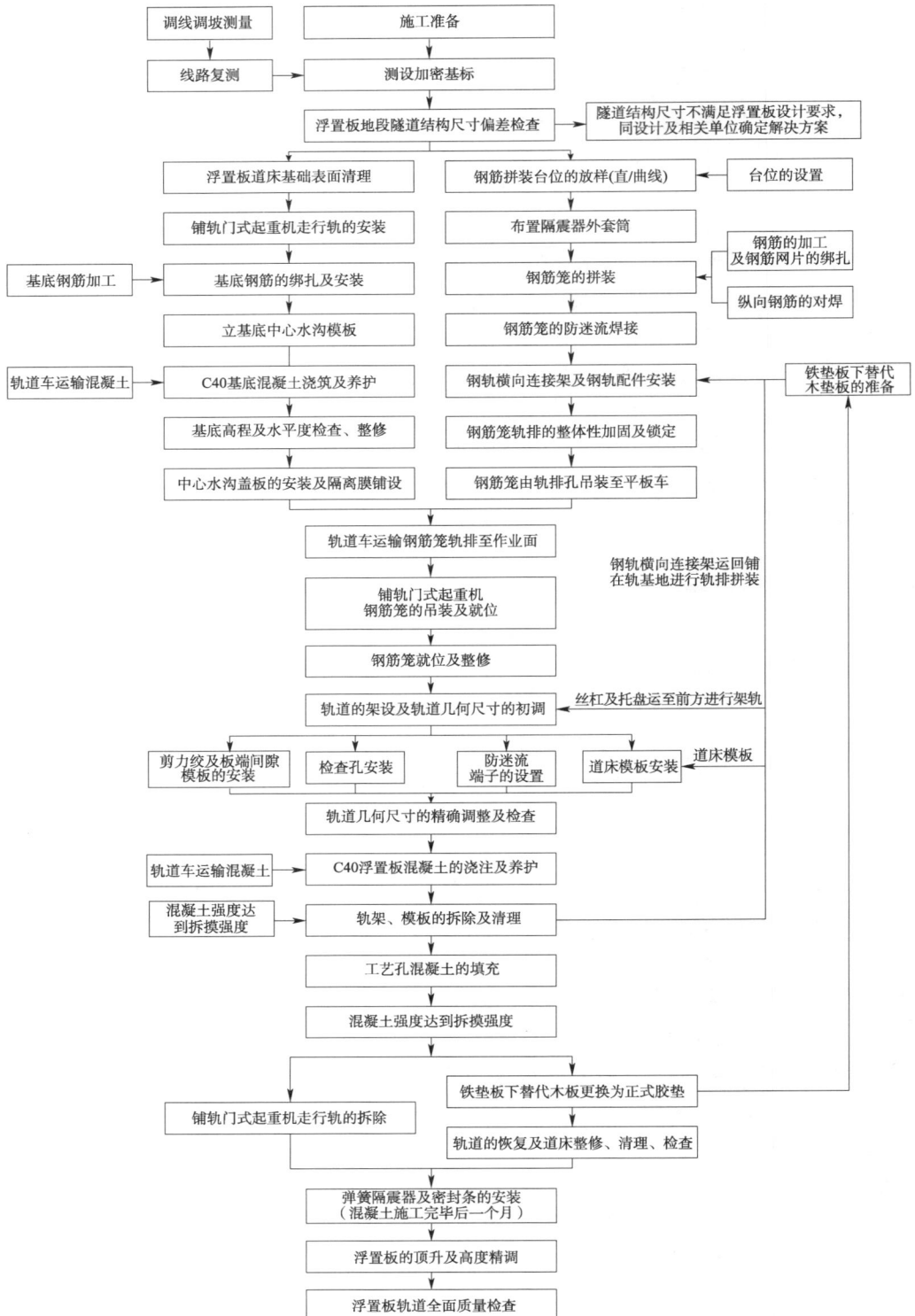

图 5-19　钢弹簧浮置板式轨道"预拼装式钢筋笼轨排"施工工艺流程

案例分析

北京地铁 10 号线苏州街车站塌方事件

一、北京地铁 10 号线一期工程概况

北京地铁 10 号线一期工程是一条先东西走向,后南北走向的半环线。线路全长 24.684km,全部为地下线,共设 22 座车站,平均站间距 1116m,是一条穿越北京的半环线。车站主体为双层暗挖(局部单层暗挖),单柱双跨结构,侧式车站台,总长 193.1m,其中双层暗挖段长 164.1m,宽 22.5m,单层暗挖段长 29m,宽 16.4m。双层暗挖段埋深 6~7m,单层暗挖段埋深 12~13m,结构底板埋深约 23.0m。双层结构断面为中柱双连拱直墙,单层结构断面为中隔墙双连拱曲墙。

二、事故经过

2007 年 3 月 28 日 9:30,北京市海淀区苏州街与海淀南路交界十字路口附近地下发生坍塌事故。短短 1min 内,隧道顶部土层倾泻而下,塌方面积约 20m²,深度约 11m,6 名工人被埋。坍塌处是地铁 10 号线苏州街站出口工程。事发后,工地施工方组织工人自救,直到 17:00,警方才接到报警。由于土质比较松软,给救援工作带来了很大困难,为了防止再次塌陷,先垂直挖掘然后再横向挖掘,一台机器从直径 5m 左右的大坑上方将营救人员送到井下。在抢险过程中,为防止再次坍塌,产生次生灾害,抢险工作在专家指导下,采取有效措施,对邻近居民楼、周边管线、电力电缆等采取不间断检测防护措施,采取在周边开挖的同时进行喷锚支护的办法,确保了居民楼及其他设施处于安全可控状态。

三、解决方案

①信息畅通,响应迅速。北京市公安局接到信息后即封锁事故现场,进行交通疏导。市应急指挥中心接到事故信息后,迅速通知各相关单位,各相关部门能够即时启动应急预案,调集救援人员与物资在短时间内赶赴事故现场,开展抢险救援工作。

②尊重科学,依靠专家。现场指挥部,确定了三条抢险救援原则,其中一条就是"依靠专家,科学制订抢险方案"。塌方区域周围及地下环境条件十分复杂,专家组制定的科学抢险救援方案,有效解决了抢险过程中出现的各类技术问题,从技术上保证了工作的顺利进行。

③严防次生、衍生事故,广泛开展社会动员。如技术人员对塌坑邻近的居民住宅楼进行不间断监测,确保安全。同时,市政府动员邻近宾馆准备充足房间,一旦发生险情,可以随时安置居民。客观报道抢险救援进展情况,定时对外发布信息,避免了社会公众因不了解事实真相而产生的误解与恐慌,取得了他们的理解和支持。

学习检测

一、选择题

1. 用于双块式无砟轨道轨枕施工的水泥，应采用强度不低于（　　）的硅酸盐水泥或普通硅酸盐水泥。

A. 32.5　　　　　　B. 42.5　　　　　　C. 52.5　　　　　　D. 62.5

2. 同一产地、品种、规格且连续进场的水泥，袋装水泥200t为一批、散装水泥（　　）t为一批。

A. 200　　　　　　B. 300　　　　　　C. 400　　　　　　D. 500

3. 道床板混凝土未达到设计强度的（　　）之前，严禁在道床上行车和碰撞轨道部件。

A. 50%　　　　　　B. 75%　　　　　　C. 90%　　　　　　D. 100%

4. 工后沉降是指在铺轨工程完成以后，（　　）产生的沉降量。

A. 基础设施　　　B. 桥梁　　　　　　C. 路基　　　　　　D. 隧道

5. 轨道精调定位合格后，应安装轨排固定装置，防止混凝土浇筑时轨排（　　）。

A. 横移　　　　　　B. 上浮　　　　　　C. 横移或上浮　　D. 下降

二、简答题

1. 调查城市轨道交通常用的无砟轨道结构类型。
2. 简述弹性支撑块无砟轨道的施工工艺流程及轨道精调的步骤及要求。
3. 简述长轨枕埋入式无砟轨道与短轨枕无砟轨道的优缺点及具体应用情况。
4. 简述弹簧浮置板轨道结构的组成及各部分作用。
5. 调查浮置板轨道结构的类型及具体应用情况。
6. 分析城市轨道交通轨道结构形式与高速铁路轨道结构形式的差别。

项目六
钢轨及扣件施工

教学引导

为什么车轮与钢轨的接触面是锥形的?

车轮是列车上最重要的受力部件之一,车轮与轨道接触的部分称为踏面。车轮承载着整车的重量,车轮踏面滚动时只有很小的面积和轨道接触,接触的一刹那压力甚至达到1000MPa。因此,车轮尤其是踏面的材料强度要特别高,车轮用钢整体制造,但是这样就造成车轮自重大,滚动时的噪声也大。

轮对(图6-1)的轮缘都是在轨道内侧。车轮踏面不是圆柱形的,而是锥形的(图6-2),靠近轮缘的车轮踏面半径比远离轮缘的车轮踏面半径要大。锥形的踏面有两个不同的倾斜度,距离轮缘内侧48~100mm范围内的踏面部分,倾斜度是1:20,高速列车的车轮有时达到1:40,这是车轮与轨道的主要接触部分;距离轮缘内侧100mm以外的踏面部分,倾斜度是1:100。这样的车轮踏面形状可以使火车运行偏离轨道中心线时,自动调整回轨道的中间,也便于火车通过曲线。

图6-1　轨道上的轮对

图6-2　车轮踏面不是圆柱形的,而是锥形的

在转弯时,轮对内侧车轮的转速(即转动的圈数)与外侧车轮是一样的,而轮对内侧的车轮与轨道的滚动接触点(图6-3)的半径和轮对外侧的车轮与轨道的滚动接触点的半径不同,外侧车轮跑的距离就比内侧车轮跑的距离长,所以动车组能够安全通过曲线。

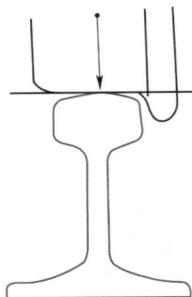

图 6-3　车轮与轨道的滚动接触点示意图

学习目标

知识目标

1. 熟悉扣件的构造。
2. 掌握钢轨的类型和断面尺寸。
3. 掌握扣件的分类以及适用条件。

能力目标

1. 能够进行轨缝计算。
2. 能够合理选择焊接方式进行钢轨施工。
3. 能够根据轨道类型选择合适的扣件，并进行安装。

素质目标

1. 坚持正确的施工原则，发扬勤俭节约、艰苦奋斗的精神。
2. 树立环保意识，养成环保行为习惯。
3. 引导学生主动参与探究，培养团结合作的精神。
4. 激励自我是实现人生价值的主观条件。

任务一　钢轨认知

一、钢轨的作用及基本要求

1. 钢轨的作用

钢轨是轨道的主要组成部分,钢轨的作用是直接承受车轮传递的列车荷载的重量,传递给轨下基础,并为车轮的滚动提供连续平顺和阻力最小的表面,引导列车的运行方向。对于电气化铁路或自动闭塞区段,钢轨还可兼作轨道电路之用。

2. 钢轨的基本要求

随着铁路向高速、重载方向发展,钢轨也正向重型化、强韧化及纯净化方向发展。因此,对钢轨质量、断面、材质三要素均提出了相应的要求。

因为钢轨的工作条件十分复杂,气候及其他因素对钢轨受力也有影响,所以为使列车能够安全、平稳和不间断地运行,必须保证钢轨在车轮荷载、温度力的作用下,应力和变形均不超过规定的限值,这就要求钢轨具有足够的强度和耐磨性。钢轨长期在列车重复荷载作用下工作,为防止轨头部分的疲劳损伤、减轻车轮对钢轨的动力冲击作用,要求钢轨应具有较高的抗疲劳强度、较好的冲击韧性和一定的弹性。钢轨和车轮接触面既要粗糙,以增加轮轨间的黏着力,又要光滑,以减少行车阻力。另外,还要求钢轨有良好的可焊性。

二、钢轨的类型及断面尺寸

1. 钢轨的类型

钢轨的类型通常以 kg/m 来表示。每米钢轨的质量越大,它所承受的荷载也越大。世界上第一条铁路的钢轨为 18kg/m,目前最重的钢轨在美国,重达 77kg/m。

我国现行的钢轨标准有 50kg/m、60kg/m、75kg/m 三种。为了提高线路的通过能力,我国铁路正逐步淘汰小质量钢轨,主要线路一般铺设 60kg/m 或 75kg/m 的重型钢轨,具体尺寸如图 6-4 所示。

①钢轨按厂制钢轨长度的不同可分为以下类型。

标准轨:12.5m 和 25m;

缩短轨:12.5m 轨缩短量为 40mm、80mm、120mm;25m 轨缩短量为 40mm、80mm、160mm。

②按材质的不同可将钢轨分为碳素轨、合金轨、热处理轨。

③按强度的不同可分为五级:850MPa、900MPa、1000MPa、1200MPa、1300MPa;按货源可分为国产轨、进口轨、试验轨。

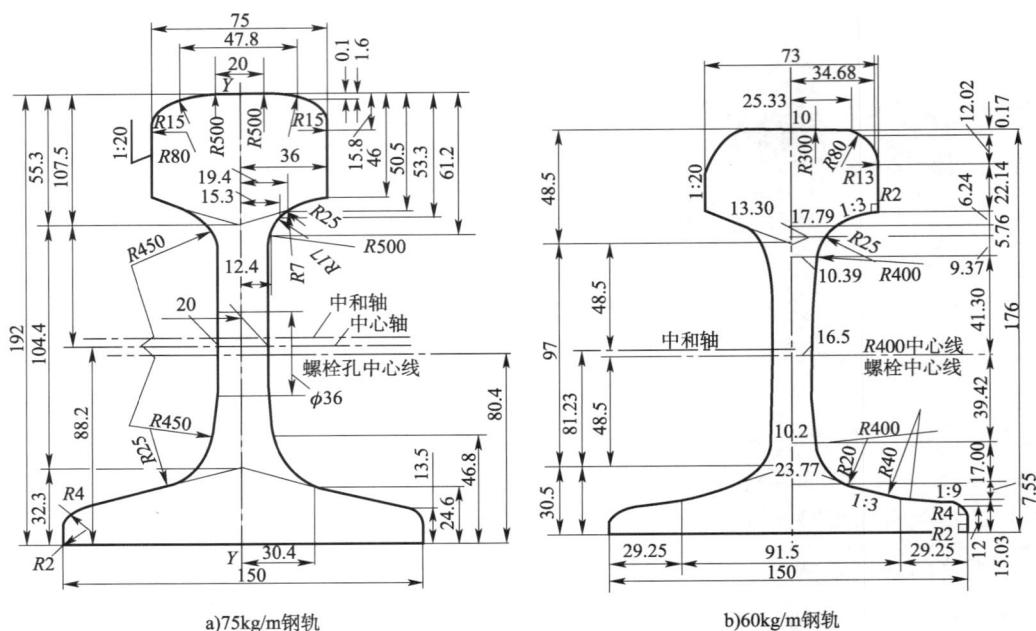

a)75kg/m钢轨　　　　　　　b)60kg/m钢轨

图6-4　钢轨尺寸(尺寸单位:mm)

2. 钢轨的断面尺寸

钢轨断面形状为工字形,由轨头、轨腰、轨底三大部分组成。看似简单的工字钢轨,受力好、材料省,具有最佳抗弯性能,是抵抗挠曲的最佳断面。其四个主要参数分别为轨头宽度 b、轨腰厚度 c、轨身高度 H 及轨底宽度 B。钢轨断面形式如图6-5所示,钢轨截面各部分尺寸如表6-1所示。

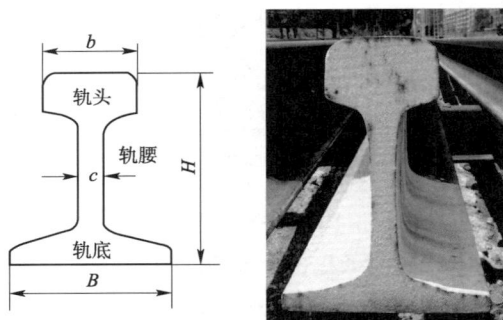

图6-5　钢轨断面形式

钢轨截面各部分尺寸　　　　　　　　　　　　　表6-1

项目	钢轨类型(kg/m)			
	43	50	60	75
每米钢轨质量 m(kg)	44.653	51.514	60.64	74.414
钢轨高度 H(mm)	140	152	176	192
轨头宽度 b(mm)	70	70	73	75

续上表

项目	钢轨类型（kg/m）			
	43	50	60	75
轨底宽度 B（mm）	114	132	150	150
轨腰厚度 t（mm）	14.5	15.5	16.5	20
螺栓孔直径 ϕ（mm）	29	31	31	31
轨端至 1 孔中心距 L_1（mm）	56	66	76	96
1 孔至 2 孔中心距 L_2（mm）	110	150	140	220
2 孔至 3 孔中心距 L_3（mm）	160	140	140	130
截面面积（cm²）	57	65.8	77.45	95.04
钢轨长（m）	12.525	12.525	12.525	25

三、钢轨的化学成分及伤损

1. 钢轨化学成分

钢轨的化学成分主要是铁（Fe），其次是碳（C），并根据强度和硬度的需要增加其他化学元素，如锰（Mn）、硅（Si）、钒（V）等，同时限制磷（P）、硫（S）等含量。

钢轨钢的物理力学性能包括极限强度、屈服强度、疲劳强度、伸长率、断面收缩率、冲击韧性及硬度等。

碳对钢轨的性质影响最大。提高钢轨的含碳量，其抗拉强度、耐磨性及硬度都会迅速增加。但含碳量过高，会使钢轨的伸长率、断面收缩率和冲击韧性显著下降。因此，一般含碳量不超过 0.82%。

为了进一步提高钢轨的耐磨性能和强度，可对钢轨进行全长淬火或采用合金钢轨。淬火时采用电感应加热的方法，以局部改变轨头钢的组织，从而提高钢轨的强度和韧性。另外，在钢轨的化学成分中适当增加铬（Cr）、镍（Ni）、钼（Mo）、铌（Nb）、钛（Ti）和铜（Cu）等元素，制成合金钢轨，可有效提高钢轨的抗拉强度、抗疲劳强度以及耐磨和耐腐蚀性能。

锰可以提高钢轨的强度和韧性，去除有害的氧化铁和硫夹杂物，其含量一般为 0.6% ~ 1.0%。锰含量为 1.1% ~ 1.5% 时称为中锰钢，中锰钢有较高的抗磨性能。

硅易与氧化合，故能去除钢中气泡，增加密度，使钢质密实细致，也能提高钢轨的耐磨性能。在碳素钢中，硅含量一般为 0.15% ~ 0.30%。

磷和硫在钢中均属于有害成分。磷含量超过 0.1%，会使钢轨具有冷脆性，在冬季严寒地区，易突然断裂。硫不溶于铁，不论含量多少均生成硫化铁，在 985℃ 时，呈晶态结晶析出。这种晶体性脆易溶，使金属在 800 ~ 1200℃ 时发脆，在钢轨轧制或热加工过程中易出现大量废品。所以，对磷、硫的含量必须严格加以控制。

2. 钢轨伤损

钢轨伤损是指钢轨在使用过程中，发生折断、裂纹及其他影响和限制钢轨使用性能的伤损。为便于统计和分析钢轨伤损,需对钢轨伤损进行分类。根据伤损在钢轨断面上的位置、伤损外貌及伤损原因等分为九类 32 种伤损,用两位数编号分类,十位数表示伤损的部位和状态,个位数表示造成伤损的原因。钢轨伤损分类具体内容可见《铁道工务技术手册（轨道）》。

钢轨折断是指有下列情况之一者:钢轨全截面至少断成两部分;裂缝已经贯通整个轨头截面或轨底截面;钢轨顶面上有长度大于 50mm、深度大于 10mm 的掉块。钢轨折断直接威胁行车安全,应及时更换。钢轨裂纹是指除钢轨折断之外,钢轨部分材料发生分离形成的裂纹。

常见的钢轨伤损还有钢轨磨耗、接触疲劳伤损、剥离及轨头核伤、轨腰螺栓孔裂纹等。

四、钢轨连接

钢轨连接零件分为连接钢轨与钢轨的钢轨接头连接零件,以及连接钢轨与轨枕的中间连接零件（又称为扣件）。以下主要介绍钢轨接头连接零件。

钢轨接头是线路的薄弱环节之一。由于机车车辆的作用,使钢轨接头低塌、道床翻浆、钢轨产生鞍形磨耗和螺栓孔断裂、轨枕开裂等病害,因而需要进行大量的线路维修工作。对于 12.5m 长度钢轨线路,几乎一半的维修工作在接头处,因此必须对接头予以充分的重视,选择合理的结构形式。

1. 钢轨接头类型

①按左右两股钢轨接头相对位置分为相对式接头和相错式接头,如图 6-6 所示。

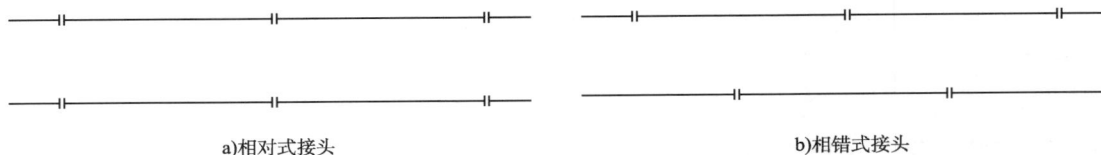

a)相对式接头   b)相错式接头

图 6-6 钢轨接头按左右两股钢轨接头相对位置分类

相错式接头由于左右两股钢轨接头错开,车辆通过时车轮交替冲击左右两股钢轨,增加了对钢轨的冲击次数,还会使车辆左右摇摆,使左右钢轨受力不均,也不利于机械化铺轨作业,因而只在一些等级较低、行车速度较小的地段利用非标准轨或旧轨时采用。而相对式接头可有效克服相错式接头的缺点,因而在世界各国广泛采用。

②按接头与轨枕的相对位置分为悬空式、单枕承垫式、双枕承垫式的钢轨接头,如图 6-7 所示。

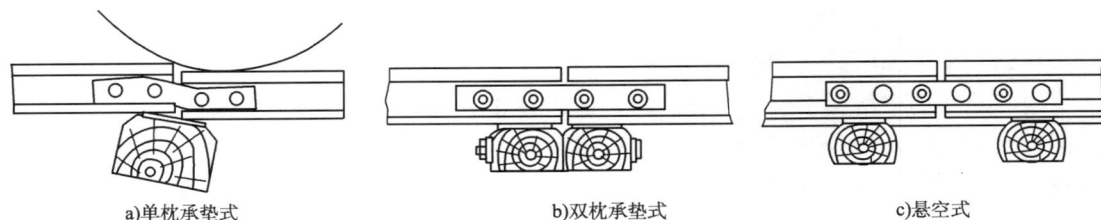

a)单枕承垫式   b)双枕承垫式   c)悬空式

图 6-7 钢轨接头按接头与轨枕的相对位置分类

目前我国广泛采用悬空式接头,即将轨缝悬于两接头轨枕之间。当车轮通过时钢轨挠曲,轨端下落,弯矩增大,为了减少挠曲和弯矩,采用较小的接头轨枕间距。

单枕承垫式很少采用,因为当车轮通过时,轨枕左右摇动,不稳定。双枕承垫式可保证稳定性,但又有刚度大、不易捣固的不足。一般为了加强木枕地段钢轨接头,只在正线绝缘接头处采用双枕承垫式。

③按接头联结的用途及工作性能的不同,钢轨接头可分为普通接头、导电接头、绝缘接头、异形接头、尖轨接头、冻结接头、胶结接头及焊接接头。

普通接头联结零件是由接头夹板、螺栓、弹簧垫圈等组成,如图6-8所示。其作用是在接头处把钢轨连接起来,使钢轨接头部分具有与钢轨一样的整体性,以抵抗弯曲和位移。接头处还要满足钢轨伸缩的要求。

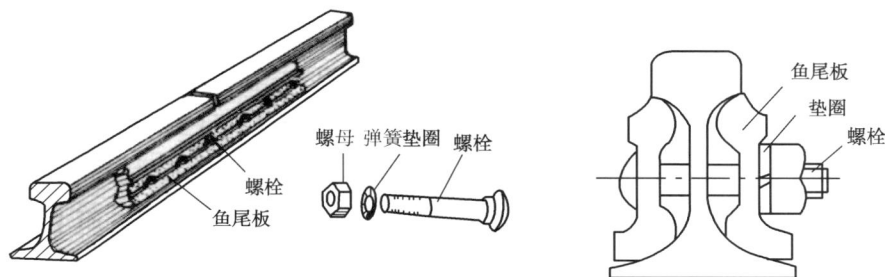

图6-8 普通接头结构组成

接头夹板(图6-9)的作用是承受弯矩、传递纵向力、阻止钢轨伸缩。接头螺栓、螺母是用来夹紧夹板和钢轨的配件,弹簧垫圈是为了防止螺栓松动。每对夹板上的6个螺栓头部交替布置,如图6-10所示。

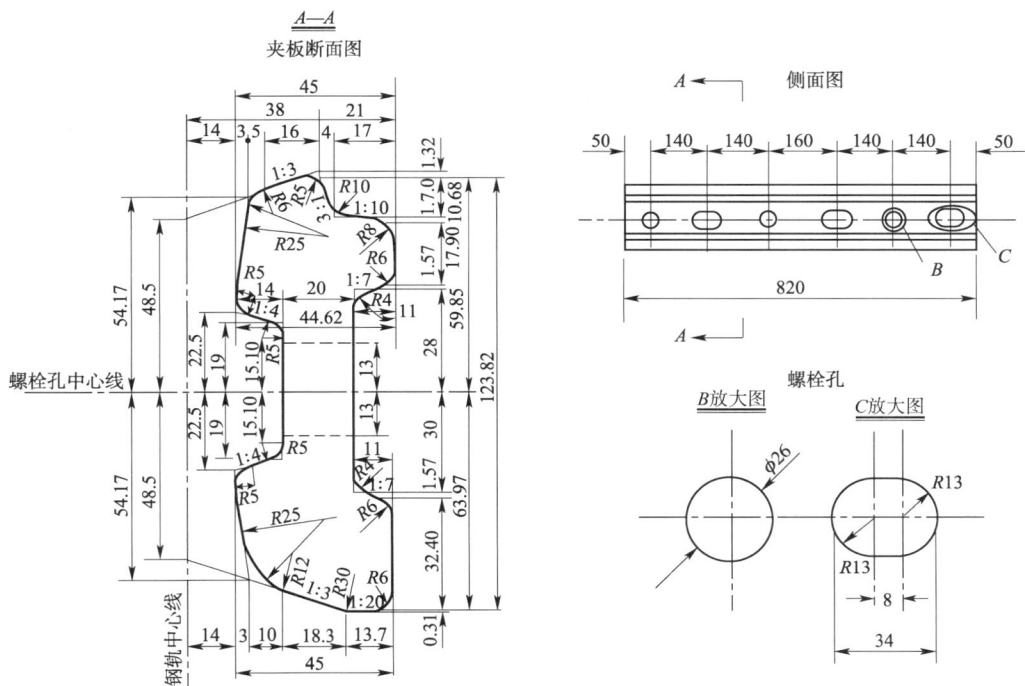

图6-9 接头夹板尺寸(尺寸单位:mm)

图 6-10　接头螺栓交错布置

2. 特殊接头

异形接头用于两种不同型号钢轨的连接,又称为过渡接头,如图 6-11、图 6-12 所示。其中导电接头和绝缘接头是用于自动闭塞区段上的两种接头。将钢轨作为导电体的自动闭塞区段,为了确保和加强导电性,要在接头处铆上或焊上一根导线,称为导电接头,如图 6-12a)所示。使信号电流不能从一个闭塞区传到另一个闭塞区的接头,称为绝缘接头,如图 6-12b)、图 6-12c)所示。绝缘接头在钢轨与夹板之间、夹板与螺栓之间、两轨端之间都用绝缘材料填充,用以严格绝缘,防止漏电。

a)异形夹板连接

b)异形钢轨连接

图 6-11　异形接头连接

塞钉式

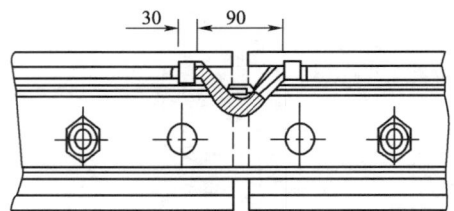

焊接式

a)钢轨导电接头

图　6-12

b)普通高强度绝缘接头

c)胶接绝缘接头

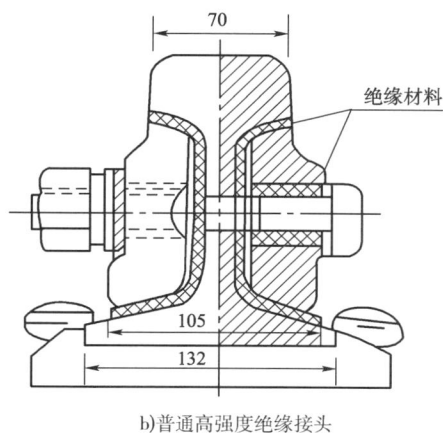

图6-12　钢轨异形接头(尺寸单位:mm)

尖轨接头(又称为伸缩接头或温度调节器)是将接头以尖轨的形式联结。尖轨接头用于钢轨伸缩量大的线路,如无缝线路长轨节、温度跨度大的桥梁。我国目前在一些铁路的大跨度桥和城市轻轨的高架桥上使用这种接头形式。

上述几种接头结构允许轨端伸缩,也有一种接头不允许钢轨伸缩,称为冻结接头。冻结接头一般用于道口、明面小桥等不适宜设钢轨接头的处所。最早的冻结接头是用一块月牙形垫片,垫在钢轨螺栓孔和螺栓之间,以阻止钢轨的热胀冷缩,这种结构在列车振动作用下,月牙形垫片容易损坏或脱落,起不到冻结的作用。目前多用高分子化学胶黏剂来胶接夹板与钢轨的接触面,再用高强度螺栓拧紧,其剪切荷载可达1800kN,保证了钢轨接头冻结。

任务二　扣件认知

钢轨与轨枕间的联结是通过中间联结零件实现的。中间联结零件也称扣件,要求具有足够的强度、耐久性和一定的弹性,以保证长期有效地保持钢轨与轨枕的可靠联结,阻止钢轨相对于轨枕的移动,并能在动力作用下充分发挥缓冲减震性能,延缓轨道残余变形积累。此外,扣件还应构造简单,便于安装及拆卸。

一、木枕扣件

按扣件联结钢轨、垫板和轨枕三者之间的关系来分,木枕扣件分为混合式和分开式两种形式。混合式是木枕线路普遍使用的扣件形式,如图6-13所示,该扣件主要由道钉和五孔双肩垫板组成。扣紧方式是用道钉将钢轨轨底、垫板和木枕一起扣紧,再用两个道钉将垫板与木枕单独扣紧。其优点是减少了垫板在列车作用下的振动,零件少,安装方便。但道钉扣件的扣压力不足,易松动。

图 6-13　混合式扣件

　　为了加强扣压力,在桥上、无缝线路的伸缩区和缓冲区,可采用分开式扣件,它用 4 个螺纹道钉联结垫板与木枕,两个地脚螺栓扣压钢轨与垫板,道钉和地脚螺栓构成"K"形,如图 6-14 所示。优点是扣压力大,不易松动,但结构相对复杂,用钢量大。

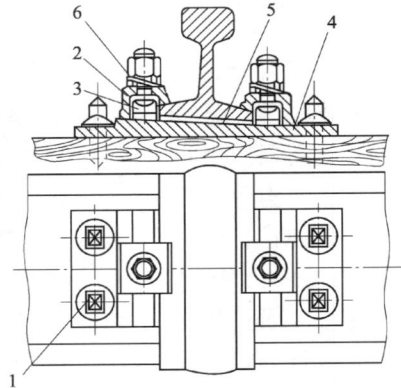

图 6-14　"K"式扣件

1-螺纹道钉;2-扣轨夹板;3-底脚螺栓;4-垫板;5-木片;6-弹簧垫圈

二、混凝土枕扣件

　　随着混凝土轨枕的发展与应用,我国从 1957 年开始了混凝土枕用扣件的研究工作,开发了多种扣件形式,如螺栓扣板式扣件(图 6-15)、63 型扣板式扣件、67 型拱形弹片式扣件(图 6-16)、70 型扣板式扣件、弹条 Ⅰ 型扣件、弹条 Ⅰ 型调高扣件(图 6-17)、弹条 Ⅱ 型扣件(图 6-18)、弹条 Ⅲ 型扣件(图 6-19)等。随着客运专线建设的发展,近年来又研发了弹条Ⅳ型扣件和弹条Ⅴ型扣件。

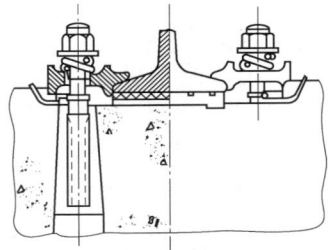

图 6-15　螺栓扣板式扣件

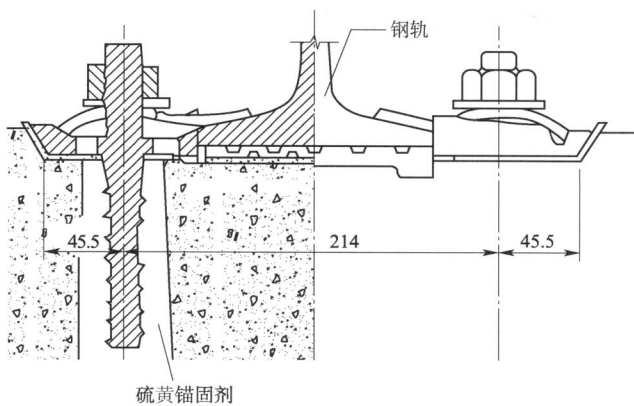

图 6-16 67 型拱形弹片式扣件(尺寸单位:mm)

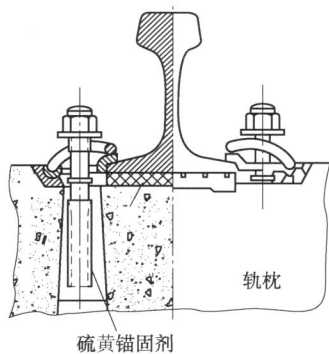

图 6-17 弹条Ⅰ型调高扣件

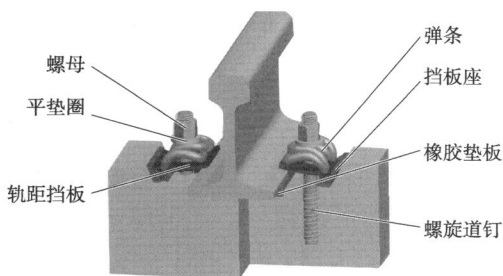

图 6-18 弹条Ⅱ型扣件

图 6-19　弹条Ⅲ型扣件

以下主要介绍常用几种扣件形式。

67 型拱形弹片式扣件采用弹片扣压件,混凝土轨枕设挡肩,采用锚固在混凝土轨枕中的螺栓紧固弹片,如图 6-16 所示。为适应冻害地段大调高量的要求,开发了弹片Ⅰ型调高扣件。这种扣件扣压弹性较差,而且螺栓孔处存在应力集中,易造成弹片断裂,因而较少采用。

弹条Ⅰ型扣件弹条分 A、B 两种类型,A 型弹条单个弹条扣压力为 8kN,弹程 9mm,B 型弹条单个弹条扣压力为 9kN,弹程 8mm,轨下胶垫的静刚度为 90 ~ 120kN/mm,如图 6-17 所示。

弹条Ⅰ型扣件弹性好、扣压力损失较小,能较好地保持轨道几何形位,使用效果好,主要技术性能均优于扣板式扣件。适用于标准轨距铁路直线及半径 R 大于 300m 的曲线地段,与 50 轨和 60 轨相联结。

弹条Ⅱ型扣件单个弹条扣压力为 10kN,弹程 10mm,轨下胶垫的静刚度为 55 ~ 80kN/mm、40 ~ 60kN/mm(钢轨接头地段),如图 6-18 所示。

弹条Ⅱ型扣件具有扣压力大、强度安全储备大、残余变形小等优点,适用于Ⅱ型和Ⅲ型混凝土枕的 60 轨。

三、无砟轨道扣件

我国从 20 世纪 60 年代开始无砟轨道的研究,采用过多种扣件形式。如 TF-M 型扣件、TF-Y 型弹性扣件(图 6-20)、64-Ⅲ型扣件、秦岭隧道整体道床用弹性扣件、弹条Ⅰ、Ⅱ型弹性分开式扣件、弹条Ⅲ型弹性分开式扣件、WJ-1 型扣件(图 6-21)、WJ-2 型扣件(图 6-22)等。随着客运专线建设的发展,近年来又研发了 WJ-7 型扣件(图 6-23)和 WJ-8 型扣件(图 6-24)。

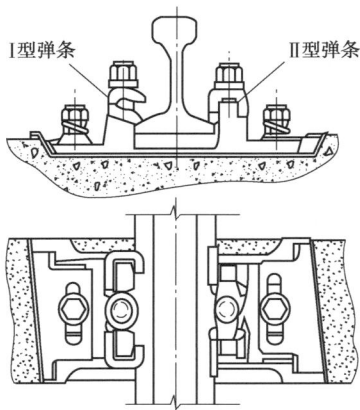

Ⅰ型弹条　　　　Ⅱ型弹条

图 6-20　TF-Y 型弹性扣件

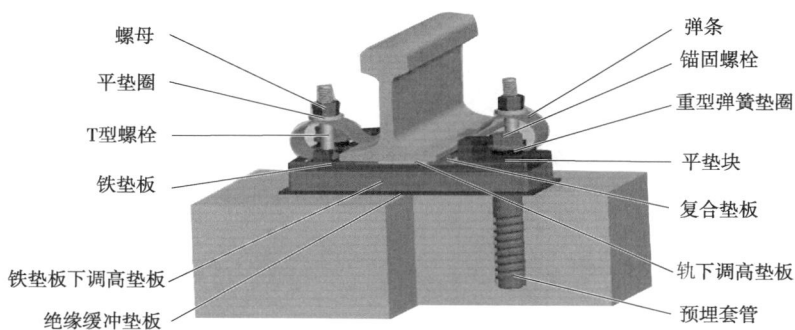

图 6-21　WJ-1 型扣件

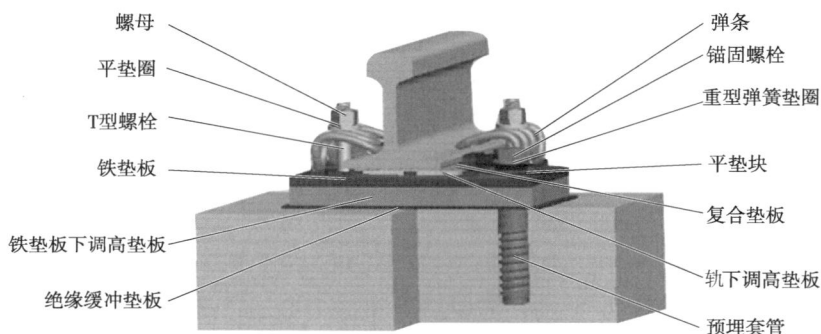

图 6-22　WJ-2 型扣件

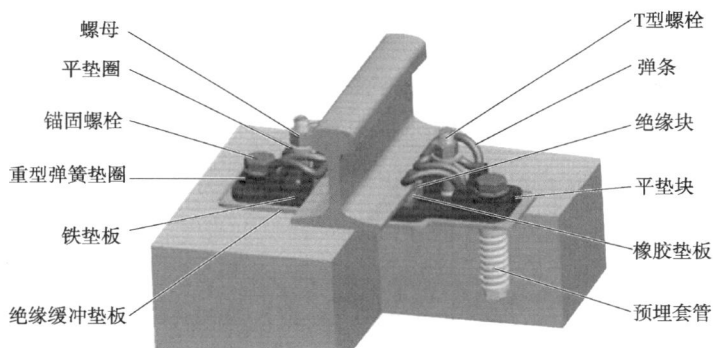

图 6-23　WJ-7 型扣件

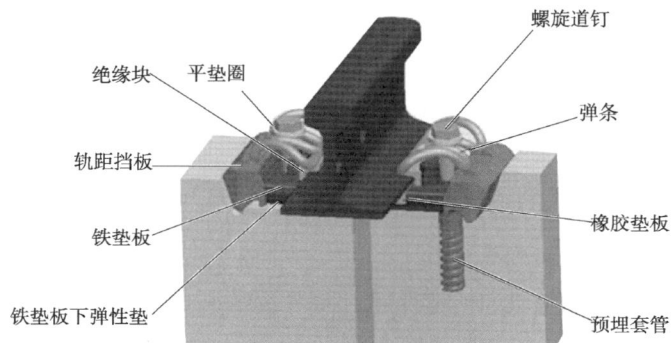

图 6-24　WJ-8 型扣件

任务三　钢轨施工

一、钢轨胶接绝缘接头施工

1）工地钢轨胶接绝缘接头施工

（1）工艺流程

工地钢轨胶接绝缘接头施工宜在设计锁定轨温的范围内进行。工地钢轨胶接绝缘接头施工主要设备：钢轨液压拉伸器、锯轨机、端面打磨机、手提式砂轮机、角磨机、对轨架、起道机、小型发电机、温度计、测力扳手等。工地钢轨胶接绝缘接头施工基本工艺流程如图 6-25 所示。

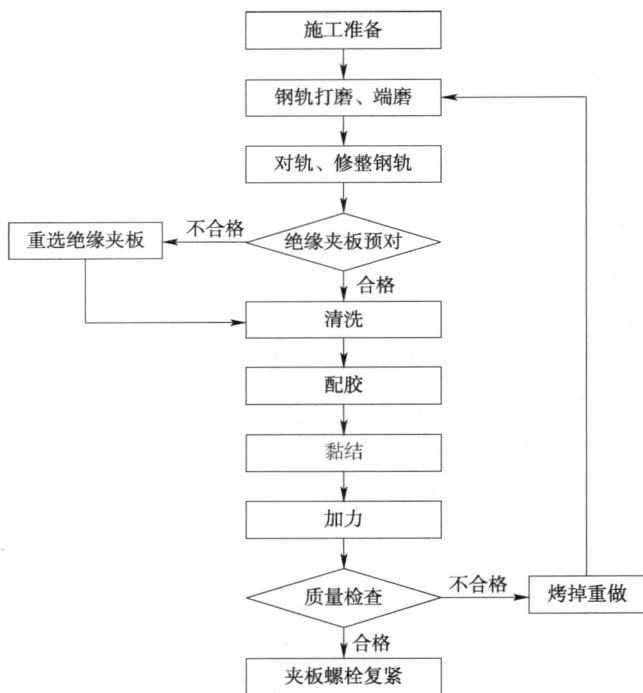

图 6-25　工地钢轨胶接绝缘接头施工基本工艺流程

（2）施工准备

①根据设计图现场确定胶接绝缘接头位置。

②绝缘接头处钢轨平直度允许偏差不大于 0.3mm/m。

③检查轨端有无低塌、轨头剥离、掉块或锈蚀等现象。

④钢轨胶接端的端面垂直度偏差及水平偏差均不大于 0.15mm。

⑤用压机、短枕木头架起钢轨。根据绝缘接头夹板螺栓孔尺寸,在钢轨上打孔,螺栓孔直径及间距允许偏差±0.5mm。

（3）钢轨打磨

①用轨端打磨机打磨钢轨端面,要求平整,并从轨头向轨底稍微偏斜0.10～0.15mm。

②用角磨机打磨钢轨,要求距轨端600mm黏结范围彻底除锈,黏结面完全露出金属光泽,无任何锈点。

③轨顶、轨头侧面及螺栓孔按45°角倒角,倒角宽度1～2mm,并用纱布打磨达到光滑。

④用对轨架对正待黏结轨,调整轨缝,绝缘接头轨缝为6mm。将绝缘端板插入预留轨缝处,并用液压钢轨拉伸器张拉钢轨,将端板顶紧,绝缘端板顶面不得低于钢轨顶面。用1m钢板尺测量,轨顶起拱0.3mm,轨头侧面允许有±0.3mm偏差,并将钢轨位置牢靠固定。

（4）绝缘夹板预对

①预对前用毛刷将黏结面和夹板绝缘层清理干净。

②作业人员用挑棒将绝缘夹板对好,挑棒位置在第2个和第5个螺栓孔位置。在其他孔插入绝缘套管,穿螺栓,安装垫片和螺母。

③用加力扳手将螺栓扭力加到1000N·m。

④用兆欧表测量两黏结钢轨的轨头与轨头、轨头与夹板间的电阻值大于300MΩ时方能使用。

⑤在预对过程中不得损坏夹板绝缘层。

（5）清洗作业

①黏结面和夹板绝缘层用丙酮或丁酮擦抹洁净。钢轨清洁范围为距端头600mm以内,夹板为整个绝缘层表面。

②清刷黏结面和夹板绝缘层时应均匀、全面、不漏点,遇有风沙天气,则应支起挡风棚。

（6）配胶作业

①配胶前,测量钢轨温度,作业轨温不得超出设计锁定轨温的范围,并作记录。

②将双组分胶调和均匀,调和应迅速,在12～35℃外露时间不得超过15min;气温超过35℃时外露时间不得超过10min。

（7）黏结作业

①用刮刀在钢轨和夹板的贴合面上涂胶,要求均匀无遗漏,厚度1mm。

②用挑棒分别捅入夹板的第2个和第5个螺栓孔位置,挑起夹板,依次一正一反用旋转状态插入螺栓,戴上垫圈和螺母,套上绝缘套管,并用扳手紧固螺栓。

（8）加力

①用测力扳手由中间向两端按规定顺序拧紧螺栓,要求扭力矩全部达到1000N·m,并用道钉锤敲打夹板下沿,再复紧螺栓,反复敲打夹板,反复依次复紧螺栓3次。从调和胶到紧固完螺栓时间不得超过16min。

②检查黏结接头的外观表面美观、整洁,外观尺寸符合要求。待甲乙胶凝固后,用角磨机打磨突出的端板,并作其他修整。

③胶接完立即用兆欧表测绝缘接头电阻值,大于10MΩ为合格,并做好记录。

④胶接完 1h 后进行第一次复紧,接头过 3 趟车后立即进行第二次复紧,上线 24h 后进行第三次复紧。

(9)质量检验

钢轨胶接绝缘接头质量检验应符合下列规定:

①两股钢轨的绝缘接头应相对铺设,绝缘轨缝绝缘端板宜设于两承轨台中央,距承轨台边缘不应小于 100mm。

②钢轨胶接绝缘接头应避免扣件与绝缘接头螺栓接触。

③电绝缘性能:潮湿状态,在端板处浇水,用兆欧表测量电阻值,应大于 1000Ω。不合格应重做。

④工地钢轨胶接绝缘接头外观质量允许偏差应满足相关规定。

2)厂制钢轨胶接绝缘接头施工

(1)厂制钢轨胶接绝缘接头基本要求

①胶接绝缘接头各项技术性能应符合胶接绝缘接头的相关技术要求,并具有型式检验合格证明书。

②胶接绝缘钢轨的钢厂、钢种、轨型应与线路钢轨相同。

③用于制作胶接绝缘接头的钢轨,应经过探伤检查,并应采用同一根钢轨锯开胶接。道岔内胶接绝缘钢轨长度按设计配轨要求确定。胶接端的端面垂直度偏差及水平偏差均不大于 0.15mm。对轨后 1m 直尺检查:轨顶允许偏差(+0.2,0)mm,轨头侧边允许偏差 ±0.3mm。胶接绝缘钢轨全长范围内不得有硬弯。

(2)厂制钢轨胶接绝缘接头铺设

①钢轨胶接绝缘接头铺设(焊接)前应按规定测定其电绝缘性能。

②搬运、铺设、焊连钢轨胶接绝缘接头时严禁摔、撞。

③铺设质量应符合有关规定。

二、钢轨全线预打磨

1. 钢轨全线预打磨主要装备

打磨列车、人工操作的钢轨波纹研磨机、钢轨平直度测量仪、波纹磨耗测量仪、钢轨头部横断面绘图仪等。

2. 钢轨全线预打磨

①无缝线路经静态整理后,道床进入稳定状态,静态平顺度符合标准要求后进行钢轨全线预打磨作业。

②打磨列车到达工地后,根据轨面状态,可采用列车运行打磨、成形打磨等方式进行作业。打磨列车的使用和管理按其操作手册及维修保养手册的相关规定执行。

③打磨前,应调整好打磨头的偏转面和对钢轨的施压力。

④打磨前用安装在打磨机上的测量设备对整个打磨段上的钢轨进行纵断面的零位测量。

⑤对具有波纹和短波的钢轨,原则上要磨到波纹底及波谷范围。

⑥道岔尖轨及可动心轨、辙叉和钢轨伸缩调节器尖轨,应采用道岔打磨列车或手工操作的钢轨波纹研磨机进行打磨,严禁用普通打磨列车打磨。

⑦打磨列车应回收打磨下的铁粉。

⑧钢轨打磨后应符合下列规定:

a. 消除钢轨微小缺陷及锈蚀等。

b. 消除钢轨在轧制过程中形成的轨面斑点及微小不平顺。

c. 消除轨头表面的脱碳层。

d. 钢轨的表面应光滑、平顺、无斑点,使其适应列车速度。钢轨顶面平直度 1m 范围内允许偏差 +0.2mm。

e. 钢轨头部工作面实际横断面与理论横断面相比允许偏差为 ±0.3mm。

三、工地钢轨焊接

1. 基本规定

①钢轨焊头质量和焊接接头平直度应符合规范规定。

②气温在 0℃ 以下及恶劣天气时,不宜进行工地焊接作业。

③钢轨焊头应根据焊接工艺要求进行焊后热处理。

④承受拉力的焊缝,在其轨温高于 400℃ 时应持力保压。

⑤锁定焊接需要插入短轨时,插入短轨长度不应小于 6m,材质与原钢轨相同,焊后应保持原无缝线路技术状态和锁定轨温不变。

⑥铝热焊缝距轨枕边缘不得小于 100mm。

工地焊接完成后应检查焊好的接头,并标记编号,填写焊接记录报告。工地钢轨焊接应采动移动式闪光焊,道岔内困难位置(如尖轨跟端等)可采用铝热焊。

2. 工地钢轨闪光焊接

1)工艺流程

工地钢轨闪光焊接应配有移动式闪光焊接作业车、拉轨器、锯轨机、钢轨打磨机、正火机、调直机、探伤仪等设备。工地钢轨闪光焊接施工工艺流程如图 6-26 所示。

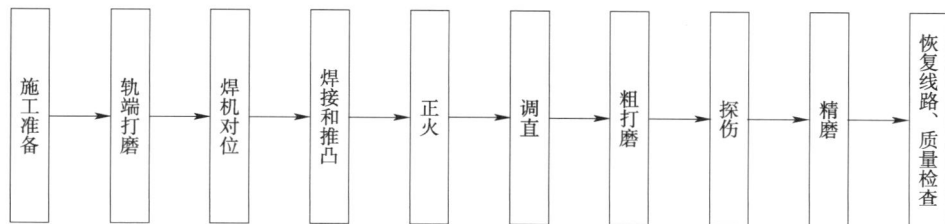

施工准备 → 轨端打磨 → 焊机对位 → 焊接和推凸 → 正火 → 调直 → 粗打磨 → 探伤 → 精磨 → 恢复线路、质量检查

图 6-26　工地钢轨闪光焊接施工工艺流程

2)基本规定

(1)工地钢轨闪光焊接应符合以下要求。

①拆除待焊轨头前方长钢轨全部及轨头后方 10m 范围内的扣件,并校直钢轨。根据轨

枕和扣件类型适当垫高待焊轨头后方的钢轨,保证焊头轨顶平直度。待焊轨头前方长钢轨下每隔12.5m安放一个滚筒,以便钢轨可以纵向移动焊接。

②打磨两待焊接轨轨端和焊机电极钳口的轨腰接触区,呈现光泽后方可施焊。将两待焊轨端抬起一定高度进行焊机对位夹轨,抬起高度应根据轨枕和扣件类型确定。焊轨作业车侧钢轨轨下应采取支垫措施实现轨面高度平顺过渡,尤其是焊轨作业车前轮对下方应垫实。

③推进移动焊轨车初定位时应采取措施,防止钢轨外翻、焊轨车掉道。

④由起重机的液压系统吊起焊机精确定位。

⑤焊机夹紧钢轨并自动对正。焊机自动焊接钢轨、顶锻并推除焊瘤。

⑥承受拉力的焊缝,在其轨温高于400℃时应持力保压。焊缝区域冷却到400℃以下时,焊轨作业车方可通过钢轨焊头。

⑦作业车焊完后,应用相应机具对钢轨焊缝进行正火、打磨、平直度检查和超声波探伤等。

⑧正火应在焊接接头不受拉力的条件下进行。焊接接头温度低于500℃（轨头表面）时方可正火加热,移动式闪光焊接焊头可采用气压焊加热器火焰摆动方式加热,加热温度应控制在850~950℃。轨头冷却宜采用风冷。

⑨粗磨应保证焊接接头的表面粗糙度能够满足探伤扫描的要求。焊头非工作边的垂直、水平方向错边应进行纵向打磨过渡。

⑩砂轮粗打磨时,应纵向打磨,使火花飞出方向与钢轨纵向平行。打磨过程中,不应使砂轮在钢轨上跳动冲击钢轨母材,不应出现打磨灼伤。

⑪焊缝及焊缝中心线两侧各450mm长度范围内的轨顶面、轨头内侧面应使用仿形打磨机精细打磨,打磨时焊头温度不宜大于50℃。

⑫工地钢轨闪光焊接接头超声波探伤应符合规定。工地钢轨闪光焊接焊头平直度允许偏差应符合规定。

（2）工地钢轨闪光焊接完成后应做好以下工作。

①检查焊好的接头,并打上焊接标记,填写焊接记录报告。

②线路恢复时,扣件应安装正确、配件齐全。

③将轨道恢复到正常状态并清理焊接现场。

3. 质量检验

对焊接接头进行探伤检查,并检测焊头平直度,对无法整修达标的需锯除,重新焊接。

四、钢轨轨缝及设置

普通线路上钢轨与钢轨之间留有一定的缝隙,称为轨缝。各节钢轨通过夹板和接头螺栓连接起来。随着轨温变化,钢轨将发生伸缩,这个伸缩量由钢轨螺栓孔、夹板螺栓孔和螺栓之间的间隙来提供,将它们之间在构造上能实现的轨端最大缝隙称为构造轨缝。

为适应钢轨热胀冷缩的需要,在钢轨接头处要预留轨缝,预留轨缝应满足如下条件。

①当轨温达到当地最高轨温时,轨缝应大于或等于零,使轨端不受挤压力,以防温度压

力太大而导致胀轨跑道。

②当轨温达到当地最低轨温时,轨缝应小于或等于构造轨缝,使接头螺栓不受剪力,以防止接头螺栓拉弯或拉断。

1. 预留轨缝的上限计算

$$a_{max} = a_0 + a_短 = a_0 + \alpha l(T_{sf} - T_{min}) - C \leqslant a_g \tag{6-1}$$

令

$$a_{max} = a_g$$

则

$$a_上 = a_0 = a_g - [\alpha l(T_{sf} - T_{min}) - C]$$

2. 预留轨缝的下限计算

$$a_{min} = a_0 - a_短 = a_0 - [\alpha l(T_{max} - T_{sf}) - C] \geqslant 0 \tag{6-2}$$

令

$$a_{min} = 0$$

则

$$a_下 = a_0 = a_短 = \alpha l(T_{sf} - T_{min}) - C$$

3. 预留轨缝的计算

《铁路线路修理规则》规定

$$a_0 = \frac{a_上 + a_下}{2} = \alpha l\left(\frac{T_{max} + T_{min}}{2} - T_{sf}\right) + \frac{a_g}{2} = \alpha l(T_z - T_{sf}) + \frac{a_g}{2} \tag{6-3}$$

《铁路线路修理规则》规定普通线路预留轨缝计算公式为

$$a_0 = \alpha L(t_z - t_0) + \frac{1}{2}a_g \tag{6-4}$$

式中:a_0——换轨或调整轨缝时的预留轨缝(mm);

   α——钢轨线膨胀系数,取 0.0118mm/(m℃);

   L——钢轨长度(m);

   t_0——换轨或调整轨缝时的温度;

   a_g——构造轨缝,38kg/m、43kg/m、50kg/m、60kg/m、75kg/m 钢轨均采用 $a_g = 18$mm;

   t_z——当地中间轨温(℃)。

【例题】 兰州地区最高轨温为 59.1℃,最低轨温为 –23.3℃,若铺设 25m 长的 60kg/m 钢轨,采用 10.9 级螺栓,试计算在 20℃铺设时的预留轨缝。

解:(1)$t_z = \frac{1}{2}(T_{max} + T_{min}) = \frac{1}{2} \times (59.1 - 23.3) = 17.9$(mm)

(2)$a_0 = \alpha L(t_z - t_0) + \frac{1}{2}a_g = 0.0118 \times 25 \times (17.9 - 20) + \frac{1}{2} \times 18 = 8.4$(mm)

取 $a_0 = 8$mm。

最高、最低轨温差不大于 85℃的地区,在按上式计算以后,可根据具体情况将轨缝值减小 1~2mm。

25m 钢轨铺设在当地历史最高、最低轨温差大于 100℃的地区时，应单独设计。

铺设 12.5m 钢轨地段，不受轨温差限制。25m 钢轨地段，更换钢轨或调整轨缝时的轨温限制范围为 $t_z \pm 30℃$；最高、最低轨温差不大于 85℃地区，如将轨缝值减小 $1 \sim 2mm$，轨温限制范围相应降低 $3 \sim 7℃$。

任务四　扣件安装

一、弹条Ⅳ型扣件系统安装

1. 弹条Ⅳ型扣件结构特征

弹条Ⅳ型扣件系统，如图 6-27 所示，为无螺栓扣件，属轨枕不带混凝土挡肩的不分开式有砟轨道用扣件系统。

其主要结构特征如下。

①在制作轨枕时预先埋设铁座，弹条通过插入预埋铁座扣压钢轨。

②预埋铁座与钢轨间设有绝缘轨距块，通过更换绝缘轨距块实现钢轨左右位置的调整。

③本扣件不能进行钢轨高低调整。

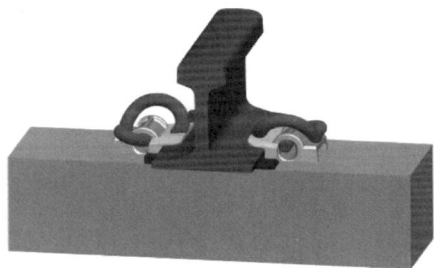

图 6-27　弹条Ⅳ型扣件系统

弹条Ⅳ型扣件对轨枕接口的主要技术要求是轨枕中预埋铁座的埋设位置和精度，轨枕设 1∶40 轨底坡。

弹条Ⅳ型扣件系统由弹条、预埋铁座、绝缘轨距块和橡胶垫板组成，如图 6-28 所示。

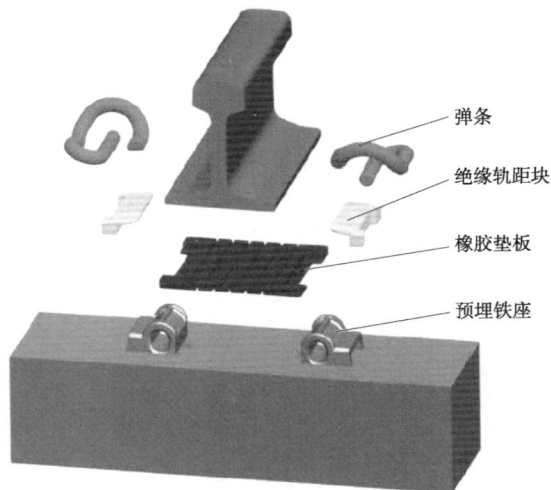

弹条

绝缘轨距块

橡胶垫板

预埋铁座

图 6-28　弹条Ⅳ型扣件系统部件组成

2. 弹条Ⅳ型扣件安装顺序及要求

（1）安装前的准备工作

①准备 9 号和 11 号轨距块，适当准备 8 号、10 号和 12 号轨距块，以备轨距不合适时调整轨距之用，如图 6-29 所示。同时还要适当准备相应号码的接头轨距块，以备用于钢轨接头。

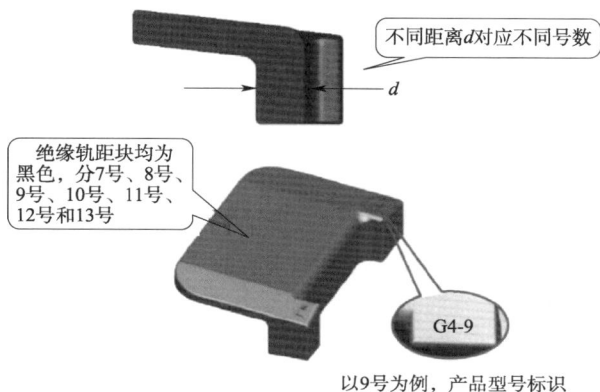

不同距离 d 对应不同号数

d

绝缘轨距块均为黑色，分7号、8号、9号、10号、11号、12号和13号

G4-9

以9号为例，产品型号标识

图 6-29　挡块

②准备 C4 型弹条，适当准备 JA 型和 JB 型弹条，如图 6-30 所示，以备用于钢轨接头。

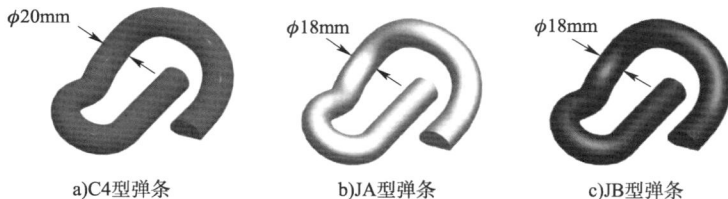

ϕ20mm　　　ϕ18mm　　　ϕ18mm

a)C4型弹条　　　　b)JA型弹条　　　　c)JB型弹条

图 6-30　弹条

③上道轨枕中预埋铁座的埋设位置必须准确。凡预埋铁座埋设位置歪斜、埋设高度、同一侧两预埋件的间距或两外侧预埋铁座的底角距不符合规定的轨枕不得上道。

④检查轨枕承轨面，不应有裂纹。清除轨枕两侧预埋铁座间承轨面和预埋铁座孔内的泥渣。

⑤清除轨底的泥污。

（2）安装顺序

步骤一：铺设橡胶垫板。将橡胶垫板放在两预埋铁座之间，橡胶垫板两侧的槽口中心线与预埋铁座中心线应对齐。

步骤二：铺设钢轨。

步骤三：安装轨距块。安设 9 号和 11 号轨距块，钢轨外侧安设 9 号轨距块，内侧安设 11 号轨距块，且轨距块的边耳应扣住预埋铁座。若因钢轨、轨枕和轨距块的制造偏差，安设规定号码的轨距块不能满足轨距要求或轨距块不能安装入位时，可根据实际情况予以调换，不得用锤或其他工具猛烈敲击使其入位。

步骤四：安装弹条。安装弹条前，钢轨、橡胶垫板、轨枕承轨面之间以及轨距块扣压钢轨面与钢轨轨底上表面均应密贴。安装弹条时应采用专用工具，如图6-31所示。弹条中肢入孔位置要放平、放正，不得歪斜。安装时切忌生拉硬拽，用力要适中，支点与加力点要正确。如遇到个别弹条就位困难时，在使用安装工具的同时可用小锤轻敲弹条尾部，使其就位。

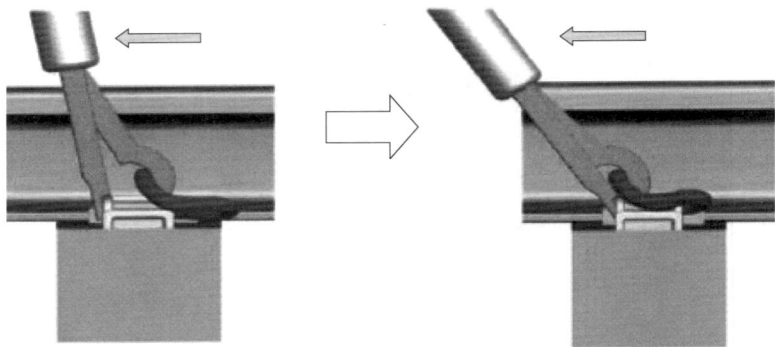

图6-31　采用专用工具安装弹条

弹条就位以小圆弧内侧与预埋铁座端部相距8～10mm为准，如图6-32所示，不得顶紧或距离过大。

3. 弹条Ⅳ型扣件安装调整

检查轨距，如不符合要求，须用专用工具（同安装工具）将弹条卸下。

结合图6-33，根据所检查的轨距调整量，对照表6-2更换不同号码的轨距块。

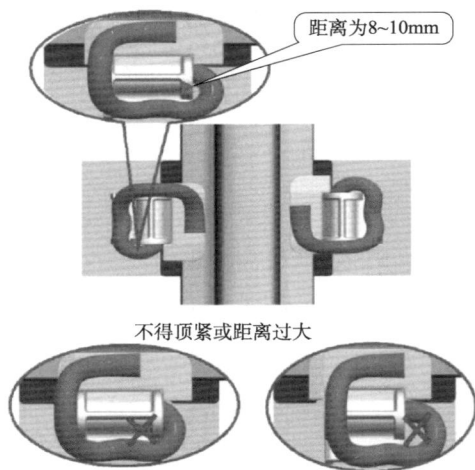

图6-32　弹条就位位置

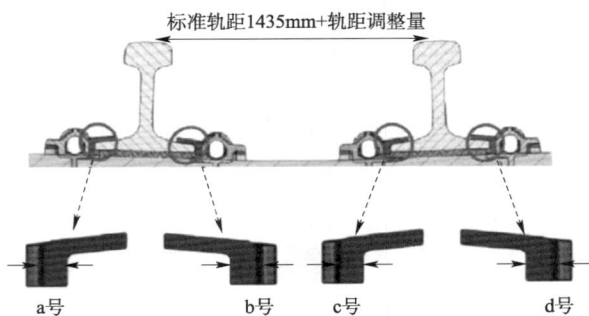

图6-33　轨距块

轨距调整量　　　　　　　　　　　　　　　　　　　　　表6-2

轨距调整量	左股钢轨（mm）		右股钢轨（mm）	
（mm）	外侧 *a*	内侧 *b*	内侧 *c*	外侧 *d*
−8	13	7	7	13
−7	12	8	7	13

续上表

轨距调整量	左股钢轨（mm）		右股钢轨（mm）	
（mm）	外侧 a	内侧 b	内侧 c	外侧 d
−6	12	8	8	12
−5	11	9	8	12
−4	11	9	9	11
−3	10	10	9	11
−2	10	10	10	10
−1	9	11	10	10
0	9	11	11	9
+1	8	12	11	9
+2	8	12	12	8
+3	7	13	12	8
+4	7	13	13	7

4. 弹条Ⅳ型扣件养护维修要求

①运营初期应注意观察扣件和轨枕的使用情况，发现有轨枕空吊、高低和水平不平顺或三角坑时，应及时进行起道捣固，不得使用调高垫板进行钢轨调高作业。

②使用中如发现扣件部件损坏应及时更换。

③在进行无缝线路应力放散时，须用专用工具（同安装工具）将弹条卸下。应力放散结束后，应检查橡胶垫板和轨距块位置是否正确，如有错位，应调整后再安装弹条。

二、弹条Ⅴ型扣件系统安装

1. 弹条Ⅴ型扣件结构特征与接口

弹条Ⅴ型扣件如图6-34所示，为有螺栓扣件，属轨枕带混凝土挡肩的不分开式有砟轨道用扣件。其主要结构特征如下。

①在制作轨枕时预先埋设套管，螺旋道钉与套管配合紧固弹条。

②通过更换轨距挡板实现钢轨左右位置的调整。

③可垫入调高垫板实现钢轨高低调整。

弹条Ⅴ型扣件对轨枕接口的主要技术要求是承轨槽的形式尺寸和轨枕中预套管的埋设位置和精度，轨枕设1∶40轨底坡。

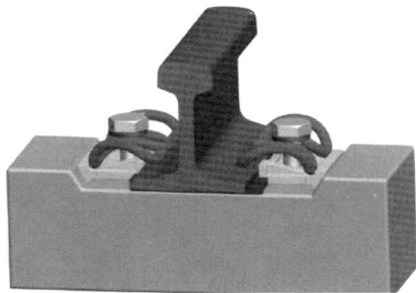

图6-34　弹条Ⅴ型扣件

2. 弹条Ⅴ型扣件部件组成及说明

弹条Ⅴ型扣件由螺旋道钉、平垫圈、弹条、轨距挡板、轨下垫板和预埋套管组成。此外，为了钢轨高低位置调整的需要，还包括调高垫板，如图6-35所示。

①弹条分两种，即一般地段使用的 W_2 型弹条和桥上可能使用的 X_3 型弹条，如图6-36

所示，W_2 型弹条的直径为 14mm，X_3 型弹条的直径为 13mm。此外，作为备件的弹条 Ⅰ 型扣件 A 型弹条可能用于钢轨接头处。

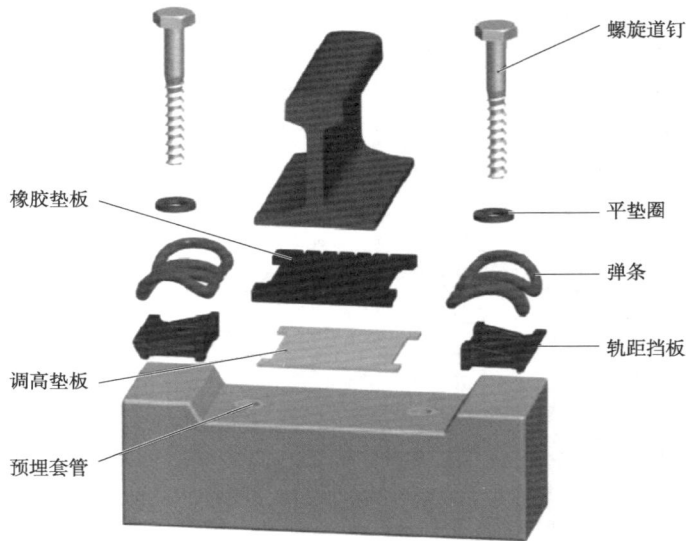

图 6-35　弹条 V 型扣件部件组成

②轨下垫板分一般地段使用的橡胶垫板 RP5 和桥上可能使用的复合垫板 CRP5 两种，如图 6-36 所示。桥上需要降低线路阻力时，可采用 X_3 型弹条并配用复合垫板，此时单组扣件的钢轨纵向阻力为 4kN。

③轨距挡板，如图 6-37 所示。轨距挡板 G5 分 7 种型号，即 2 号、3 号、4 号、5 号、6 号、7 号和 8 号标准轨距时采用 1 号和 6 号。

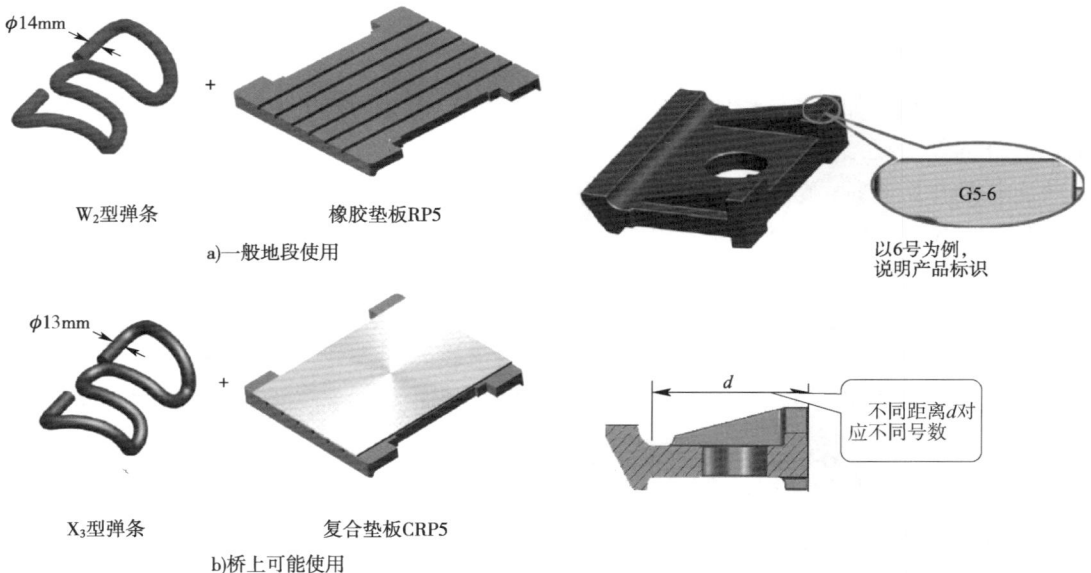

图 6-36　弹条与轨下垫板

图 6-37　轨距挡板

④预埋套管预先埋设于轨枕中,埋设精度应满足要求,且预埋套管顶面应与轨枕承轨面齐平。预埋套管埋设后,应加盖塑料(或其他材料)盖以防雨水和泥污进入。预埋套管埋设如图 6-38 所示。

⑤轨下调高垫板按厚度 d 分为 1mm、2mm、5mm、8mm 四种规格,放置于轨下垫板与轨枕承轨面之间。

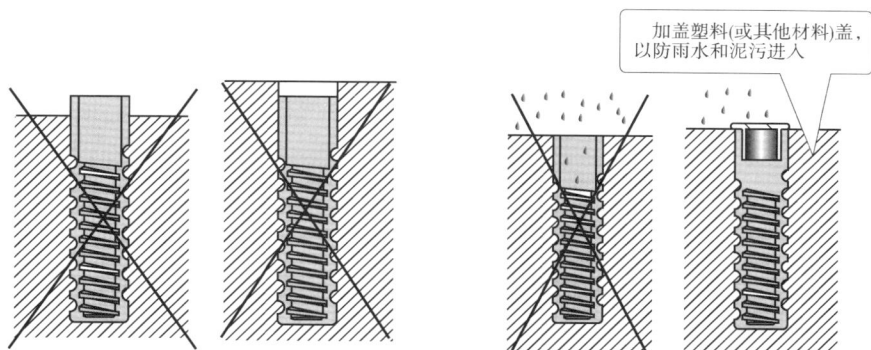

加盖塑料(或其他材料)盖,以防雨水和泥污进入

图 6-38　预埋套管埋设

3. 弹条 V 型扣件安装顺序及要求

(1)安装前的准备工作

①选择并准备合适类型的弹条(W_2 型或 X_3 型)和合适类型的轨下垫板(橡胶垫板 RP5 或复合垫板 CRP5)。

②适当准备弹条 I 型扣件 A 型弹条,以备用于钢轨接头。

③选择并准备 4 号和 6 号轨距挡板,适当准备 3 号、5 号和 7 号轨距挡板,以备轨距不合适时调整轨距之用。

④适当准备 1mm、2mm 厚调高垫板,以备调整钢轨高低之用。

⑤检查轨枕承轨槽,不应有裂纹。清除轨枕承轨槽的泥渣。

⑥摘除预埋套管上的塑料(或其他材料)盖。

(2)安装顺序

步骤一:铺设轨下垫板。将轨下垫板放在承轨面的中间位置。注意:垫板的凸缘应扣住承轨面,如图 6-39 所示。

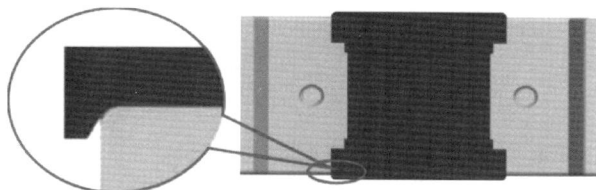

图 6-39　垫板的凸缘应扣住承轨面

步骤二:铺设钢轨。

步骤三:安装轨距挡板。安设 4 号和 6 号轨距挡板,钢轨外侧安设 4 号、内侧安设 6 号,且其应放置于行轨下垫板两边耳之间,如图 6-40 所示。若因钢轨、轨枕和轨距挡板的制造偏差,安设规定号码的轨距挡板不能满足轨距要求或轨距挡板不能安装入位时,可根据实际

情况予以调换。

注意：轨距挡板不应压住轨下垫板；安装轨距挡板时，不得用锤或其他工具猛烈敲击轨距挡板使其入位。

步骤四：安装弹条，如图6-41所示。将弹条摆放到位，将螺旋道钉套上平垫圈且在螺纹部分涂满铁路专用防护油脂，然后拧入套管，紧固弹条。

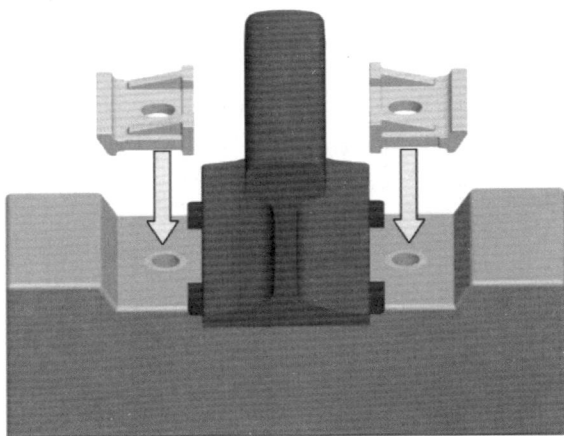

图6-40　安装轨距挡板

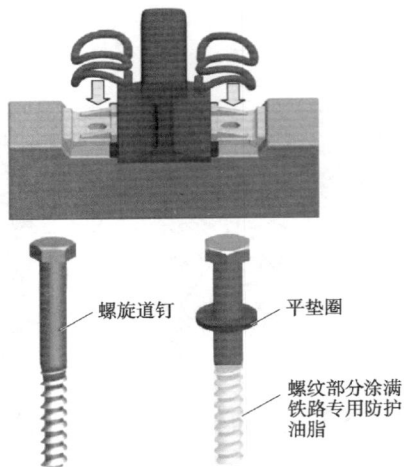

螺旋道钉

平垫圈

螺纹部分涂满
铁路专用防护
油脂

图6-41　安装弹条

判断弹条是否安装到位的标准是以弹条中部前端下颚刚好与钢轨接触为准，两者的间隙不大于0.5mm。

通常情况下，W_2型弹条的理论安装扭矩在160N·m左右，X_3型弹条的理论安装扭矩在95N·m左右。

在现场大规模安装前，可先取5~10个节点进行安装，以测出使弹条能按照以上安装到位标准，达到正确安装位置的实际安装扭矩。

在钢轨接头处，当在小号码轨距挡板上安装W_2型弹条和X_3型弹条有困难时，应安装弹条Ⅰ型扣件A型弹条。

4. 弹条Ⅴ型扣件安装调整

（1）检查轨距，如有不适，结合图6-42并对照表6-3，根据所需的轨距调整弹条Ⅴ型扣件，更换不同号码的轨距挡板（所需的轨距调整量 = 实测轨距 $G - 1435mm$）。

标准轨距1435mm+轨距调整量

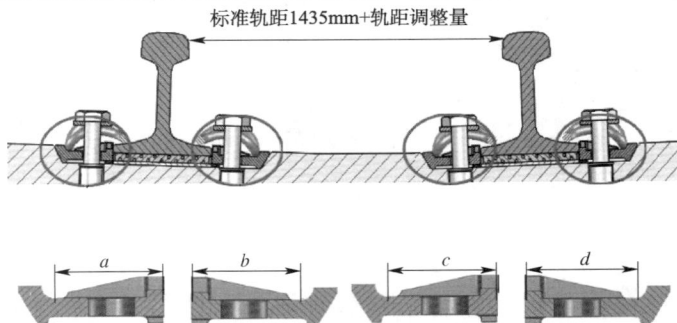

图6-42　弹条Ⅴ型扣件轨距示意图

轨距调整对照表 表 6-3

轨距调整量 (mm)	左股钢轨(mm)		右股钢轨(mm)	
	外侧 *a*	内侧 *b*	内侧 *c*	外侧 *d*
−8	82		28	
−7	73		28	
−6	73		37	
−5	64		37	
−4	64		46	
−3	55		46	
−2	55		55	
−1	46		55	
0	46		64	
+1	37		64	
+2	37		73	
+3	28		73	
+4	28		82	

（2）如遇有钢轨高低和水平有少量不平顺时,可考虑放入调高垫板。此时应提升钢轨,在轨下垫板和轨枕之间放入调高垫板。应特别注意,调高垫板不得放在轨下垫板上,放入的调高垫板总厚度不得大于 10mm,且调高垫板的数量不得超过两块。

轨距挡板应放置在调高垫板和轨下垫板两边耳之间,不得压住调高垫板和轨下垫板。

5. 弹条 V 型扣件养护维修要求

①运营初期,应注意观察扣件和轨枕的使用情况,如扣件松弛,应及时复拧。发现有轨枕空吊、高低和水平不平顺或三角坑时,应及时进行起道捣固,如遇有少量高低和水平不平顺、难用起道捣固作业消除时,可垫入调高垫板。

②使用中如发现扣件部件损坏应及时更换。

③在进行大型养路机械起道捣固作业前,应将调高垫板全部取下。起道捣固作业完成后,如个别地段钢轨高低和水平有少量不平顺时,可放入调高垫板。

④如遇有需要卸下螺旋道钉的情况时,应避免泥污进入预埋套管。

三、WJ-7 型扣件系统安装

1. WJ-7 型扣件结构特征与接口

WJ-7 型扣件,如图 6-43 所示,为无砟轨道扣件,属轨枕或轨道板不带混凝土挡肩的分开式扣件。其主要结构特征如下。

①铁垫板上设置轨底坡,轨枕或轨道板承轨面为平坡。

②铁垫板上设有 T 型螺栓插入座和挡肩，通过拧紧 T 型螺栓的螺母紧固弹条。

③铁垫板上挡肩与钢轨间设有绝缘块，起绝缘作用。

④通过锚固螺栓与轨枕或轨道板中预埋的绝缘套管配合紧固铁垫板。

⑤轨向和轨距的调整通过移动铁垫板来实现，为连续无级调整。

⑥可垫入调高垫板，实现钢轨高低调整。

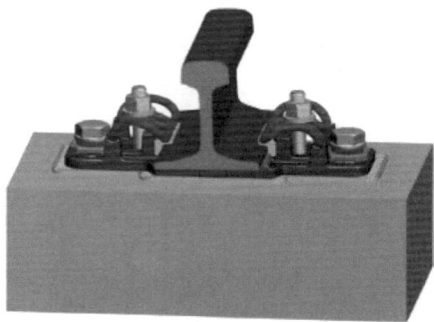

图 6-43　WJ-7 型扣件

WJ-7 型扣件对轨枕或轨道板接口的主要技术要求是轨枕或轨道板中预埋套管的埋设位置和精度，轨枕或轨道板不设轨底坡。

2. WJ-7 型扣件部件组成及说明

WJ-7 型扣件部件组成如图 6-44 所示，由 T 形螺栓、螺母、平垫圈、弹条、绝缘块、铁垫板、轨下垫板、绝缘缓冲垫板、重型弹簧垫圈、平垫块、锚固螺栓和预埋套管组成。此外，为了钢轨高低位置调整的需要，还包括轨下调高垫板和铁垫板下调高垫板。

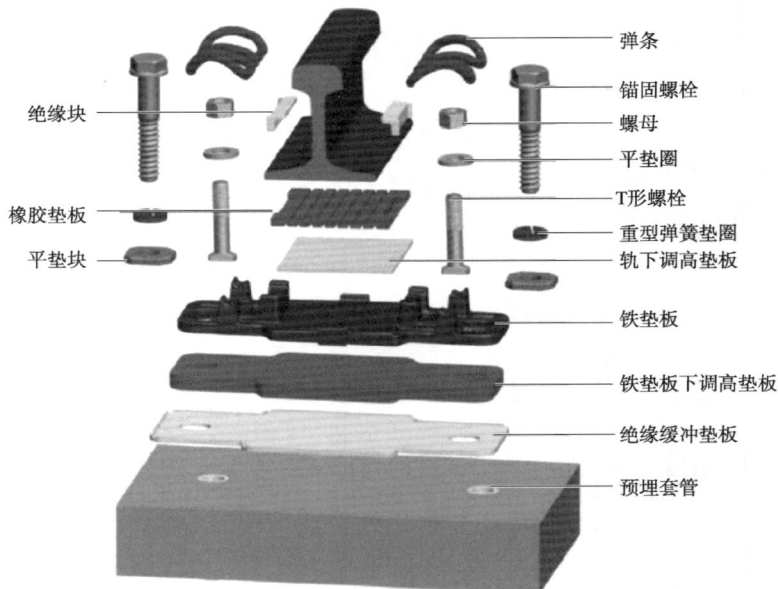

图 6-44　WJ-7 型扣件部件组成

①弹条分两种，如图 6-43 所示，即一般地段使用的 W_1 型和桥上可能使用的 X_2 型，W_1

型弹条的直径为 14mm，X_2 型弹条的直径为 13mm。

②轨下垫板分 A、B 两类，A 类用于兼顾货运的客运专线，B 类用于客运专线。每一类又分一般地段使用的橡胶垫板和桥上使用的复合垫板两种，如图 6-45 所示。桥上需要降低线路阻力时，可采用 X_2 型弹条并配用复合垫板，此时单组扣件的钢轨纵向阻力为 4kN。

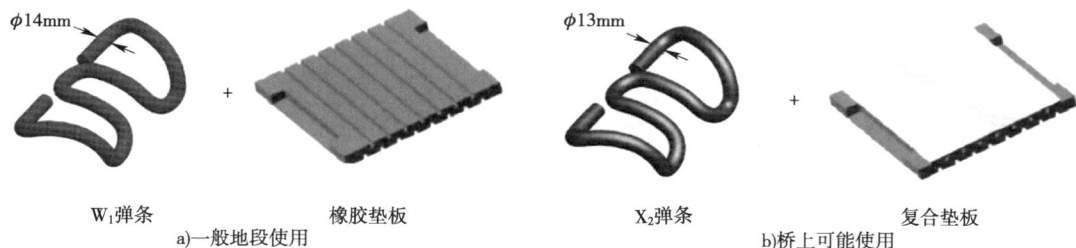

图 6-45 弹条与轨下垫板

③预埋套管预先埋设于轨枕或轨道板中，埋设精度应满足要求，且预埋套管顶面应与轨枕或轨道板承轨面齐平。预埋套管埋设后，应加盖塑料（或其他材料）盖，以防雨水和泥污进入。

④调高垫板，如图 6-46 所示，分为轨下调高垫板和铁垫板下调高垫板两种。轨下调高垫板根据厚度 d 可分为 1mm、2mm、5mm、8mm 四种规格。铁垫板下调高垫板根据厚度 d 可分为 5mm、10mm 两种规格。

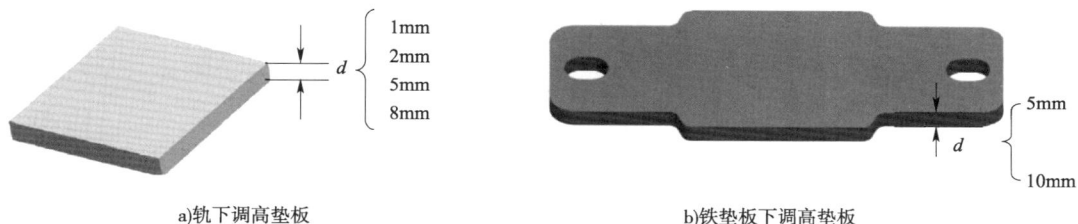

图 6-46 调高垫板

3. WJ-7 型扣件部件安装顺序及要求

（1）安装前的准备工作

①选择并准备合适类型的弹条（W_1 型或 X_2 型）和合适类型的轨下垫板（A 类、B 类橡胶垫板或复合垫板）。

②适当准备 1mm、2mm 厚的轨下调高垫板，以备微量调整钢轨高低之用。

③检查轨枕或轨道板承轨面，不应有裂纹。清除轨枕或轨道板承轨面的泥渣。

④摘除预埋套管上的塑料（或其他材料）盖。

（2）安装顺序

步骤一：安装绝缘缓冲垫板。

铺设绝缘缓冲垫板，使垫板孔与预埋套管孔对中。

步骤二：安装铁垫板。

使轨底坡朝向轨道内侧（按铁垫板上的箭头方向）。铁垫板的螺栓孔中心应与预埋套管中心对正。

步骤三：安装平垫块（图 6-47）。

使平垫块在铁垫板上两凸台之间，底面与铁垫板密贴，并使平垫块距圆孔中心较长一侧朝内。

步骤四：安装重型弹簧垫圈和锚固螺栓（图 6-48）。

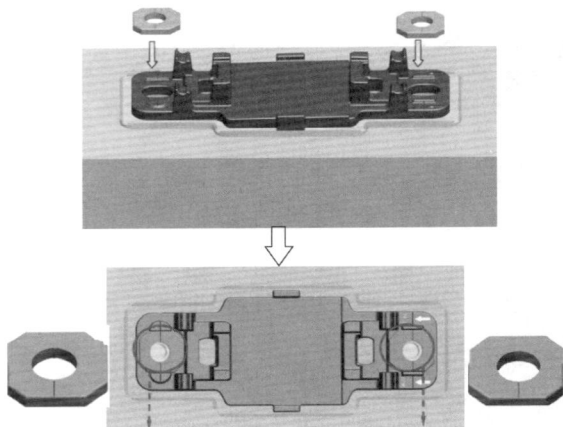

图 6-47　安装平垫块示意图

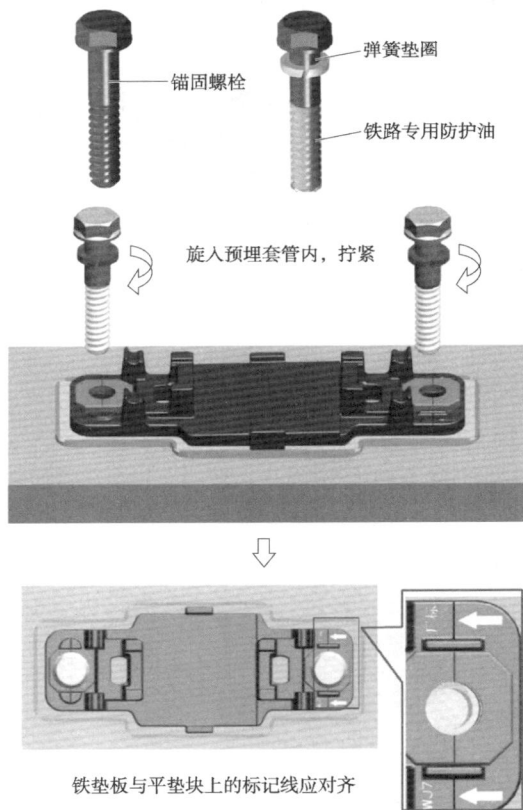

图 6-48　安装重型弹簧垫圈和锚固螺栓

安放重型弹簧垫圈和锚固螺栓前,应将锚固螺栓螺纹部分涂满铁路专用防护油脂。在锚固螺栓拧紧前,应挪动铁垫板,使铁垫板与平垫块的标记线对齐。

步骤五:安装轨下垫板。

将轨下垫板安装在铁垫板上,使轨下垫板沟槽方向垂直铁垫板的长度方向。

步骤六:安装钢轨。

步骤七:安装绝缘块(图6-49)。

安装绝缘块时,绝缘块的边耳应扣住铁垫板挡肩。应特别注意,安装绝缘块时,不得用锤或其他工具猛烈敲击使其入位。

步骤八:安装T形螺栓(图6-50)。

具体安装过程如下。

①T形螺栓头部按照所示角度,插入铁垫板。

②T形螺栓头部插入铁垫板后,按顺时针方向旋转90°,螺栓头部到预定位置,然后上提,使T形头完全嵌入槽中。

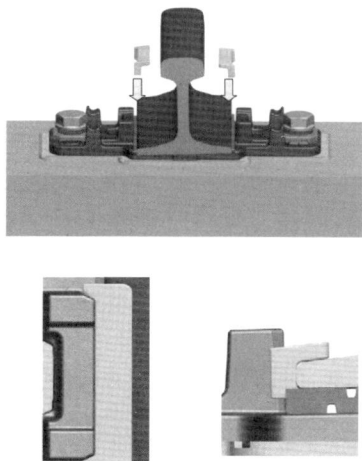

图6-49 绝缘块安装示意图　　　　　图6-50 T形螺栓安装示意图

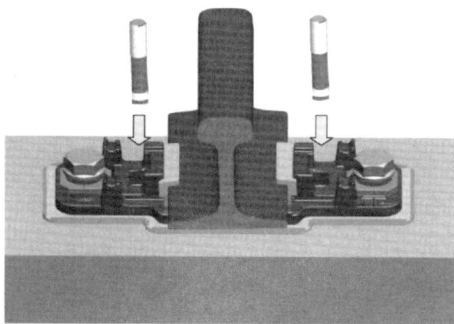

步骤九:安装弹条(图6-51)。

判断弹条是否安装到位的标准:以弹条中部前端下颚与绝缘块刚好接触为准,两者的间隙不大于0.5mm。

通常情况下,W_1型弹条的理论安装扭矩在120N·m左右,X_2型弹条的理论安装扭矩在80N·m左右。

在现场大规模安装前,可先取5~10个节点进行安装,以测出使弹条能按照以上"安装到位标准"达到正确安装位置的实际安装扭矩。

步骤十:安装平垫圈和拧紧螺母。

将T形螺栓螺纹部分涂油,然后套入平垫圈,拧入螺母。

步骤十一:拧紧锚固螺栓。

确认轨距和轨向合适后,以300~350N·m的扭矩拧紧锚固螺栓。

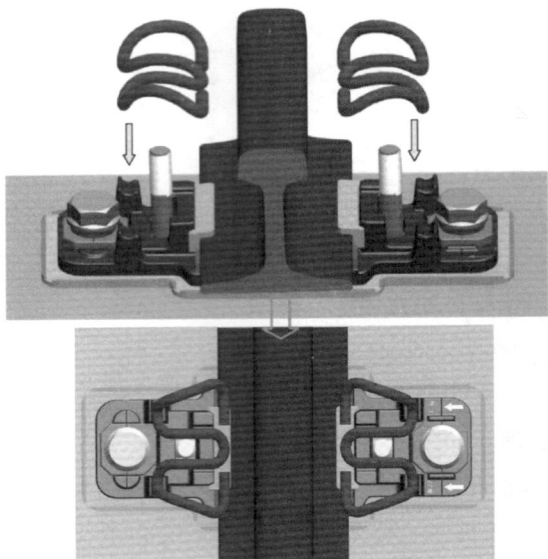

图 6-51　安装弹条

最后应强调一点,在混凝土浇筑过程中,应对所有外露的扣件部件采用适当的防护措施进行包封,以保持清洁。

4. WJ-7 型扣件部件安装调整

①调整轨距和轨向。检查轨距和轨向,如有不适,按如下步骤调整轨距。

a. 松开锚固螺栓。

b. 用改道器横向挪动铁垫板,直至轨距和轨向合适。

c. 以 300～350N·m 的扭矩拧紧锚固螺栓。

在挪动铁垫板时若出现平垫块和铁垫板卡阻情况,可结合图 6-52 所示的解决办法,按以下步骤进行操作:平垫块掉头,短边朝向钢轨;继续挪动铁垫板,确认轨距和轨向合适后,以 300～350N·m 的扭矩拧紧锚固螺栓。

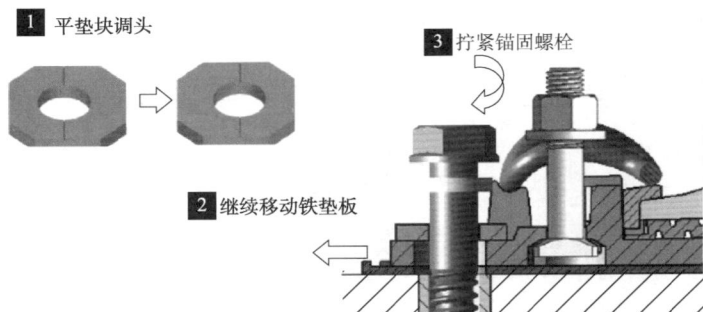

图 6-52　平垫块和铁垫板卡阻的解决方法

②如遇有钢轨高低和水平有少量不平顺时,可考虑放入调高垫板。此时应提升钢轨,垫入调高垫板。当调高量小于 10mm 时,再轨下放入调高垫板,当调高量超过 10mm 时,可同

时在铁垫板下放入调高垫板。

a. 轨下调高垫板不得放在轨下垫板上,放入的轨下调高垫板总厚度不得大于10mm,轨下调高垫板的数量不得超过两块,并应把最薄的轨下调高垫板放在下面,以防轨下调高垫板蹿出。

b. 在铁垫板与绝缘缓冲垫板间垫入铁垫板下调高垫板,垫入的垫板总数不得超过两块,总厚度不得超过20mm。

5. WJ-7 型扣件部件养护维修要求

①运营初期应注意观察扣件的使用情况,如扣件松弛,应及时复拧。当发现钢轨空吊、高低和水平不平顺时,应及时放入调高垫板。

②应对T型螺栓进行定期涂油,防止螺栓锈蚀。

③应保持扣件的清洁。

④使用中如发现扣件部件损坏应及时更换。

⑤如遇有需要卸下锚固螺栓的情况时,应避免泥污进入预埋套管。

四、WJ-8 型扣件系统安装

1. WJ-8 型扣件结构特征与接口

WJ-8 型扣件(图6-53)为无砟轨道扣件,属轨枕或轨道板带混凝土挡肩的不分开式扣件。

图6-53　WJ-8 型扣件

其主要结构特征如下。

①铁垫板上设挡肩,挡肩与钢轨之间设有绝缘块。

②通过螺旋道钉与轨枕或轨道板中预埋的套管配合紧固弹条。

③铁垫板与混凝土挡肩间设置轨距挡板,通过更换轨距挡板实现钢轨左右位置的调整。

④可垫入调高垫板实现钢轨高低调整。

WJ-8 型扣件对轨枕接口的主要技术要求是承轨槽的形式尺寸和轨枕或轨道板中预埋套管的埋设位置和精度,轨枕或轨道板设1:40轨底坡。

2. WJ-8 型扣件部件组成及说明

WJ-8 型扣件由螺旋道钉、平垫圈、弹条、绝缘块、轨距挡板、有轨下垫板、铁垫板、铁垫板下弹性垫板和预埋套管组成。此外，为了钢轨高低位置调整的需要，还包括轨下微调垫板和铁垫板下调高垫板，如图 6-54 所示。

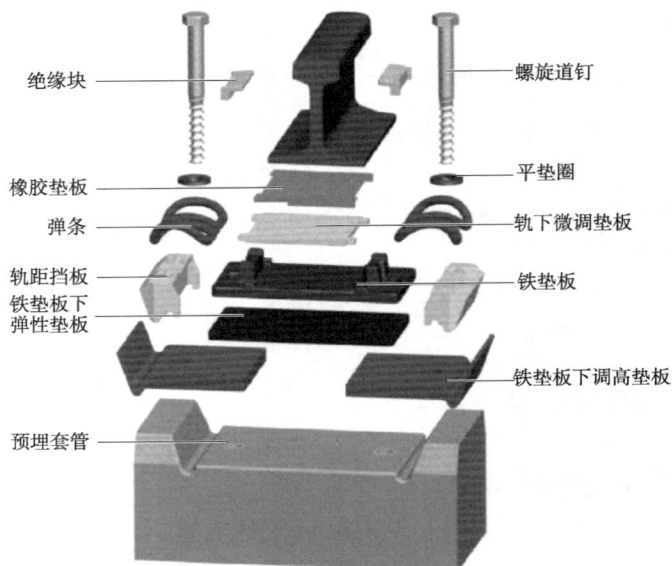

图 6-54　WJ-8 型扣件部件组成

①弹条和轨下垫板（同 WJ-7）。

②轨距挡板（图 6-55）。轨距挡板分一般地段用 WJ-8 轨距挡板和钢轨接头处用 WJ-8 接头轨距挡板两种。

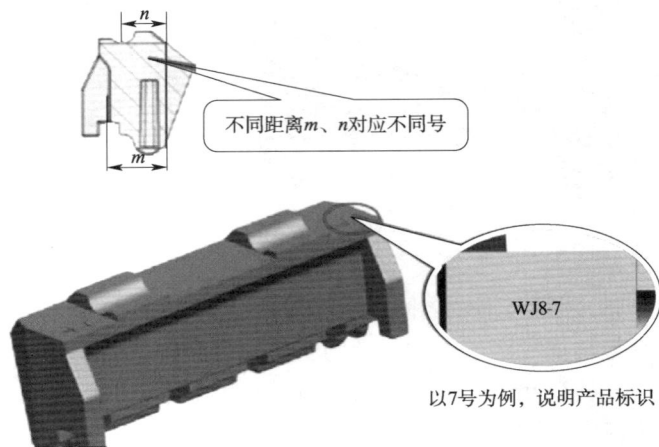

图 6-55　轨距挡板

一般地段用 WJ-8 轨距挡板又分为 2 号、3 号、4 号、5 号、6 号、7 号、8 号、9 号、10 号、11 号、12 号,共 11 种规格,标准轨距时使用 7 号轨距挡板,其中 10 号、11 号、12 号三种规格可用于钢轨接头处。

WJ-8 接头轨距挡板分为 2 号、3 号、4 号、5 号、6 号、7 号、8 号、9 号,共 8 种规格,标准轨距时使用 7 号。

③绝缘块(图6-56)。绝缘块分 Ⅰ 型和 Ⅱ 型两种,一般地段采用 Ⅰ 型,钢轨接头处采用 Ⅱ 型绝缘块。

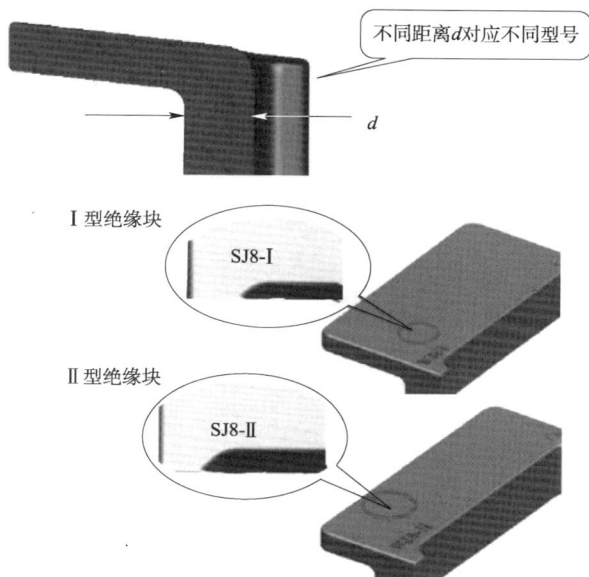

图 6-56　绝缘块

④铁垫板下弹性垫板。铁垫板下弹性垫板分 A、B 两类。A 类弹性垫板用于兼顾货运的客运专线;B 类弹性垫板用于客运专线。

⑤螺旋道钉。螺旋道钉分 S_2 型和 S_3 型两种(图 6-57),在扣件正常状态安装或钢轨调高量不大于 15mm 时用 S_2 型,大于 15mm 时用 S_3 型。

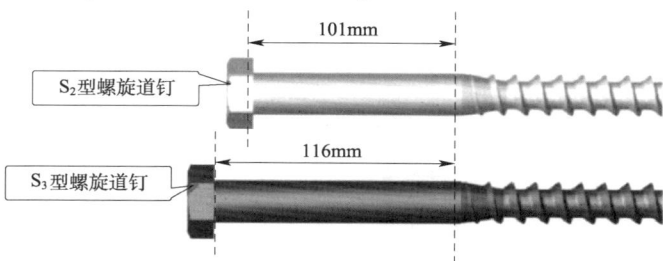

图 6-57　螺旋道钉

⑥预埋套管(同 WJ-7)。

⑦调高垫板。调高垫板(图 6-58)分轨下微调垫板和铁垫板下调高垫板两种,分别放置于轨下垫板与铁垫板之间和铁垫板下弹性垫板与轨枕或轨道板承轨面之间。

轨下微调热板按厚度分为 1mm、2mm、5mm 和 8mm 四种规格。

铁垫板下调高垫板按厚度分为 10mm 和 20mm 两种规格,铁垫板下调高垫板由两片组成,应成副使用。

图 6-58　轨下调高垫板

3. WJ-8 型扣件部件安装顺序及要求

（1）安装前的准备工作

①选择并准备合适类型的弹条（W_1 型或 X_2 型）和合适类型的轨下垫板（橡胶垫板或复合垫板）。同时适当准备厚度 1mm、2mm 的轨下微调垫板。

②准备 I 型绝缘块,并适当准备 II 型绝缘块以备用于钢轨接头处。

③选择并准备 7 号轨距挡板,并适当准备 6 号、8 号轨距挡板和相同型号的接头轨距挡板。

④选择并准备铁垫板下弹性垫板（A 类或 B 类）。

⑤选择并准备 S_2 型螺旋道钉。

⑥检查轨枕或轨道板承轨槽,不应有裂纹。清除轨枕或轨道板承轨槽的泥渣。

⑦摘除预埋套管上的塑料（或其他材料）盖。

（2）安装顺序

步骤一:安装铁垫板下弹性垫板,如图 6-59 所示。

在承轨台中间位置铺设铁垫板下弹性垫板,使垫板孔与预埋套管孔对中。

步骤二:安装铁垫板,如图 6-60 所示。

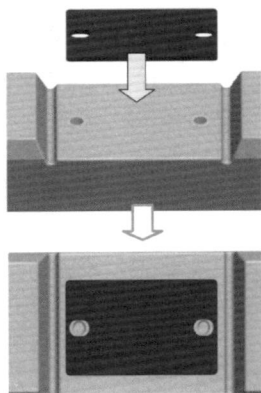

图 6-59　安装铁垫板下弹性垫板　　　图 6-60　安装铁垫板

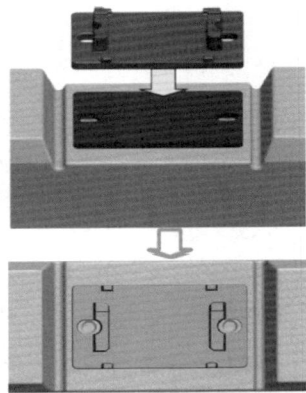

铁垫板的螺栓孔中心应与预埋套管中心对正。

步骤三:安装轨下垫板(图 6-61)。

在铁垫板中间位置安装轨下垫板,轨下垫板的凸缘应扣住铁垫板。

步骤四:安装轨距挡板(图 6-62)。

安装 7 号轨距挡板,轨距挡板的圆弧凸台应安装在轨枕或轨道板承轨槽底脚的凹槽内,其斜面和前端两支点应分别与轨枕或轨道板的挡肩和承轨面密贴。应特别注意的是,安装轨距挡板时,不得用锤或其他工具猛烈敲击使其入位。

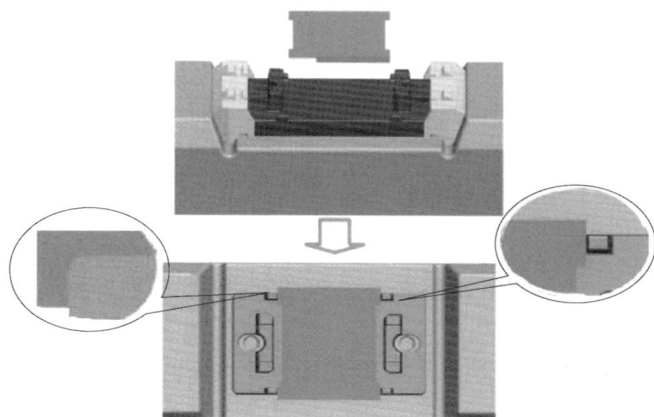

图 6-61 安放轨下垫板

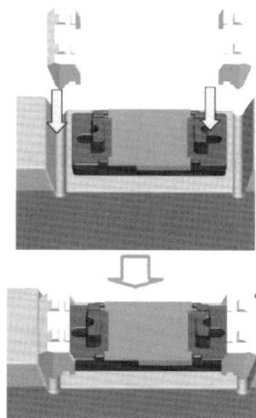

图 6-62 安放轨距挡板

步骤五:铺设钢轨。

步骤六:安装绝缘块(图 6-63)。安装绝缘块时,不得用锤或其他工具猛烈敲击使其入位。

步骤七:安装绝缘弹条(图 6-64)。

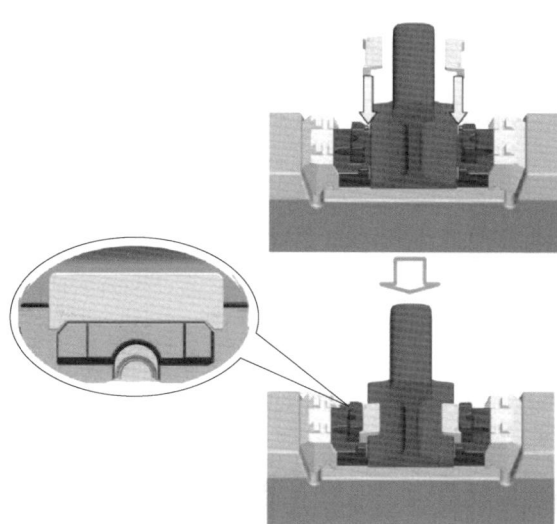

图 6-63 安放绝缘块

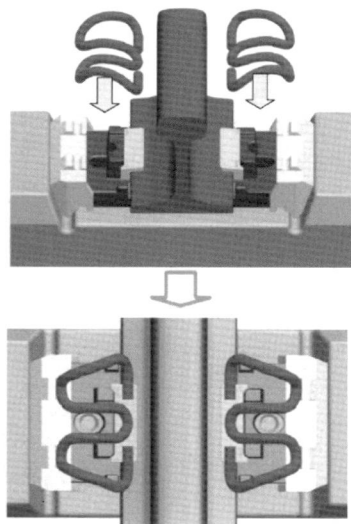

图 6-64 安装绝缘弹条

将弹条摆放到位，螺旋道钉套上平垫圈且在螺纹部分涂满铁路专用防护油脂，然后拧入套管，紧固弹条。判断弹条是否安装到位的标准：以弹条中部前端下颚与绝缘块刚好接触为准，两者的间隙不大于 0.5mm。

安装建议：通常情况下，W_1 型弹条的理论安装扭矩在 160N·m 左右，X_2 型弹条的理论安装扭矩在 110N·m 左右。

钢轨接头处要用 WJ-8 接头轨距挡板和 II 型绝缘块。

4. WJ-8 型扣件部件安装调整

①调整轨距和轨向。

②调整钢轨高低。

应特别注意的是，铁垫板下调高垫板每副由两片组成，分别从侧面插入。铁垫板下调高垫板只能单副使用，不能摞叠使用。钢轨相对正常状态的调高量大于 15mm 时，应采用 S_3 型螺旋道钉。

5. WJ-8 型扣件部件养护维修要求

①运营初期应注意观察扣件的使用情况，如扣件松弛，应及时复拧。当发现钢轨空吊、高低和水平不平顺时，应及时垫入调高垫板。

②使用中如发现扣件部件损坏应及时更换。如遇有需要卸下螺旋道钉的情况时，应避免泥污进入预埋套管。

▍▍任务实施

钢轨施工流程

一、工地钢轨焊接（移动式闪光焊）工序作业要点

工地钢轨焊接（移动式闪光焊）工序作业要点如表 6-4 所示。

工地钢轨焊接（移动式闪光焊）工序作业要点　　　　表 6-4

序号	工序	作业控制要点
1	准备	在正式焊接前必须按钢轨焊接的相关要求通过焊头型式检验，确定焊接参数，制定相应规程
2	拆除扣件垫放滚筒	①拆除待焊轨头前方长钢轨全部及轨头后方 10m 范围内的扣件，并校直钢轨。 ②根据轨枕和扣件类型，在钢轨下加楔子将两焊接轨端抬起一定高度，便于焊机对位夹轨。 ③待焊轨头前方长钢轨下每隔 12.5m 安放一个滚筒
3	轨端打磨	打磨两待焊轨端面 500mm 范围及钢轨与电极接触部位，使之呈现金属光泽
4	焊接	①焊轨作业车一侧钢轨下应通过支垫等措施实现轨面高度平顺过渡。 ②推进移动焊轨车第一个轮对距焊缝中心 3.5m 左右进行初定位，由起重机的液压系统吊起焊机精确定位。 ③焊机夹紧钢轨自动对正。焊机自动焊接钢轨，顶锻并推除焊瘤。 ④承受拉力的焊缝，在其轨温高于 400℃ 时应持力保压。焊缝区域冷却到 400℃ 以下时，焊轨作业车方可通过钢轨焊头

续上表

序号	工序	作业控制要点
5	正火	正火应在焊接接头不受拉力的条件下进行。焊接接头温度低于500℃（轨头表面）时方可正火加热，加热温度应控制在850~950℃。轨头冷却宜采用风冷
6	粗磨	①粗磨应保证焊接接头的表面粗糙度能够满足探伤扫描的要求。焊头非工作边的错边应进行纵向打磨过渡。 ②手砂轮粗磨时，应纵向打磨，使火花飞出方向与钢轨纵向平行。打磨过程中，不应使砂轮在钢轨上跳动冲击钢轨母材，不应出现打磨灼伤
7	精磨	焊缝及焊缝中心线两侧各450mm长度范围内的轨顶面、轨头内侧面应使用仿型打磨机精细打磨，打磨时焊头温度不宜大于50℃
8	收尾	①检查焊好的接头，并打上焊接标记，填写焊接记录报告。 ②将轨道恢复到正常状态，并清理焊接现场
9	质量检验	对焊接接头进行探伤检查，并检测焊头平直度，对经整修无法达标的需锯除重新焊接

下道工序：应力放散锁定线路

二、钢轨预打磨工序作业要点

钢轨预打磨工序作业要点如表6-5所示。

钢轨预打磨工序作业要点　　　　　　　　　　表6-5

上道工序：轨道精调整理

序号	工序	作业控制要点
1	具备的条件	①无缝线路达到轨道质量静态检验标准。 ②轨面高程符合设计要求。 ③钢轨扣件齐全紧固。 ④钢轨焊头平直度已达到标准规定。
2	打磨工艺要求	①打磨前，应调整好打磨头的偏转面和对钢轨的施压力。 ②打磨前用安装在打磨机上的测量设备，对整个打磨段上的钢轨进行纵断面的零位测量。 ③对具有波纹和短波的钢轨，原则上要磨到波纹底及波谷范围。 ④道岔尖轨、可动心轨、辙叉和钢轨伸缩调节器尖轨，应采用专用机械或手工操作的钢轨波纹研磨机进行打磨，严禁用普通打磨列车打磨。 ⑤打磨列车应回收打磨下的铁粉
3	钢轨打磨后的要求	①消除钢轨微小缺陷及锈蚀等，消除钢轨在轧制过程中形成的轨面斑点及微小不平顺。 ②消除轨头表面的脱碳层。 ③钢轨的表面应光滑、平顺，无斑点，使其适应列车速度。 ④钢轨顶面平直度1m范围内允许偏差0~+0.2mm。 ⑤钢轨头部工作面实际横断面与理论横断面相比允许偏差为±0.3mm。 ⑥全线钢轨预打磨作业后，轨顶表面粗糙度大于10/um的个数不应超过16%。 ⑦打磨面最大宽度在轨距角圆弧上为4mm，在轨距角圆弧和轨顶圆弧的连接圆弧部分为7mm，在轨顶圆弧上为10mm。从轨头打磨区向非打磨区应平滑过渡。 ⑧打磨面宽度的最大变化在沿钢轨长度100mm的范围内不应大于打磨面最大宽度的25%。 ⑨轨头打磨区无连续发蓝带

续上表

序号	工序	作业控制要点
4	质量检验	①在使用打磨列车时,应用安装在打磨列车上的测量设备做打磨后测量。 ②打磨后应对打磨前确定的较大波纹和波形磨耗的范围,进行钢轨纵断面的重点测量。 ③打磨后的钢轨应达到上一栏的规定

下道工序:竣工验收

案例分析

长昆铁路客运专线湖南段湘江特大桥主要施工技术介绍

一、工程概况

长昆铁路客运专线湖南段湘江特大桥位于长沙南站至湘潭北站区间,主要跨越湘江、107国道、京广铁路等控制点,大桥里程范围 DK19 + 395.95 ~ DK23 + 914.73,桥梁全长4519m,包含两联(75 + 3 × 135 + 75)m连续刚构梁,其中长沙侧一联里程为 DK20 + 402.60 ~ DK20 + 959.60,位于直线地段,纵断面变坡点里程为 DK20 + 400,竖曲线切线长为45m;昆明侧一联里程为 DK21 + 497.00 ~ DK22 + 054.00,位于曲线地段,曲线半径 $R = 7000m$,缓和曲线长 $l = 500m$,直缓点里程为 DK21 + 443.805,缓圆点里程为 DK22 + 043.805,纵断面为平坡,温度跨度为278.5m,当地年最大轨温差75℃。湘江特大桥(75 + 3 × 135 + 75)m连续刚构梁效果图如图6-65所示。

图6-65　湘江特大桥(75 + 3 × 135 + 75)m连续刚构梁效果图

二、施工难点及解决方案

湘江特大桥上钢轨伸缩调节器已顺利铺设完成,在施工过程中遇到并解决了一些难题,主要有以下几方面。

①物流组织困难:湘江特大桥8组钢轨伸缩调节器均设置在30余米高的桥墩处,其中4组位于河道上方。现场物流通道狭长,调节器进场时,先用物流平板车将调节器运送至铺设点,临时存放在铺设点一侧,铺设时再采用滑轨将调节器滑移到铺设点就位。河道上方道床板混凝土浇筑以驳船为桥下施工平台,通过驳船运送混凝土泵车和运输车的方式完成混凝

土的运输和浇筑。

②温度影响大:温度变化不但可以引起桥梁变形,影响控制网的精度,而且调节器的安装参数调整也与温度紧密相关。为了减弱温度的影响,施工中调节器的安装参数和线形调整均选择在温差较小的夜晚进行;精调设站时也选择在梁温与建网时梁温接近的时间段进行,最大限度地减小了温度对铺设精度的影响。

③线路条件复杂:直线、圆曲线和竖曲线地段均设置了钢轨伸缩调节器,在铺设调整中,各线路参数相互影响,导致精度困难。施工中通过循序渐进,统筹各参数,增加精调次数,加强固定装置的方式,保证各种条件下调节器均达到了高精度和高平顺性的要求。

学习检测

一、选择题

1. 钢轨钢中的有害成分是(　　　)。

    A.C 和 S　　　　　　B.Mn 和 C　　　　　　C.Si 和 C　　　　　　D.P 和 S

2. 某地区铺设 60kg/m 的 25m 标准轨线路,该地区最高轨温 62℃,最低轨温 −28℃,铺轨测得的轨温为 10℃,则应预留的轨缝值为(　　　)。

    A.9mm　　　　　　　B.10mm　　　　　　　C.11mm　　　　　　D.18mm

3. 某地区铺设 60kg/m 的 25m 标准轨线路,该地区最高轨温 62℃,最低轨温 −28℃,铺轨测得的轨温为 17℃,则应预留的轨缝值为(　　　)。

    A.7mm　　　　　　　B.8mm　　　　　　　C.9mm　　　　　　　D.10mm

4. 某地区铺设 25m 标准轨线路前,从气象部门调查得知当地历史最高气温为 40℃,历史最低气温为 −20℃,则该地区允许铺轨的轨温范围为(　　　)。

    A. −20 ~ +40℃　　　　　　　　　　B. −10℃ ~ +50℃

    C.0℃ ~ +60℃　　　　　　　　　　　D. −20℃ ~ +60℃

5. 我国铁路钢轨接头最常采用的承垫方式是(　　　)。

    A.悬空式　　　　　　　　　　　　　B.单枕承垫式

    C.双枕承垫式　　　　　　　　　　　D.长垫板支承式

6. 钢轨接头破坏了轨道的连续性,表现在(　　　)。

    A.轨缝、台阶、折角　　　　　　　　B.折角、错牙

    C.低接头、错牙　　　　　　　　　　D.台阶、低接头

7. 图 6-66 所示的扣件为(　　　)。

    A.弹条Ⅰ型扣件　　　　　　　　　　B.弹条Ⅱ型扣件

    C.弹条Ⅲ型扣件　　　　　　　　　　D.扣板式扣件

8. 图 6-67 所示的扣件为(　　　)。

    A.弹条Ⅰ型扣件　　　B.弹条Ⅱ型扣件　　　C.弹条Ⅲ型扣件　　　D.弹条Ⅳ型扣件

    E.扣板式扣件

图　6-66

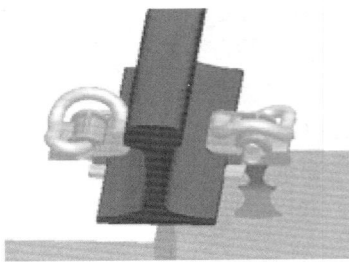

图　6-67

二、简答题

1.简述钢轨的座次及其组成。

2.如何划分钢轨的类型?

3.钢轨材质的主要成分有哪些?这些成分对钢轨性能有何影响?钢轨机械性能用哪些指标来衡量?

4.钢轨损伤的主要形式有哪些?损伤的原因及解决措施是什么?

5.钢轨接头有哪些种类?其特点是什么?

6.中间扣件有哪些种类?其特点是什么?

7.弹条Ⅳ、WJ-7型扣件主要由哪几部分组成?在安装中应注意哪些问题?

项目七
道岔构造与施工

教学引导

飞机和汽车上有安全带，为什么时速超过 300km 的 高速动车组上没有安全带？

乘坐飞机与汽车时必须系好安全带，为什么高速列车没有安全带呢？

飞机上安全带的主要作用是防止气流颠簸给乘客带来伤害。飞机起飞和降落时的加速度变化会引起人体前后被动位移；复杂的气候可能使机身上下颠簸，严重时甚至会将没有系安全带的人员抛到机舱顶部。

汽车上的安全带主要作用是防止二次碰撞。例如，当汽车发生碰撞或意外紧急制动时，产生的巨大惯性作用力会使驾驶员和乘客与转向盘、风窗玻璃、座椅靠背等物体发生碰撞，巨大的离心力甚至会将人员抛出车外。安全带能将人员束缚在座位上，其缓冲作用能吸收大量动能，减轻伤害。

速度超过 300km/h 的高速动车组上没有安全带（图7-1），原因在于：

第一，高速列车的稳定性非常好

这是因为，一方面高速列车对启动和加速有严格限制，保证纵向运动的平稳性；另一方面高速铁路弯道少，弯道半径大，无缝线路和无砟道床保证了高速列车专用线的平直和平顺，确保列车不会有大的横向震动和垂直向震动。因此，旅客可以在列车上自如地行走，而不必束缚在座位上。

第二，调查发现，高速列车发生事故时，安全带造成的乘客伤害远大于潜在的保护。

欧洲铁路安全与标准委员会通过调查发现，火车发生重大事故时，乘客被束缚座椅上受伤的概率更大，主要是因为被安全带束缚在座椅上的乘客，更容易受到车厢坍塌导致的伤害，原因是乘客无法进行有效的躲避。

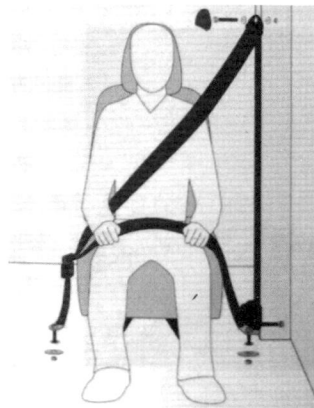

图 7-1　设置安全带的座椅

研究结论显示，在高速列车上，改进座椅的设计更能有效提升列车发生事故时乘客的安全程度，而不是加装安全带（图7-2）。目前世界上高速列车普遍使用的座椅是"防撞"的安全座椅，在设计上能够保证在后排乘客头部或膝部向前撞向椅背时，椅背能够及时溃缩变形，防止将乘客卡住。

图7-2 高速列车座椅未设置安全带

欧洲铁路部门通过分析6起典型的纵向碰撞情形发现，安全带将乘客约束在座椅上，避免了乘客被甩出所造成的伤害，但是高速列车体积庞大，乘客被甩出的可能性本来就很小，安全带可能带给乘客比较大的危险。分析得出的结论显示，11人因安全带的固定作用而获救，然而88人却被固定在座椅上，失去逃生的机会，从概率看，高速列车上使用安全带的弊大于利。

学习目标

知识目标

1. 掌握普通单开道岔的种类、结构组成及作用。
2. 掌握普通单开道岔各部分尺寸计算方法。
3. 掌握普通单开道岔铺设作业程序及要求。
4. 了解特殊道岔的种类、结构组成及各部分作用。

能力目标

1. 能够说出道岔结构特点、各部分组成及作用。
2. 能够进行道岔各部分尺寸的测量。
3. 能够制定道岔铺设方案，进行道岔铺设施工。

素质目标

1. 树立"科技是第一生产力"的思想，大力推进自主创新。
2. 坚持正确的施工原则，发扬勤俭节约、艰苦奋斗的精神。
3. 施工过程中，树立生态文明观念，自觉落实环境保护行动。

任务一　道岔构造与施工

一、道岔概述

把两条或两条以上的轨道在平面上进行相互连接或交叉的设备,统称为道岔。道岔是车辆从一股轨道转入或越过另一股轨道时必不可少的线路设备,是轨道的重要组成部分。利用道岔可以把许多平行股道组合成各种不同形式的车站或车场,目的是使列车由一条轨道转入或越过另一条轨道,以满足铁路轨道运输中的各种作业需要。道岔具有数量多、构造复杂、使用寿命短、限制列车速度、行车安全性低、养护维修投入大等特点,因此,道岔与曲线、接头并称为轨道结构的三大薄弱环节。

根据道岔的用途和构造形式的不同,可分为连接设备、交叉设备和连接与交叉组合设备。铁路轨道常用的线路连接设备有各种类型的单式道岔和复式道岔;交叉设备有直角交叉和菱形交叉;连接与交叉组合设备有交分道岔和交叉渡线等。

根据用途和平面形状,道岔可分为:普通单开道岔、对称道岔、三开道岔、交分道岔、交叉渡线。

二、道岔构造特征

1.普通单开道岔

单开道岔(图7-3)是指主线为直线,侧线由主线向左侧或右侧分支的道岔。单开道岔由一股直线和一股侧线组合而成,分为左开道岔和右开道岔。区分方法是站在道岔的前端,面向道岔,侧线向左侧分支的称为左开道岔,侧线向右侧分支的称为右开道岔。

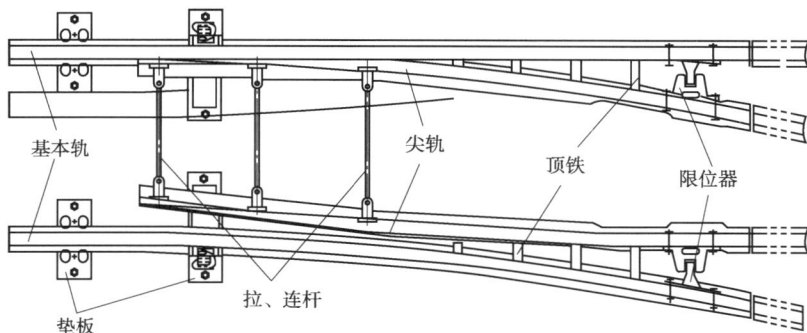

图7-3　单开道岔

单开道岔在构造上比任何类型道岔都简单,因而设计、制造、使用和养护都比较方便。所以,单开道岔为铁路线路上最普遍采用的基本连接设备,占各类道岔的90%以上。

单开道岔的组成：转辙器、辙叉及护轨、连接部分。

1）转辙器部分

作用：通过将尖轨扳动到不同的位置，使列车沿直线或侧线行驶。

组成：两根基本轨、两根尖轨、各种联结零件及根部结构。

（1）基本轨

基本轨长 12.5m 或 25m，基本轨除承受车轮的垂直压力外，还与尖轨共同承受车轮的横向水平推力，故基本轨轨腰设有联结轨撑的螺栓孔，还有联结辙跟设备和顶铁的螺栓孔。

直股：直基本轨。

侧股：曲基本轨（转辙器各部分的轨距在工厂事先弯折成规定的折线或采用曲线形）。为了使转辙器轨距、方向正确及尖轨和基本轨密贴，曲基本轨应按支距进行弯折。

非提速道岔：不设轨底坡；为改善钢轨的受力条件，提速道岔中基本轨设有 1：40 轨底坡。

（2）尖轨

尖轨作用：依靠尖轨的扳动，将列车引入正线或侧线方向。

尖轨在平面上可分为直线型和曲线型，如图 7-4 所示。

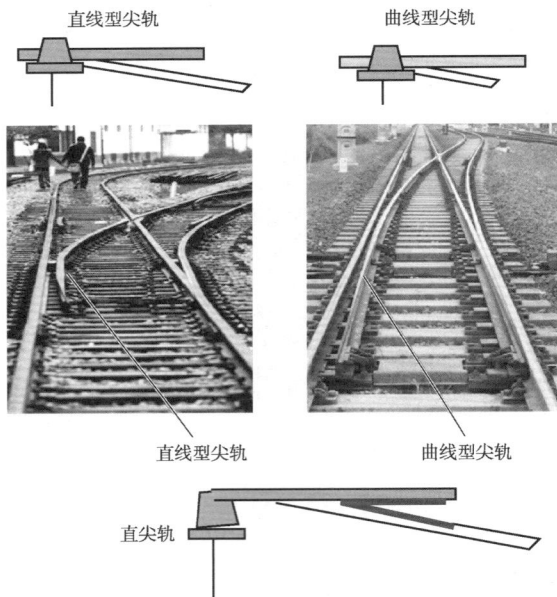

图 7-4　尖轨

转辙角是直线尖轨工作边与基本轨工作边所成的夹角。转辙角与车轮轮缘冲击尖轨工作边的冲击角。优点是制造加工简单，更换使用方便，左、右开道岔可互相更换。缺点是道岔长、尖轨尖端加宽大，影响列车沿正线运行平稳性。如需减小尖轨的冲击角、提高列车的侧向通过能力以及缩短道岔长度，宜采用曲尖轨（通往侧线的尖轨）。

曲尖轨缺点是左、右开道岔不可互相更换。

单开道岔订货时需要明确的技术要求：①钢轨类型；②道岔号数；③岔枕类型；④容许通过速度（无设计图时）；⑤设计图号（有设计图时）；⑥道岔制造技术条件；⑦钢轨材质及热处理要求；⑧绝缘接头设置位置要求。

2）辙叉及护轨

辙叉是使车轮由一股钢轨越过另一股钢轨的设备。辙叉由叉心、翼轨和联结零件组成，如图 7-5 所示。按平面形式分，辙叉有直线辙叉和曲线辙叉两类；按构造类型分，辙叉有固定辙叉和活动辙叉两类。

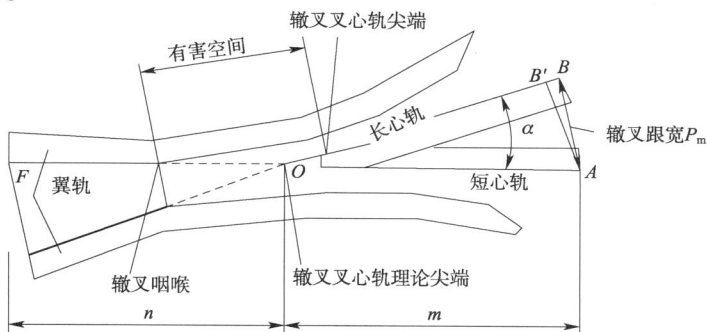

图 7-5　辙叉组成

叉心两侧作用边之间的夹角称为辙叉角 α，其交点称为辙叉理论中心（理论尖端）。由于制造工艺原因，实际上辙叉尖端有 $6 \sim 10\text{mm}$ 宽度，称之为辙叉实际尖端。

辙叉角 α 越小，道岔号数 N 越大，两者之间的关系如表 7-1 所示。

道岔号数与辙叉角关系　　　　　　　　　　表 7-1

道岔号数	7	9	12	18	30	38
辙叉角	8°07′48″	6°20′25″	4°45′49″	3°10′47″	1°59′57″	1°34′42.9″

2. 对称道岔

对称道岔如图 7-6 所示，其结构特点如下。

①左右导曲线皆为侧线，且半径相同，无直线、侧线之分。

②整个道岔对称于辙叉角的中心线。

③导曲线半径比同号单开道岔导曲线半径大 1 倍，侧线方向与主线方向转角为同号单开道岔的一半。

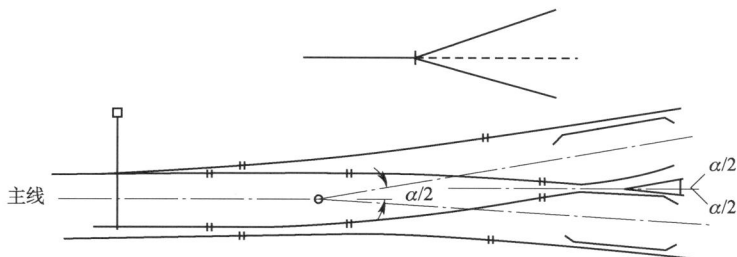

图 7-6　对称道岔

3. 三开道岔

三开道岔如图 7-7 所示，其结构特点如下。

①为两个道岔合成，共有 3 个辙叉。

②可开通 3 个方向。

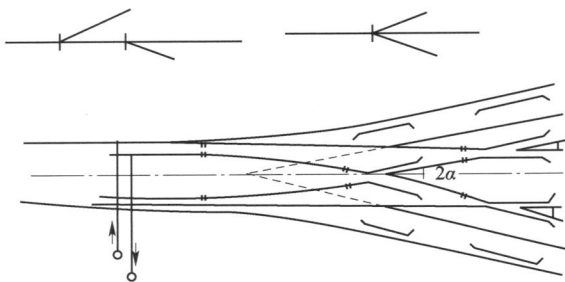

图 7-7　三开道岔

任务二　道岔施工

一、道岔铺设要求

（1）道岔铺设前，道砟摊铺应平整，底砟应碾压密实。

（2）钢轨伸缩调节器、12 号及以上可动心轨辙叉道岔应在工厂内试组装并验收。出厂时，制造厂应对产品零部件依据相关条件进行检验，并提供产品合格证、铺设图和发货明细表。

（3）道岔位置应按设计铺设。困难条件下，可在不影响股道有效长度和不变更其他运营设备条件下，将道岔位置前后移动不得大于 0.5m。

（4）道岔因钢轨焊接方式、绝缘接头位置等影响道岔内配轨长度时，采购前应予明确。

（5）木岔枕应端头捆扎后使用并在直股外侧取齐。

（6）与正线连接的道岔前后各 50 根、与站线连接的道岔前后各 15 根（含岔后长岔枕）轨枕的类型应与岔枕类型相同，每千米铺设根数应与连接线路标准一致。铺设无缝道岔时，道岔直股前后线路过渡枕的型号、根数及间距，应符合铺设图的规定。

（7）道岔轨面高程应与连接的主线一致，与另一线的轨面高差，宜自道岔后普通轨枕起向站内顺接。顺接坡度不应大于该线最大设计限坡，与相邻坡段的坡度差不应大于 4‰，超过时应设竖曲线。伸入到发线有效范围内的坡度不应大于 1.5‰。

（8）更换道岔时应同时更换前后引轨。再用道岔前后应铺设与道岔磨耗程度相近的钢轨，否则在接头 1m 范围内应打磨接头处轨面高低差及轨距线错牙。

（9）交叉渡线铺设时，四组单开道岔与主要连接线应在一个平面上，次要连接线上的道岔与前后连接线轨面高差，按规定顺坡，并兼顾相邻道岔。

（10）可动心轨辙叉道岔起道作业时，二股道应同时起平，保证可动心轨辙叉在一个平面上，做好道岔前后顺坡。

单开道岔结构

（11）可动心轨辙叉道岔改道作业时，应采用调整不同号码轨距挡块调整轨距，调整量不足时可加垫片调整，但厚度不得超过 2mm，不得采用改螺纹道钉的方法。

二、道岔铺砟整道

道岔铺砟应符合有关规定,整道后的道岔应道床饱满,捣固密实,顶宽允许偏差为 $0 \sim +50mm$,厚度允许偏差为 $\pm 50mm$。整道允许偏差应符合表 7-2 的规定。

整道允许偏差　　　　　　　　　　　　　　　　　表 7-2

序号	检验项目		无缝道岔		有缝道岔	
			$160km/h < v \leq 200km/h$	$v \leq 160km/h$	正线、到发线	其他站线
1	轨面高程与设计高程差	在有砟道床上	$\pm 20mm$	$^{+50}_{-30}mm$	$^{+50}_{-30}mm$	
		在建筑物上	$\pm 10mm$		$\pm 10mm$	
2	水平		$\leq 3mm$	$\leq 4mm$	$\leq 4mm$	$\leq 6mm$
3	高低(10m 弦量)		$\leq 3mm$	$\leq 4mm$	$\leq 4mm$	$\leq 6mm$
4	直股轨向(10m 弦量)		$\leq 3mm$	$\leq 4mm$	$\leq 4mm$	$\leq 6mm$
5	连接配件和扣件	滑床板与尖轨间离缝	$\leq 1mm$(每侧允许 1 处大于 1mm)		$\leq 2mm$(每侧允许 1 处大于 2mm)	$\leq 2mm$(每侧允许 2 处大于 2mm)
		轨撑不密贴离缝				
		道钉浮离 2mm 以上者	—		$\leq 8\%$	$\leq 10\%$
		轨枕扣件不良者	$\leq 6\%$		$\leq 8\%$	$\leq 10\%$

导曲线不得有反超高。钢轨接头、尖轨尖端、根部、辙叉心等部位不得有空吊板;其他部位不得有连续空吊板。空吊板率不得大于 8%。

三、木枕道岔铺设

下面介绍原位法铺设木枕道岔施工技术。

1. 道岔及岔枕装车

道岔通常用 60t 平板车装运,每辆平板车装两组道岔。岔心装在平板车中部,基本轨、转辙器、护轨等长重组件,分组装在车的两边。道岔配件分组放在岔心两端,成捆地堆码整齐,两端上部各装一组岔枕。装好车后,在钢轨腰部标明运往车站站名、道岔在平面图上的岔心编号、道岔类型、辙叉角号数、左右向等。如道岔轨型与线路轨型不一致时,应配对应的异型轨,与同组道岔一起运往工地。

2. 铺设道岔

(1)卸料

首先核对平板车所装道岔,轨腰处标明的参数与要铺设的道岔是否一致。然后,将平板车推送到道岔铺设地点。先将岔枕卸下，然后机车牵引平板车自基本轨位置起，按道岔标准图钢轨排列次序，逐根将钢轨和配件卸下，机车牵引平板车离开岔位。如果在未铺设线路卸车时，应先将岔位准确丈量好。平板车停在本岔位最近处，卸下材料，采用人工或汽车起重机将钢轨搬移到铺设位置。如人工卸车时，应使用托杆徐徐滑下，不得从车上直接摔下，以免摔伤钢轨。

（2）拆除岔位钢轨

将预留岔位的临时轨道拆除，其缺口正好铺入道岔。

（3）铺设道岔顺序和要求

①散布岔枕。岔枕按标准图检尺，并将长度写在岔枕上，然后在地面上划出岔枕长度分界点及岔枕取齐线，按点线散布岔枕。

②散布钢轨。人工抬运（配备 10~14 人）或汽车起重机按标准图钢轨排列顺序从岔头起，先直股后弯股进行散布。定出岔心位置，然后连接钢轨，并拨正位置。用起道机将钢轨打起，按轨腰上的岔枕间距放枕。

③散布配件。按部位散布夹板、螺栓、垫圈、道钉、垫板、轨撑、连杆等。

④木枕钻孔。用道尺及支距尺量出各部位的轨距及曲线支距，并用摇钻钻孔。

⑤钉道钉。放妥垫板，先钉直股，拨正拨顺，丈量支距，再钉弯股钢轨，由转辙器、导曲线、辙叉部位顺序钉联。

⑥拨道整修。道岔钉完后由全部人员将道岔各部位拨顺，并将空板和忽起忽落处用顺高就低的方法，将道岔各部位进行整修。

⑦质量检查。检查各部位的材料数桩、道岔位置、轨距、导曲线支距、附带曲线支距、轮缘槽宽度、尖轨密贴等项目是否符合规定。

3. 铺设道岔质量标准

①铺设道岔应按现行标准图正确铺设，各部位轨距应符合规定。此外，还应符合下列要求。

a. 转辙器必须扳动灵活，尖轨与基本轨密贴。在转辙杆连接处，尖轨与基本轨的间隙不得大于 2mm。

b. 轨距允许误差装有控制锁设备的道岔，除尖轨尖端处为 ±1mm 外，其余各部均为 −2~3mm、查照间隔（辙叉心作用边至护轨头部外侧的距离）不得小于 1391mm，护背距离（翼轨作用边至护轨头部外侧距离）不得小于 1348mm。

c. 导曲线应圆顺，支距正确，其误差不得大于 2mm，连接曲线用 10m 弦，连续正矢差，正线和到发线不得大于 3mm，其他站线不得大于 4mm。

d. 道岔铺设后，应先串砟找平，逐步捣固整道。全部滑床板应在同一平面，轨面应平顺。在道岔全长内高低差：正线和到发线不得大于 4mm，其他站线不得大于 6mm。导曲线不得有反超高。

e. 接头处轨面高低差和轨距错牙不得大于 1mm。

f. 基本轨落槽，滑床板平直，滑床板与尖轨间有 2mm 以上空隙者，正线和到发线每侧不得多于 1 块，其他站线不得多于 2 块。

②使用再用道岔应符合下列规定。

a. 尖轨无损伤,在尖轨顶面宽大于或等于50mm处,其轨面不低于基本轨顶面1mm。

b. 尖轨顶铁长度应保证在尖轨尖端紧靠基本轨时,顶铁恰好与基本轨腰部密贴。

c. 基本轨无损伤,其垂直磨损正线上不得大于2mm,到发线不得大于4mm,其他站线不得大于6mm。转辙器侧向基本轨的曲折量应符合规定。

d. 辙叉心、辙叉翼无损伤,在辙叉心宽40mm的断面处,正线垂直磨耗不大于2mm,到发线不大于4mm,其他站线上不大于6mm。

e. 护轮轨、螺栓无损伤。

f. 全组道岔拼装后,各部位尺寸均符合质量要求。

四、混凝土岔枕道岔铺设

混凝土岔枕(以下简称岔枕)道岔铺设若无干扰,施工场地宽阔,则可采用起重机配合人工卸车,以及就地组装的施工方法。考虑经济效益,宜预留岔位,然后再用火车平板车运输全部道岔材料。下面以铺设60kg/m钢轨、12号混凝土岔枕单开道岔为例,阐述混凝土枕道岔铺设技术。

1. 道岔运输及装卸

①岔枕长,重量大,易产生裂纹和被碰伤,一组道岔的材料,应将钢材和岔枕分别装在两个平板车上,最好一次运到工地。

②装岔枕的平板车底面要平,平板与岔枕以及岔枕之间应垫两根以上垫木,长岔枕适当多垫,垫木厚度应高出承轨槽。装车后要用钢丝捆牢,防止岔枕窜动和互相摩擦碰伤。

③岔枕配件多,装车时应清点配套,不允许混乱。

④岔枕及钢轨一般应使用机械装卸。装卸时应慢装轻放,每次装卸岔枕应限制数量,防止压裂碰伤。吊枕钢丝绳要有相当长度,防止吊重打滑。

⑤道岔钢轨尽可能一次吊卸到位,如不能到位再用机械拖拉,不允许转硬弯,道岔尖轨应与基本轨捆牢。

2. 施工资料准备

①确定施工方法。

②核对设计图。

③提出用料计划。

④准备劳动力和机械设备用量等。

⑤铺砟前应对铺设道岔范围内路基进行土壤密实度测试及水准中线桩测量(每组道岔设3个中线桩,6个水准桩)。

⑥铺砟并整平道砟。

3. 施工程序及作业技术要求

1)施工作业程序。

具体程序为:平整道砟、散布混凝土岔枕、硫黄锚固、上轨连接夹板、画轨枕印、细放轨枕、安装扣件、细拨道、起道铺砟、维修线路。

2）作业技术要求

（1）平整道砟

①道砟必须符合现行标准要求。

②铺砟前先铺一层厚度不小于20cm的碎石道砟，其宽度岔前不少于3m，依次递增至岔后不少于5.4m。

③按水准桩及中线桩平整道砟并与相邻道岔或线路高差进行顺坡。

（2）散布混凝土岔枕

①用机械吊铺岔枕就位（短岔枕也可由人工抬运就位）。

②用测绳自岔前到岔后拉直，并标出岔枕间隔距离逐根散布，小范围内的细方岔枕用撬棍调整。

（3）硫黄锚固

①使用的材料、配合比、操作工艺、技术要求等应符合有关规范的规定。

②锚固螺旋道钉应使用模具，其高低差及横向误差必须符合设计规定。

（4）上轨连接夹板

道岔钢轨一般直股时直接卸车吊轨就位，弯股时人工用撬棍拨移到混凝土枕承轨槽就位。连接夹板后要求轨缝均匀，岔前接头方正，道岔纵向误差不宜超过5mm。如果与其他道岔相连，将龙口轨连接好后，留有轨缝，为保证后铺道岔及龙口渡线位置，误差也可超过5mm。

（5）画轨枕印、细放岔枕

①道岔钢轨上所画的岔枕印应严格要求，测量准确，标志明显。

②应按标准图要求点画，并注意1～54号岔枕应垂直直股方向，55～57号岔枕逐渐向垂直辙叉角平分线方向扭转，57～84号岔枕均垂直辙叉角平分线，87～89号、90～92号岔枕逐渐向垂直于岔后线路方向扭转。

（6）安装扣件

①上扣件前应先垫好钢轨下塑料垫板及橡胶垫板，胶垫圆点朝下，沟槽朝上，特别注意斜坡胶垫不要放错位置。

② 60kg/m钢轨12号单开道岔混凝土岔枕扣件种类较多，安装前要按标准图对号核实就位。

③组装时对一些不合适的扣件不可用锤硬打入位，以防打坏配件和轨枕挡肩。

④按规定力矩拧紧扣件。

（7）细拨道和起道铺砟

①应按中线桩将道岔拨至设计位置，渡线龙口轨等与道岔连接顺直无死弯。

②逐步将道岔起道至设计高程，全面进行捣固，不允许只捣固直股或弯股，防止过车压断岔枕。

③线路开通前应进行全面检查，开通后应根据线路情况决定列车慢行速度。开通当天要进行两遍全面捣固，调整轨距，拧紧全部扣件，使道岔迅速稳定。

④要特别加强对接头及辙叉部位的捣固。

（8）维修线路

①铺设混凝土岔枕道岔,通车后应对线路、道床进行全面检查,发现问题及时维修,特别是发现个别枕下道床局部不密实要及时填砟捣固维修。

②道岔铺设后一个月内要进行两遍综合维修,加强找细整修,使扣件全部密贴扣紧。

③经常检查各部扣件,发现不良情况时及时更换或维修。

④大小胶垫及尼龙座发生脱落或损坏时应及时调整或更换,以免压伤岔枕和挤伤挡肩。

4. 道岔质量标准

道岔质量标准参见木枕道岔质量标准。

5. 安全注意事项

①混凝土岔枕重量大,宜用机械装卸和散布。装卸时应慢吊轻放,以免发生互相撞击,导致碰伤或折断。

②使用机械装卸和散布钢轨、岔枕时,吊件下面严禁站人,防止绳索拉断或岔枕滑落伤人。

③人工抬运岔枕或调整间距时,应防止岔枕滑落挤伤人。使用的抬杠和钢丝绳不可过短。

④人工拨轨时施工人员应全部站在钢轨一侧,统一指挥。翻转钢轨时应用撬棍敲击轨头以示信号,待全部人员离开钢轨确认安全后开始翻转,撬棍前后严禁站人。

⑤起道拨道时因混凝土岔枕重量大,起道机不要顶在岔枕上,以免损坏岔枕。

⑥每次起道量不要太大,起道机起道后不要突然松开使整个道岔下落,以免折断岔枕。

⑦起道捣固应全面进行,不要只捣固个别岔枕,以防松开起道机岔枕承力过大,使岔枕产生裂纹或折断。

⑧开通前不允许有岔枕悬空现象。

五、无缝道岔铺设

1. 施工程序及工艺流程

无缝道岔铺设工艺流程如图7-8所示。

2. 无缝道岔应力放散

道岔应力放散时将单组道岔作为一个应力放散单元进行应力放散。主要原因是考虑到限位器位移、道岔尖轨的位移控制等因素。将一组道岔作为应力放散单元,可以防止限位器位移太大,易于道岔尖轨的位置控制。特别是在站内道岔较为集中的岔区位置,以单组道岔作为一个应力放散单元进行应力放散,可以避免多组道岔一起进行放散应力,从而防止限位器位移太大以及道岔尖轨的位置很难控制的现象出现。

道岔应力放散时保持辙叉位置不变。一方面因为道岔的辙叉部分一般不会跑道,因此没有必要对其进行应力放散或移动;另一方面考虑到道岔的辙叉部分在制造方面的特点,移动和位置调整均比较困难,其位置变动很可能会引起查照间隔、护背距离等一系列尺寸的改变,不利于道岔的铺设,因此将道岔的辙叉部分作为应力放散的零点。

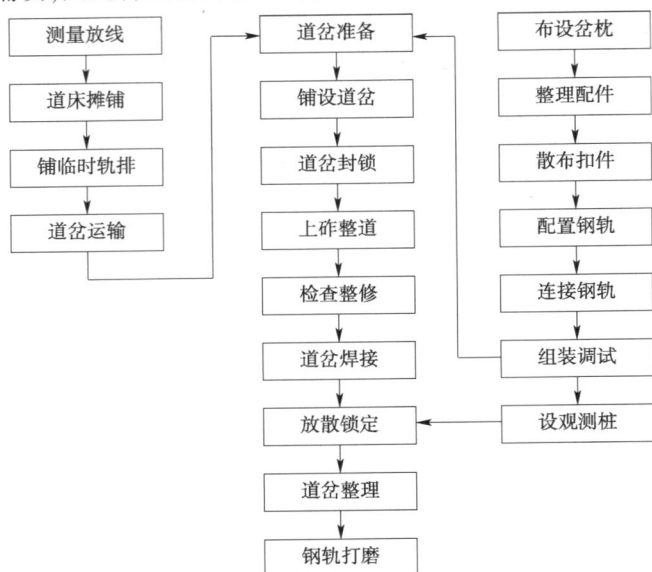

```
测量放线        道岔准备  ←       布设岔枕
   ↓             ↓                 ↓
道床摊铺        铺设道岔          整理配件
   ↓             ↓                 ↓
铺临时轨排      道岔封锁          散布扣件
   ↓             ↓                 ↓
道岔运输        上砟整道          配置钢轨
                 ↓                 ↓
               检查整修          连接钢轨
                 ↓                 ↓
               道岔焊接          组装调试
                 ↓                 ↓
               放散锁定  ←       设观测桩
                 ↓
               道岔整理
                 ↓
               钢轨打磨
```

图 7-8　无缝道岔铺设工艺流程

考虑到在跨区间无缝线路中无缝道岔的受力特性,无缝道岔可能会受到相当于1.33倍的区间温度应力,因此道岔应力放散时对道岔的直基本轨、曲基本轨进行彻底放散。对于与尖轨相邻的基本轨首先卸除铁垫板上的锚固螺栓等配件,使铁垫板与道岔钢轨同时位移。应力放散完成后,采用小锤轻打铁垫板使其返回原来位置。同时在施中保证岔枕位置稳定,避免重新放正岔枕。

施工现场一般采用在轨下放置一定数量的滚筒、配合专用的拉轨器、撞轨器等设备来彻底放散长钢轨的应力。道岔范围内的应力放散中,由于道岔内部的连接钢轨横向布置较多、空间位置紧张,因此在对道岔实施应力放散时,采用在轨下放置一定数量的滚筒较难实施。这时有三种替代方法:①在轨下放置一定数量的 ϕ30mm 的钢管代替滚筒;②放置两层四合板代替滚筒;③两层塑料垫板来代替滚筒。

无缝道岔锁定温度与区间保持一致。由于在跨区间无缝线路中单组无缝道岔作为一个应力放散单元进行应力放散,因此整组道岔内的锁定温度确保在设计锁定轨温范围内的同一温度下。为了确保在同温度下锁定,在现场可以采用先隔几对扣件上紧一对扣件,随后上紧所有扣件的方法进行锁定。

同时,为了避免温度应力在道岔位置出现集中,确保无缝道岔锁定温度与区间一致,无缝道岔锁定温度与前后单元轨节锁定轨温之差控制在2℃之内。

六、高速铁路道岔装卸运输与存放

现场装卸与运输作业应按照经批准的方案,采用专用吊具在专业技术人员指导下进行。产品包装在铺设前不得拆除。装卸、运输与存放作业不得变形、损坏、污染所有组件和零部件。装载、加固、运输方案应成熟、可靠,新方案须经有关部门审批。

本节以无砟 18 号道岔为例介绍道岔装运与存放。

1. 无砟 18 号道岔出厂运输

1)总体拆解方案

无砟 18 号道岔总体拆解方案如图 7-9 所示。

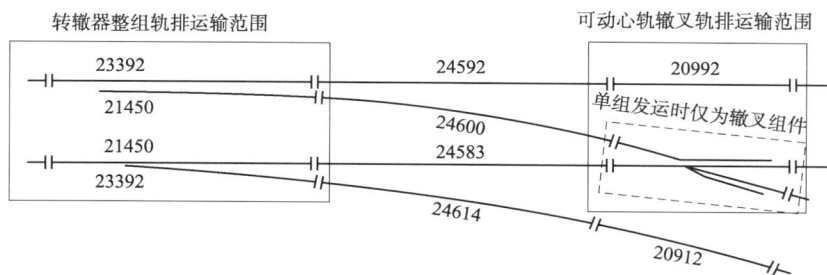

图 7-9　无砟 18 号道岔总体拆解方案(尺寸单位:mm)

（1）尖轨根端前转辙器部分带轨枕整体发运,全长 23392mm,最宽 2700mm。

（2）两组同时发运时,可动心轨辙叉 + 直股 20992 钢轨及下部轨排整体发运,全长 20992mm,最宽 3200mm;单组发运时,辙叉不按轨排发运,而是采用组件发运方式(图 7-7 虚框内）。

（3）未成轨排的配轨、护轨、岔枕、转换设备采用散件发运。

2)装载运输方案

（1）两组合运。本方案共用 5 辆车体,第一辆为 D22 平板车,分三层装运两个转辙器轨排和配轨,其中,配轨两组计 10 根,每组道岔用配轨成组件包装;第二辆 D22 平板车装运两组可动心轨辙叉轨排;其余为三辆 C60 敞车装运岔枕、护轨、小件箱和转换设备等零部件。

（2）单组发运。用一辆 D22 平板车发运转辙器轨排、辙叉组件及配轨,其中 6 根配轨分成两个组件包装;用两辆 C60 敞车装运岔枕、护轨、小件箱和转换设备等零部件。

2. 吊卸

1)轨排

（1）吊点布置

无砟 18 号道岔转辙器、可动心轨辙叉轨排的吊点布置如图 7-10 所示。

（2）机具要求

必须采用符合起重要求的起重机械,满足吊点设置的横梁吊具、尼龙软索(吊带)。吊点位置应按标记位置布设,需要调整时应得到现场主管工程师的确认。

由于轨排宽窄不同,要特别注意吊带高度(长度)调整。

（3）作业要求

①存放场地应平整,面积不小于轨排的 1.3 倍。

②预先设置好木垫楞,现场平整程度不大于 10mm 时可直接利用岔枕支撑。

③按照技术要求布置吊点,吊具与钢轨连接完成后,要对锁具锁紧可靠性和平衡性进行检查。

④先进行不大于 100mm 起升高度的试吊,验证起吊机具、吊具机锁具的可靠性,轨排纵横向最大变形量不超过 100mm。

⑤试吊无误可直接起吊,起吊时应慢速启动,注意保持平稳。

⑥起升与转向应分开进行,严禁边起升边转向。

⑦轨排离存放位置高度小于 1000mm 时要注意减小下降速度。

⑧落地后要保持起重机具存在一定受力状况,检查无误后方可落地。

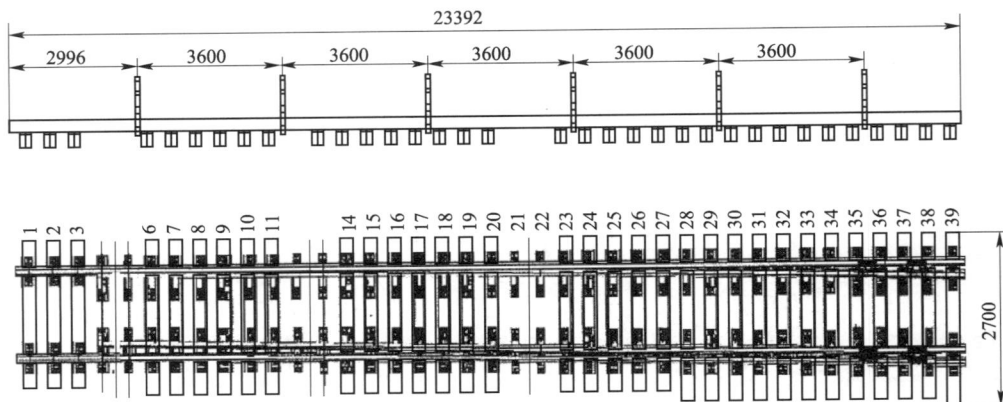

图 7-10　无砟 18 号道岔转辙器、轨排吊点布置示意图(尺寸单位:mm)

2)钢轨组件

(1)吊点布置

①无砟 18 号道岔可动心轨辙叉轨排(用于板式轨道时辙叉组件发运)吊点布置如图 7-11 所示。

②导轨(胶接绝缘轨)组件。用槽钢打捆,以防止钢轨吊卸过程中的翻转。当起吊超过 25m 钢轨时起吊点间距不大于 5m,起吊点距端头距离不大于 4m。

③基本轨尖轨组件的起吊位置要求同导轨组件。

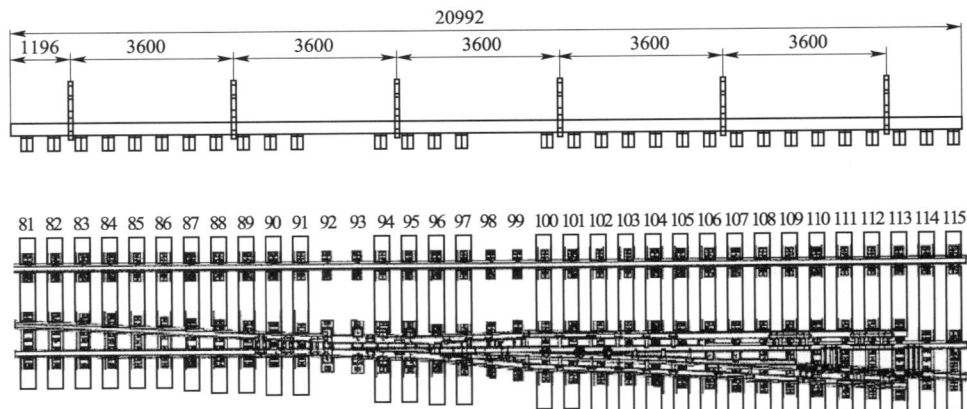

图 7-11　无砟 18 号道岔可动心轨辙叉轨排吊点布置示意图(尺寸单位:mm)

（2）吊卸要求

①可动心轨辙叉组件的起吊参照轨排起吊要求进行,要特别注意板下枕木不要拆卸,可作为临时存放的木楞使用。

②钢轨组件起吊时要特别注意防止翻转。

3）单根轨件的吊卸

长度 15 ~ 25m 的钢轨件,吊点间距允许最大值为 4m。单根标准断面钢轨吊装时,钢轨端头距离最近吊点间距不大于 3m。

当吊装尖轨时,所有吊点位置向右移动 1m。同时严禁采用吊活卡吊卸,应采用吊带锁吊卸。当起吊超过 25m 钢轨时起吊点间距不得大于 4m,起吊点距端头距离不大于 3m。

4）电务转换设备

在标识部位起吊,小心轻放,注意方向。电务转换设备装卸时注意包装箱的放置方向。

5）岔枕

①岔枕垛的吊卸应使用起重机械,装卸时应轻吊慢放,避免互相碰撞,发生磕角、掉块、碰伤或折断。装卸时避免断续加载和急促启动,动荷载必须降至最小值。在吊运过程中掉落的岔枕(不管采用任何保护措施)或以其他方式损坏的岔枕严禁使用。严格按照枕垛上标记的起吊位置起吊。

岔枕垛临时存放场地应坚固、平整。不论临时存放还是长期存放,均不允许两层及两层以上岔枕垛叠放。应防止骨架钢筋变形,并对螺栓防护孔进行保护。

②单根岔枕吊卸。

a. 单根岔枕可按照如图 7-12 所示的方式吊装。吊带必须始终对称布置且固定,吊点最小间距为岔枕总长的一半,吊带与水平线夹角不小于 60°,该方式对岔枕长度没有限制。

b. 单根岔枕可利用人工,用麻绳、抬杠等工具进行搬运。

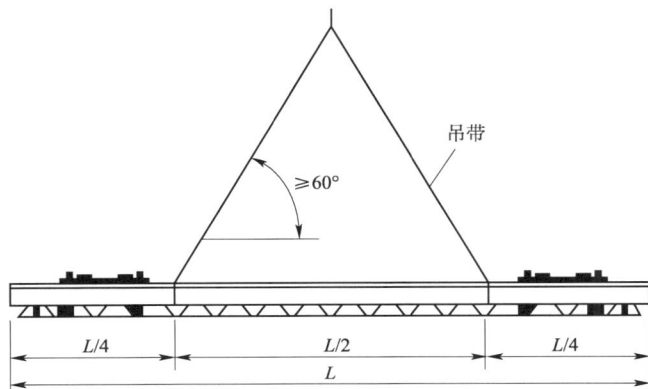

图 7-12　单根岔枕吊卸示意图

6）弹性铁垫板

①在装卸过程中应轻拿轻放,保证产品及产品包装完好,避免产品在装卸过程中磕碰、摔打、撞击。

②禁止将产品的一边放在地面上进行拖动。

③开箱后取出的产品应水平放置在转运托盘上，每个托盘上只允许堆码一层产品。如果没有托盘，应由两名专业搬运人员将产品水平抬放到指定安装地点或存放区域。

④弹性铁垫板在装卸、运输过程中严禁与油类、有机溶剂等有害于橡胶的化学药品接触，并应防止暴晒。

3. 存放

①道岔及部件存放场地应平整坚实，排水畅通，支垫顶面高差不大于10mm。

②道岔零部件应按组分类放置，安全稳固且易于检查及搬运，留够运输设备走行空间，防止雨淋、锈蚀等情况发生。

③转辙器、可动心轨辙叉轨排、可动心轨辙叉组件最多码放两层。钢轨件的码垛层数不得多于4层。轨件和地面间应铺垫缓冲衬垫（如木质垫块），每层用衬垫垫实垫平，衬垫应按高度方向垂直设置。

④电务设备存放时注意放置方向，避免损坏转辙机。

⑤包装箱应单层存放。

⑥岔枕码放。

a. 按组摆放并设置标签避免错误。

b. 岔枕垛之间必须有适当距离以便装载时运输设备走行。

c. 在未开始铺设前，岔枕垛应保持运输包装状态。

d. 堆放后，必须至少每两月检验一次木块，若木块受损应立即置换。

e. 岔枕堆放后上面不得放置附加载荷（如钢轨等）。

f. 岔枕码放应保证柜架钢筋不变形、不脱焊。

g. 码放时应保证岔枕螺栓孔防护盖完好无损。

h. 不论临时存放还是长期存放，均不允许两层及两层以上岔枕垛叠放。

i. 需重新码放岔枕时应遵循以下原则：岔枕按相邻多排堆放，堆放高度不得超过5层，层间用木块保证有足够垂直间隙，木块规格至少应为100mm×100mm。

⑦弹性铁垫板存放。

a. 产品不安装使用时，应存放在包装箱内，装有产品的包装箱不允许堆码摆放。

b. 产品应放在清洁、通风、不被日光直射、远离热源及化学试剂污染处储存；储存期为一年。

4. 交接

①道岔所有组件到达现场应履行交验手续，交验工作在建设单位组织下由无砟道岔施工单位、道岔生产厂家及监理单位人员具体实施。

②交验依据为：道岔铺设图、制造及铺设技术条件、供货合同、装载运输方案。

③按照发货单清点货物种类、数量。

④重点检查尖轨、心轨密贴情况，测量心轨直股直线度和曲股正矢。检查货物包装、加固情况是否良好，道岔轨排有无窜动，道岔轨排上岔枕有无移动痕迹，钢轨件有无划伤、刻痕等伤损，轨枕混凝土有无破损、裂纹，轨枕桁架有无脱焊、弯曲等，有无岔枕螺栓孔防护盖。

⑤交验完成后，形成交验记录，三方（施工单位、道岔生产厂家及监理单位）签字确认。

七、高速铁路道岔现场组装

1.总体要求

①无砟道岔的铺设在无砟道岔装载方案的基础上进行,即转辙器和辙叉采用带岔枕的轨排发运方式,导曲线部分采用不带轨排的组件发运方式。特殊情况下转辙器、辙叉钢轨件均采用组件或散件发运方式,其组装参照有关要求进行。

②应在完成道岔区路基或桥梁工程施工、工程质检验收合格后进行道岔铺设,铺设前路基填料、外形尺寸、压实度、工后沉降应符合相关技术要求。

③未经道岔生产单位现场检查确认,不得拆解道岔轨排或道岔组件。

④道岔铺设完成,经检验并履行批准程序后方可放行下程列车。

⑤无砟道岔施工准备。

a.施工前人员须经过培训、特殊岗位应持证上岗。

b.测量应按照有关程序和规范要求,对线下工程施工质量、无砟轨道精测桩网、沉降变形观测与评估等事项进行检查和确认,办理相关交接手续。

c.工装设备配置齐全,调试运转良好。应根据确定的施工方案,落实施工机具设备,并做好铺岔基地、施工便道等临时工程的建设。

d.试验检测设备配置齐全,检定有效。

e.混凝土配合比完全履行正规手续。

f.铺设图纸和技术资料齐全。

g.应就接口工程施工顺序、施工便道、施工场地、道岔运输与吊卸、道岔工电联调、跨区间无缝线路施工等事宜与有关单位做好沟通和协调,划分施工界面,明确各自的工作内容和配合事宜。

h.桥上道岔铺设时应制定单独的铺设方案,应有保证质量和精度的措施。

i.应编制无砟道岔专项施工组织方案并履行开工报告审查。

j.专业化施工队伍技术主管应熟练掌握无砟道岔铺设技术要求,配齐测量、检测、质检等专业技术人员,专业技术人员也应熟练掌握所负责工作内容的技术要求。

2.组装流程

施工准备→测量定位→组装平台→转辙器、辙叉轨排就位→剩余岔枕铺设→摆放弹性铁垫板、扣件→安装其他钢轨件→竖向支持螺杆安装→高程调整→地锚或侧向支撑安装、横向调整→绑扎钢筋、立模板→检查与精调→转换设备预安装→工电联调→拆除转换设备→检查、精调、固定→混凝土浇筑、养护、拆除支撑系统、拆校→检查、精调→焊联道岔→安装转换设备、工电联调→检查调整、维护验收。

3.组装工序

1)施工准备

①施工前应获取无砟道岔施工所需的技术文件,搜集与无砟道岔相关的线下工程资料,做好现场调查。

②编制无砟道岔实施性施工组织设计和作业指导书。桥上无砟道岔应单独编制铺设方案，确保无砟道岔铺设精度及质量，并履行无砟道岔开工审查程序。

③无砟道岔施工技术主管应熟练掌握无砟道岔铺设技术要求，具备一定的施工经验，配齐测量、检测、质检等专业技术人员，开展无砟道岔施工技术培训，考核合格后持证上岗。

④落实测量仪器、工装设备配置测量仪器应满足技术要求，并校核合格。工装设备应进行组装、调试，运转良好。

2）测量定位

如图 7-13 所示，分别测设岔首、岔尾及轨排接缝的中桩及外移桩。通过吊垂球或工装辅助的方法定位。

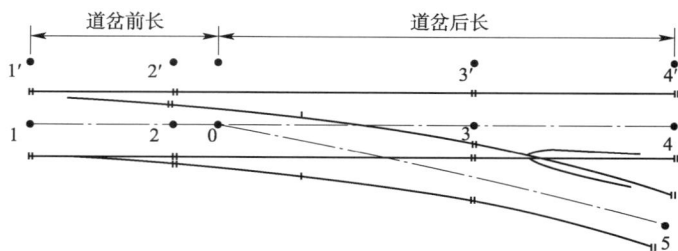

图 7-13　测量定位示意图

0-岔心桩；1-岔首中桩；2-尖轨跟端中桩（直向）；3-辙叉前端中桩（直向）；4-辙叉跟端中桩（直向）；5-辙叉跟端中桩（侧向）；1′-外移桩；2′-外移桩；3′-外移桩；4′-外移桩

3）组装平台

根据轨排铺设位置在支承层或桥面保护层顶面摆放矩形管，注意避开竖向支撑螺杆位置。矩形管顶面高程应低于岔枕桁架钢筋底面设计高程 10~20mm。

4）转辙器、辙叉轨排就位

在轨排就位前摆放牵引点前后岔枕。

①采用符合起重要求的起重机械，在标明的吊点处按照吊卸作业要求吊卸。

②转辙器轨排就位。基本轨前端轨距中心线垂线与基本轨前端里程处的线路中心桩重合，纵、横向偏差不超过5mm，转辙器根端直股轨距中心线垂线与线路中心线重合，横向偏差不超过5mm。

③辙叉轨排就位。

5）剩余岔枕铺设

（1）岔枕摆放方法

在矩形管上摆放导曲线与岔后岔枕，以转辙器最后一根和辙叉第一根岔枕为基准，调整岔枕间距、水平，放正岔枕。

（2）岔枕保护

①要注意对混凝土岔枕的保护，岔枕装卸、运输时严禁碰、撞、摔、掷。

②岔枕吊运时，不要突起突降，对长岔枕要缩短吊点的距离，防止岔枕变形过大。

③严禁使用硬物直接敲击，以免损伤。

④严禁用撬棍插入岔枕套管内撬拨岔枕，并且注意保持混凝土岔枕的清洁，特别是对岔

枕螺栓孔要严加保护。

⑤在混凝土岔枕上组装时,岔枕螺栓必须手工入扣,尽可能手工旋入。岔枕螺栓拧紧力矩为 250～300N·m,不得过大或过小,严禁电动入扣或锤击入扣。

⑥无砟道岔混凝土岔枕结构与提速系列岔枕有较大的不同,易变形和损坏,因此对岔枕的保护极为重要。操作人员和设备作用于空吊岔枕上,极易造成变形,因此在高低调整完成后应及时对桁架底部增加垫层。原则上岔枕受力不超过5000N。

6)摆放弹性铁垫板、扣件

清理螺栓孔内的异物、残渣。摆放平垫板、滑床板、护轨垫板、支距垫板。

①安放弹性铁垫板,并使轨底坡朝向轨道内侧。螺栓孔中心与预埋绝缘套管孔对正。

②选择适当型号的缓冲调距块安放到弹性铁垫板的复合定位套内,缓冲调距块有四个沟槽面朝下,并保证其下表面与复合定位套下表面齐平。

③将盖板安放在弹性铁垫板上,装有橡胶垫圈一面朝下。

④选择适当型号的垫板螺栓,套上弹簧垫圈,并将螺纹部分涂满铁路专用油脂,穿过盖板旋入预埋绝缘套管中。

⑤放置轨下橡胶垫板于铁垫板承轨面上。

7)安装其他钢轨件及扣件

基本轨、导轨的安装步骤和调整方法根据有关要求进行。道岔全长范围检查枕间距及岔枕方正,要求岔枕间距偏差±5mm。

安装步骤如下:

①摆放钢轨件于铁垫板承轨面上的橡胶垫板上,按轨距调整要求放置适当型号轨距块于钢轨和铁座间。禁止强行砸入轨距块。

②依次安装T型螺栓、平垫圈、螺母和Ⅱ型弹条,弹条的紧固以三点接触为准。此时螺母扭矩一般为120～150N·m。

③检查道岔前点里程(允许偏差小于5mm)、预留轨缝(允许偏差2mm)、道岔全长(允许偏差5mm)。

④调整岔枕横向位置保证直股钢轨外侧与标准轨距块密贴,钢轨内侧调换适当型号的轨距块达到密贴;以直股外侧钢轨为基准,通过轨距、支距控制其他钢轨安装线形。

⑤临时连接钢轨,应注意不要有接头错牙。

8)竖向支撑螺杆安装

竖向支撑螺杆底部应放置铁垫片,如图7-14所示。

图7-14 竖向支撑螺杆

4.注意事项

①施工前应准备与铺设道岔类型相匹配的施工机具,包括道岔部件和轨排的吊装、运输设备,现场移位机具,钢轨焊接设备,轨道检查车和配套的测量系统。

②严格按技术条件的要求吊装、运输、存储道岔钢轨组件和零部件,防止其产生变形或

损坏,尤其对大号码道岔钢轨件和轨排的吊装进行有针对性的研究和机具准备。

③无砟道岔的施工和有砟轨道施工不同,一经浇筑混凝土即完成定位,出现位置不准确等问题很难调整,因此应准确测设道岔位置并布设控制桩,道岔严格按控制桩铺设就位。

④无砟轨道道岔区的精调和固定采用道岔侧向或竖向支撑调整系统实现。该系统包括侧向支撑调整装置和长岔枕区域竖向辅助支撑调整装置,以上装置同道岔区专用测量系统配合使用,完成无砟轨道道岔的精调和固定。无砟道岔最后的铺设精度取决于支撑设备的调整能力和稳固性,应足够重视。

⑤道岔位置和内部尺寸调整时,应以直股钢轨为基准。

⑥道岔接头焊接和打磨工作量大,技术要求高,应高度重视该项工作。

⑦浇筑混凝土后进行道岔开通前的精调,在精调中要通过调高、调距弥补道岔施工中出现的几何状态超限等问题,要求达到铺设技术条件的规定。

⑧无砟道岔轨距、高低、水平的调整要通过使用不同规格的调距块和调高垫板来实现,因此铺设前要多准备调整配件。

⑨单渡线两组道岔同时铺设。

任务实施

道岔施工流程

一、铺岔前的预铺道砟工序作业要点

铺岔前预铺道砟基本工艺流程如图7-15所示。

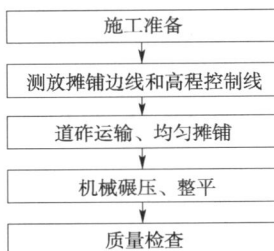

施工准备

↓

测放摊铺边线和高程控制线

↓

道砟运输、均匀摊铺

↓

机械碾压、整平

↓

质量检查

图7-15　铺岔前预铺道砟基本工艺流程

铺岔前的预铺道砟工序作业要点如表7-3所示。

铺岔前的预铺道砟工序作业要点　　　　　　　　表7-3

上道工序:有砟道岔基桩测设

序号	工序	作业控制要点
1	主要设备	压路机、道砟运输车、推土机等
2	施工准备	①预铺道砟前对道砟进行检验,道砟等级、材质及级配应符合设计及道砟技术条件要求。 ②提前测设道岔道床摊铺位置、长度、宽度、厚度。 ③预铺道砟前,对路基基床表面平整度再次检查,确认路基表面杂物、积水等彻底清除后方可开始摊铺

序号	工序	作业控制要点
3	预铺道砟作业	①运砟车辆宜行走施工便道,不应直接长距离频繁行驶在基床表层上。 ②运砟车辆在基床表层上行驶时,应做到缓行缓停,禁止突然加速或紧急制动,载重运行速度宜小 15km/h。 ③正线道岔预铺道砟应采用压强不小于 160kPa 的机械碾压。 ④按照道床摊铺要求,采用人工配合机械分层铺砟,采用压路机压实。 ⑤道砟整平、压实施工过程中使用的机械设备应统一指挥。 ⑥施工过程中摊铺机两侧应设专人观测传感仪工作状况,发现大的误差应及时调整,严重时应鸣笛中止工作,及时排除故障
4	质量检验	①道床密度应不小于 1.7g/cm³。 ②砟面平整度用 3m 靠尺检查,允许偏差:设计速度大于 160km/h 时不应大于 20mm,设计速度小于或等于 160km/h 时不应大于 30mm,无缝道岔允许偏差为 10mm。 ③道床预留起道量不得大于 50mm。道岔前后各 30m 范围应做好顺坡

下道工序:道岔铺设

二、有砟道岔铺设工序作业要点

有砟道岔铺设工序作业要点如表 7-4 所示。

有砟道岔铺设工序作业要点　　　　　　　　　　　　表 7-4

上道工序:铺岔前的预铺道砟

序号	工序	作业控制要点
1	准备	①搭设道岔组装平台,组装道岔。 ②检查道岔换铺设备、专用铺岔设备状态良好。 ③岔位临时过渡段上砟整道应和区间线路轨道同时进行
2	机械换铺法铺设道岔	①拆除临时轨排。扒平岔位区道砟,砟面高程比设计低 70mm 左右。 ②上部小车在吊道岔前,应在道岔钢轨上提前设好调钳位置,确保整组道岔吊起后小车均衡受力。 ③由门式起重机将换铺设备的上部小车吊放到道岔钢轨上,上部小车通过液压钳与道岔钢轨锁定并提升道岔至合适高度。 ④下部小车进入并运输道岔至岔位,上部小车提升道岔,此时应对上部小车垂直支腿处做好安全防护。 ⑤下部小车退出拆除临时轨道,上部小车调整并放下道岔,将道岔铺设就位。 ⑥回填道砟,对道岔进行初调整理
3	原位铺设	①在岔位压实平整后的道床上放好台位线,按照平台尺寸要求搭设道岔拼装平台,要求稳固、便于拆卸,并在平台上按照岔枕间距要求临时标注岔枕位置。 ②在平台上进行组装,根据道岔设计图在组装平台上准确画出每根岔枕的位置和岔枕编号,用门式起重机吊装轨枕到位组装道岔,铺设次序为可动心轨辙叉,尖轨及基本轨,导曲线钢轨。 ③按照可动心辙叉、尖轨、中间连接钢轨的顺序进行道岔连接。 ④道岔初步组装完成后,应对道岔进行粗调。 ⑤整体顶起架空道岔,撤除拼装平台,利用高精度水准仪测量高程。 ⑥采用起道机作业时,应多台起道机同时起、落,严禁"放炮"落道。 ⑦回填道砟,对道岔进行粗调整理

续上表

序号	工序	作业控制要点
4	质量检验	①道岔铺设标准及允许偏差应符合设计规定。 ②相邻两正线岔尾直接相连的道岔，铺设轨温宜相近，相差不得超过 10℃。 ③按规定要求标记轨距、支距、查照间隔、道岔规格、岔位编号

下道工序：道岔铺砟整道

三、道岔铺砟整道工序作业要点

道岔铺砟整道施工基本工艺流程如图 7-16 所示。

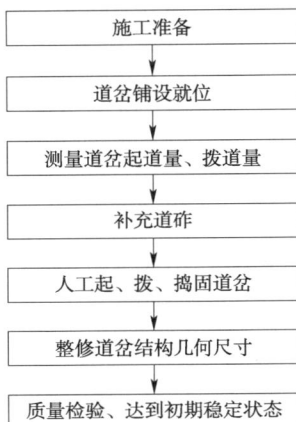

图 7-16　道岔铺砟整道施工基本工艺流程

道岔铺砟整道工序作业要点如表 7-5 所示。

道岔铺砟整道工序作业要点　　　　　　　　　　表 7-5

上道工序：道岔铺设

序号	工序	作业控制要点
1	主要设备	风动卸砟车、小型液压道岔捣固机、起道机、电动捣固棒等
2	铺作整道	①道岔铺设到位后，采用起道机将道岔整组起平，采用规定等级的水准仪测量道岔整体高程，起平后的道岔高程宜低于设计高程 50mm。 ②尖轨及可动心辙叉部用防护布料做好防护，人工回填道砟，边回填边用小型道岔捣固机对道岔下方 15cm 范围内的道床进行捣固，同时调整道岔高低、方向、水平，使道岔初步就位。 ③道岔经初步整平养护后，钉闭加锁开通在直股位置，严禁人工扳动道岔
3	道岔整修质量检验	①专业道岔整修队伍应按设计标准每天检查道岔的内部尺寸是否满足要求，主要检查道岔的方向、高低、水平、尖轨密贴、心轨密贴、各部轨距、各部支距及所有螺栓的紧固程度等，对超标项点进行整修养护，使道岔各项几何尺寸达到验收标准。 ②道岔结构尺寸调整时，应兼顾对应点的方向和轨距，实现综合调整。 ③道岔结构尺寸和轨距调整应提前实施，并在道岔捣固车捣固作业前完成

序号	工序	作业控制要点
4	质量检验	①道岔高程宜低于设计高程50mm。 ②调整后道岔内轨距允许偏差应控制在±1mm范围内,轨距变化率不应大于0.5‰。 ③支距允许偏差应控制在±1mm范围内。 ④在道岔捣固车捣固前应根据CPⅢ轨道控制网和加密基桩对道岔整体平顺性进行人工整治,保证道岔内高低允许偏差不大于5mm/10m弦。轨向允许偏差不大于3mm/10m弦。水平允许偏差不大于2mm

下道工序:道岔焊接

四、道岔焊接(铝热焊)工序作业要点

道岔焊接(铝热焊)工序作业要点如表7-6所示。

道岔焊接(铝热焊)工序作业要点 表7-6

上道工序:道岔铺作整道(有砟)

序号	工序	作业控制要点
1	准备	在正式焊接前必须按钢轨焊接的相关要求通过焊头型式检验,确定焊接参数,制定相应规程
2	道岔钢轨焊接顺序及时间要求	①道岔钢轨焊接顺序:先道岔内钢轨焊缝,后道岔前后钢轨焊接。 ②道岔内钢轨焊接顺序:先直股,后曲股;先基本轨,后尖轨。 ③道岔前后钢轨焊接顺序:先岔前,再岔后;先直股,再曲股。 ④道岔内锁定焊接及道岔与两端无缝线路锁定焊接,应在设计锁定轨温范围内焊接和锁定。 ⑤道岔与两端无缝线路钢轨焊接应在轨面高程、轨向和水平已达到设计标准时,方可施焊。
3	轨端处理	①拆除焊头两侧各3~4根轨枕的扣配件,检查钢轨端头,并用钢丝刷清洁钢轨端头100~150mm,使其满足铝热焊要求。 ②道岔内钢轨接头焊接时,应先调整好道岔全长及各焊缝
4	焊接	①装配砂模不得使用受潮的部件,应使钢轨端头间隙位于装有砂模底板的底托盘的正中央,严格按操作工艺涂抹防漏泥。 ②确认坩埚干燥、清洁、无裂纹,确认焊药包装袋密封、干燥和无破损。 ③将全包焊药慢慢地旋转着倒入坩埚。 ④浇铸完毕后按规定时间拆模,拆除砂模后应尽快推瘤。 ⑤轨头的推凸应在钢轨凝固后进行,不允许在液固状态推凸。 ⑥焊接时,应对焊接影响范围内道岔零部件及道床板等加装防护,防止焊剂烧蚀。 ⑦焊接及锁定过程应采取措施始终保持限位器子母块位置居中,尖轨方正
5	打磨	①焊接推瘤后应立即对铝热焊接头进行热打磨,保证施工车辆的通行。 ②热打磨采用仿形打磨机只对轨头进行打磨。 ③在焊缝温度未降至350℃以下时,不得解除钢轨拉伸器和对正设备。 ④在焊头温度降至50℃以下进行轨底、轨底上表面的打磨,打磨焊头,使其平直度和轨头轮廓达到技术标准要求。 ⑤铝热焊接头的精磨应采用仿形打磨机

序号	工序	作业控制要点
6	质量检验	对焊接接头进行探伤检查,并检测焊头平直度,对无法整修达标的需锯除重新焊接

下道工序:道岔精调整理

五、道岔组装、初定位施工工序作业要点

道岔组装、初定位施工工序作业要点如表7-7所示。

道岔组装、初定位施工工序作业要点　　　　　　　　表7-7

上道工序:岔区混凝土底座施工

序号	工序	作业控制要点
1	准备	清理混凝土底座及凹槽上的杂物,保持混凝土面的清洁。道岔料进存,按规定做好进场验收
2	隔离层及橡胶垫板施工	①铺设岔枕前按设计要求铺设隔离层及橡胶垫板。 ②土工布铺设平整无褶皱,无破损,接缝采用对接,不可重叠。弹性橡胶垫板密贴固定于凹槽的侧面,不得有鼓泡、脱离现象。 ③凹槽上表面铺贴土工布,并与侧面的垫板牢固黏结
3	底层钢筋绑扎	道岔铺设前,按设计要求绑扎道床板底层钢筋,并将上层纵向钢筋按设计数量提前摆放在底层纵向钢筋对应位置附近
4	道岔原位组装铺设	①按照原位组装法铺设道岔,应在设计道岔位置安装道岔原位组装平台,组装平台应具备组装和调试道岔的能力。 ②道岔组装按以下工序进行:安装混凝土岔枕→安装道岔垫板→扣件→吊装道岔钢轨→连接、紧固道岔→起平、调整。各段道岔轨排起平到位后,检查轨距、支距、钢轨端头方正等主要几何尺寸指标,调整密贴、直线度,消除超限偏差。 ③整组道岔组装、调整完毕,按规定的检验项目对道岔组装质量进行检验
5	道岔预组装、移位铺设	①道岔预组装完毕,质量检查、测评合格后,按道岔铺设图分解为道岔轨排运至铺设现场。 ②道岔轨排运输方式根据现场实际,可选用专用运输平车、纵移小车等实施。 ③根据装载方式的特点,预先确定行驶路线、速度等控制要求。 ④道岔轨排应采用专用吊具和大型起重机分段吊装就位。 ⑤现场运输条件不利时,道岔轨排可采用纵移小车系统纵移、就位。 ⑥道岔纵移小车系统安装前,应在钢筋混凝土底座表面测放线路中线,用墨线标出道岔对位线、侧向支撑支座等预埋位置。 ⑦以道岔铺设图为准,将道岔轨排依次吊装至各段轨排纵移小车上,推动小车纵向移动,将道岔轨排纵移到设计位置
6	道岔初定位	①各段道岔轨排纵向定位后,安装侧向及竖向支撑调整装置,并在长岔枕区域安装钢轨辅助支撑架。 ②依据CPⅢ及道岔控制点,对道岔进行初步定位。偏差应控制在:高低 $-5 \sim 0$ mm,方向3mm以内。 ③道岔初步定位后,支立竖向支撑螺杆,拆除原位组装平台或轨排纵移小车系统,进行轨排第一次精调

序号	工序	作业控制要点
7	质量检验	按标准检测道岔组装质量及铺设位置精度,质量合格后方可进入下道工序施工

下道工序:道岔混凝土道床板施工

六、道岔混凝土道床板施工工序作业要点

道岔混凝土道床板施工工序作业要点如表7-8所示。

道岔混凝土道床板施工工序作业要点 表7-8

上道工序:道岔组装、定位

序号	工序	作业控制要点
1	道岔轨排一次精调	①依据CPⅢ控制点进行道岔轨排精调,调整时应以直基本轨一侧为基准。 ②道岔一次精调测量工作采用轨道几何状态测量仪检测道岔方向、高低、水平、轨距等几何形位指标。 ③根据轨道几何状态测量仪显示的偏差值进行轨排高低和方向调整,使道岔几何形位指标符合设计要求。 ④进行轨距、支距、密贴、间隔等细部尺寸调整。 ⑤道岔精细调整到位后,各检测项点偏差值应满足标准规定
2	工电连调	①道岔转辙机安装前,应对其电气、机械性能进行测试,同时检查外锁闭及安装装置。 ②电务人员进行转换设备安装测试完成后,工务人员配合电务人员按要求进行道岔联合调试,局部细调轨距、支距、轨向及密贴等。③道岔系统工电联调到位后,应做出定位标记
3	道岔轨排二次精调	①浇筑道床板混凝土前,应对道岔系统进行二次精调。 ②道岔二次精调,采用轨道几何状态测量仪检测道岔方向、高低、水平、轨距等几何形位指标,根据检测数据确定精调数值。 ③根据检测反馈数值逐点调整道岔轨排高低、水平、方向符合设计要求,并采用固定装置对道岔轨排进行固定,固定装置应有足够的强度、刚度和稳定性,确保浇筑道床板混凝土时道岔轨排不产生上浮和侧移。 ④整组道岔调试完毕应对螺栓进行复紧,扭矩达到设计值
4	安装模板	①道床板混凝土侧模应采用定型钢模板,相邻模板拼缝保证密贴。 ②道岔转辙机基坑模板应根据设计结构形式选配。 ③转辙机基坑两侧岔枕之间加设临时支撑,固定岔枕间距。 ④模板安装后,调整模板的几何尺寸,满足模板安装允许偏差
5	钢筋绑扎	①道岔一次精调后,即可绑扎上层钢筋网,并调整底层钢筋网位置,按设计要求做好绝缘处理,垫好保护层垫块。 ②钢筋间距、混凝土保护层厚度应符合规范要求
6	混凝土浇筑	①混凝土底座及岔枕应洒水湿润。 ②道岔钢轨部件、垫板、滑床板垫板、扣件等应加装临时防护膜,避免受到混凝土污染。 ③道床板混凝土初凝后,松开除尖轨和心轨以外的扣件螺栓,拆除竖向支撑螺杆,遗留孔洞以同强度等级砂浆填充密实,及时养护。 ④混凝土表面应密实、平整、颜色均匀,不得有蜂窝、疏松和缺掉角等缺陷

续上表

序号	工序	作业控制要点
7	质量检验	按标准检测道岔混凝土浇筑后的各部尺寸及铺设位置精度，质量合格后方可进入下道工序施工

下道工序：道岔焊接

案例分析

哈大高速铁路主要施工技术介绍

一、工程概况

哈大高速铁路是国家"十一五"规划的重点工程，是国家《中长期铁路网规划》"四纵四横"客运专线网中京哈客运专线的重要组成部分，是我国目前在最北端的严寒地区建设标准最高的一条高速铁路，基础设施按 350km/h 速度标准建设。

哈大高速铁路起讫辽宁省大连市，终至黑龙江哈尔滨市，线路全长 921km，采用 CRTS Ⅰ 型板式无砟轨道结构。列车会让、转线采用国产长枕埋入式高速无砟道岔。全线共铺设无砟高速道岔 163 组，其中铺设大号码 42 号道岔 9 组，图号为客专线（07）006，分别铺设在下夹河线路所、海城西站、六王屯线路所、长春西站、崔家营子线路所，铺设时间在 2010 年 6 月至 9 月。

哈大高速铁路沿线气候属中温带大陆性季风气候，冬长夏短，四季分明。3~5 月为春季，气温回升快而且变化无常，升温或降温一次可达 10℃ 左右。6~8 月为夏季，9~11 月为秋季，昼夜温差变幅较大，9 月平均气温为 10℃，10 月北部地区已到 0℃，南部地区 2~4℃。12 月~次年 2 月为冬季，漫长而寒冷干燥，雪覆大地，1 月平均气温 −15~ −30℃，最低气温曾达 −39.9℃。

二、施工技术特点

哈大高速铁路大号码道岔工电联调后，2012 年 7 月至 12 月联调联试期间，42 号大号码道岔动检列车通过未出现Ⅲ级及以上超限点，2012 年 12 月 1 日开通运营前消除了Ⅱ级及以上超限点，添乘列车高速通过大号码道岔感觉舒适、平稳，全线运行良好。

经过哈大高速铁路三个轨道专业化队伍的互相借鉴，哈大客专 9 组 42 号大号码施工圆满完成，说明我们在国产高速 42 号大号码铺设工艺上是完全满足规范要求的，但施工中也出现大号码道岔被反复精调、工电联调时间久、效率低等，浪费了大量人力、物力。结合以上不足之处，铺设 42 号大号码道岔施工还有以下改进空间。

①对大号码道岔设计、制造进行不断优化，在工厂制造过程中预想到铺设过程中可能产生的质量问题，如对心轨夹 4mm 异物不锁闭进行科研攻关，消除安全隐患。

②道岔钢轨组件需进一步提高加工精度。在现场对道岔进行精调时，很多时候无法做到直曲股同时兼顾。在直曲股无法兼顾的时候，往往是优先满足直股精度，牺牲曲股精度。

但 42 号道岔侧向通过速度高达 160km/h,必须是直曲股同时兼顾。

③哈大线道岔区Ⅰ型双块式无砟道床未设置伸缩缝,东北寒冷地区无法避免裂纹的产生,兰新二线Ⅰ型双块式无砟轨道采用单元板结构,道床裂纹大幅减少,建议设计对道岔区双块式无砟轨道结构进行优化。

学习检测

一、选择题

1. 轨道的三大薄弱环节为(　　　　)。

 A. 曲线、接头、长大坡道   B. 道岔、接头、长大坡道

 C. 道岔、曲线、接头   D. 道岔、曲线、长大坡道

2. 道岔辙叉的叉心两工作边延长线交点为(　　　　)。

 A. 叉心的实际尖端   B. 辙叉理论中心

 C. 道岔理论中心   D. 道岔实际中心

3. 某道岔的辙叉角为 4°45′49″,则该道岔号数为(　　　　)。

 A. 6   B. 7   C. 9   D. 12

4. 某道岔的辙叉角为 6°20′25″,则该道岔号数为(　　　　)。

 A. 6   B. 7   C. 9   D. 12

5. 新标准生产的钢筋混凝土岔枕,级差(　　　　)。

 A. 0.05m   B. 0.10m   C. 0.15m   D. 0.20m

6. 对于直线尖轨来说,最小轮缘槽宽发生在(　　　　)。

 A. 尖轨尖端   B. 距尖轨尖端约 1/3 尖轨长处

 C. 尖轨中部   D. 尖轨跟端

7. 尖轨动程在距尖轨尖端(　　　　)的第一根连接杆中心处量取。

 A. 300mm   B. 350mm   C. 380mm   D. 420mm

二、简答题

1. 说明单开道岔的组成部分及其功用。

2. 单开道岔如何区分左右开、顺逆向、始终端等?

3. 单开道岔中的尖轨有几种类型? 它与基本轨的贴靠形式有几种? 各有何特点?

4. 说明转辙器部分各个零件的名称、构造特征、作用。

5. 简述辙叉号码的表示方法及其意义。说明辙叉号码与辙叉角的关系。在现场如何鉴别道岔号码? 道岔号在使用上有何规定?

6. 辙叉中的护轨有何用途? 说明其平面特征和各部名称。

7. 说明单开道岔内部绝缘接头的位置要求。

8. 掌握查照间隔、护背距离的意义及各部间隔尺寸与规定的理由。

9. 举例说明何种情况下,需在运营线上增铺道岔,与新线铺设道岔相比有何不同。

10. 简述对称道岔的构造特点、计算主要尺寸宜在什么地方铺设?

无缝线路施工

教学引导

世界上一次性建成里程最长的高速铁路在哪里?

2014 年 12 月 26 日兰新高速铁路全线贯通,连接兰州市与乌鲁木齐市,全长 1776km。兰新高速铁路(图 8-1)是世界上一次性建成里程最长的高速铁路。服务于自然条件极端严酷恶劣的兰新高速铁路的是 CRH2G 型高寒抗风沙动车组。

兰新高速铁路还享有另外几个"第一":

(1)兰新高速铁路是世界上穿越最长风区的高速铁路。兰新高速铁路新疆段共有 710km,途经烟墩、百里、三十里和达坂城四大风区,同时沿线有塔克拉玛干、古尔班通古特等几处沙漠,也是世界上第一条穿越沙漠大风区的高速铁路。其中,百里风区、三十里风区的风力最为强劲,部分区段年均大于 8 级大风天气达到 208 天,最大风速 60m/s,相当于 17 级风,是我国乃至世界上铁路风灾最严重的地区之一。为了减小风力影响,在线路沿线设置了路基挡风墙(图 8-2)。

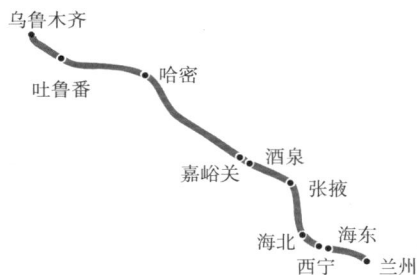

图 8-1　兰新高速铁路

图 8-2　路基挡风墙

(2)兰新高速铁路(图 8-3)是目前国内穿越海拔最高和最低的高速铁路。它穿越中国海拔最低的新疆吐鲁番盆地和高海拔的祁连山隧道。吐鲁番盆地大部分地面海拔在 500m

以下,而紧邻盆地南部山麓的艾丁湖最低处低于海平面155m,是我国陆地的最低处,兰新高速铁路从这里穿过。兰新高速铁路祁连山隧道(图8-4)有世界高速铁路第一高隧之称,位于青海省门源回族自治县县城以西60km的祁连山高山区,隧道两端连接青海、甘肃两省。这一隧道全长9.49km,最高海拔4345m,最大埋深超过800m,开挖断面面积达160m²,是目前世界上海拔最高、建设标准最高和施工难度最大的高速铁路隧道,属Ⅰ级高风险隧道。

图8-3 高速列车行驶在兰新高速铁路上

图8-4 祁连山隧道

(3)兰新高速铁路大坂山隧道全长15918m,是世界最长的高原高速铁路隧道。它位于青海省大通回族土族自治县和门源回族自治县境内的大坂山中高山区,海拔3000~4200m,穿越大坂山主峰。

学习目标

知识目标

1. 了解无缝线路的类型。

2. 掌握无缝线路长钢轨的焊接、运输、装卸方式方法。

3. 掌握无缝线路铺设施工工艺流程。

能力目标

1. 能够进行无缝线路所受各种阻力分析。

2. 能够看懂无缝线路轨道设计文件并指导铺设施工。

3. 能够进行无缝线路施工方案的设计。

素质目标

1. 培养学生勤俭节约、艰苦奋斗,努力为国家经济建设作贡献的观念。

2. 通过举办与轨道施工相关的竞赛或评比活动,激发学生的竞争意识和荣誉感。

3. 加强安全教育和环保意识培养,确保学生在掌握新技术、新方法的同时,具备良好的安全意识和环保素养。

4. 引导学生主动参与探究,培养团结合作的精神。

任务一　无缝线路认知

一、概述

无缝线路是把标准长度的钢轨焊连而成的长钢轨线路，又称为焊接长钢轨线路。它是把不钻孔、不淬火的25m（高铁线路为100m）长的钢轨，在基地工厂采用气压焊或接触焊的方式，焊成200～500m的长轨，然后运到铺轨地点，再焊接成1000～2000m的长度（也可以焊接成更长的长度），铺设到线路上。它是当今轨道工程技术的一项创新，世界各国竞相发展。德国是无缝线路发展最早的国家，1926年就开始应用该技术，到20世纪50年代，已将无缝线路作为国家的标准线路。我国的无缝线路从1957年开始试铺，主要干线均已铺设无缝线路，对于新建高速铁路建议条件许可均要设计铺设无缝线路或跨区间无缝线路。

1.无缝线路特点

无缝线路即焊接长钢轨线路，与普通线路相比，无缝线路在长钢轨段内消灭了轨缝，从而消除了车轮对钢轨接头的冲击，减少了接头病害与维修，延长了轨道寿命，节约能源，适应高速行车、降振减噪要求，是轨道现代化的发展方向。

2.无缝线路分类

1）按处理温度应力的方式分类

无缝线路铺设锁定后，钢轨不能随轨温变化而自由伸缩，在钢轨内部将产生应力，称为温度应力。按长轨温度应力处理方式的不同，无缝线路可分为温度应力式和放散温度应力式两种类型。

（1）温度应力式无缝线路

温度应力式无缝线路由一根焊接长钢轨及其两端2～4根标准轨组成，结构简单，铺设维修方便，是一种较好的无缝线路结构形式。我国已铺无缝线路的绝大部分是温度应力式。温度应力式无缝线路如图8-5所示。

图 8-5　温度应力式无缝线路

（2）放散温度应力式无缝线路

放散温度应力式无缝线路又分为自动放散式和定期放散式两种，适用于年轨温差较大的地区。

自动放散温度应力式无缝线路是为了消除和减小钢轨内部的温度力，允许长轨条自由伸缩,在长轨两端设置钢轨伸缩接头。为了防止钢轨爬行,在长轨中部使用特制的中间扣件。由于该形式结构复杂,已不使用。

定期放散温度应力式无缝线路的结构形式与温度应力式相同。根据当地轨温条件,把钢轨内部的温度应力每年调整放散 1~2 次。每次放散应力需耗费大量劳动力,作业很不方便,目前已不使用。应力放散时基本轨伸缩方向如图 8-6 所示。

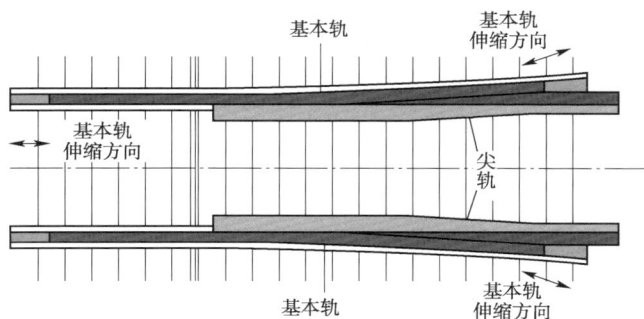

图 8-6 应力放散时基本轨伸缩方向

2)按长轨条长度分类

①普通无缝线路:焊接钢轨长度 1~2km,两长轨间设 2~4 根标准轨组成的缓冲区,仅在缓冲区内设钢轨接头。

②超长无缝线路(跨区间无缝线路):焊接长轨条贯通区间,并与车站道岔焊接,取消了大量的缓冲区,实现了线路的无缝化。线路平顺性大大提高(高强度胶接绝缘接头、无缝道岔的应用)。

二、工作原理

1. 温度力、伸缩位移与轨温变化的关系

(1)温度力的产生

由于温度变化,伸缩受到限制而转化为温度力,作用在钢轨纵向上。

(2)温度力计算

钢轨自由伸缩时的伸缩量 Δl:

$$\Delta l = \alpha \cdot l \cdot \Delta t \tag{8-1}$$

式中:α——钢轨线膨胀系数,取 $11.8 \times 10^{-6}/°C$;

　　l——钢轨长度(m);

　　Δt——轨温变化幅度,或称为轨温差。

钢轨伸缩完全受限时温度应力 σ_t:

$$\sigma_t = E \cdot \varepsilon = E \cdot \frac{\Delta l}{l} = E \cdot \frac{\alpha \cdot l \cdot \Delta t}{l} = E\alpha\Delta t$$

$$= 2.1 \times 10^5 \times 11.8 \times 10^{-6} \times \Delta t = 2.5\Delta t \, (\text{MPa})$$

一根钢轨承受的温度力 P_t 为:

$$P_t = \sigma_t \cdot F = 2.5\Delta t \cdot F \tag{8-2}$$

式中:F——钢轨的截面面积(mm^2)。

由式(8-2)可知,温度应力与钢轨长度无关,而仅与轨温变化 Δt 有关。

2. 轨温与锁定气温

(1)轨温与气温的关系

轨温是指钢轨的温度,一般是指钢轨断面的平均轨温,亦称有效轨温。轨温对无缝线路的设计、铺设、养护维修至关重要。轨温由专用的轨温计来测量,目前常用的有吸附式轨温计和红外数字轨温计等。

轨温和气温不完全相同。实测资料表明,冬季两者接近,夏季高温季节轨温比气温高,最大温差可达 18~25℃;轨温还受气候、风力、日照强度和测量轨温部位等影响。

轨温与气温的关系:

$$T_{max} = t_{max} + 20°C$$
$$T_{min} = t_{min}$$

式中:T_{max}——最高轨温;

T_{min}——最低轨温;

t_{max}——最高气温;

t_{min}——最低气温。

(2)中间轨温

$$T_z = \frac{T_{max} + T_{min}}{2}$$

(3)锁定轨温 T_{sf}

无缝线路的锁定是通过拧紧长钢轨两端的接头螺栓和上紧钢轨扣件实现的,无缝线路锁定时的轨温称为锁定轨温。因线路刚锁定时温度应力为零,又称为零应力轨温。

3. 温度力分布图

典型无缝线路分区为固定区、伸缩区、缓冲区,如图8-7所示。

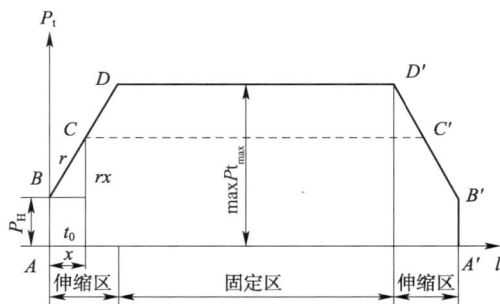

图 8-7 温度应力分布

为调节伸缩区轨端有限的伸缩需要,在伸缩区两侧各设置 2~4 根标准轨,用来调节轨缝,称为缓冲区。

三、无缝线路稳定性

1. 稳定性概述

无缝线路作为一种新型轨道结构,其最大缺点是夏季高温季节在钢轨内部存在最大的温度应力,容易引起轨道横向变形。

胀轨跑道:在列车动力或轨道作业等干扰下,轨道弯曲变形有时会突然增大,轨道结构受到严重破坏,称之为胀轨跑道,严重时会危及行车安全。胀轨跑道理论上被称为丧失稳定。

变形发展分三个阶段:

①持续稳定阶段,无变形;

②胀轨阶段,渐变形;

③跑道阶段,突然大变形,塑性变形。

从安全角度,不希望发生跑道,也不希望胀轨过大,横向变形量 f 控制在 2mm 范围内,以具有一定初始弯曲的轨道新产生 2mm 横向变形时产生的钢轨温度应力 P_N,并考虑安全系数 K,得到允许温度应力 $[P]$:

$$[P] = \frac{P_N}{K} \tag{8-3}$$

2. 影响无缝线路稳定性的因素

①保持稳定因素:道床横向阻力、轨道框架水平刚度。

②诱发失稳因素:钢轨温度应力(主因)、轨道初始不平顺。

为避免胀轨跑道的发生,无缝线路应在设计锁定轨温的上下限内进行作业,同时要求相邻单元轨节的锁定轨温差不应大于 5℃,同一区间内单元轨节的最高与最低锁定轨温差不应大于 10℃。左右股锁定轨温差:当速度大于 160km/h 时不大于 3℃,当速度小于或等于 160km/h 时不应大于 5℃。

任务二 无缝线路铺设

我国既有铁路无缝线路铺设是在路基、道床稳定的条件下,将工厂焊接的长钢轨(250 ~ 500m)运至工地焊接成 1 ~ 2km 的单元轨节,再在既有轨的基础上利用换轨小车换铺到轨道上,经过应力放散、焊联锁定成为无缝线路。

随着无缝线路理论研究的不断深入,施工技术的不断发展,一次性铺设无缝线路逐渐成为新建铁路发展的主要方向。新建铁路只有铺设无缝线路,才能保证轨道具有良好的平顺性,才能使铁路运行速度进一步提高。其中,长钢轨铺设是新线一次性铺设无缝线路的关键技术。

一、有砟轨道无缝线路铺设

1. 有砟轨道无缝线路施工工艺流程

有砟轨道施工时,铺枕、铺轨作业区与铺砟整道作业区的距离不宜过长。施工应采用一次性铺设无缝线路的"流水作业法"。下面以现场广泛采用的单枕连续铺设法为例,介绍各工序作业控制要点。

有砟轨道无缝线路施工基本工艺流程如图8-8所示。

2. 预铺道砟

1) 预铺道砟的有关规定

①无缝线路预铺道砟应符合下列规定。

a. 道砟可采用道砟摊铺机一次摊铺压实成型,或采用压强不小于160kPa的机械辗压,压实密度不小于1.6g/cm³。

b. 道砟铺设厚度不宜小于150mm,砟面应整平压实,砟面中间不得凸起。

②铺道砟机械在铺设中应遵循以下原则。

a. 作业机械行走比压不应超过基床设计允许值,应避免对路基基床表层的扰动。

b. 运砟车辆应尽量行走施工便道,不宜直接长距离频繁行驶在基床表层上。

c. 运砟车辆在基床表层上行驶时,应做到缓行缓停,禁止突然加速或紧急制动,载重运行速度宜小于15km/h。

③道砟摊铺压实后,应对其进行检测,判断是否达到质量标准,检测内容主要如下。

a. 砟面外形:铺设完成的砟面应在纵横向坡度、宽度、厚度等方面达到要求。

b. 平整度:用3m靠尺检查砟面平整度,速度大于160km/h时为20mm,速度小于或等于160km/h时为30mm。

④有缝线路单层道床轨道铺轨前,每股轨下预铺砟带宽度不应小于800mm,厚度应为150~200mm。

⑤正线预铺道砟,单层道床铺设厚度宜为150~200mm,并应采用压强不小于160kPa的机械辗压,密度不小于1.6g/cm³。

⑥混凝土宽枕轨道道床断面尺寸、分层厚度、材料性能、工艺要求等应符合设计规定。当采用碎石道床时,底层道砟应压实,可按8%的压缩率控制,并严格控制道床面的高程;道

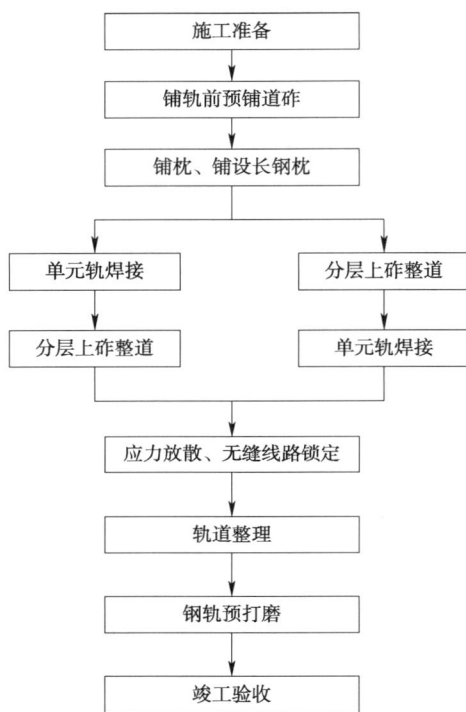
图8-8 有砟轨道无缝线路施工工艺流程

砟带应铺设平整,不得有波浪形和扭曲。曲线地段的外轨超高,应按设计设置,由底层道砟调整。铺砟允许偏差:厚度和半宽允许偏差为 ±50mm,高程允许偏差为 ±5mm。

⑦正线道岔预铺道砟应采用压强不小于 160kPa 的机械分层碾压,密度不小于 1.7g/cm³,砟面平整度用 3m 靠尺检查,允许偏差:速度大于 160km/h 时为 20mm,速度小于或等于 160km/h 时为 30mm,无缝道岔允许偏差为 10mm。预留起道量不得大于 50mm。道岔前后各 30m 范围应做好顺坡。

2)道砟摊铺方法

道砟摊铺可分为人工摊铺和摊铺机摊铺,目前常用的是摊铺机摊铺,即自卸汽车运送道砟,摊铺机摊铺,压路机压实。摊铺机摊铺效率高,道床平整度好,道床密实度能达到规定要求。

作业程序:安装激光发射器—道砟运送—道砟摊铺—摊铺质量检查。

摊铺用道砟进场前,应查验道砟厂检验证书、生产检验证书和产品合格证。道砟应符合《铁路碎石道砟》(TB/T 2140—2008)中特级碎石道砟的材质要求。道砟进厂时的粒径级配、颗粒形状及清洁度应符合铁路碎石道砟技术条件的规定。底层道砟应采用压强不小于 160kPa 的机械碾压,道床密度不应低于 1.68g/cm³。底层道砟厚度宜为 150mm,单线宽度一般为 4.5m。砟面应平整,其平整度为 10mm/3m,砟面中间不应凸起。

(1)施工准备

①铺砟前由铺轨单位与路基施工单位共同对路基按设计要求进行检查验收,符合要求后,方可进行铺砟作业。

②路基中线、水平进行复测。

③配置摊铺、碾压机械,各种检测设备,对机械进行安装调试,对检测设备进行检定。

(2)施工机械及工艺装备

①摊铺设备主要包括自卸汽车、洒水车、摊铺机、装载机、压路机。

②配套设备主要包括激光发射器、激光接收器、定位标杆。

③检测设备主要包括密度仪、方孔筛、全站仪、水准仪、3m 直靠尺及直尺。

(3)工艺步骤说明

①安置激光发射器,设置水平、纵坡及曲线数据。打开开关,激光发射器设置发送半径为 500m(晴好天气)的激光信号平面。

②用定位标杆确定摊铺机上激光接收器的初始位置,原始信号自动存入计算机,并自动生成相关数据信号。

③摊铺机操作手就位,检查显示屏状态,准备作业。

④由自卸汽车运送道砟至摊铺机处。自卸汽车后轮支靠在摊铺机前面的推滚上,摊铺机操作人员控制夹具夹住自卸汽车后轮起斗卸砟。将摊铺机料斗充满时摊铺机推动自卸汽车行进,边卸砟边摊铺。

⑤双线时,左、右线交替摊铺。摊铺机作业参数:铺设厚度 150cm,走行速度 1.2 ~ 1.8m/min,激振频率 1400r/min,激振幅度 7mm。

⑥检查摊铺质量及砟面平整度。

（4）生产效率及材料消耗

摊铺机工作效率约为 $600m^3/h$，摊铺宽度为 $4.5m$，双线铺设进度为 $1.2 \sim 1.5km/d$，单线铺设进度为 $1.5 \sim 1.8km/d$。

3. 铺枕铺轨

1）长钢轨铺设有关规定

①轨枕应方正，间距及偏斜允许偏差为 $\pm 20mm$。

②轨道中心线与线路设计中心线允许偏差为 $30mm$。

③左右两股钢轨的胶接绝缘接头应相对，胶接绝缘接头轨缝距轨枕边缘不应小于 $100mm$。

钢轨胶接绝缘接头的类型、规格应符合设计要求，质量应符合《钢轨胶接绝缘接头》（TB/T 2975—2018）要求，其他高强度绝缘钢轨接头应符合相关技术条件。

2）长钢轨铺设方法

根据国内外有砟轨道铺设无缝线路的经验，新线铺设长钢轨轨道可归纳为两类铺设方式。

第一类是引进国外的技术装备和作业方法，用铺轨机布枕、铺轨。这种铺轨方式在国外已有较成熟的技术和装备，可分为散枕铺设法和长轨排铺设法。散枕铺设法是将长钢轨和轨枕运至工地，先将长钢轨拖卸在线路两侧底层道床上，再将轨枕按设计间距布放在底层道床上，然后用收轨装置将长钢轨收入轨枕承轨台，铺枕铺轨车边布枕、边收轨，随即上扣件，构成浮放在道床上的长钢轨轨道。长轨排铺设法是将长钢轨和轨枕组装成长轨排，用专用运输机械将长轨排运送到工地，再用多台门式起重机将长轨排吊放在底层道床上，构成浮放在道床上的长钢轨轨道。

第二类是充分利用我国铁路轨道工程现有的工程机械和技术，并加以合理组合的无缝线路长钢轨铺设施工，此法称为"工具轨换铺法"，即先用钢轨、轨枕运输车（或其他机械设备）将临时轨排和长钢轨运至工地，再用常规铺轨机将轨排铺设在底层道床上，轨排铺完后铺轨机及钢轨轨枕运输车退至临时轨排铺设起点，拆除工具轨，用长钢轨推送装置将长钢轨直接推送入轨枕承轨槽，上好扣件，完成长钢轨铺设施工。随后回收工具轨，运回铺轨基地再用。

另外，也可利用人工配合长轨运输车进行长钢轨的铺设。

（1）散枕铺设法

散枕铺设法又可分为单枕连续铺设法和群枕连续铺设法。单枕连续铺设法使用的设备主要有奥地利的普拉塞-陶依尔公司（Plasser & Theurer）生产的 SVM1000 型（及其改进型）、美国的超级高铁公司（HTT）生产的 NTC 型、瑞士的马蒂沙（MATISA）生产的 TCM60 型（及其改进型）铺轨机组。群枕连续铺设法所使用的设备主要有法国的吉斯马公司（GEISMA）生产的 PTH350、PTH500 型铺枕机和奥地利的普拉塞-陶依尔公司生产的 PK250 型铺枕机。上述铺枕机均必须配合收轨机及轨枕定位机，才能使轨道准确定位。我国自主研制的 CPG-500 型铺轨机组可以用于长钢轨的铺设，属于单枕连续铺设法。目前我国高速、提速铁路施工中已成功使用 SVM1000 型、NTC 型、TCM60 型、CPG-500 型铺轨机组。

（2）长轨排铺设法

长钢轨轨排铺设法的施工程序与传统的短轨排铺设程序基本相同，即轨排组装、运输、铺设、连接和整理。早在1969年，德国就开始采用轨排铺设法铺设长钢轨，最初只能铺设120m长轨排，随着技术的不断改进和完善，至今不仅可以铺设180m长轨排，而且还可以直接铺设整体道岔。虽然长轨排铺设法具有工厂化生产、技术可靠、组装精度高等优点，但轨排铺设法对曲线段的轨道铺设在一定程度上会限制长钢轨的铺设长度。同时，铺轨设备须在铺轨工地和轨排组装基地之间往返，轨排组装基地则需要随铺轨工地的推进而转移，从而使作业效率降低，再加上机械设备具有庞大、复杂等特点，所以长轨排铺设法应用较少。

在铺设轨道前，首先预铺道砟底层，厚度接近枕下道床的设计厚度。以已铺好的轨道作为组装轨排的临时基地，这一基地应靠近待铺轨道地段，以减小轨排运送小车的走行距离。首先在组装轨排地段的轨道两侧铺设门式起重机的走行轨，走行轨长度为被组装轨排的长度加上轨枕运输车的长度。门式起重机在轨枕运输车上提取轨枕，并按规定的间距将轨枕放置在钢轨上。用起重机将钢轨吊到轨枕的承轨槽内，安装钢轨扣件，轨排组装完毕，轨排长度为180m。

将PEM轨排起重小车推到已组装好的轨排上，并断开与LEM轨排运输小车的连接，如图8-9a）所示。PEM型起重小车伸出支腿，支撑在道床上，并将长轨排吊起，轨排运输小车进入长轨排下的线路上，并将轨排放在运输小车上，PEM起重小车收起支腿，置于长轨排之上，如图8-9b）所示。

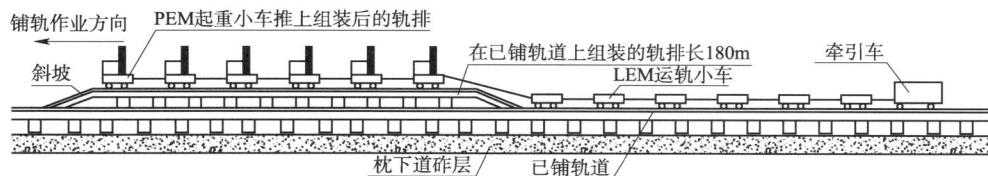

a)将18台PEM起重小车推到已组装好的轨排上

b)起重小车吊起轨排，运轨排小车进入

c)运轨排小车浆轨排和PEM起重小车运至待铺地段

图8-9　无缝线路铺设

在待铺地段的道床上放置两根导轨作为轨排运输小车的临时轨道，并与已铺线路用斜坡连接。LEM 轨排运输小车进入临时轨道，如图 8-5c）所示。PEM 起重小车伸出支腿支撑在道床上，并将轨排吊起，轨排运输小车由牵引车牵出，临时轨道的钢轨由牵引车向另一方向拉出，PEM 起重小车将轨排放置在轨道上并就位，此节长轨排铺设完毕。

（3）换铺法

所谓换铺法，就是在铺架基地使用工具轨拼装 25m 轨节，工程列车将轨节运送至工程线铺轨地点，使用铺轨机结合轨排换装门式起重机铺设 25m 轨节，当铺设工具轨达到一列长轨车长钢轨长度时，长轨运输车将厂焊长钢轨卸至新线两侧砟肩上，现场采用铝热焊将 500m 长轨条焊接成 1500m 单元轨条，大型养路机械养护达标后经轨道检测，道床阻力达标后，在锁定轨温时拆除新铺线路上 1500m 单元轨节长度范围内普通线路扣件，再将砟肩上单元轨节换铺至线路上，现场进行单元轨节的应力放散与锁定。

应力放散与锁定

①利用换轨小车组换铺。换轨小车组由拨入长轨小车和拨出短轨小车组成。作业时由轨道车牵引，拨入长轨小车在前，拨出短轨小车在后，两小车之间用钢丝绳连挂。平时换轨小车放在平板车上，作业时由平板车上卸下，作业完毕再回放到平板车上，由轨道车回送到邻站或换轨队宿营地。作业时拨入长轨小车在前，走行在短轨上；拨出短轨小车在后，走行在刚拨入的长轨上，如图 8-10 所示。以前换铺 50kg/m 时采用换轨小车，现在我国铁路正线基本上均为 60kg/m 及 60kg/m 以上钢轨，换轨小车已不再适用，现多采用新型组合式换轨车进行换轨作业。

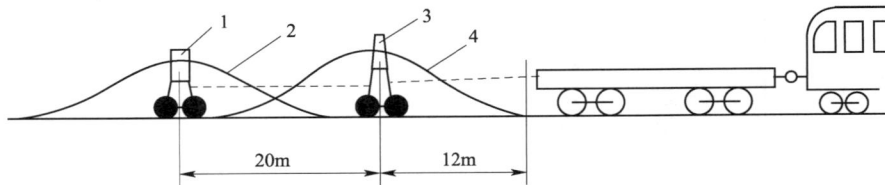

图 8-10　换轨小车示意图

1-拨出旧轨小车；2-旧轨；3-拨入新轨小车；4-新轨

②采用新型组合式换轨车换轨作业。组合式换轨车是对换轨小车组的成功改进，它完全克服了换轨小车组在作业中的缺点。改新、旧钢轨分体作业为一体化作业；改新、旧钢轨交叉交换为平行交换；改平板车和装换轨设备取代小车组；改人工引轨为机械引轨，不仅间隔时间大大缩减，并且走行平稳，较小车组作业效率提高。组合式换轨车将拨新、旧钢轨的功能合组于一车，由 30t 平板车改装而成，如图 8-11 所示。

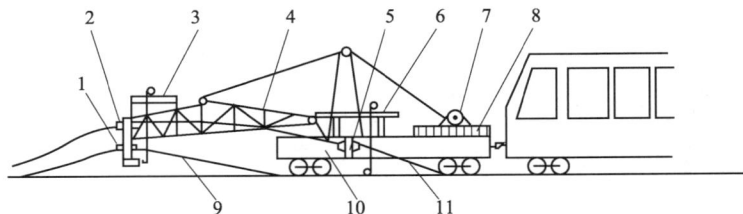

图 8-11　组合换轨作业车示意图

1-旧轨拨轮；2-新轨导轮；3-起旧轨吊架；4-悬臂梁；5-新轨拨轮；6-起新轨吊架；7-卷扬机；8-配重；9-旧轨；10-台车；11-新轨

引入新轨的龙口装在平板车的两侧,拨旧轨的龙口装在车尾悬臂梁的梁端之下部,在悬臂梁的梁端上部装有新轨的导向龙口。悬臂梁可升高或降低,由卷扬机控制。悬臂梁亦可转动,其轮轴设在平板车的端梁上,区间运行时,将悬臂梁落在另一平板车上,平板车的另一端装有平衡悬臂梁的平衡重。组合式换轨车可与其他车连挂运行,调转运行方便。组合式换轨车在作业中走行平稳,拨动钢轨的力度较强,新、旧轨拨入与拨出的通路上、下平行,互不干扰。在曲线上作业时,悬臂梁可适当转移角度定位,使新、旧轨走向与线路中线吻合。组合式换轨车进入工位后,甩掉托运平板车,而后落下悬臂梁,使拨旧轨的龙口略高于轨面,再分别用钢轨吊起装置将新、旧轨引入各自的龙口,换轨即随车缓慢起动,待新、旧轨开始落地后,换轨车即可按规定速度行进,每小时可更换 2～3km。

③利用铺轨机推送换铺。这种方法的铺设原理与利用换轨小车换轨法类似,所不同的是铺轨机铺设完成标准轨排后,退回铺轨起点,拆除轨排钢轨,翻到枕木外侧,将轨排之间的轨枕按设计放好,运输轨排的平板车退回铺轨基地(若采用枕轨运输车运输轨排则无须退回)。将长钢轨列车送至铺轨现场,再将长钢轨直接推送或拖拉至承轨槽内(承轨槽内每隔一定距离放置一个滚筒),拆除滚筒长钢轨落槽,上好扣件,用无孔钢轨临时连接器联结长轨轨道。铺轨机继续向前铺轨,随后用收轨机收回标准轨循环使用。其施工工艺流程如图 8-12 所示。

对于有砟轨道,当沿线交通条件较好,单根轨枕运输方便时,也可以先人工布放单枕,然后采取推轨法铺设长钢轨。

3)施工工艺及作业要点

(1)铺枕、铺设长钢轨(单枕连续铺设法)

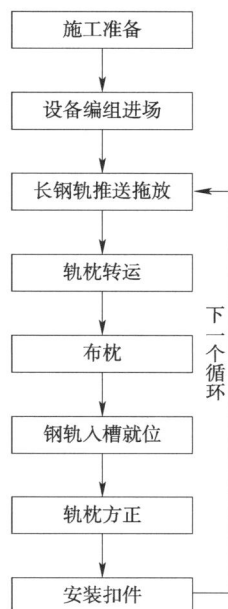

单枕连续铺设法施工工艺流程如图 8-13 所示。

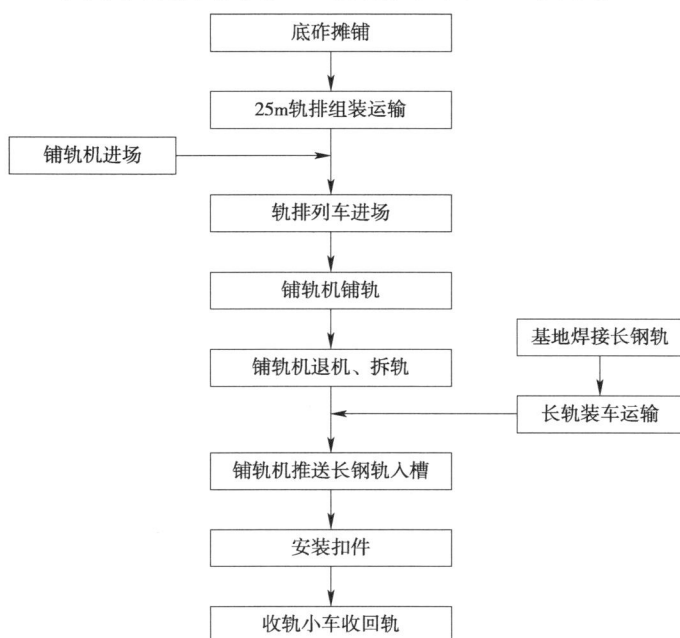

图 8-12 利用铺轨机推送换铺施工工艺流程   图 8-13 单枕连续铺设法施工工艺流程

①施工准备。

a.按设计要求精确测量线路中心线,并按铺轨机作业要求用醒目颜色设置铺轨机走行标示线,或设置导向边桩及钢弦。

b.按枕轨运输列车技术要求装载长钢轨和轨枕,长钢轨装车完毕后要保证其锁定牢固。

c.轨枕装车时严禁发生碰损、装偏、倾斜、漏垫支垫物等现象。

②长轨推送拖放。

a.机车推送铺轨列车进场时,运枕门式起重机应在铺轨机上锁定牢固。

b.拖卸长钢轨时,每次只允许解开所拖卸的长钢轨的锁紧装置。扳下钢轨间隔铁,搬开长轨前挡块。

c.拨、串钢轨时,应由专人指挥,施工人员应动作一致。

d.牵引长钢轨时,必须卡牢牵引卡,并设专人保护,施工人员不得站在牵引钢丝绳两侧,轨头送入推送机构时,位置要准确,拖拉要平稳。

e.长轨推送装置将长轨沿导向装置推送至铺轨机前端拖拉机拖拉架下,并用专用的夹具将长轨前端与拖拉架相连。

f.拖拉机拖拉长轨前行,每隔 10m 左右在长轨下放置一对滚筒,滚筒横向中心距为 3250mm。

g.在钢轨端部脱开车体或各工作机构时,一切人员与钢轨端部要保持一定的距离,防止钢轨端部反弹伤人。

③轨枕转运。

轨枕的吊运应分层进行。

④布枕。

a.铺轨机沿线路中心线匀速前行,轨枕布设装置按规定间距布设轨枕,布枕中心线与线路中心线的误差在 30mm 以内。

b.轨枕布设时将橡胶垫板放至轨枕承轨槽中。

⑤钢轨入槽就位。

a.铺轨机前进时收轨装置自动将长钢轨收入轨枕承轨槽中,长钢轨间用临时连接器连接(图 8-14)。

b.收轨同时,将轨底的滚筒收到铺轨机前端的存放滚筒架上。

⑥安装扣件。

长钢轨就位后,方正轨枕,安装部分扣件,保证铺轨机组安全通过,铺轨机组通过后要及时补充扣件。

⑦质量检验。

a.严格按铺轨编号依次铺设长钢轨,铺轨时应及时记录铺设轨温。

b.铺轨后左右股单元轨节接头相错量不宜超过 100mm。

c.轨道中心线与线路设计中心线应一致,允许偏差为 30mm。

d.枕间距为 600mm 时,轨枕间距及偏斜允许偏差为 ±20mm,连续 6 根轨枕间距为 3m ± 30mm。

a)   b)

图 8-14　钢轨临时连接器

（2）分层铺砟整道

①整道前施工测量。

a. 采用全站仪测设线路的中线桩，直线上每 50m、圆曲线上每 20m 及缓和曲线上每 10m 测设一点，并把中线点外移到线路的外侧。

b. 完成平面测量，算出相应里程的拨道量。

c. 在路基两侧的路肩上钉设水平桩，直线地段不大于 50m，曲线地段不大于 20m，变坡点和竖曲线起讫点应增设桩橛。用水准仪往返测量，测出各点的桩顶实测高程、轨顶实测高程，计算出起道量、桩顶至设计轨顶高程的距离。

②补砟。

长钢轨铺设后使用风动卸砟车及时进行第一次铺砟。

③轨道线路调查。

a. 枕下道砟摊铺厚度不应小于 150mm，枕木盒内道砟饱满。

b. 调查并处理钢轨硬弯、死弯、曲线反超高等。

c. 调查并处理、拆除可能影响机养作业的障碍物。

d. 调查具备机养条件的线路区段，编制施工方案。

④配砟整型作业。

a. 配砟整型车在收放工作装置时，应选择线路比较平直的地段进行。

b. 放下侧犁时应避免侧犁后翼犁板碰撞驾驶室，中犁放下后距轨枕面 10 ~ 15mm，清扫装置放下后距轨枕面 10 ~ 15mm。

c. 配砟整型车工作时，应注意线路上的固定装置及障碍物。

⑤综合作业捣固车起拨捣固作业。

a. 第一、二遍起道量不宜大于 50mm，第三、四、五遍起道量不宜大于 30mm。

b. 次拨道量不宜大于 50mm。

c. 起道量 30mm 以上时，宜双捣作业；起道量 30mm 以下时，宜单捣作业。

⑥动力稳定作业。

每层道床起道、捣固作业后,应进行 1 ~ 2 次动力稳定作业,稳定车在路基上工作速度一般为 0.6 ~ 0.9km/h,由下层至上层速度逐层降低,作业频率控制在 30 ~ 35Hz 范围内,竖向荷载为 19.8kN。

⑦质量检验。

a.轨道几何尺寸允许偏差应符合有关要求。

b.轨面高程及道床断面基本符合设计,道床厚度宜比设计厚度小40mm,道砟数量应符合设计断面要求。

c.轨道中心线与设计线路中线应一致,允许偏差为 30mm。

d.道床状态参数指标:道床横向阻力不低于 7.5kN/枕;道床支承刚度不得低于 70kN/mm。

二、无砟轨道无缝线路铺设

目前,无砟轨道无缝线路铺设,一是采用钢轨纵向推送直接入槽的方法,称为"纵向推送法",如图 8-15 所示;二是采用钢轨纵向拖拉直接入槽的方法,称为"拖拉法",如图 8-16 所示。纵向推送法的主要铺轨设备由机车、长钢轨运输车、长钢轨推送车、导向装置等组成;拖拉法的主要铺轨设备由机车、长钢轨运输车、牵引车、导向车、辊轮小车等组成。无缝线路铺设施工工序作业控制要点如下。

图 8-15 纵向推送法铺设无缝线路

图 8-16 拖拉法铺设无缝线路

1. 准备

无砟轨道铺轨应在无砟道床施工完毕,经验收合格并达到规定强度后方可施工。

2. 长钢轨储运

①长钢轨进场时应查验长钢轨出厂证明文件,并查看长钢轨外观质量,抽检长钢轨的长度、焊头平直度等,符合要求后方可卸存。

②长钢轨存放台要平整、稳固,各层钢轨之间应采用钢轨支垫,支垫跨距7.5m,上下对齐,与各层钢轨垂直放置。

③装卸长钢轨时各门式起重机应同步作业,缓起,轻落。

④长钢轨装车前应核实左右股长度,符合配轨计划。

⑤长钢轨装车后必须加固锁紧,并按超长货物组织运输。

⑥长轨列车在区间及站内正线运行速度不得超过 40km/h，侧向通过道岔限速 10km/h，禁止通过 8 号及其以下道岔。

3.纵向推送法

①铺轨列车在施工地段运行限速 5km/h，在接近已铺长钢轨轨头 10m 处应一度停车，以 0.5km/h 速度对位。

②距卸轨起点约 9m、16m 及 22m 处依次组装 A 字形龙门顺坡架，通过三台龙门顺坡架将长钢轨由平车高度卸至承轨槽滚筒上。

③长钢轨落槽后，宜每隔 5～8 根枕安装一组扣件，接头前后两根枕扣件应安装齐全。

④铺轨列车以不大于 3km/h 的速度推进，并按相关规定对位，进行下一对长钢轨的推送。

4.拖拉法

①铺轨牵引车和钢轨导向车预先在铺轨起点处等待，待长轨运输车进入区间后，机车推送长轨运输车与钢轨导向车连接。

②人工从铺轨牵引车上牵引钢丝绳经钢轨导向车后引入长轨运输车，并按预定顺序分左右两股各挂住钢轨轨头，车上人工配合拨轨和拖轨。

③铺轨牵引车向前走行，牵引长轨经钢轨导向车后引入未铺地段轨枕承轨槽之间的地面滚筒上。

④一节长钢轨牵引到位置后，用压机将长钢轨打起，拆除地面滚筒，长钢轨落槽就位，人工宜每隔 5～8 根枕安装一组扣件，接头前后两根枕扣件应安装齐全。

⑤质量检验

严格按"配轨表"铺轨编号依次铺设长钢轨，铺轨时应记录铺设轨温，铺轨后左右股单元轨节接头相错量不宜超过 100mm。

三、无缝线路应力放散与锁定

1.有关规定

（1）施工法选用

无缝线路应力放散及锁定可采用拉伸器滚筒法或滚筒法，应符合下列规定。

①当施工作业时的轨温低于设计锁定轨温，应采用拉伸器滚筒法施工。

②当施工作业时的轨温在设计锁定轨温范围内，应采用滚筒法施工。

（2）钢轨位移观测桩设置

①位移观测桩应按设计设置。单元轨节起终点的位移观测桩宜与单元轨节焊接接头对应，纵向相错量不应大于 30m。位移观测桩应与电务设备错开。

②位移观测桩应设置齐全、牢固可靠、易于观测和不易破坏。

③跨区间无缝线路的位移观测桩按里程递增方向顺序编号，编号方法为"X-X"，横线前数字为单元轨节的顺序号，横线后为单元轨条内的桩号，编号均以阿拉伯数字标注，并在桩号右上方标"#"号。

④观测桩埋设区间在路肩上，在站内站台侧可设置在站台墙上，观测桩距道床外侧和路

肩边缘均应大于0.3m,当路肩宽度不足时,可埋于路肩中心。

⑤路基上位移观测桩埋设深度应符合设计要求。

⑥位移观测桩也可利用线路两侧的接触网基础(杆)、线路基标或在其他固定建筑物上设置。

⑦桥上位移观测桩可设置于桥梁固定支座附近稳固的桥面防撞墙上。标记必须稳固、耐久、可靠,便于观测。

⑧位移观测桩位置、编号及观测记录应列入竣工资料。

(3)无缝线路应力放散及锁定施工作业

①线路锁定前应掌握当地轨温变化规律,根据作业区段的时间间隔,选定锁定线路的最佳施工时间。

②测量轨温时,要对钢轨的不同位置进行多点测量,取其平均值。

③拆除待放散单元轨节的全部扣件,每隔5~10m垫入一个滚筒,每隔300~500m距离设置一台撞轨器。

④放散应力时,应每隔100m左右设一临时位移观测点观测钢轨的位移量,及时排除影响放散的障碍,达到应力放散均匀、彻底。

⑤在单元轨节的终端应设置一台拉伸器拉伸钢轨,必要时撞轨,使拉伸量传递均匀。钢轨拉伸器拉伸钢轨前,滚筒应按要求垫放到位。

⑥钢轨拉伸量达到计算值后,钢轨拉伸器保压,撤出滚筒,安装扣件,锁定线路。这时的锁定作业轨温加上钢轨拉伸换算轨温为实际锁定轨温。

⑦线路锁定后,应立即在钢轨上设置纵向位移观测的"零点"标记,按规定开始观测并记录钢轨位移情况。

⑧两股钢轨宜同步锁定,线路锁定后才能撤出钢轨拉伸器。

⑨拉伸器撤除后,已锁定单元轨节自由端会产生回缩量,下一单元轨节拉伸锁定时,应将回缩量计入单元轨节拉伸量。

⑩锁定日期及实际锁定轨温应列入竣工资料。

(4)无缝线路缓冲区设置

①缓冲区接头应方正,左右股轨端相错量不应大于40mm。

②缓冲区应与相邻单元轨节同时锁定,接头预留轨缝应符合设计规定,接头螺栓涂油,安装齐全,螺母扭矩应达到900N·m。

③缓冲区钢轨接头轨面及内侧工作边要求平齐,偏差不超过0.5mm。

(5)无缝线路竣工资料

①平面布置图及配轨图表。

②铺轨日期、时间与实际锁定轨温记录。

③工地移动闪光焊机焊接记录表、铝热焊接记录表及工地钢轨焊接接头超声波探伤记录。

④无缝线路单元轨应力放散拉伸情况记录表。

⑤无缝线路纵向位移观测记录表。

⑥铺轨编号与焊缝编号对照表。

⑦无缝线路基本技术状况登记表。

⑧其他技术资料。

2. 应力放散与锁定工艺要点

此处介绍一次性铺设无缝线路时,钢轨应力放散及无缝线路锁定施工。

1) 作业流程

设置临时位移观测点→拆卸扣件→放散应力→锁定线路→设置位移观测标记。

2) 过程控制标准

无缝线路锁定应具备以下条件。

①按施工图要求已设置钢轨位移观测桩。

②施工轨温应在设计锁定轨温范围以内施工。

③有砟道床应达到初期稳定状态,并应符合以下规定。

a. 轨道几何尺寸允许偏差应达到表 8-1 的要求。

轨道初期稳定静态几何尺寸允许偏差　　　　表 8-1

序号	项目	允许偏差(mm)
1	高低(10m 弦量)	4
2	轨向(直线 10m 弦量、曲线 20m 弦量)	4
3	扭曲(基长 3m)	4
4	轨距	±2
5	水平	4

b. 轨面高程及道床断面基本符合设计,轨枕盒内道砟应饱满,枕底满铺。

c. 轨面高程宜比设计低 50~80mm,轨道中线允许偏差为 20mm。

d. 道床状态参数指标:道床横向阻力不得低于 7.5kN/枕,道床支承刚度不得低于 70kN/mm。

④无缝线路实际锁定轨温应控制在施工图锁定轨温范围内。

⑤无缝线路锁定时必须准确确定并记录锁定轨温。相邻单元轨节锁定轨温之差不应大于 5℃,左右股锁定轨温之差不应大于 3℃,同一区间内的单元轨节最高与最低锁定轨温之差不应大于 10℃。

⑥单元轨节长度应满足施工进度和铺设时应力放散最佳效果的要求,以 1000~2000m 为宜,最短不得小于 200m。

⑦胶垫应放正无缺损,扣件安装齐全,扣压力符合施工图要求。

3) 工程施工质量验收标准

位移观测桩应设置齐全、牢固可靠、易于观测和不易破坏。无缝线路有下列情况之一者,应放散或调整应力后重新锁定线路,使其符合施工图要求,并应按实际测定轨温及时修改有关技术资料和位移观测标记。

①实际锁定轨温超出施工图锁定轨温范围。

②相邻单元轨节锁定轨温之差大于 5℃,或左右股锁定轨温之差大于 3℃,或同一区间内的单元轨节最高与最低锁定轨温之差大于 10℃。

③位移观测桩处相对位移换算轨温加上原锁定轨温超出施工图,锁定轨温允许范围。

④因处理线路故障或施工改变了原锁定轨温,使之超出施工图锁定轨温范围。

⑤施工时因故未按施工图锁定轨温锁定线路。

4）施工机具

应力放散及线路锁定主要施工机具见表8-2。

应力放散及线路锁定主要施工机具   表8-2

序号	机具名称	序号	机具名称
1	锯轨机	7	轨道车
2	液压钢轨拉伸器	8	工具车
3	撞轨器	9	平板车
4	液压起拨道机	10	经纬仪
5	钻孔机	11	水平仪
6	轨道检测仪	12	滚筒

5）施工过程

（1）施工准备

①进行应力放散及无缝线路锁定施工工艺设计，编制作业指导书。

②线路锁定前应掌握当地轨温变化规律，根据作业区段的时间间隔，选定锁定线路的最佳施工时间。

③对施工作业人员进行岗前安全和技能培训。

④根据施工需要配齐各种施工设备及检验检测量具。

（2）工艺及质量控制流程

应力放散及无缝线路锁定施工工艺及质量控制流程如图8-17所示。

（3）工艺步骤说明

①应力放散施工准备包括选择作业时间、测量轨温、安装撞轨器、安装拉伸器、分配作业人员及工具等。作业人员应均匀分布在单元轨节长度范围内，一般分6个小组，每小组负责200～300m线路的拆上扣件、垫取滚筒、撞轨、钢轨位移观测等工作。

②应力放散作业时应根据测量轨温判断：当轨温在设计锁定轨温范围内时采用"滚筒放散法"；当轨温低于设计锁定轨温时采用"拉伸放散法"。

③滚筒放散法。

a.计算放散量。放散量按式（8-4）计算：

$$\Delta L = \alpha L(T_{ss} - T_{p}) \tag{8-4}$$

式中：ΔL——放散量（mm）；

α——钢轨钢的线膨胀系数，取 $11.8 \times 10^{-6}/℃$；

L——单元轨节长度（mm）；

T_{ss}——实际锁定轨温（℃）；

T_{p}——铺轨时的平均轨温（铺轨时每300m测定一个轨温值，取各轨温的平均值）。

当实际锁定轨温低于铺轨平均轨温时，ΔL 为负值，即放散后单元轨节要短一截，此时需要准备一段相应的短轨，放在单元轨节的未锁定端，作临时连接用。

当实际锁定轨温高于铺轨平均轨温时，放散后则需锯轨。

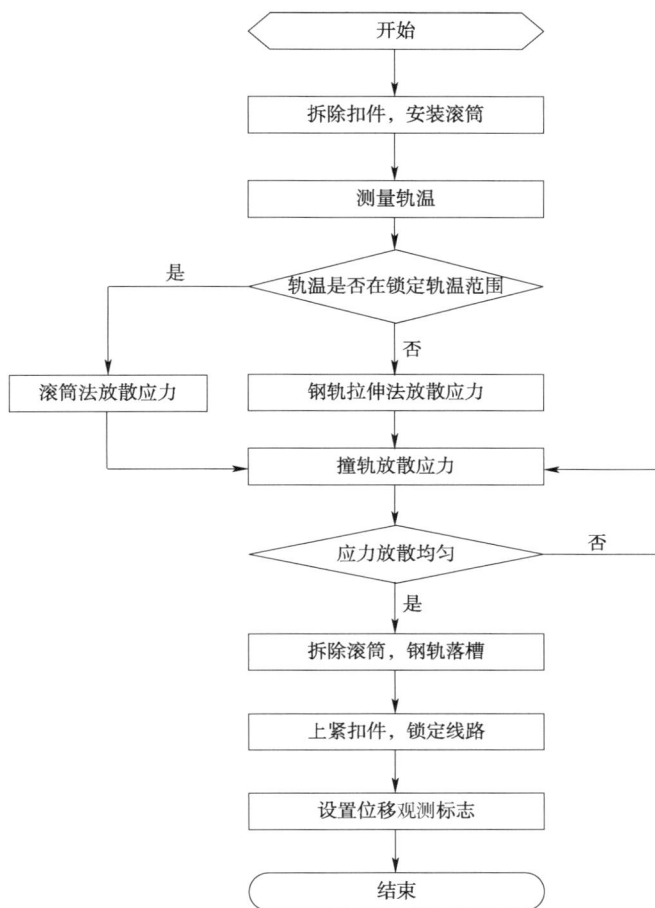

图 8-17 应力放散及无缝线路锁定施工工艺及质量控制流程

b. 在单元轨节两端及中间每隔150m左右设一个应力放散位移观测点,观测钢轨在应力放散过程中相对于轨枕的移动量。观测点可设在轨底上表面或轨腰上。

c. 解除本单元轨节和与之焊连的无缝线路末端25~75m范围内的所有扣件约束。

d. 用起道机抬起钢轨,每隔15~20根轨枕在轨底放入一个滚筒,使得轨底高出橡胶垫20mm,处于自由伸缩状态。当实际锁定轨温高于铺轨平均轨温时在单元轨节的末端30m范围内,每隔5m放置一个逐渐垫高的滚筒,使末端轨底高出橡胶垫180mm。

e. 直线上每隔350~400m、曲线及向上坡方向放散时每隔300m设一个撞轨点。

f. 用撞轨器撞击钢轨,同时观测各点的位移量变化情况。当钢轨位移发生反弹且各点位移变化均匀时,则视为钢轨达到自由伸缩状态,此时停止撞轨;应检查滚筒有无倾斜、脱落,钢轨有无落槽及撞击力不够等现象。

g. 确认单元长轨应力放散完毕后,若需锯轨,则按锯轨操作程序锯轨,要求轨端不垂直度不大于0.8mm。

h. 撤掉滚筒,使长轨平稳地落入承轨槽内,同时检查橡胶垫,有错位者纠正。

i. 将作业人员均布在进行应力放散长轨范围内,测量并记录开始紧扣件时的轨温,同时进行紧固扣件作业,每隔两根紧一根,无缝线路尾端 25～75m 范围内的扣件全部紧固完,并上紧无孔钢轨接头[轨缝处仍用 20mm 左右的薄轨头片衬垫,以保持轨缝为(25±2)mm],此时视为长轨已锁定。记录此时轨温为结束时轨温,同时继续紧固完其余全部扣件。

　　j. 计算锁定作业开始与结束时的平均轨温为实际锁定轨温,加以记录。同时在位移观测桩和轨腰(或轨底上表面)相对应处,做出清晰、规范的记号。

　　④拉伸放散法(综合放散法)。

　　a. 计算拉伸量。长轨拉伸量按式(8-5)计算:

$$\Delta L = \alpha L (T_{ss} - T_d) \tag{8-5}$$

式中:ΔL——拉伸量(mm);

　　　　α——钢轨钢的线膨胀系数,取 $11.8 \times 10^{-6}/℃$;

　　T_{ss}——实际锁定轨温(℃);

　　T_d——锁定作业当时实测轨温(℃)。

　　b. 使钢轨处于自由伸缩状态,其作业程序符合上述滚筒放散法中 b～f,其中第 d 条中,单元轨节的末端无须抬高 180mm,轨底高出橡胶垫 20mm 即可。

　　c. 在各观测点上作出拉伸位移的零点标记。

　　d. 测量长轨尾端与下一个单元轨节轨端之间的距离,扣除应留的轨缝宽度后,与计算的拉伸量对比,以最终确定锯轨量,并按锯轨的操作程序锯轨,轨端不垂直度小于 0.8mm。

　　锯轨量计算如下:

$$L_j = \Delta L - L_z - L_f \tag{8-6}$$

式中:L_j——锯轨量(mm);

　　ΔL——计算拉伸量(mm);

　　L_z——长轨处于自由状态时,长轨尾端与下一个单元轨节端的距离(mm);

　　L_f——预留轨缝量(mm)。

　　e. 安装拉轨器,利用拉轨器和撞轨器共同作用,拉伸钢轨,同时观测各观测点拉伸位移的变化情况。拉伸量达到预定长度后,通知各观测点人员做出记号。此时撞轨器仍然继续作业,当各观测点在所做记号处出现反弹量(应力放散已均匀),停止撞轨,拉轨器保压。在锁定作业完成之前不得因拉轨器的失压而使轨端出现位移。

　　f. 撤除撞轨器及滚筒,使长轨平稳地落入承轨槽内,同时检查橡胶垫,有错位者纠正。

　　g. 将作业人员迅速均布到进行应力放散长轨的全长范围内,同时进行紧固扣件作业,每隔两根紧固一根,无缝线路尾端 25～75m 范围内的扣件全部紧固完,并上紧无孔钢轨接头(轨缝处仍用 20m 左右的薄轨头片衬垫,以保持轨缝为 25mm±2mm),此时视为长轨已经锁定。继续紧固完其余全部扣件。

　　h. 撤除拉伸器,复核长轨实际拉伸长度,换算出对应的实际锁定轨温值,该值若在计划锁定轨温范围内,则确认为实际锁定轨温,填入表内。否则锁定工作重新返工。

　　i. 作业过程中应及时填写"单元轨节应力放散及锁定作业记录表"。

　　⑤设置位移观测标志。

　　a. 在单元轨节的末端设临时位移观测零点,以观测钢轨末端位移回弹量,在放散下一根单元轨节时此点必须归零。

　　b. 设置正式位移观测桩零点标记。在位移观测桩与轨头外侧相对应处,做出清晰、规范的标记,对现场位移观测桩编号标识。

　　c. 位移观测桩应按施工图设置。单元轨节起终点的位移观测桩宜与单元轨节焊接接头对应,纵向相错量不得大于 30m,位移观测桩应与电务设备错开。

　　d. 位移观测桩也可利用线路两侧的接触网基础(杆)、线路基桩或在其他固定建筑物上设置。

任务实施

无缝线路铺设流程

一、长钢轨铺设施工工序作业要点

长钢轨铺设施工工序作业要点如表 8-3 所示。

长钢轨铺设施工工序作业要点　　　　　　　　　　表 8-3

上道工序:道床板或轨道板施工

序号	工序	作业控制要点
1	准备	无砟轨道铺轨应在无砟道床施工完毕,经验收合格并达到规定强度后方可施工
2	长钢轨储运	①长钢轨进时应查验长钢轨出厂质量证明文件,并查看长钢轨外观质量,抽检长钢轨的长度、焊头平直度等,符合要求后方可卸存。 ②长钢轨存放台要平整、稳固,各层钢轨之间应采用钢轨支垫,支垫跨距 7.5m,上下对齐,与各层钢轨垂直放置。 ③装卸长钢轨时各门式起重机应同步作业,缓起,轻落。 ④长钢轨装车前应核实左右股长度符合配轨计划。 ⑤长钢轨装车后必须加固锁紧,并按超长货物组织运输。 ⑥长钢列车在区间及站内正线运行速度不得超过 40km/h,侧向通过道岔限速 10km/h,禁止通过 9 号及其以下道岔
3	纵向推送法	①铺轨列车在施工地段运行限速 5km/h,在接近已铺长钢轨轨头 10m 处应一度停车,以 0.5km 时速对位。 ②距卸轨起点约 9m、16m 及 22m 处依次组装 A 字形龙门顺坡架。通过三台龙门顺坡架,将长钢轨由平车高度卸至承轨槽滚筒上。 ③长钢轨落槽后,宜每隔 5～8 根枕安装一组扣件,接头前后两根枕扣件应安装齐全。 ④铺轨列车以不大于 3km/h 的速度推进,并按相关规定对位,进行下一对长钢轨的推送
4	拖拉法	①铺轨牵引车和钢轨导向车预先在铺轨起点处等待,待长轨运输车进入区间后,机车推送长轨运输车与钢轨导向车连接。 ②人工从铺轨牵引车上牵引钢丝绳经钢轨导向车引入长轨运输车,并按预定顺序分左右两股各挂住钢轨轨头,车上人工配合拨轨和拖轨。 ③铺轨牵引车向前走行,牵引长轨经钢轨导向车后引入未铺地段轨枕承轨槽之间的地面滚筒上。 ④一节长钢轨牵引到位置后,用压机将长钢轨打起,拆除地面滚筒,长钢轨落槽就位,人工宜每隔 5～8 根枕安装一组扣件,接头前后两根枕扣件应安装齐全

序号	工序	作业控制要点
5	质量检验	严格按"配轨表"铺轨编号依次铺设长钢轨，铺轨时应记录铺设轨温，铺轨后左右股单元轨节接头相错量不宜超过100mm

下道工序：单元轨焊接

二、应力放散锁定线路工序作业要点

应力放散锁定线路工序作业要点如表8-4所示。

应力放散锁定线路工序作业要点　　　　　　　　　　表8-4

上道工序：工地钢轨焊接

序号	工序	作业控制要点
1	准备	①选择作业时间、测量轨温、安装撞轨器、安装拉伸器、分配作业人员及工具等。 ②应力放散作业时，当轨温在设计锁定轨温范围内时采用"滚筒法"施工，当轨温低于设计锁定轨温时采用"拉伸器滚筒法"施工
2	钢轨位移观测桩设置	①按设计要求设置钢轨位移观测桩。 ②单元轨节起终点的位移观测桩宜与单元轨节焊接接头对应，纵向相错量不应大于30m。位移观测桩应与电务设备错开。 ③位移观测桩应设置齐全、牢固可靠、易于观测和不易破坏
3	测量轨温	①线路锁定前应掌握当地轨温变化规律，选定锁定线路的最佳施工时间。 ②测量轨温时，要对钢轨的不同位置进行多点测量，取其平均值
4	拆扣件垫滚筒	拆除待放散单元轨节的全部扣件，每隔一定距离垫入一个滚筒，每隔一定距离设置一台撞轨器
5	应力放散	①放散应力时，应每隔100m左右设一临时位移观测点观测钢轨的位移量，及时排除影响放散的障碍，达到应力放散均匀、彻底。 ②在单元轨节的终端，每股钢轨设置一台拉伸器拉伸钢轨，必要时撞轨、拉伸，使应力放散均匀
6	落轨锁定线路	①钢轨拉伸量达到计算值后，钢轨拉伸器保压，撤出滚筒，安装扣件，锁定线路。这时的锁定作业轨温加上钢轨拉伸换算轨温为实际锁定轨温。 ②两股钢轨宜同步锁定，线路锁定后才能撤出钢轨拉伸器。 ③拉伸器撤除后，已锁定单元轨节自由端会产生回缩量，下一单元轨节拉伸锁定时，应将该回缩量计入单元轨节拉伸量
7	位移观测标记	线路锁定后，应立即在钢轨上设置纵向位移观测的"零点"标记，按规定开始观测并记录钢轨位移情况
8	质量检验	①无缝线路实际锁定轨温应控制在设计锁定轨温范围内。 ②相邻单元轨节锁定轨温之差不应大于5℃，左右股锁定轨温之差不应大于3℃，同一区间内的单元轨节最高与最低锁定轨温之差不应大于10℃。 ③胶垫应放正，无缺损，扣件安装齐全，扣件压力符合设计要求

下道工序：有砟轨道精调整理

案例分析

沈阳铁路局的长大线多次发生断轨事故

1988 年 9 月沈阳铁路局的长大线下行 K419～K424 和长大三线 K387～K391 两个区段，进行换轨大修。但同年 11 至 1989 年 1 月(铺设后仅 4 个月)在这两个区段内相继发生 5 次断轨事故。后经现场调查分析发现，断轨事故主要原因是铺设锁定轨温设置过高。

断轨事故主要原因具体为：铺设地段虽然为东北地区，但 9 月轨温还比较高，白天在 20℃ 以上，由于铺轨在白天进行，使锁定轨温达到 20℃ 以上，锁定轨温过高，加之焊接长钢轨时质量存在问题，冬季容易发生断轨事故。

所以，无缝线路要保持稳定，首先要进行结构设计，做稳定性计算，设计好合适的锁定轨温；其次要提高施工质量，使用过程中要加强线路维修养护。

学习检测

一、选择题

1. 某无缝线路缓冲区采用 25m 标准轨，长轨的伸缩区计算长度为 55m，则应取值为(　　)。

A. 25m B. 50m C. 62.5m D. 75m

E. 100m

2. 无缝线路丧失稳定的根本原因是(　　)。

A. 较大的温度压力 B. 存在轨道初始弯曲

C. 轨温较高 D. 长轨太长

3. 无缝线路丧失稳定的直接原因是(　　)。

A. 较大的温度压力 B. 存在轨道初始弯曲

C. 轨温较高 D. 长轨太长

4. 某地区铺设无缝线路某长轨长 1000m，设计锁定轨温为 23℃±5℃，锁定前测得其平均轨温为 12℃，锁定时拉伸量应为(　　)。

A. 70.8mm B. 129.8mm C. 141.6mm D. 413mm

5. 有利于保持无缝线路稳定性的因素有(　　)。

A. 较大的道床横向阻力 B. 较大的轨道框架刚度

C. 较大的温度压力 D. 较大的轨道初始弯曲

二、简答题

1. 无缝线路轨道结构有哪几种类型？各有什么特点？城市轨道交通中常用的是哪一种？

2. 推导温度力与轨温幅度的关系式。这个关系式表明了什么？

3. 无缝线路轨道纵向阻力有哪些？

4. 影响接头阻力的因素有哪些？

5. 影响道床纵向阻力的因素有哪些？说明道床纵向阻力与位移的关系。

6. 无缝线路伸缩区长度如何计算？

7. 缓冲区轨缝如何预留？原则是什么？

8. 什么叫作胀轨？什么叫作跑道？各有什么特点？

9. 如何计算无缝线路设计轨温？

10. 超长无缝线路有哪些优越性？

11. 焊接长钢轨有哪些方法？各有什么特点？

12. 有砟轨道无缝线路的铺设方法有哪几种？

13. 长大坡道线上铺设无缝线路应注意哪几点？

14. 观测桩如何设置？如何根据观测结果计算锁定轨温的变化情况？

15. 某地区历史最高轨温为 58.1℃，最低轨温为 −22.3℃，若铺设 60kg/m 的 25m 长标准轨，采用 10.9 级螺栓。试计算在 23℃ 铺轨作业时的预留轨缝。

参 考 文 献

[1] 朱庆新,刘见见.轨道施工技术[M].2 版.北京:人民交通出版社股份有限公司,2021.

[2] 张立.铁路轨道构造与施工[M].2 版.北京:中国铁道出版社有限公司,2021.

[3] J MUNDREY. Railway Track Engineering[M]. McGraw-Hill Education,2021.

[4] 秦飞.铁路轨道工程施工技术[M].北京:中国铁道出版社,2014.

[5] 中国铁路总公司.高速铁路轨道工程施工技术规程:Q/CR 9605—2017[S].北京:中国铁道出版社,2017.

[6] 国家铁路局.无砟轨道轨道板 CRTS Ⅲ型板式无砟轨道:TB/T 3579—2022[S].北京:中国铁道出版社,2023.

[7] 国家铁路局.铁路轨道设计规范(2023 年局部修订):TB 10082—2017[S].北京:中国铁道出版社,2018.

[8] 国家铁路局.铁路混凝土轨道板预制技术条件:Q/CR 565—2023[S].北京:中国铁道出版社,2023.

[9] 李昌宁,戴宇,孙军.CRTS Ⅰ型双块式无砟轨道轨枕预制与铺设技术[M].北京:中国铁道出版社,2013.

[10] 李昌宁.CRTS Ⅱ型板式无砟轨道板预制与铺设技术[M].北京:中国铁道出版社,2023.

[11] 国家铁路局.铁路轨道施工安全风险管理手册[M].北京:中国铁道出版社,2022.

[12] 中华人民共和国铁道部.铁路无缝线路设计规范:TB 10015—2012[S].北京:中国铁道出版社,2013.

[13] 国家铁路局.铁路轨道工程施工质量验收标准:TB 10413—2018[S].北京:中国铁道出版社,2018.

[14] 中国铁路总公司.铁路技术管理规程[S].北京:中国铁道出版社,2014.

[15] 国家铁路局.铁路路基工程施工安全技术规程:TB 10302—2020[S].北京:中国铁道出版社,2020.

[16] 王国博,张丽.高速铁路轨道工程施工与维护[M].北京:人民交通出版社股份有限公司,2024.

[17] 中国土木工程学会.城市轨道交通轨道工程施工技术指南[M].北京:机械工业出版社,2023.

[18] 荣佑范.铁路线路维修与大修[M].北京:中国铁道出版社,2011.

[19] 刘学毅.铁路工务检测技术[M].北京:中国铁道出版社,2011.

[20] 中铁第四勘察设计院.轨道工程 BIM 技术应用与实践[M].北京:人民交通出版社股份有限公司,2024.

[21] 国家铁路局.高速铁路设计规范:TB 10621—2014[S].北京:中国铁道出版社,2015.

[22] 中国铁建股份有限公司.装配式轨道结构施工工艺图谱[M].北京:中国建筑工业出版社,2025.

［23］住房和城乡建设部,国家质量监督检验检疫总局.地铁设计规范:GB 50157—2013［S］.北京:中国建筑工业出版社,2014.

［24］王平,刘学毅.现代有砟轨道施工关键技术［M］.成都:西南交通大学出版社,2022.

［25］卢房春.轨道工程［M］.北京:中国铁道出版社,2015。